Valdivia, Chile 28 Oct. 1998.

Gabriel
PERNAU

A China en bicicleta

—— biblioteca ——
GRANDES VIAJEROS

Barcelona • Bogotá • Buenos Aires • Caracas • Madrid • México D.F. • Montevideo • Quito • Santiago de Chile

Título original: *A la Xina en bicicleta*
Traducción: Gabriel Pernau
1.ª edición: octubre 1998

© 1998, Gabriel Pernau
© Ediciones B, S.A., 1998
   Bailén, 84 - 08009 Barcelona (España)
Edición original publicada en catalán por Edicion La Campana, S.L.

Printed in Spain
ISBN: 84-406-8700-1
Depósito legal: NA. 1.748-1998
Impreso por GraphyCems
Ctra. Estella-Lodosa, km 6
31264 Morentin (Navarra)

Todos los derechos reservados. Bajo las sanciones establecidas
en las leyes, queda rigurosamente prohibida, sin autorización
escrita de los titulares del *copyright*, la reproducción total o parcial
de esta obra por cualquier medio o procedimiento, comprendidos
la reprografía y el tratamiento informático, así como la distribución
de ejemplares mediante alquiler o préstamo públicos.

Gabriel
PERNAU

A China en bicicleta

*Al abuelo Gabriel Pernau i Sans,
a quien no tuve la suerte de conocer,
y a Isabel y Josep Maria,
que confiaron en mí*

Prólogo

Desde julio de 1996 hay una pregunta que, con distintas variantes, he tenido que oír —y responder— decenas de veces. ¿Por qué has hecho este viaje?, ¿por qué en bicicleta?, ¿por qué por esos países tan extraños?, ¿por qué tanto tiempo?

No hay una respuesta ni una razón únicas. Depende de quién me la haga, y en qué circunstancias, daré una u otra explicación. Cada una de ellas cierta, pero parcial.

Pero ¿por qué hice este viaje? Pues en primer lugar seguramente porque, con 32 años y sin compromisos, creía que ésta era mi última oportunidad para hacer realidad un viejo sueño infantil nacido de las lecturas de Vital Alsar, Thor Heyerdahl, Manuel Leguineche o sir Edmund Hillary navegando por océanos en balsa, cruzando continentes en todoterrenos o coronando cumbres cuando todavía quedaban cumbres por coronar. Yo, sinceramente, nunca creí que pudiera emprender un periplo como ésos. Pero a veces la vida te enfrenta a situaciones insospechadas. Un día te quedas sin trabajo, subsistiendo del paro y haciendo de *okupa* en la casa de tus padres y con la sensación de que con poco más de treinta años te acaban de jubilar. Y descubres que este mundo en el que vivimos es caprichoso y que las circunstancias te pueden situar ante la disyuntiva de tener que volver a plantearte muchas cosas acerca de quién eres y qué has venido a hacer a este mundo. Comienzas por preguntarte: «¿Seguro que no deberías dedicarte a otra cosa?» y acabas preguntándote: «¿Seguro que sirves para teclear en un ordenador palabras, frases y textos para un supuesto lector?» Pasas meses de desesperación pensando en cómo vas a salir del embrollo, y de golpe y porrazo, sin darte cuenta, descubres que no quedas al margen de tu profesión, que no sabes cómo, pero la sociedad vuelve a portarse bien contigo. Que no quedas al margen. Sale un trabajo en el que te vuelcas y, cuando todo indicaba que volverías a ser carne de oficina de INEM, un proyecto tuyo recibe el espaldarazo y el entusiasmo de la gente de una emprendedora editorial. Y he aquí que tú, que nunca te lo habías propuesto, tú que siempre habías pensado que los escritores eran gente que se creía importante con cosas que contar al mundo, te encuentras que estás a punto de publicar un libro.

El proyecto de realizar la ruta de la seda nació en agosto de 1995, un mes después de entregar el original de un primer libro a Edicions La Campana. Me había sacado un buen peso de encima. Pero tenía miedo. Miedo a cómo saldría, a qué pasaría a partir del mes de octubre, cuando apareciese en las librerías. Y para cambiar de aires decidí leer el libro de un valenciano que había viajado en bicicleta de Alcàsser a Dakar, en Senegal. «Esto está muy bien —pensé—. Si él lo ha hecho, yo, que el año pasado corrí el maratón, también me veo capaz. Pero el suyo no es el tipo de viaje que a mí me gustaría.» Te preguntas adónde te gustaría ir a ti, y entonces recuerdas *El libro de las maravillas*, que leíste hace unos meses, el volumen donde Marco Polo dejó constancia de sus vicisitudes por Asia. Rememoras las imágenes que viste por televisión en 1992, escenas de un mundo desconocido que entraron en casa de la mano del rally París-Moscú-Pekín, y descubres que de aquellos países de los que hablan nunca habías oído nada. ¿Cómo deben de ser? ¿Cómo debe vivir esa gente tan extraña? «No —decides—, el mío no será un viaje convencional. Yo no iré a África, a Colorado ni al cabo Norte. Yo quiero ir a un sitio como éste, del que no tenga ninguna referencia.»

Corres a buscar un atlas, miras por dónde pasarías si quisieses ir a China en bicicleta, y descubres que el camino que acabas de trazar con el dedo, siguiendo carreteras existentes, evitando las zonas más desérticas y montañosas, coincide casi exactamente con la ruta de la seda. Tu ruta pasará por ocho países, siete de los cuales eran prácticamente intransitables para un occidental hasta hace muy pocos años. Y empiezas a calcular distancias y a consultar enciclopedias, hasta que una noche de niebla te preguntas si serías capaz de irte, de dejarlo todo plantado durante una temporada a cambio de tu aventura. Y cuando has hecho esto, cuando te has hecho la pregunta «¿por qué no?», ya es demasiado tarde: acabas de decidir que te vas.

Ya estás en marcha. Hay muchas cosas por hacer. Empiezas por hablar con el valenciano que hizo Alcàsser-Dakar, después encuentras a uno que vivió en Mongolia y Asia Central, a otro valenciano que lo hizo 15 años en Afganistán, a un par de conocidos que cruzaron Mongolia y Nepal en bicicleta, a otro grupo de ciclistas que también estuvo en Mongolia o a una pareja que se fue a Asia para pasarse dos años pedaleando. Pero aún no tienes suficiente información y te pones en contacto con las embajadas españolas en Moscú y Ankara, consultas Internet y te lees seis o siete libros que hablan de los países por los que tienes que pasar. Deprisa y corriendo, porque no tienes tiempo y porque hay muchas otras cosas que hacer, como conseguir el material, técnico y tan ligero como sea posible. Irás comprándolo poco a poco después de visitar los principales comercios de artículos de deporte de Barcelona, para encontrar aquella tienda que pesa un kilo y medio, el saco de 800 gramos o el minihornillo de alcohol con paella de teflón. Y cuando lo tengas todo, lo pesarás y harás una última criba, porque descubrirás que todo lo que quieres llevar no cabe en tus alforjas, que sólo las guías y los mapas —convenientemente recortados para eliminar las partes superfluas— ya pesan cuatro kilos y medio, y el botiquín más de medio kilo. Y, claro, te has propuesto no superar los 20 kilos de equipaje. Así que incluso dejarás la toalla en Barcelona y la sustituirás por una bayeta de cocina, mínima, que durante unas cuantas semanas te permitirá, si no secarte, por lo menos asearte un poco.

Pero no tienes suficientes garantías de que todo esto funcione, así que irás a pasar algunas noches al fresco, acampando discretamente en un bosque cercano a Barcelona. El tiempo corre y todavía hay asuntos que solucionar. Quieres más garantías de que todo irá bien. Así que encontrarás un rato para acercarte a una tienda de alimentación para deportistas, donde comprarás un carísimo envase de Mega Men, unas píldoras marrones que gracias a las 30 vitaminas que contienen te ayudarán a superar los momentos críticos. Ahora no lo sabes, pero este producto milagroso tiñe la orina de color amarillo fosforescente. ¡El susto que te llevarás cuando lo descubras en medio del desierto del Karakum!

Pocas semanas antes de partir aún quedan muchas cosas que hacer. No puedes dejar de ir al dentista para que te tape una docena de caries, no sea que te hagan pasar un mal rato por países remotos ¡Ah!, y al servicio de medicina tropical, para que te pongan todas las vacunas que sean necesarias. «Mándanos una postal», te dirá la practicante al salir. Es natural: eres el primer paciente que se va hacia aquellos países.

Y, mientras tanto, ir entrenando, cada día un poco más, cada día recorriendo una distancia más larga. Las noches las tienes reservadas durante dos semanas para un cursillo de mecánica avanzada, con el fin de aprender a reparar las averías más complejas que puede sufrir una bicicleta.

Hasta que un día levantas la cabeza y te das cuenta de que la hora de partir está próxima y que cuantas más cosas sabes, más perdido estás. Pero te convences de que ya has hecho todo cuanto podías, y te pones en manos del destino. Ya no puedes echarte atrás y la familia, aunque le duela, acaba aceptando que no te bajarás del burro. Vas a aprovechar los cuatro meses que entre permiso sin sueldo y vacaciones has conseguido del trabajo. Ni un día más. El 1 de agosto debes estar de vuelta en Barcelona para trabajar.

Así es como me propuse hacer el viaje. Lo que sigue es el relato del mismo. Pero que nadie se confunda. El libro que tenéis entre las manos no es ni una guía turística repleta de datos ni un documento riguroso sobre los ocho países que he cruzado. *A China en bicicleta* es la transcripción del cuaderno de viaje de un ciclista que, además de alguna veleidad deportiva, también es periodista. Son, pues, impresiones, notas tomadas al final de cada jornada a partir de la realidad, completamente subjetiva, que un servidor ha vivido. Ni más ni menos.

Invito, pues, al lector a subirse conmigo a la bicicleta y a acompañarme a vivir —aunque sólo sea un poco— una experiencia apasionante por Asia. Un discreto resumen de lo que ha dado de sí pasarse cuatro meses sumergido en una espiral de novedades y sorpresas continuas. Un viaje que no podré olvidar mientras dentro de mi cráneo quede alguna neurona en funcionamiento.

GABRIEL PERNAU,
26 de mayo de 1997

TURQUÍA

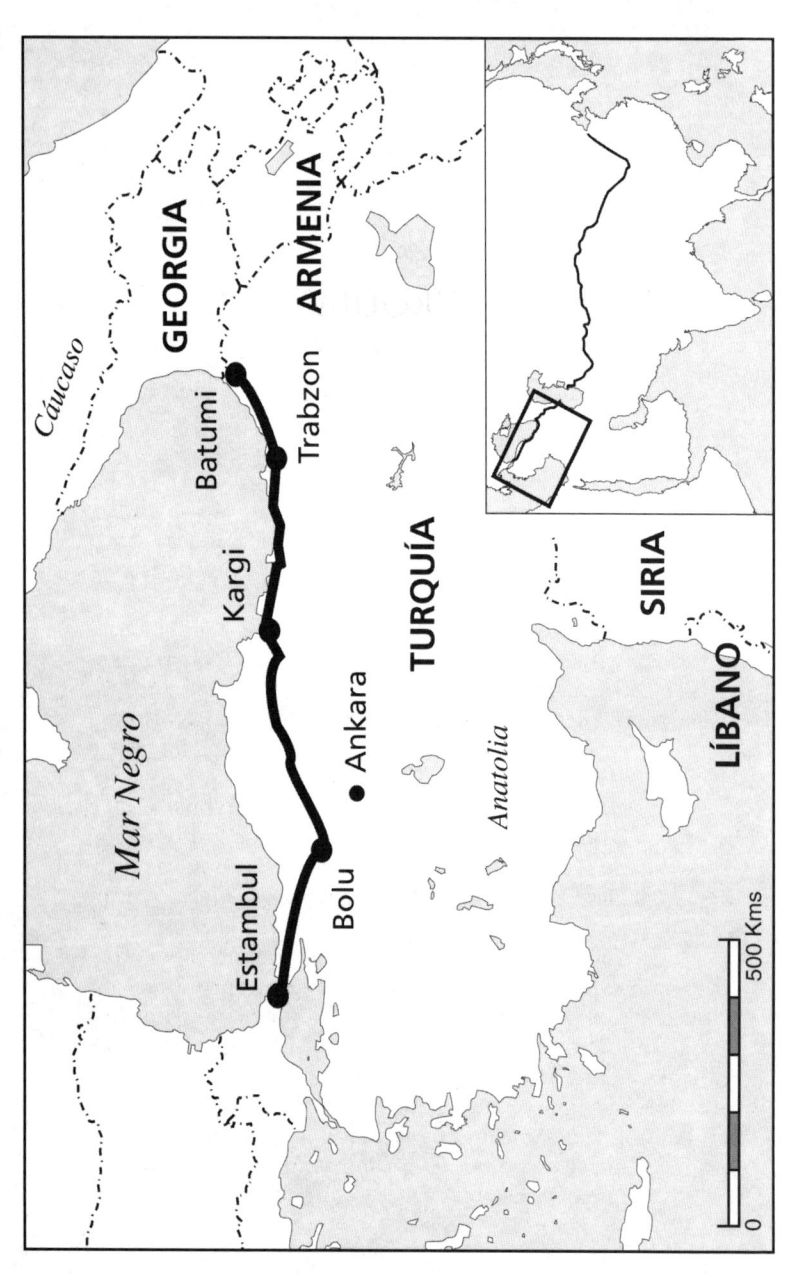

TURQUÍA
ESTAMBUL
29 de marzo (día 1)
6 km

La suerte está echada

No sé qué hago dentro de esta tienda de campaña-ataúd. Apenas tengo espacio para moverme y hace frío, mucho frío. ¡Y yo que pensaba que en Turquía siempre hacía calor! Estoy vestido dentro del saco que me vendió mi amigo Pere, una maravilla que sólo pesa 800 gramos y que, según la etiqueta, te permite aguantar hasta los cinco grados sin problemas. Pues debemos estar por debajo de esta temperatura, porque de mi boca no para de salir vapor. El suelo es duro y precisamente he ido a plantar la tienda encima de una piedra. ¡Vaya lata! Y, además, entre las alforjas de la bicicleta que me tocan la cabeza y los escasos dos metros veinte de la tienda, me falta espacio para moverme. Y fuera, por si no fuera suficiente, llueve sin cesar. ¡Mierda! ¿Todo me tiene que salir mal? ¿Todo el viaje será tan incómodo? ¡Si es así, la he hecho buena! Con lo bien que estaría ahora en casa, en mi cama, cubierto con dos mantas, escuchando tranquilamente las noticias de la medianoche, recuperando fuerzas para una nueva y tranquila jornada laboral.

Pero aquí me tienes, en este triste cámping en las afueras de Estambul, en mi primer día de viaje por tierras «infieles». ¡Ja, ja! ¿Qué dirían, ahora, si me vieran, aquellos que antes de salir opinaban que estaba loco, que qué se me había perdido en aquellos países de nombres impronunciables? O aquella mujer, tan enjoyada ella, que cuando le comuniqué que me iba cuatro meses de viaje por Asia, solo y en bicicleta, no pudo reprimir un divertido «¡qué horror!». Le salió del alma, y me dolió. Bien visto, es natural que lo dijese: seguramente el viaje que entonces preparaba era la cosa más horrorosa que podía llegar a pasarle. No quiero decir que yo tuviese clarísimo que todo me iría muy bien o que un viaje bestia como éste me encantaría. Ni mucho menos. Una cosa es leer, con la seguridad que da la distancia, lo que otros han hecho, y otra bien distinta vivir y sufrir en carne propia las dificultades cotidianas que se presentan en un viaje así. Y encima solo... y en bicicleta...

No sé; quizá todo era realmente una locura. El recuerdo que guardo de aquella primera noche de viaje es que estaba hecho un flan. Era incontable la cantidad de dudas que me acechaban a esa hora, pasada ya la medianoche, mientras intentaba conciliar el sueño. El gran interrogante era saber si sería capaz de cubrir los 10.000 kilómetros que separan Estambul de Pekín en sólo cuatro meses. Me preguntaba si mi cuerpo aguantaría. ¿O me vencerían antes la soledad y la añoranza? Por no hablar de algo todavía peor: me imaginaba descubriendo, a 3.000 kilómetros de casa, que un viaje así no estaba hecho para mí y que lo mejor sería que regresase a Barcelona con el rabo entre las piernas. Sería humillante. Por supuesto, siempre podría comprar un billete de avión con destino a una playa paradisíaca donde pasar las semanas de vacaciones que me quedasen, pero no era ése el tipo de viaje que había imaginado.

Bajo una óptica estrictamente personal, lo más decepcionante hubiera sido quedarme colgado en la primera frontera, queriendo pasar pero sin poder hacerlo. ¿Qué haría en ese caso? ¿Quizá dar media vuelta e ir a buscar otro sitio por donde continuar, o a lo mejor hacer las maletas y volver? Bien pensado, la verdadera catástrofe sería enfermar. ¿Quién me cuidaría, en ese caso? ¿Me serviría de algo el seguro médico que había contratado una semana antes de salir? Imaginaba que sí. El día que estuve en la compañía aseguradora la chica me leyó todas las condiciones y recuerdo que dijo que, en el peor de los casos, me aseguró que mi cuerpo sería repatriado por vía aérea en una caja de madera (me parece recordar que explicó que de cedro).

«No pienses en esto, bobo», me dije.

¿Y si el problema fuera provocado por el agua? Si se me acaba en medio del desierto o bebo agua contaminada, ¿qué haré? Por no hablar de la ropa de abrigo, las medicinas o el dinero (¿llevaba el suficiente?). Tampoco tenía ni idea de dónde cambiaría mis cheques de viaje por dinero, cómo conseguiría los cuatro o cinco visados que todavía me faltaban, cómo me recibiría la gente, si el viaje resultaría tan gratificante como suponía... Problemas, problemas, problemas. Es lo único que veía a esa hora de la noche: problemas.

Lo peor no sería nada de eso, pensé. Lo peor sería que me lo robasen todo dos días después de aterrizar. ¿Cómo podría volver a presentarme, yo, el intrépido aventurero, delante de la enjoyadísima mujer sin mi bicicleta, sin mi dinero y sin viaje que contarle? Me diría, con mucha suficiencia, que ella ya lo sabía, que ya me lo había dicho, que, anda, cómo se me podía ocurrir a mí —insignificante reporterete aficionado— pretender hacer un viaje de ese tipo, que un proyecto de tamaña envergadura sólo está hecho para hombres con agallas. Que lo mejor que puedo hacer en esta vida es dedicarme a escribir en la hoja parroquial o en un fanzine del barrio. Y ya me veía yo, completamente hundido, volviendo solo hacia casa y de noche, con una rotunda sensación de haber hecho el ridículo.

Y todo habría sido por mi culpa. Había dedicado los últimos meses a contar a familiares, amigos, conocidos y no conocidos, la idea que bullía en mi cabeza. ¿Por qué hablé tanto si ni siquiera tenía claro que pudiese hacerlo? Muy sencillo: para que a última hora no pudiera echarme atrás. Cuanta más gente lo supiera, más difícil me sería renunciar, agarrándome a cualquier inconveniente como si fuera la excusa perfecta que necesitaba para justificar una retirada honrosa.

Pero a esas horas de la noche era ya demasiado tarde para arrepentirse. Al contrario. Recién llegados desde Barcelona en avión, yo y mi novísima Rockhopper («saltadora de rocas», en inglés) acabábamos de dar el salto al vacío. Sólo faltaba por saber qué nos esperaba en el fondo de aquel abismo, si un blando colchón de plumas o una durísima capa de hormigón. Ahora sí que iba en serio. Después de ocho meses de preparativos, la suerte estaba echada.

Acampada bajo la lluvia

Todavía no sé muy bien cómo lo hice, pero conseguí que sólo mi padre fuera al aeropuerto a despedirme. Recuerdo que me hizo unas cuantas fotos después de decirme adiós, mientras las escaleras mecánicas que me conducían a la terminal de internacional nos iban separando. Ignoro por qué lo hizo, aunque sospecho que por el miedo a que, unas semanas después, tuviera que partir en busca del hijo desaparecido.

El vuelo Barcelona-Estambul fue relativamente rápido, aunque el billete-ganga de las líneas aéreas de Rumania que había comprado por 104.000 pesetas (con vuelo de vuelta Pekín-Barcelona) tenía el inconveniente de que me obligaba a hacer un transbordo en Bucarest.

Viajaba yo concentrado en mis cosas cuando, al llegar a Madrid, un hombre joven se sentó a mi lado. Era rumano, iba elegantemente vestido, con americana y corbata, llevaba un dorado reloj de pulsera y era evidente que se había cortado el pelo hacía pocas horas. Se le veía nervioso, y como que yo también lo estaba, enseguida entablamos conversación. Me explicó su historia. Se llamaba Gheorghe y había huido de su país hacía siete años, cruzando los Cárpatos a pie y sin un duro. Con su hermano como único compañero de aventuras, había viajado por toda Europa como había podido, a veces durmiendo debajo de puentes, en busca del trabajo y del futuro que su país le negaba. Austria, Chequia, Alemania, Francia y Suiza les vieron pasar en un largo peregrinaje que, finalmente, les condujo a España. Aquí estuvo de suerte. Consiguió dos cosas realmente difíciles para un extranjero: trabajo y permiso de residencia. Y no un empleo cualquiera. Entró a trabajar en la General Motors de Zaragoza, y ganaba en un mes el mismo dinero que habría conseguido en un año y medio de trabajo en Rumania. Gracias a eso, Gheorghe se había podido comprar un Opel Calibra, que le gustaba poner a doscientos, y con el que, un buen día, casualmente, conoció a su futura esposa. Al cabo de un año la pareja tuvo su primer hijo. Dos meses después, Gheorghe volvía a casa para ver a los suyos.

—Ya ves qué cambios da la vida, que hasta a mí me cuesta asimilarlos. Mi mujer dice que lo que yo he pasado es increíble, que tendría que escribir un libro. Y supongo que algún día lo haré. Lo que intento ahora es ayudar a los rumanos que llegan a Zaragoza y que están como estaba yo hace muy poco tiempo; con muchas ganas de hacer cosas y muy pocos medios. Me veo obligado a hacerlo. Hoy por mí, mañana por ti.

A punto de aterrizar, Jordi —como le llaman sus compañeros de trabajo aragoneses— estaba impaciente de verdad. Después de siete años, tenía muchas ganas de ver a sus parientes y explicarles cómo le habían ido las cosas. Cuando llegamos a Bucarest, había anochecido. Nos despedimos y nos deseamos suerte.

Al volver a quedarme solo, advertí que aquella conversación me había relajado, que estaba más tranquilo, y pensé en las curiosidades de la vida: Gheorghe se ponía nervioso porque se acercaba a casa, y yo justamente por lo contrario: porque cada vez estaba más lejos de ella.

La hora larga de vuelo que restaba hasta Turquía la pasé muy concentrado, repasando mentalmente todo lo que tenía que hacer cuando aterrizásemos y temiendo que la bicicleta —que viajaba en la bodega— llegase estropeada o que algún operario despistado la hubiese facturado hacia Calcuta, Moscú o Islamabad.

Sin duda, las once de la noche no es la mejor hora para llegar a Estambul. Definitivamente. ¿Por qué será que los vuelos *charter*, o con compañías digamos poco conocidas, siempre llegan a destino a horas intempestivas? Como aquella vez, con los compañeros de travesía, que aterrizamos en Marrakech a la una de la madrugada más perdidos que un tuareg en la plaza Cataluña, y con dos tíos de pinta sospechosa que nos perseguían en un ciclomotor. Y nosotros, venga pedalear, como si en ello nos fuese la vida, a pesar de que viajando en grupo deberías sentirte más seguro. Pero ahora estaba completamente solo, con la bicicleta como única compañía, y sin comprender ni papa de lo que me decían. Afortunadamente, la Rockhopper llegó muy bien, gracias, casi tan nueva como salió de Barcelona, con la llanta trasera reforzada a punto para comenzar a rodar y el portabultos de aluminio intacto. «Es un consuelo —pensé—. Pero ¿y ahora qué?»

Pues a pagar el visado, a hacer el primer cambio de moneda, a preguntar por un sitio para pasar la noche, y a la calle, que es tarde y... estaba lloviendo. Para acabar de rematarlo, el aeropuerto quedaba apartado de la ciudad y de los hoteles. Sin perder ni un minuto, empecé a pedalear a oscuras, cubierto de la cabeza a los pies por un impermeable, con el camino escasamente iluminado por mi luz frontal. Entre los coches que me pasaban a dos palmos y los charcos que se formaban en el arcén tenía que circular continuamente en zigzag. No es que la lluvia fuera muy intensa, pero sí muy pesada, tan perdido como iba. Y lo peor es que no encontraba a nadie a quien preguntar.

El corazón me latía a cien por hora, no sé si a causa del esfuerzo o de la emoción de quien siente que algo que ha esperado largamente está a punto de empezar. Por delante aguardaba todo un mundo por descubrir: una ciudad como Estambul, un país como Turquía, infinidad de fronteras que cruzar, gente extraña de la que pocas cosas sabía y un objetivo tan lejano que casi prefería no recordar. «Estambul-Pekín: la ruta de la seda en bicicleta.» Sí, sonaba muy bien cuando estaba en Barcelona, pero no ahora que no encontraba ningún lugar donde dormir. «¿Y si buscases un sitio para acampar?» Dicho y hecho. Pero quién es el guapo capaz de encontrar un sitio tranquilo en el que plantar la tienda al lado de una gran ciudad. La respuesta la tuve pocos minutos después, cuando el agua ya me empezaba a calar. Era un cámping. Aquel recinto desértico no debía ser el mejor sitio de Estambul en el que pasar una noche lluviosa, ciertamente. El suelo estaba mojado. Había un guardia de seguridad que, al verme, puso cara de «adónde va este desgraciado». Poco me importaba lo que pensase. Era el primer día y había hecho sólo seis kilómetros, pero estaba derrotado.

TURQUÍA
ESTAMBUL
30 de marzo (día 2)
47 km (53 km)

Al otro lado del Bósforo

He despertado más tranquilo y repuesto, pero preocupado. La lluvia no ha dejado de caer en toda la noche, y no parece que se proponga hacerlo en las horas siguientes. Mientras decido qué hago, salgo fuera. El lugar en el que me encuentro —muy verde— no está mal. Se ven otras personas de acampada que, aprovechando el fin de semana, han venido a verificar que su tienda o caravana siga como tiene que estar. Hacia las diez, la lluvia cesa; pienso que en cuestión de media hora podré ponerme en marcha. Vana ilusión. Media hora más tarde vuelve a llover. Más agua, y una increíble pereza de empezar a pedalear en estas condiciones. Pero ¿qué puedo hacer? De momento, llevarme algo al estómago, y ya habrá tiempo para decidir. Saludo tímidamente a un hombre de la recepción del cámping, que me indica dónde encontraré un sitio de comidas.

Mi primer contacto con la gastronomía turca no es como para echar las campanas por la ventana (¿seguro que era así?). Doy vueltas por el barrio cercano al cámping sin encontrar ningún sitio que me convenza. Todo lo encuentro sucio, poco higiénico y la gente me inspira poca confianza. Hasta que el hambre puede más que todos mis prejuicios, y hago caso a los chicos que me llaman para que me acerque a su establecimiento. Creo que fue en ese momento cuando empecé a vivir lo que es Asia. Me invitan a sentarme con otras personas. Alguien trae una inmensa barra de pan y un tarro lleno de yogur, y los comensales se empiezan a servir, sin platos ni cubiertos. Un único vaso sirve para todos; va de boca en boca. Tardo en reaccionar, hasta que, precipitadamente, nervioso, trato de imitarlos. Tan mal lo hago que tengo que excusarme por lo que creía que en Turquía, como en otros países musulmanes, era una descortesía, que es tomar la comida con la mano izquierda. Los que se sientan alrededor de mí me lo perdonan abriendo las manos y con una amplia sonrisa. A fuerza de gestos logro explicar a esos hombres cómo me llamo y de dónde vengo. Y poco más. La mayoría de las preguntas quedan colgadas en el aire. Y yo venga repetir «*thank you, thank you*» como un idiota, maldiciéndome por no saber ni dar las gracias a aquellas buenas personas que, sin conocerme de nada, acaban de invitarme a compartir su comida.

Al salir del café tengo la sensación de que el viaje acaba de comenzar en ese preciso momento. Y no precisamente mal. El primer recibimiento ha sido sensacional. Reboso optimismo. Y, para postre, ya no llueve. No hace falta que me quede ni un minuto más en el cámping. Puedo levantar el campamento. Ya no es necesario que pierda un día haciendo turismo en Estambul, vagando impaciente a la espera de poder marchar. Ya sé que esta gran ciudad, frontera de Europa, puerta de Asia, merece algo más, pero estoy impaciente por partir. Todo el continente asiático me espera. Sólo tengo que cruzar un puente. Pero... ¡vaya puente!

Después de hacerme unas fotos testimoniales con Santa Sofía y la gran Mezquita Azul al fondo, cruzo un primer puente que enlaza el Cuerno de Oro con el resto de la ciudad antigua, todavía en la parte europea. Lo difícil será pasar a la parte asiática. El primer puente resulta inaccesible. Es una autopista, intransitable en bicicleta. Ya me veo cogiendo el ferry cuando, a través de una casa, consigo meterme en el puente nuevo que cruza el estrechísimo Bósforo, una increíble estructura colgante no apta para cardíacos o personas que sufran de vértigo. Tiene una altura colosal. Las corrientes que van y vienen entre el mar de Mármara y el mar Negro forman unos remolinos que, vistos desde arriba, marean.

Entre una cosa y otra, la tarde pasa volando. Tengo que encontrar un sitio donde dormir, y ya, porque el sol está a punto de ponerse y comienza a refrescar. A la vista de que tampoco podré hacerlo en un hotel, subo a una colina, buscando un espacio en el que plantar la tienda. No encuentro ninguno. Vuelvo a la carretera y hago unos kilómetros más. Es inútil. Tengo que tomar una decisión para no quedarme tirado. Doblo en el primer cruce que encuentro, pero la carretera muere en una casa particular. «Bien chaval, hasta aquí has llegado; tendrás que forzar un poco las cosas.»

—Disculpe, buen hombre. Yo ciclista, Barcelona, bicicleta. Cámping; tienda de campaña para dormir. Usted jardín *very* guay. Yo cansado y es tarde. ¿Yo cámping aquí? Yo, buen tío. Prometo. Mañana *morning, bye, bye*. ¿OK?

Con la pinta que hago, no le cuesta entenderme. No sabe decirme que no. Cuando ya tengo la tienda montada y empiezo a comerme los bocadillos y plátanos que he comprado, aparece el hombre. Sadik, que así se llama, ha consultado al patriarca, su padre, y han convenido en que suba a cenar con ellos. Cuando entro en el comedor, las mujeres se retiran a la sala del televisor y sólo se queda la mujer de Sadik, que prepara la comida, y los hombres. Ceno ensalada, sopa y unos bollos de arroz con carne. Todo muy sabroso. Junto a mí se sienta el abuelo, orgullosamente apoyado sobre un bastón, al lado de la estufa, y algo más apartados Sadik y su hermano, mientras cuatro o cinco niños juegan alrededor de nosotros, siempre atentos a las órdenes de los mayores. Nos entendemos con el poco inglés que Sadik aprendió cuando trabajaba de marinero por los puertos mediterráneos. El abuelo pretende llevar la voz cantante, pero se desilusiona al descubrir que su alemán no le sirve conmigo.

Cuando me despido me piden que les dé mi dirección, un ritual que en los meses siguientes se repetirá infinidad de veces. Pero esta vez, por ser la primera, me choca. No me fío. No me atrevo a darles la dirección correcta. «¿Y si dentro de unos meses se presentan en Barcelona, en casa de mis padres, con sus familias?», me pregunto. Les doy unos datos falsos. Mañana me arrepentiré, y de ahora en adelante cada vez que vuelvan a pedirme una dirección, independientemente de la razón por la que lo hagan, les daré la verdadera. No tengo ni idea de qué uso van a hacer de ella, pero ¿acaso ellos sabían algo más de aquel ciclista desconocido? ¿Cómo puedo yo dudar de esos hombres si ellos no han dudado de mí?

TURQUÍA
ESTAMBUL-KORFEZ
31 de marzo (día 3)
93 km (146 km)

Poco acostumbrado a los 40 kilos

Ha sido una sensación muy agradable dormirme esta noche oyendo el runrún de los barcos que cruzaban el Bósforo. El jardín de Sadik es un mirador privilegiado sobre este largo corredor de agua. Después de desear buenas noches a la familia, me fumé el último Ducados que me quedaba mientras contemplaba el tránsito constante, nada molesto, de buques que iban y venían en una y otra dirección, muy lentamente, sin detenerse. Embarcaciones que iban de Oriente a Occidente y de Occidente a Oriente, igual que en el pasado hicieron civilizaciones y culturas. No menos impresionante ha sido despertar, a las cinco de la mañana, oyendo el canto de los muhecines llamando a oración. Eran unas voces llorosas que salían de los incontables minaretes que pinchan el cielo en las dos orillas del estrecho. En un primer momento los lloros me parecieron lejanos y solitarios, para terminar, al cabo de pocos minutos, tan próximos a mi tienda que parecían querer entrar en ella.

Todo muy auténtico, pero ha impedido que vuelva a dormirme. Hacia las nueve Sadik se acerca a la tienda con una sorpresa: una bandeja con el desayuno, a base de fortísimo café turco, dos pastas y olivas. «Muy bien —me digo—; si todo el viaje es así, difícilmente me encontraré nunca solo.»

Sin pérdida de tiempo, doy unos caramelos a los niños y digo adiós a la familia. Hace buen tiempo y vale la pena aprovecharlo. Además, tengo ganas de dejar de una vez Estambul e ir hacia el interior de Turquía, ya que estos dos primeros días apenas he conseguido avanzar. La desilusión, sin embargo, será grande. La carretera que me aleja de la capital resulta ser una autopista, que por aquí —muy alemanes, ellos— denominan *otoban*. Tiene tres carriles en cada sentido y cruza un incontable número de barrios dormitorio. Por ella circula toda clase de vehículos. Especialmente enojosos son los autobuses. Se paran cada 300 o 400 metros para recoger pasajeros, frenando de la forma más bestia e imprevista, a menudo sin ninguna señal de advertencia, cortándome el paso a mí y a los conductores que vienen detrás. A menudo no me queda otro remedio que circular sobre la capa de barrillo que se acumula en el lateral, y que, claro, me deja hecho un buñuelo.

Por la tarde ya he dejado atrás los barrios dormitorio de Estambul y el paisaje se vuelve algo más agradable. El mar me acompaña. Aunque se trate de una costa que prácticamente no conserva nada de lo que debió de ser en el pasado. Industrias de todo tipo, plantas químicas, refinerías de petróleo, barcos que al pasar dejan algo más que espuma y ríos de aguas de colores imprecisables trazan un panorama deprimente. «Aquí venía yo a hacer pesca submarina hace veinte años, porque había muchos peces; pero hoy ya nadie se baña», me contaría unos días más tarde un ingeniero.

Esta noche dormiré en un hotel. Que ya toca, después de dos noches de pasar frío. Debo recuperarme del fuerte resfriado que me acompaña desde Barcelona. Los próximos días tendré montaña, y allí hará frío de verdad.

Estoy cansado, poco acostumbrado a llevar una bicicleta que con las dos alforjas llenas pesa 40 kilos, y ya hace dos días que no me ducho. Ceno muy pronto, con la intención de ir a la cama temprano. A la hora de los postres, unos hombres me invitan a sentarme con ellos. Son trabajadores de una planta química y lo primero que piensan es que yo también estoy allí por cuestiones de trabajo. «Ah, pero tú no haces fotos como los japoneses», dice uno de ellos, sorprendido, al descubrir que soy un «turista». El otro gran tema de conversación de esta sobremesa turca es la habitual en este país, el fútbol, un deporte que por aquí mueve las más desatadas pasiones, y que es capaz de deshacer amistades de años. Tanto es así que, días más tarde, un hombre me clavará una mirada asesina cuando le diga que soy de Barcelona y del Barça. Resulta que los blaugrana eliminaron a su equipo de no sé qué competición europea. Y yo sin saberlo.

Se hace tarde. He rehusado la invitación para ir a jugar al póquer. Estoy satisfecho. El contacto con la gente es más sencillo de lo que creía. Agradezco las facilidades que me dan y sus ganas de comunicarse. De todas formas, intento mantener un punto de equilibrio: abierto y cordial, pero prudentemente desconfiado. Dormiré con una silla detrás de la puerta. Por si acaso.

TURQUÍA
KORFEZ-HENDEK
1 de abril (día 4)
87 km (233 km)

La mujer no responde

¡Cómo pueden cambiar las cosas en una noche! Tan contento que me acosté ayer, y hoy me despierto con un día gris y lluvioso, que no me impide ir en bicicleta, pero que me lo dificulta enormemente. Puedo rodar hasta Izmit, que está a unos 20 kilómetros, bastantes más hasta Adapazan, o bien tomar un autobús. Lo peor no es el agua que cae junto a la costa, con ocho grados de temperatura, sino la nieve que debe de caer en Anatolia a partir de mil metros de altura.

Pero, igual que en Estambul, deja de llover. Y ha sido justo cuando terminaba de preparar el equipaje para tratar de avanzar hasta donde me sea posible. Finalmente he podido recorrer 87 kilómetros. Todo me ha salido redondo. También es verdad que durante la primera hora y media lo he pasado mal. No llovía, pero la carretera... ¡Qué carretera! Muy ancha, sin subidas y con arcenes generosos, sí, pero que acumulaban tres dedos de polvo, el cual, con la lluvia, se había convertido en ese barro resbaladizo que —un día más— me ha dejado bien rebozado, desde la visera del casco hasta el interior de las botas. Sobre todo cuando he pasado por una ciudad que, a juzgar por la cantidad de agua que se acumulaba en sus calles, debía de carecer de sistema de alcantarillado. El último tramo del día ha sido más cómodo, y me ha servido para acostumbrar las piernas a pedalear y pedalear *(turqui que turqui).*

He encontrado el hotel a la primera. Bueno, a la segunda, porque la primera persona a quien he preguntado no me ha respondido. Unos minutos después me he percatado de sus motivos. Era una mujer, y en Turquía son muchas las mujeres que no hablan con hombres, menos todavía si son desconocidos, que por algo existen los maridos. En cuatro días, ésa era la segunda mujer a quien dirigía la palabra (la primera fue una chica —muy guapa, por cierto— de la British Petroleum, en Estambul). Me ha venido a la memoria el aspecto de los bares y cafés en los que he estado: ni una mujer. Quizá en la capital sea distinto. Pero todas las mesas que he visto estaban ocupadas por hombres de piel morena y frondosos bigotes que parecían querer disimular sus narices puntiagudas. El único sitio donde encuentras alguna representante del sexo femenino es en las pastelerías *(pastanessi)*, pero siempre acompañadas de amigas y familiares. Nunca solas. Turquía puede tener una primera ministra, pero la Turquía interior que empiezo a descubrir se parece cada vez más a Marruecos y Túnez, los otros países islámicos que conozco.

Por la tarde, en el hotel, me toca hacer la colada. Mehmet, el propietario, me habla de un norteamericano, un tal Frank David, que pasó por aquí hace tres semanas. Este David, oficial de la Marina de Estados Unidos, viaja en bicicleta, y siguiendo una ruta parecida a la mía. La principal diferencia es que él salió de Inglaterra, y, el muy animal, aspira a llegar a Pekín, subir hasta el estrecho de Bering y entrar en su país por Alaska, según se puede leer en la tarjeta que le dejó a Mehmet. Un tío curioso, este David. Me habría gustado conocerle, porque seguro que en él me hubiera visto reflejado a mí mismo.

Por la noche conozco a más gente. Estoy fumando el cigarrillo de después de cenar, cuando se me acerca un hombre muy bien vestido que habla inglés a la perfección. Es Alí Turgaz, un ingeniero de caminos que trabaja en la construcción de autopistas. Me cuenta muchas cosas de su país, sobre todo de la difícil situación por la que atraviesa, de la relación de Turquía con Europa, del mundo islámico... Dice que un país musulmán como el suyo tiene muchas dificultades para ser aceptado como tal por el mundo occidental, ya que hay «muchos intereses» que tratan de impedirlo. De estas dificultades no se tienen que preocupar los países árabes productores de petróleo, que tienen la vida resuelta, pero Turquía, con una inflación del 100% anual y un aumento de los sueldos de sólo el 20%, tiene gravísimos problemas, dice, y pone como ejemplo el déficit público, cuyo incremento llevó al penúltimo gobierno a triplicar los peajes de las autopistas de un día para el otro, creando un notable malestar en las clases medias. Y el de la superpoblación (65 millones de habitantes, diez millones de los cuales en la capital), el éxodo hacia Estambul y las provincias próximas a Europa... Alí no cree que haya solución a tantos problemas, por lo menos a corto plazo. De forma que se remonta al pasado y habla de la grandeza del imperio otomano, que extendió sus tentáculos hasta Rusia, Arabia y el estrecho de Gibraltar y que, en 1863, se quedó a las puertas de Viena.

Es casi medianoche. Mañana, tanto él como yo tenemos mucho que hacer. Vamos a los barracones donde tiene la oficina y me regala un mapa de carreteras decente, y no la porquería de treinta por veinte centímetros que tantos problemas me estaba ocasionando. En la puerta de mi hotel, me da su teléfono para que le llame si tengo «cualquier problema» mientras esté en Turquía; me aconseja que vigile en las montañas, que en esta época aún puede nevar.

Ya en la habitación, paso un rato escribiendo mientras como avellanas turcas que —lo siento por los avellaneros catalanes, pero tengo que decirlo— están buenísimas y me han costado cuatro ochavos. Me quedo mirando un retrato que hay en la pared. En él aparece Atatürk, el padre de la actual sociedad turca, delante de una bandera roja. «Tú lo comprendes, ¿no? ¿Verdad que los de Reus me lo perdonarán?», le pregunto.

TURQUÍA
KORFEZ-BOLU
2 de abril (día 5)
86 km (319 km)

El puerto y los camiones

Esta mañana ha sido un gusto abrir un enorme mapa de Turquía y descubrir, a una escala mínimamente legible, dónde me encuentro. También he visto todo lo que me falta por recorrer. Si mis cálculos no son erróneos, tardaré una semana en cruzar Anatolia y otra más para bordear la costa del mar Negro hasta la frontera de Georgia. Dos semanas, sobre el papel. Mucho tiempo de viaje, aún, y sólo llevo cinco días.

El primer puerto del viaje constituye una experiencia dura, aunque su desnivel sólo es de 900 metros. Parte de la culpa del cansancio es de Mehmet, el del hotel, que me ha sacado de la cama a las nueve porque no sé qué tenía que hacer y no quería quedarse esperando a que yo, su único cliente, despertase. Más atento ha sido el propietario de una *pastanessi* que me ha invitado a desayunar. El día es soleado y el paisaje, muy agradable, ideal para avanzar sin prisas, lo que me permite reservarme para las fuertes rampas que encontraré a primera hora de la tarde.

El puerto es de campeonato, sin un solo llano que permita estirar las piernas, con cantidad de camiones y autocares jugando a las carreras. Unos las hacen de subida, en una especie de competición en la que parecen ensayar a ver quién va más lento, con dos vehículos de gran tonelaje emparejados durante minutos, intentando adelantamientos suicidas que obligan a hacer arriesgadas maniobras a los que bajan. Y éstos son aún más peligrosos. Se saltan las líneas continuas a velocidades de vértigo y hacen ráfagas luminosas a los otros para que se aparten. Verlo desde la bicicleta da miedo, pero, ahora mismo, no cambiaría mi medio de transporte por ningún otro. Al fin y al cabo, en caso de peligro puedo lanzarme a la cuneta. Sólo tendré que confiar en que en ese momento no circule nadie por allí, porque incluso esta franja sin asfaltar es utilizada por los más energúmenos cuando se encuentran con los dos carriles ocupados.

Pobre de mí, me arrastro cuesta arriba a la velocidad que buenamente permiten mis piernas, con el plato pequeño y el piñón grande, a no más de siete u ocho kilómetros por hora. Los camiones me adelantan tan lentamente que casi puedo tocarlos. A menudo me obligan a pararme a causa de la cantidad de humo que escupen sus tubos de escape. Y, además, desde algunos de ellos me dicen cosas que no entiendo, pero que me ponen nervioso.

Resoplando, llego arriba. Entre los pinos queda nieve del invierno, pero no hace nada de frío. Y para mañana anuncian 17 grados. Ningún problema. Aun así, me quedo helado. Descubro que acabo de perder el soporte de una alforja. ¿Y éstas son las alforjas que me vendieron como las mejores? Pues estamos frescos, yo y mi máquina, si tenemos que continuar así hasta finales de julio. Por fortuna, mi arcángel ha decidido no abandonarme todavía, y apenas me pongo en marcha encuentro la maldita pieza metálica, a sólo dos metros de donde estaba sentado. La suerte continúa conmigo. ¿Hasta cuándo? Lo ignoro, pero tengo que estar preparado, con la guardia bien alta, para cuando las cosas empiecen a torcerse. Las desgracias nunca vienen solas, y hasta ahora todo está saliendo muy bien. Demasiado, incluso.

TURQUÍA
BOLU-ÇERKÉS
3 de abril (día 6)
123 km (442 km)

Los visitantes nocturnos

La culpa ha sido del propietario de un bar. Llevaba más de 60 kilómetros siguiendo el perfil del altiplano anatolio, siempre entre 1.100 y 1.200 metros de altitud. Al dejar la carretera de Ankara y continuar en dirección este he pensado que el tráfico disminuiría, pero no hasta ese extremo. El individuo en cuestión me ha dicho que Çerkés estaba a 45 kilómetros, y casi todos de bajada. Pues no. La carretera es recta, pero con subidas y bajadas cada dos por tres. Y de 45 kilómetros, nada. Poco después de pasar por Gerede he encontrado un cartel la mar de simpático: «Çerkés, 64 kilómetros.» La moral, por los suelos. Reconozco que ha sido un fallo mío no dar media vuelta y volver a la última ciudad. Me servirá de lección para las siguientes semanas: no puedo tirar por la calle de en medio a la brava sin tratar de conseguir el máximo de información sobre lo que encontraré más adelante.

El caso es que he llegado a Çerkés por la noche, después de dejar atrás una solitaria gasolinera. El paisaje de esta tarde era encantador, pero modesto. Los pocos pueblos eran pequeños, de casas rurales de una sola planta y tejados inclinados. Y pobres, como delata la escasa altura de los minaretes. Un mundo diferente del de los días pasados. Aquí no hay antenas parabólicas.

Suerte que por la mañana he pensado en llamar a casa y mandar unas horrendas postales de guapas y guapos turcos a amigos y familiares, porque en los próximos tres o cuatro días seguramente no podré hacerlo. También he aprovechado para cambiar algunos dólares, con tan buena fortuna —para mí— que por la misma cantidad que cambié hace cinco días hoy me han dado 100.000 liras más, el equivalente a una comida.

Con el cuerpo destrozado, apenas guiado por la luz de una espléndida luna llena, pregunto a unos niños de Çerkés dónde está el hotel de su pueblo. Error monumental. Debían de estar aburriéndose como ostras, porque pegan un salto y se me quedan mirando cual zombis. Hasta que uno de ellos lanza una especie de grito de guerra indio —«*tourist!*»— que acaba con toda la infantería persiguiéndome por las callejuelas de tierra mal iluminadas y yo tratando de esquivarlos con las pocas fuerzas que me restan. Casi de casualidad, encuentro el hotel, justo en el momento en que los gritos «*hotel, otel!; tourist; hallo, hallo*» sonaban más próximos. Entro con bicicleta y todo. El establecimiento no es comparable a otros donde he estado. Se trata de un edificio viejo, con las cortinas raídas, que no recibe una capa de pintura desde hace años. En lo que podría considerarse la recepción encuentro a dos chicos tumbados sobre un sofá. Reclaman silencio. Están muy concentrados, con la vista fija en una pantalla de televisión en la que aparecen los resultados de la jornada futbolística, mientras a través de una radio a todo volumen siguen las incidencias del que, a tenor de los gritos que pega el locutor, debe de ser el partido de la jornada.

Me siento en un diván mientras uno de los chicos echa a la calle, con malos modos, a dos niños que han seguido mis pasos. Intento que me atiendan, sin ningún resultado. Que si «te toca a ti», «que no, que yo ya atendí al cliente de la semana pasada...». La escena es realmente surrealista. Un extranjero llega a un hotel con la respiración entrecortada y le piden que no haga ruido porque... ¡están pendientes del fútbol! Recuerdo el lugar donde he desayunado esta mañana: un hombre, confiando en que le traería suerte, me ha hecho rellenar su boleto de la «toto», la quiniela turca. Por lo menos uno de los chicos tiene la deferencia de traerme agua.

Al finalizar la transmisión, me enseñan las dependencias: una habitación con tres camas, una de las cuales se supone que es para mí. Las ventanas no tienen cortinas y la puerta no se puede cerrar desde dentro. No mucho mejor es el aseo, con un lavamanos de 30 centímetros con el que tendré que apañarme para intentar sacar lustre a mi maloliente cuerpo serrano y un cubo al lado por si alguien, supongo, desea ducharse. El sitio donde se «hacen las cosas» es de aquellos que te obligan a ponerte en cuclillas. No hay papel higiénico. Sólo un jarra de agua. La pregunta del millón: ¿Cómo se lo montan? ¡La imaginación al poder!

Sin tiempo ni para lavarme, los dos tipos insisten en llevarme a *yemek* (comer) a un restaurante. «Cuanto antes cenemos, antes iremos a la cama», reflexiono. Más tarde, volviendo al hotel, me percato del segundo error del día. Estoy a las puertas del que de verdad es el hotel de Çerkés, un edificio de dos plantas que incluso tiene un cartel luminoso en la puerta. Resignado, vuelvo a mi triste barraca. Un poco de higiene, ropa de dormir, estirar un poco los músculos y... uno de los chicos entra en la habitación. Me pide el pasaporte. Unos minutos después vuelve para que le pague. De repente se me enciende la luz de alarma. Ha dicho algo de marcos alemanes. Le hago escribir la cantidad, y él, con toda la jeta, escribe «50 DM». Intento reaccionar. Le digo que no tengo marcos. «¿Dólar?» Tampoco. Sólo liras turcas. «Entonces la cantidad es... un millón de liras.» Me exalto. Le digo si se ha vuelto loco, con toda la mala leche de que soy capaz. Él, muy gallito, intenta mantener el tipo. Con gestos, me dice que si no quiero pagar, ya puedo irme. No lo dudo ni por un momento. Aún tengo en la memoria el hotel «de verdad» que acabo de ver. «Pero qué te has creído —le digo mientras recojo el saco de dormir—; el otro día pagué 600.000 liras e incluso tenía televisor.» OK, de acuerdo, dice. Agarra la libreta, tacha la primera cifra y escribe «600.000 liras». Yo, que ya me veo vencedor en la partida con el timador inexperto que se quiere aprovechar del primer turista que pasa por aquí desde tiempos de Alejandro Magno, le digo que muy bien, que me voy. Quiere que escriba mi cantidad: 300.000 liras, ¿de acuerdo? OK. Acaban de timarme, pero por lo menos evitaré tener que levantar el campamento... ¡me daba una pereza!

El chico ya tiene las liras, pero yo sigo intranquilo. Se ha quedado mirando la bolsa negra donde llevo un puñado de dinero, documentos, la cámara fotográfica... Me asusto. Después del numerito que hemos montado, no sé cómo reaccionará. ¿Y si él y su hermano quieren robarme? ¿Podré defenderme? O aún más: ¿tengo que hacerlo? Lo mejor será solventar el asunto por las buenas y que no me vea enfadado. «¿Qué, chico, hacemos las paces?», le digo mientras le estrecho la mano. No sé si se siente humillado o rabioso, pero se marcha.

Las piernas me flaquean. La soledad y la lejanía me han ayudado a salvar una situación delicada que no lo habría sido tanto si hubiera pactado el precio de entrada. «Te servirá de lección», pienso. Pero no las tengo todas conmigo. Tomo precauciones. Cierro bien los bolsillos de las alforjas, ato las botas a la bicicleta y, por si acaso, la bolsa negra dormirá hoy en el fondo del saco. Si alguien la quiere, antes de llegar a ella tendrá que sacarme a mí.

Paso una hora sin poder conciliar el sueño. Hacia la medianoche, suena la alarma. Cae la botella que he dejado detrás de la puerta. A contraluz, veo la figura negra de un hombre que me mira. ¡Ya está! Que sea lo que Dios quiera. Si me quieren robar, que se lo queden todo, bicicleta, bolsa negra y saco de dormir. Sólo confío en que no me hagan daño y no me encuentren la faja adosada al cuerpo donde escondo el resto del dinero y los cheques de viaje.

Sólo son imaginaciones mías. El hombre, joven, se llama Ahmet; es de Estambul y trabaja en Çerkés. Sorprendido, se queda mirando la bicicleta. Yo, todavía más sorprendido, saco un brazo del saco de dormir con el que me tapaba hasta la nariz para tomar el cigarrillo que me ofrece. Él se va para volver, entre risas escandalosas, acompañado de todos sus compañeros de trabajo. Me encuentro saludando a las siete personas que duermen en la habitación contigua y que ahora rodean mi cama. Quieren saberlo todo acerca de mí. En pocos segundos, he pasado de víctima a atracción nocturna inesperada. Aliviado, satisfago su curiosidad, especialmente la del que lleva la voz cantante, un tipo que viste cazadora de cuero negra, con unas manos que son como dos de las mías y que parece más ancho que alto. Hasta que ven que estoy realmente cansado y deciden dejarme. Uno por uno, vuelven a estrecharme la mano y por fin me quedo solo.

Ha sido un día agotador y me han timado. Aun así, me duermo pensando en que la mayoría de los turcos que he conocido hasta ahora son de fiar.

TURQUÍA
ÇERKÉS-ILGAZ
4 de abril (día 7)
70 km (512 km)

Soy la rareza

Después de una semana de viaje, los días que se acercan serán de un rodar agradable, haciendo camino por las onduladas colinas anatolias. Poco tráfico, sol y carretera ancha. Lo ideal para ir tirando, parando donde me apetece y descansar, tomar un té o ensimismarme en la contemplación del paisaje. Un entorno caprichoso, continuamente rodeado de montañas. Pero también un interminable subir y bajar que le juega algunas malas pasadas a mi sentido de la orientación. Más de una vez me encuentro con que un río que me había acompañado mientras bajaba, de repente, sin que pueda entender el cómo o el porqué, aparece en sentido contrario. ¿Acaso los ríos turcos tienen la peculiaridad de ser de aguas ascendentes? Lo dudo. En todo caso, me sorprende la de vueltas que llegan a dar antes de desembocar en el mar Negro.

La etapa del día es idónea para recuperarme del esfuerzo de los días pasados. Me encuentro por encima de los 1.000 metros de altitud y sólo unos centenares de metros más arriba, a los lados de la carretera, aparecen cumbres nevadas. Pueblos pequeños, con casas de madera y tejados de pizarra, se suceden lentamente y sin pausa ante mi vista, como si estuviera viendo una película sin fin. Hay poca vegetación. Es una tierra pobre.

Llego al pueblo después de dejar la carretera principal, tomando un camino secundario. La estampa es bella. Los cinco minaretes que cuento se recortan perfectamente contra el manto nevado de las montañas que se elevan unos kilómetros más allá.

Al llegar al hotel con las alforjas cubiertas de polvo, el cuerpo más que sucio y barba de una semana, tengo la sensación de que me reciben como si fuera un bárbaro. (¿No habíamos quedado en que los bárbaros eran ellos?) Me miran como si fuese no un bicho raro, sino rarísimo. Lo mismo deben de pensar los camioneros que me ven subir puertos de montaña al ritmo de un radiocasete sin pilas, que me hacen señas con las manos, algunos diciendo, con una sonrisa de oreja a oreja, «venga, que te falta poco», y otros llevándose las manos a la cabeza, queriendo significar «chaval, estás majara». En Turquía, la bicicleta es el transporte de los pobres, y en Estambul el regalo de algunos padres ricos a los niños que más o menos han sacado buenas notas. Pero ni mucho menos es el medio para cruzar el país de punta a punta. Prueba de la incultura ciclística es la pregunta que me han hecho ya varias veces con mucha preocupación: «¿Y si pinchas?» Seguramente creen que ahí terminaría mi viaje.

En Turquía, ver llegar a un europeo en bicicleta (perdón, olvidaba que Turquía también es Europa) rompe esquemas. Mi imagen no encaja con el estereotipo del mundo rico y opulento en el que la mayoría de la población sueña. Para ellos, el mundo occidental es una mezcla de *Miami Vice*, *Starsky y Hutch* y *Los vigilantes de la playa*. Un mundo de hombres cargados de dinero que viven en casas impresionantes con jardín y piscina y donde todo está permitido. Hombres con Ray-Ban, Motorola, un Rolex de oro en la muñeca, que fuman Marlboro y beben Johnnie Walker apoyados en una rubia estilo Barbie de delantera descomunal.

Y claro, me ven llegar a mí, con esta pinta, y vete a saber qué piensan. Podría preguntárselo al chico con americana y corbata que, a instancias del dueño del hotel, me ayuda a subir mis pertenencias a la habitación. Aunque mejor será dejarlo para otra ocasión. Se acaba de manchar los pantalones con el portaequipajes de la bicicleta, y el gesto de menosprecio que acaba de hacer no deja lugar a dudas.

¿Qué pensaría este chico si supiese que en Barcelona tengo coche, moto, un pisito y un trabajo decente? No lo comprendería. Jamás. No le cabría en la cabeza que con todo eso no tuviera suficiente para ser feliz. Él, como no lo tiene, seguramente prefiere pensar que su infelicidad está motivada por todo lo que le falta. Poco se puede imaginar que en Europa también hay gente que vive mal, que no tiene el mínimo para subsistir o que incluso teniéndolo echa en falta ese algo más que da sentido a una existencia. Pero como esto no sale por televisión, no existe. Y puesto que la gente cree en lo que ve, el chico de la americana sabe que en el mundo occidental la gente es feliz porque tiene piscina, coche y Motorola. Y no lo saques de ahí. Jamás será feliz porque difícilmente podrá acceder a esos lujos. La prueba la tiene cada verano cuando llega el hijo del vecino, con el viejo Audi matriculado en Alemania, un coche que, a pesar de que él no lo cuenta, a duras penas ha conseguido pagar. Ésa es la Europa en la que el chico de los pantalones sucios quiere creer. No le vengas con otras historias, que no te entenderá.

Ya de noche, me entretengo un buen rato en la limpieza de los puños y el cuello de la camiseta, y en tratar de sacar el polvo que cubre las alforjas. Bien vestido, lo que se dice bien vestido, no puedo ir, dadas las circunstancias, pero sí que al menos puedo presentarme a donde vaya con un aspecto más decente. La gente me juzga por mi apariencia y mis formas, así que intentaré dar una imagen más acorde con lo que se espera de mí.

TURQUÍA
ILGAZ-KARGI
5 de abril (día 8)
90 km (602 km)

Azmi quiere buscarme esposa

Me pongo en camino temprano. Supongo que la etapa será larga y aún no he decidido qué carretera seguir para llegar a Samsun, ya en la costa del mar Negro. Aún no llevo media hora de camino cuando oigo a mi espalda el ruido de un ciclomotor. En el momento de adelantarme toca el claxon. El aspecto del pequeño vehículo me llama la atención. Es un *scooter* moderno, cargadísimo y lleno de adhesivos. El conductor ha aprovechado el más mínimo espacio para cargar todos sus enseres. La matrícula parece... francesa. «Pero ¿qué quieres que haga un ciclomotor francés aquí?», pienso. Salgo de dudas. Dos motoristas más pasan por mi lado haciendo sonar las bocinas y saludándome con el pulgar. «¡Qué fuerte! ¿Qué harán éstos colgados por aquí?», me pregunto, ignorando que ésa es, precisamente, la pregunta que me hacen a mí cada día.

Un kilómetro más adelante, se han detenido. Nos hacemos un hartón de reír. La conversación es cómica.

—Pero ¿adónde vais? —les pregunto.
—¿Y adónde vas tú? —quieren saber.
—Pues yo a China. ¿Y vosotros?
—A Vietnam.

Me los quedo mirando con una cara que no es de incredulidad, sino de admiración.

—¡A Vietnam! ¿Con esto queréis ir a Vietnam? —exclamó señalando sus pequeños vehículos y los 60 kilos de equipaje que cada uno de ellos acarrea. Aunque no lo digo, lo primero que pienso es que están locos. No es que no les crea, pero necesito que me lo expliquen bien. Lo mismo que les pasa a ellos, que quedan sorprendidos al oír que voy a China.

Evidentemente, los tres franceses no están locos. Su viaje está muy bien preparado. Han salido de París en marzo, con la intención de llegar a Saigón en junio, después de cruzar Irán, Pakistán y buena parte del sureste asiático. Están patrocinados por la casa Peugeot, que de esta forma conmemora el viaje que otro francés, cincuenta años atrás, realizó en un ciclomotor de la misma marca. Yo podría decirles que mi único *sponsor* es la caja de ahorros en la que me ingresan la nómina, pero callo.

El poco rato que pasamos juntos da mucho de sí. Son unos minutos de complicidad total. De una identificación mutua e instantánea, especialmente con uno de ellos, que también es periodista y tiene 32 años. Como yo, también llegó a la conclusión de que una vez en la vida tienes que ser capaz de dejarlo todo colgado, de cortar con todo lo que te rodea y hacer realidad uno de esos sueños que casi todos hemos tenido cuando niños. En definitiva, ser capaz de ser tú mismo durante unos meses. O por lo menos intentarlo. Para mí y para él, este sueño era un gran viaje, una aventura. Para otro puede ser lanzarse en paracaídas, plantar un árbol, subir en un coche de bomberos o comprarse una lancha. Y mientras me lo explica, mientras se lo explico, vamos afirmando con la cabeza, al tiempo que repetimos «yo también», «*moi aussi*».

Al despedirnos, me siento menos incomprendido, menos excéntrico, menos loco. Enseguida pierdo de vista a los franceses, pero su imagen me acompaña unas cuantas horas. Y me acuerdo del norteamericano Frank David. ¿Habrá conseguido cruzar Irán, como pretendía? No es la suya, una empresa fácil. Se encuentre donde se encuentre, me siento muy cerca de este desconocido ciclista del país de las hamburguesas.

Sí, decididamente hoy me encuentro a gusto, con la reserva de moral a tope. El viaje está resultando mucho más fácil de lo que había imaginado. Todo es cuestión de adaptarse a las situaciones que se presentan y dejarse llevar por el sentido común, lo que no significa que la suerte no pueda cambiar en cualquier momento.

Por la tarde, mientras tomo el té en el bar de una gasolinera, me fijo en un autocar que acaba de llegar. Vienen a reparar una rueda pinchada. Es un vehículo de color naranja, idéntico a otros que en los últimos días me han adelantado con más pena que gloria. Carcasas metálicas mal repintadas que avanzan medio de lado, dejando tras de sí un concierto de cacerolas que aconsejan el desguace inmediato. Pero no, estas carrozas esperpénticas prosiguen su larga travesía por Anatolia; a su lado los autobuses turcos parecen ultramodernos. Se abren las puertas del cacharro y sólo aparecen seis personas. No comprendo por qué el vehículo está tan inclinado de atrás, si apenas lleva pasajeros. Lanzo una mirada interrogativa al hombre del bar. «Son rusos», responde, como si con sólo dos palabras ya lo hubiera dicho todo.

Voy a husmear, y lo que veo me inquieta. El interior del autocar está lleno de mercancías. Hay de todo: botas de agua, mantas, colchones, dulces..., productos básicos que unos días atrás compraron en el gran bazar de Estambul con el propósito de revenderlos en su país. Alucino por la cantidad de cosas que han llegado a meter ahí dentro. Y lo que no cabía lo han cargado en el techo, dentro de grandes paquetes que alguien se ha entretenido en atar con viejas cuerdas.

Los hombres sacan la rueda pinchada mientras dos mujeres preparan discretamente la comida. La escena es triste. Empiezo a preocuparme por lo que encontraré cuando deje Turquía y entre en Georgia. Salí de Barcelona sabiendo que la primera de las repúblicas ex soviéticas que visitaré se encuentra en una situación difícil después de la guerra de Abjasia, que acabó con la división de hecho del país. Ahora empiezo a comprender el verdadero significado de la palabra «difícil».

Para llegar a Kargi, donde pasaré la noche, tengo que dejar la carretera principal. Sigo por una comarcal preciosa que recorre un amplio valle, verdísimo, salpicado por el amarillo de unas plantas que, a principios de abril, ya han florecido. En algunos postes del tendido eléctrico veo grandes nidos en precario equilibrio custodiados por elegantes cigüeñas; lamento no poder abandonar las carreteras principales más a menudo.

Xino-xano, pasito a pasito, haciendo una parada aquí y una foto allá, llego finalmente a Kargi, un tranquilo pueblo de 5.000 habitantes. El hotel está cerrado. La temporada turística todavía no ha empezado. Alguien corre a buscar al hotelero mientras un policía me acompaña a la tienda del farmacéutico, que aquí es toda una celebridad. El hombre habla inglés. Le digo que me gusta su pueblo, y él no dice nada. Sólo me mira con cara de «no me tomes el pelo», seguramente creyendo que lo mío es un cumplido. Me gustaría decirle que no miento, que me agradan su pueblo, la forma de sus casas y la filosofía con la que parece que sus gentes se toman la vida, pero enseguida comienza a contarme que hace un par de años estuvo de vacaciones en Mallorca y, caray, ése sí que es un buen sitio para vivir.

La espera es entretenida. Él va recibiendo a los pacientes sentado detrás de una mesa, levantándose sólo para saludar a los que entran o para ordenar a los dependientes que preparen aquella fórmula para el señor Mustafá o aquella otra para Fátima. Llegan dos policías y el farmacéutico les saluda ceremoniosamente. Después, encarga dos tés mediante un rudimentario sistema: une dos cables que tiene cerca y da dos golpes a un altavoz. Al cabo de cinco minutos aparece un niño con una taza de té para cada policía.

Salgo a la calle a esperar al hotelero. Se me acerca un niño, con su corbata bien anudada, y me hace unas preguntas banales en inglés. No parece interesado en lo que le respondo. Más bien da la impresión de estar probando si aquellas palabras y frases misteriosas que le enseñaron en la escuela funcionan. Y de pronto, como si ya hubiese obtenido la respuesta que buscaba, desaparece sin darme tiempo a decir ni mu.

A las siete, por fin, llega el hombre del hotel, con los zapatos cubiertos de barro y unas gafas que no parece que le sirvan de mucho, porque se tiene que ayudar con una lupa para leer. Se llama Azmi y resulta ser una joya de hombre; igual que el hotel, una reliquia que abre exclusivamente para mí. Tiene una centralita telefónica de madera, una antigua caja fuerte decorada con relieves de color dorado y luces de cristal que cuelgan del techo. Me muestra la ducha, que no me cobrará. Pero cuando estoy desnudo sobre la fría piedra, descubro que no hay agua caliente y que el hombre se ha ido a su casa. Por tercer día consecutivo, sigo sin poder lavarme a fondo.

Ceno bien, pero caro (275.000 liras, unas 600 pesetas) en el restaurante de un hombre completamente bizco que evita mirarme directamente, como si así intentase disimular lo indisimulable. Vuelvo enseguida al hotel y me encuentro a Azmi rezando en dirección a La Meca. Me quedo en la puerta hasta que acaba. Al entrar tengo la impresión de que sale de un estado de trance, como si intentara aterrizar después de un largo viaje en compañía de Alá. Me invita a sentarme y charlamos un rato. Este hombre pequeño me sorprende por su aspecto. De entrada, le habría calculado 60 años; en realidad, tiene 45. Se ha pasado la vida trabajando. Estuvo en Estambul como recepcionista de un hotel. Allí aprendió francés y algo de inglés, español e italiano. De vuelta en su pueblo, se encarga del hotel de Mohamed, «un gran hombre», y los ratos que le quedan libres los dedica al campo, «que la vida está muy cara y la escuela de las niñas es costosa».

Le pregunto por los integristas que ganaron las elecciones, y explica que en las grandes ciudades hay organizaciones de agitadores que son contrarias a la democracia y a Europa, pero que no suponen ningún peligro porque sólo representan a un 15% o un 20% de la población. Habla de los kurdos, la minoría que habita en el sureste del país y que lucha por sus derechos. Azmi tiene claro cuál es el problema: la culpa es de los países vecinos, los «enemigos» de Turquía; países como Bulgaria, Rumania, Grecia, Siria o Irán, que, según Azmi, quieren debilitarlos. Indirectamente, Azmi cita el imperialismo turco. Una grandeza que en la patria de Atatürk no se olvida, como ayer pude comprobar. El lugar donde comía estaba decorado con un mapa donde aparecen las banderas de todos los estados de cultura turca o donde viven turcos. Y allí estaban desde países europeos hasta muchos de los nuevos países de Asia central.

Me pregunta si estoy casado, y cuando se entera de que no, se ofrece de inmediato a buscarme esposa. Rechazo el ofrecimiento y le pido que toque el instrumento de cuatro cuerdas que tiene en un rincón. «No soy un virtuoso», dice el hombrecito, como queriendo excusarse, y se pone a tocar una melodía que me hace pensar en lo fácil que es ser una persona culta en Europa, y lo difícil que debe de serlo cuando cada día tienes que levantarte a las seis para ir a labrar el campo.

La conversación podría prolongarse, pero mis fuerzas decaen por momentos. Estoy rendido. Me duermo oyendo el fuerte aguacero que cae fuera. Apenas he tenido tiempo de recapitular delante de mi libro de viaje todo lo que hoy me ha sucedido. Y mañana, ¿qué me toca hacer? «Puf..., ahora mismo mañana queda muy lejos.»

TURQUÍA
KARGI-OSMANCIK
6 de abril (día 9)
50 km (652 km)

Las piernas no me responden

Después de siete días de viaje y recorrer cerca de 600 kilómetros, en la octava etapa llega el hundimiento físico. Sólo puedo hacer 50 kilómetros y me quedo con las ganas de saber el porqué. Al levantarme me he sentido tremendamente cansado. Quizá no haya dormido suficiente, a lo mejor ayer bebí poco... No tengo ni idea. Sólo sé que no puedo darle a los pedales. Y que el cielo pinta mal.

Pretendía dejar Kargi antes de las diez, pero me he retrasado. La pastelería del pueblo estaba cerrada y Azmi me ha invitado a desayunar en su casa. Es pequeña y está construida sobre el corral en el que encierra dos vacas, porque Azmi es pobre. Comemos como lo hace la gente del país, sentados en el suelo, sobre unas alfombras, sin mesa. La mujer trae naranjada, leche con cacao, unos deliciosos buñuelos rellenos, pan, mantequilla, queso y un huevo. Como poco, para no abusar. Las tres hijas nos contemplan desde atrás, sonrientes. Azmi explica que mañana una de ellas tiene examen de ingreso en la universidad, y que a él, que no pudo cursar estudios superiores, le haría mucha ilusión que la admitiesen. El autobús hasta la capital de la provincia y la matrícula le costarán «mucho dinero». Por eso no podrá ahorrar los 200 dólares que le piden por la antena parabólica que abriría su hogar «a todo el mundo».

Al marcharme ni siquiera intento pagarle sus atenciones. A estas alturas ya he aprendido que se pagan con un pequeño presente. Y qué mejor presente, en un país tan aficionado al fútbol, que un pin del Barça. Jamás se me habría ocurrido si no fuera por mi amigo Martí, que antes de partir me recomendó que comprase tonterías de ésas, que las necesitaría para agradecer favores que no se pueden pagar con monedas. Le hice caso, y el día antes de salir pasé por una tienda de *souvenirs* del Fútbol Club Barcelona para proveerme de pins, calendarios y adhesivos.

Es tarde. Me quedo con las ganas de buscar aquellas iglesias negras cristianas de Kargi. Azmi sólo recuerda haber visto ruinas de ellas, y añade que hace diez años dos canadienses vinieron en su busca.

Desde el primer momento, el camino se me hace durísimo. Me duelen las piernas. Tengo una buena sobrecarga muscular. Las fuerzas me fallan y el velocímetro se resiste a marcar más allá de los diez kilómetros por hora. ¡Y eso que es llano! En las subidas, ya no hace falta ni decirlo. Supero un desnivel de 500 metros, con rampas duras. No me habría ocurrido si ayer hubiese continuado por la carretera principal. «Pero ¿dónde habrías dormido? —me recrimino—. Venga, sigue y no te quejes. Ve tirando, sigue un ritmo y no lo dejes. Pim, pam; pim, pam; pim...» Apenas puedo pasar de cinco kilómetros por hora. Penosamente, consigo superar la pequeña cadena montañosa. En cuanto llego arriba, me sorprende un chaparrón. Es verdad que las desgracias nunca vienen solas. De bajada hacia el llano, me dejo llevar por la pendiente. Sólo me detengo para contemplar el vuelo de algunas cigüeñas y para hacerme fotos con el disparador automático, que ya empiezo a dominar. Y directo hacia Osmancik, que estoy rendido.

En el hotel, me meto de cabeza en la ducha, fría, que me deja como nuevo. También hay agua caliente, pero cuando me lo dicen ya estoy seco. Tengo toda la tarde por delante y quiero aprovecharla. Para descansar.

Sólo salgo antes de cenar, y sólo para dar una vuelta. Ahora advierto que el pueblo es atractivo. Los últimos rayos de sol iluminan el puente de piedra que cruza el río. En la otra orilla hay una colina con los restos de un castillo. Me acerco y veo unas inscripciones que mencionan algo que sucedió en el siglo XVI. Junto a la carretera hay unas piedras dejadas ahí de cualquier forma; presentan dibujos de uvas, un jarrón... y unas inscripciones en griego. Sigo andando mientras recuerdo que éstas habían sido tierras cristianas. Topo con una boca de unos dos metros de diámetro que se introduce en la montaña, y entro. La pendiente es fortísima. Siglos atrás debía de ser fácil subir. Ahora los escalones están muy desgastados y antes de percatarme me encuentro escalando con las chanclas por una superficie de tierra resbaladiza. Cuando me doy cuenta de la situación, ya es demasiado tarde. No puedo dar marcha atrás. Si lo intento, estoy condenado a arrastrarme 10 o 15 metros. Seguramente no me romperé ningún hueso, pero no me cabe duda de que me haré daño. El corazón se me acelera. Intento serenarme, y cuando lo consigo vuelvo a emprender la vía de escalada improvisada tal como lo hice al principio, sin mirar hacia abajo y asegurando aún más cada movimiento de los brazos y las piernas, tanteando el terreno antes de confiar el peso del cuerpo. Llego a dos grandes espacios semejantes a salas donde supongo que la gente se escondía para protegerse del enemigo. Afortunadamente, arriba hay una salida que me conduce a la cumbre. La colina ofrece una espléndida vista del pueblo y el río, iluminados por los últimos rayos de sol. Al ver el destello del *flash*, una cigüeña alza un vuelo majestuoso, trazando círculos alrededor de sus crías a fin de protegerlas. Me voy rápido para no molestar.

Quien sí tiene ganas de molestar es el chico que se ha invitado a cenar conmigo. He aceptado su ofrecimiento de llevarme al *lokanta* (sitio de comidas) de un amigo. Lo que no imaginaba es que la invitación comportaba el derecho a compartir mesa, una conversación que nunca ha existido y la cuenta, que como es de suponer me toca pagar a mí. Claro que no sube más de 160.000 liras, apenas 300 pesetas. Y me da una buena noticia: mañana podré dormir en un hotel con aguas termales. Y sólo por oír estas palabras habría pagado mucho más.

TURQUÍA
OSMANCIK-HAVZA
7 de abril (día 10)
95 km (747 km)

¡Una bañera con agua caliente!

Es impresionante ver cómo conducen en este país. Sólo en un día he pasado por tres sitios donde había habido accidentes; he visto —y oído— cómo a un camión le explotaba literalmente un neumático, lo que no debe extrañar si se observa el estado de las ruedas; he presenciado un adelantamiento en una larga recta, con los dos vehículos que circulaban paralelos durante unos treinta segundos, rindiendo todo lo que podían sus viejas mecánicas, como si aquella carretera perdida fuera la recta del circuito de Montmeló y los dos conductores Ayrton Senna y Alain Prost jugándose la victoria en la última vuelta de un gran premio de fórmula 1.

Hoy he visto dos camiones con matrículas irreconocibles. Uno con las letras KS y el otro que ponía BG. Ni idea de su procedencia. Las que sí he identificado son las de algunos camiones de Teherán. Inmensos pero viejos GMC norteamericanos, de cuando las relaciones entre Estados Unidos e Irán eran mejores.

Por la mañana he tenido que hacer una tirada larga a causa de una molesta llovizna. El terreno era relativamente llano, monótono, con las mismas colinas de los últimos cinco días que se pierden por el horizonte. Después de 65 kilómetros, paro a comer en un restaurante. El sitio no tiene nada de especial. Supongo que el especial, aquí, soy yo. Por lo menos para el niño que tengo plantado a dos palmos de mi nariz. Me contempla de forma descarada e impertinente. Es increíble. Debe de ser el hijo del dueño, porque si no seguro que le dirían algo. Me mira fijamente a los ojos, atento a todo lo que hago, y no cesa de manosear mis cosas: el reloj, la libreta, el bolígrafo, la bolsa negra, el timbre, el cuentakilómetros... ¡y venga reír...! Paciencia. Sólo faltaría que le dijese algo. En estas situaciones intento responder siempre igual, riendo. Pero creo que hoy he aprendido a evadirme de lo que me rodea. Aunque tengo que ser cortés, no puedo pasarme el día saludando a todo el mundo, aceptando todas las invitaciones, respondiendo a las incontables muestras de simpatía o de curiosidad que la gente me dedica.

Pero todavía debo de estar demasiado verde. Intento concentrarme en mis cosas, y me pongo a escribir, como si en el local no hubiese nadie más. No puedo. Trato de seguir el informativo que dan por la tele, pero tampoco. Tengo al maldito niño clavado como una pulga. Y sólo falta este programa basura. ¡Si esto que dan son noticias, cómo deben de ser los *reality show*! Ponen música en los reportajes, supongo que para ambientar, y como no tienen imágenes del asesinato de un taxista, pues escenifican los hechos con actores, y listo. Acabo poniéndome nervioso y me voy. Me he prometido que la próxima vez lo haré mejor.

A media tarde llego a la ciudad de Havza, que es también balneario. El primer hotel que veo, *pa'dentro*. Me han recibido con una típica señal de educación turca, rociándome las manos con colonia con aroma a limón, aunque no sé si debo interpretarlo como una indirecta por la muy considerable capa de suciedad que llevo encima. El sitio es moderno, y caro para los estándares turcos: unas 1.000 pesetas al cambio.

La gente de recepción hace bastante coña cuando se entera de que estoy recorriendo su país en bicicleta. Y suerte que no les digo que pretendo llegar a China. Ésta es otra cosa que he aprendido. Las veces que he intentado decir adónde voy, o no me han creído o he tenido que dar demasiadas explicaciones. También lo hago para ser modesto. No delante de los otros, sino incluso de mí mismo. Si de verdad quiero llegar a Pekín debo proponerme metas accesibles. Que bastante complicadas son ya. Y la primera es entrar en Georgia. Así que tranquilos, chicos, les hago entender, que sólo estoy recorriendo vuestro país.

El hotel no tiene las aguas termales prometidas, pero sí... ¡una bañera! Una hora, una hora estaré metido en la primera bañera con agua caliente que encuentro desde que llegué a Turquía. Sí señor; me la he ganado, después de diez días de incomodidades. Cubierto hasta el cuello, con el ruido de fondo del culebrón televisivo, intento no pensar en nada durante un rato. ¡Vaya si me lo he ganado! Hace sólo diez minutos que he finalizado la penúltima de las cosas que me quedaban por hacer. En este caso, la inexcusable colada, que supone hartarse de frotar y escurrir la ropa para que al día siguiente todo esté más o menos seco. Ahora tengo tiempo de reírme de lo que me ha sucedido esta tarde. Me han atacado dos perros. Ha sido en una subida, cuando un perro blanco rabioso, del tamaño de un pastor alemán, ha empezado a correr y a ladrar a un palmo de mi pierna derecha. He conseguido asustarlo, gritando con todas mis fuerzas y rociándole los morros con agua. Cuando creía que había conseguido librarme de él, el can ha reaparecido, esta vez con refuerzos, un perro labrador del mismo tamaño, y yo, piernas para qué os quiero, acelerando hasta que alcancé la bajada. Lo he pasado mal, y más vale que invente un sistema antiperros para el resto del viaje si no quiero acabar con la pierna marcada.

Y así, sacando rollitos de roña de la piel voy pasando el tiempo. Pero tampoco puedo relajarme. Me quedan más cosas que hacer antes de cenar. La primera: limpiar las alforjas y revisar los anclajes, que al paso que van tengo serias dudas de que aguanten cuatro meses.

TURQUÍA
HAVZA-SAMSUN
8 de abril (día 11)
89 km (836 km)

Una Portaferrissa a la turca

Día gris y lluvioso. Han salido a despedirme el director del hotel, el conserje y el botones. No hablan inglés, pero me ha parecido entender que tendré problemas, que la carretera es muy resbaladiza y que rodaré por el suelo a la primera curva. No les he hecho demasiado caso. He aprendido a desconfiar de los consejos técnicos de la gente. «¿Te acuerdas —me digo— de aquel policía, llegando a Osmancik, que te aseguró que el siguiente pueblo estaba a cuatro kilómetros cuando en realidad estaba a 20? ¿O de aquel experto que soltó "a partir de ahora, todo bajada" cuando aún te quedaban algunos kilómetros de subida?» Tengo previsto hacer noche en Samsun, en el mar Negro. Sea como sea. Buena parte de la etapa será de bajada y después de todas las subidas que he hecho en los últimos días, tengo ganas de llegar hasta la costa pedaleando.

Pero entre lo que te esperas y la realidad a menudo media un abismo. En las carreteras de los Pirineos, después del puerto encuentras una bajada hasta el fondo del valle. En Turquía es distinto. Vas subiendo y subiendo hasta que llegas arriba, y entonces, cuando te esperas la bajada definitiva, te encuentras una pequeña recta que quizá hace algo de desnivel, para volver a subir un puerto de tercera categoría, después otra bajadita... y así hasta que no puedes más. Es el cuento de nunca acabar. Suerte que a las diez deja de llover y, a pesar del frío, el firme comienza a secarse. Durante un rato me he entretenido contemplando un paisaje diferente del de los últimos días, más verde, menos árido. Nos acercamos al mar. Aparecen valles más estrechos, más vegetación y más tráfico. Incluso el aire se siente más húmedo, más pesado.

Lo peor lo encuentro a 30 kilómetros de Samsun. Me esperan dos horas de tramos de obras. La carretera se estrecha. El arcén está impracticable, lleno de barro. Debo circular sobre el límite de la línea de asfalto, escuchando el concierto de bocinas con que me obsequian los conductores. Los ocupantes de un camión militar se llevan la palma. Pasan casi rozándome, a pocos centímetros del desastre. Pierdo los nervios «¿Te imaginas que el viaje finalizase por culpa de un conductor inexperto?». Me desahogo. Dedico algunos tacos al conductor y levanto el dedo mayor de mi mano izquierda hacia el cielo. Sorpresa: detrás, en la caja, viaja un grupo de soldados, que con grandes risas devuelven mi gesto multiplicado por diez. Acabo riéndome yo también. Me lo merezco.

La llegada a Samsun es menos bucólica de lo previsto. Por fin veo el mar, sí, pero de lejos. Y no es precisamente la Costa Brava. Un día gris, máquinas trabajando junto al mar, una autovía demasiado transitada... Dejo la foto para mañana. Entrando en el casco urbano vuelvo a encontrar los charcos inmensos con que las aglomeraciones urbanas turcas me dan la bienvenida. La hora perdida limpiando la bicicleta no ha servido de nada.

Doy con un hotel en el barrio portuario, en la parte baja de la ciudad. El recepcionista me pide 600.000 liras por la habitación. Le respondo que *«pahali»*, que es muy caro, y me da una de 400.000 sin lavabo. El hotel está en un barrio que en Barcelona correspondería a las Ramblas. Los padres de familia respetable no dejarían que sus hijas fuesen ahí solas, y menos de noche. En las calles de alrededor hay locales de dudosa reputación, cines porno y otros entretenimientos para los marineros de los numerosos barcos que aquí atracan.

Es el primer hotel en el que no me atosigan a preguntas. El individuo de la recepción es joven y forzudo. Se esconde detrás de una gorra Reebok y no quiere saber nada de quién soy y adónde voy. Sólo le interesa que le pague y que no arme bronca. Se le ve muy hecho a su trabajo, acostumbrado a marineros toscos y a extranjeros, sobre todo rusos. En la habitación, sin ir más lejos, hay un cartel en ruso y otro en georgiano, supongo que advirtiendo de todo lo que no se puede hacer en los dormitorios.

Salgo a dar una vuelta. El centro está muy animado, y después de ocho días en las montañas me apetecía perderme, pasar desapercibido entre los 300.000 habitantes de Samsun. Ésta es la miseria y la grandeza de las grandes ciudades: todo el mundo va y viene sin preguntar nada. Todos a la suya. Pero ahora mismo no hay nada que me apetezca más. Llegar aquí es un poco como llegar a casa. Me siento bien. Paseo por una calle peatonal llena de comercios, una especie de Portaferrissa a la turca. Incluso hay parejas paseando de la mano o que se hablan de tú a tú, chicas con peinado de peluquería y pantalones ceñidos. Y también viejos pidiendo limosna. Creo que aquí no desentono, rodeado de este ambiente tan... cosmopolita.

Pero claro, en las ciudades también encuentras al comerciante despabilado. Acabo de encontrarle. En un tenderete de frutos secos me han hecho pagar 100.000 liras por un cucurucho de cacahuetes salados. Había muchos, de acuerdo, pero se han pasado. Le digo al hombre aquello de *«pahali»*, y él se limita a llenar un poco más la bolsa, y se atusa los mostachos con la mano derecha. En las pescaderías venden ejemplares de más de dos metros; como en los libros de Astérix, los cuelgan boca abajo en la entrada. Las librerías sólo tienen libros de autores turcos, y la mitad aproximadamente son de temas religiosos. En el mercado, los vendedores anuncian a grito pelado las últimas mercancías del día. Paso por la calle de los joyeros a la hora de cerrar.

Este undécimo día de viaje tengo la extraña sensación de estar más cerca de Europa. Pero también más cerca de Asia. Supongo que los últimos días, allí en medio de la Turquía más remota, he estado demasiado cerca de ninguna parte. Y mientras reflexiono sobre todo ello, descubro que acabo de perderme. No encuentro mi hotel. Suerte que el recepcionista, previsor él, me dio una tarjeta con la dirección. ¡La de marineros rusos que deben de haberse perdido por estas húmedas calles, después de largas noches de juerga!

TURQUÍA
SAMSUN-ÜNYE
9 de abril (día 12)
92 km (928 km)

Llego al mar Negro

Antes de volver al camino, dedico dos horas a pasear por el centro y a descubrir cosas que en mi ciudad desaparecieron hace ya más de 20 años. Fotógrafos callejeros y hombres sentados en una esquina ante una máquina de escribir con la que redactan cartas a amores lejanos y parientes. En el camino de regreso me detengo delante de la redacción de un diario. Aquí seguramente podrán darme noticias de Georgia y Azerbaiyán, los dos países que vienen a continuación. Saco el carnet internacional de prensa de la bolsa y entro. Me atienden dos periodistas jóvenes; supongo que son los jefes de la delegación. Pido excusas por mi aspecto. Mi pinta —medio de deportista, medio de aventurero, medio de trotamundos— desentona con sus americanas y corbatas. Pero no ponen ninguna objeción. Tampoco hacen ningún comentario cuando les explico mi proyecto de viaje. Subimos a su despacho y me ofrecen un Nescafé mientras uno de ellos llama por teléfono.

Paso un rato respondiendo a su curiosidad hasta que localizan a la persona que podrá informarme. Es un periodista que ha estado en Georgia recientemente. Dice que en Batumi, ciudad cercana a Turquía, y en Tbilisi —la capital— no hay problemas para moverse, que las dificultades aparecen cuando se viaja por el interior del país. Asegura que hay gente dispuesta a robar a los viajeros y a asesinarlos por dinero. Los que peor lo tienen son los hombres de negocios. «Claro —pienso—, bien vestidos como deben ir se les debe de ver desde una legua, así que tú, tal como vas, no deberías tener dificultades.» Lo que todavía no he aprendido es que por estos países, un *businessman* —como dice mi interlocutor— no es un *broker* de la bolsa o el director general de una empresa. Un *businessman* también puede ser un hombre que lleva pollos en un camión para revenderlos en el pueblo vecino o el señor que comercia con pelotas de plástico.

La conversación me reafirma en la idea con la que salí de Barcelona: cruzar las repúblicas transcaucásicas es posible, pero no podré despistarme ni por un instante. Llegué a esta conclusión basándome en la poquísima información que conseguí de Internet. Allí, una viajera contaba las gravísimas dificultades por las que atraviesa el país, a pesar de lo cual fue acogida con extraordinaria calidez por sus habitantes. Por si acaso, por lo que pudiera pasar, esta noche *diversificaré* el riesgo económico ante la posibilidad de un atraco. Separaré 450 dólares y los esconderé en distintos huecos de la bici —dentro del manillar— y en el interior de la linterna. Si me lo roban todo, siempre me quedará algo para llamar a casa.

Charlando con los periodistas, me sorprende la difusión de su diario. Se llama *Zaman* y tiene ediciones en once países: Azerbaiyán, Turkmenistán, Uzbekistán, Kazajstán, Kirguizistán, Tayikistán, Bulgaria, Macedonia, Rumania, Alemania y Estados Unidos. Parece que hayan resucitado el imperio otomano. Al irme me dan unos teléfonos de contactos suyos en Tbilisi y Bakú, la capital de Azerbaiyán. Definitivamente, esta gente está muy vinculada.

Mi segundo día de pedaleo por tierras del mar Negro es poco plácido. Los primeros 20 kilómetros, esquivando barro por una autovía de cuatro carriles, flanqueada de casas. Después, la carretera se estrecha y resulta imposible rodar por el asfalto. Lo intento más de dos y más de tres veces, pero los camiones acaban por sacarme de la calzada a golpes de claxon. Me conozco todos los tipos de bocina. Los hay para todos los gustos: *tararí; titutí;, pipapí; titití-titití...* Parece que compitan a ver quién hace el ruido más escandaloso u original. Es para perder los nervios. Sobre todo cuando no me queda otro remedio que meterme en la cuneta sin asfaltar, para suplicio de mi culo, de mi dentadura, que no para de hacer cloc-cloc en cada bote, y —¡ay!— de las alforjas. Con tanto meneíto no resistirán, seguro que acabarán partiéndose por algún lado. Esto es auténtico *mountain bike*.

Hacia el final del día llega el relax. Por fin aparece la playa y unas montañas muy altas y verdes, verdísimas, que van a caer encima mismo del mar. Qué distinto de Anatolia y de sus gargantas secas y peladas. El clima también ha variado. El sol quedó atrás. En el mar Negro, los días son grises y lluviosos durante casi todo el año, con sólo dos meses de buen tiempo en verano. Sólo así se comprende que sea tan verde como el Cantábrico, o más. Y el mar, tan negro. Los romanos deben de haberlo bautizado así a causa del color del cielo y la negrura de la arena. Y de hecho es lo que la mayoría de la gente piensa, porque en turco la palabra *kara* significa «negro»; de ahí Kara Deniz: mar Negro. Pero unas semanas más tarde, en Bakú, un hombre me explicará su versión: «En turco antiguo, *kara* significaba "grande", y cuando los turcos, procedentes del centro de Asia y que nunca habían visto el mar, contemplaron aquella inmensa cantidad de agua no pudieron llamarlo de otra forma que "gran mar", Kara Deniz. De la misma forma que bautizaron el desierto de Turkmenistán como Karakum, "gran desierto".» No sé si esta teoría es cierta, pero desde luego sí que es bastante más romántica.

Llego a Ünye al atardecer. Es un pequeño pueblo turístico decorado por una bella bahía y un puerto pesquero. Conserva edificios antiguos y una vieja muralla. ¿Será a partir de ahora todo tan bonito como me prometieron?

TURQUÍA
ÜNYE-ORDU
10 de abril (día 13)
83 km (1.001 km)

Aún me siento un guiri

El contacto con personas de otra cultura, que hablan un idioma que tú no comprendes, que viven intensamente una religión que te resulta muy lejana, te sitúa a veces en una posición difícil. Ante las cosas que ve y vive cada día, en cada momento, el turista-viajero puede adoptar distintas actitudes. Una, pasar olímpicamente de la gente, sin hacerles ni caso. Otra, ser espectador de lo que hacen, sin realizar el mínimo esfuerzo de comprensión, para acabar concluyendo que están locos y que no hay lugar donde se esté mejor que en casa. Y, la tercera, acercarte sin ninguna idea preconcebida, olvidarte de que tú y tu cultura estáis por encima del bien y del mal y tomarte las cosas como son, y que son así porque la gente que te rodea ha vivido una circunstancia completamente distinta de la tuya. La posición positiva durante un viaje es intentar aprender de todo lo bueno que aquel país y su gente pueden ofrecernos, y olvidarnos de lo malo, porque tampoco está en nuestra mano cambiarlo. Al fin y al cabo, sólo eres un invitado. Tienes que tomarte las cosas como vengan y con respeto. Creo que sólo así dejas de ser turista para empezar a ser viajero.

Y todo esto viene a cuento porque esta mañana me he equivocado. Bueno, equivocarme me equivoco muchas veces cada día, pero es que me he equivocado con las personas más inocentes, unos niños, y todo por ser desconfiado. He salido del hotel, empujado por el gran escándalo de tambores que venía de la calle. Había unos 200 estudiantes uniformados y en formación ante una estatua de Atatürk. Celebraban el Día del Policía. Me he acercado y en cosa de minutos me he encontrado rodeado de chicos y chicas que me hacían preguntas en inglés, en medio de empujones y risas. He respondido a algunas, pero la situación se ha descontrolado. Cada vez había más chicos, y siempre preguntaban lo mismo: *«What's your name?»* y *«Where are you from?»* Los gritos iban en aumento. La situación me ha parecido tan ridícula que he huido. Al cabo de un rato, al pasar otra vez por la plaza, la escena se ha repetido. Otra vez los chicos preguntando y yo, agobiado, corriendo a refugiarme en el hotel. Un hombre me ha salido al paso. Era el profesor de inglés. Me ha regañado. Me ha dicho que lo único que los pobres chicos querían era practicar su inglés, y que no entendía por qué me había marchado. Algo avergonzado, he tenido que explicarle que no soy inglés y que mi dominio del idioma es más bien lamentable. Excusas. Después de doce días de viaje, mi actitud ha sido la de un perfecto *guiri*.

Me he hartado de pastas dulces —pero dulces de verdad— en una *pastanessi* de Ünye. Tengo que vigilar más, porque mi estómago ya ha dado muestras de debilidad ante tanta tentación de mieles, chocolates, azúcares y frutos secos. En algunos sitios tienen hasta 30 variedades distintas. Encamino ahora mis pasos hacia la delegación del diario *Zaman*. Por el camino topo con la penosa escena de un hombre sin piernas que se sostiene sobre las bolsas de paja que lleva en las manos. Una constatación de que en muchos países los minusválidos aún son considerados menos válidos que en el mundo occidental. Después veo a una mujer, imagino que de Irán, con la cara cubierta por un velo, vestida de negro de arriba abajo. También he visto mujeres turcas con la cara cubierta, pero más discretamente. Hace ya 70 años que Atatürk prohibió el velo, dentro de una serie de reformas encaminadas a acercar su país a Europa. Pero esta tendencia se ha invertido desde hace unos años. Turquía vuelve a las creencias y costumbres de sus antepasados, por lo menos en las capas de población más humildes.

El corresponsal de *Zaman* casi me riñe porque ayer no vine a verle, y yo casi tengo que disculparme por lo que él entiende como una descortesía. Lástima: habría dormido en su casa.

Ayer por la tarde me informé acerca de qué tipo de periódico es este *Zaman*; se trata de una publicación islamista. «Hacen mezquitas muy ricas, pero no construyen escuelas», me dijeron, precisando que «*Zaman* es un *lobby* de fundamentalistas». Así que aquí podrán contarme algunas cosas. De forma algo provocadora, les pregunto por qué levantan tantas mezquitas en Turquía, por qué la religión está en alza en su país, mientras que en el mundo occidental lleva mucho tiempo estancada, si no a la baja. Me dan a entender que no hay ninguna razón especial, que la religión es algo que sale del corazón de la gente y que la gente quiere que las cosas sean así. Añaden que por esta razón la plaza se llena cada viernes para la oración; que por eso tienen una hucha para donaciones en el despacho. Porque sale del corazón de la gente. Y ya está. No hay forma de entendernos. Yo hablo de razón y ellos me responden con sentimientos. «Lo importante son nuestras creencias», dice uno de ellos. No hay forma de aclarar las cosas. Supongo que es como si preguntas a alguien por qué quiere a su madre.

Dicen que el Islam es una religión abierta y dialogante, que quieren el entendimiento entre todos los países del mundo, y me señalan la portada de hace unos días. En ella aparecen dándose la mano los jefes de las tres religiones establecidas en Turquía, pero me marcho de ese despacho sin ceniceros con una impresión distinta. Todo lo ven desde una óptica de confrontación. La guerra de Bosnia: «¿Por qué no se ha juzgado al criminal de guerra Ratko Mladic?», pregunta alguien, amargamente. O la guerra de Chechenia: «Los rusos ataban bombas en los cuerpos de los niños y las hacían estallar.» Y me hacen dudar. Especialmente cuando el que hace de intérprete habla de la discriminación que vivió durante los nueve años que estuvo en Europa. Cuanto más hablo con ellos, más claro tengo que no hablamos de confrontación religiosa, sino de animadversión hacia Occidente, un problema de choque norte-sur, una lucha en la que la cultura del pobre siempre acaba aplastada.

La mezquita de Ünye es una construcción exageradamente grande para un pueblo tan pequeño. Se terminó hace sólo cinco años. Su coste, unos 120 millones de pesetas, ha sido aportado voluntariamente por los fieles. En el interior me piden que nos hagamos una foto. Uno de ellos comenta: «¿Ves, qué bonita?; pues el paraíso aún lo es más.» Desde este punto de vista la inversión es muy rentable. Sirve para captar más seguidores para la causa. Y cuando contemplas el paisaje de viviendas inhabitables que a menudo rodea las mezquitas empiezas a comprender el auge del islamismo. Debe de ser fácil creer en una vida futura mejor cuando la que tienes es así de desgraciada. Pero ¿seguirán creyendo en una vida mejor el día que tengan aire acondicionado, televisor en color y coche?

Rehúso el ofrecimiento de comer con ellos. Es tarde. Me piden que les mande la foto, pero me quedo con la duda de si debo hacerlo. ¿Y si la utilizan? De acuerdo: se la mandaré, pero con una dedicatoria: «Es posible que las cosas pasen porque Dios quiere, pero está en las manos de los hombres y de las mujeres la posibilidad de cambiarlas.» A ver si se animan a colgarla en el despacho.

Al salir de Ünye encuentro un camión volcado que ha obligado a cortar la carretera. Durante media hora podré disfrutar de toda la calzada para mí solo. En la localidad de Bolaman me detengo junto a un viejo palacio. El puerto se encuentra junto a unas escarpadas colinas. Es éste un ambiente a medias marinero. El mar sigue tan tranquilo como el primer día. No hay muchos temporales por aquí. El rompeolas es de poca altura y las proas de los barcos, bajas. El mar Negro da la impresión de ser un gran lago, gris y misterioso.

Cuando reemprendo el camino, vuelve la lluvia, floja pero constante. Lo justo para que piense que no es nada mientras el agua va calando la bolsa negra que llevo en el manillar. Pero el paisaje acompaña. Aquí un acantilado, allí una cala desierta de arenas grises, más allá un pueblo pesquero... Y así hasta Ordu, donde vuelvo a llegar lleno de barro. En una pajarería me ayudan a limpiar la bicicleta y me invitan a un té reparador. Me indican dónde puedo encontrar un hotel, pero no hay forma. Un hombre se dirige a mí. *«Can I help you?»* Claro, que puede ayudarme. El señor viste a la moderna. Es arquitecto. Cuando le digo que soy de Barcelona responde: *«¡Ah, Catalonia!»*

Me lleva al hotel Karavansaray, de un conocido suyo. Me hace gracia el nombre. Los *caravasar* (del persa *karawän saray*, «palacio de las caravanas») eran los sitios donde las caravanas de camellos descansaban y reponían fuerzas. Es mi primer contacto con la ruta de la seda.

La cena se me atraganta. Por televisión dan unas imágenes realmente repugnantes del rescate de las víctimas de un accidente. Me distraigo hojeando el diario *Bogun* (Hoy), que no es especialmente serio. Fotos de chicas en biquini, noticias del corazón, mucha información deportiva, entretenimientos y un cómic ambientado en la época del imperio otomano, cuyos protagonistas tienen cara de ser muy malos.

TURQUÍA
ORDU-GIRESUN
11 de abril (día 14)
48 km (1.059 km)

La Ciudad de las Cerezas

No puedo creer lo que estoy viendo. Recién levantado, lo primero que hago es descorrer la cortina, y... ¡luce el sol! Salto de la cama, me preparo un Nescafé en el fogón de alcohol y lo recojo todo deprisa. Hay que aprovechar el buen tiempo. No se ve todos los días el mar Negro de color azul.

La iglesia de Ordu no es nada del otro mundo, pero me hacía gracia encontrarme restos cristianos en un país que ahora presume de musulmán, y no porque tuviera nada en contra de los seguidores de Mahoma; yo mismo, tiempo atrás, había tenido una sensación parecida cuando visité la Alhambra de Granada y me di cuenta de que las cosas no han sido siempre como uno las ha conocido o como se las han querido hacer ver. La cuestión es que, ahora, después de años de abandono, la iglesia de Ordu está en proceso de restauración. Supongo que así pretenden atraer a turistas occidentales. La lástima es que hayan montado puertas de aluminio.

En el museo etnográfico de la ciudad, mi cabreo por la manipulación de la historia se multiplica. Ver cómo tienen puestas las cosas, los restos desperdigados, sin cuidar ni identificar, da rabia. Es como si en este país sólo existiesen Atatürk y Mahoma. Del fundador de la Turquía actual, en cambio, conservan todos los muebles que utilizó una vez que visitó la ciudad y que ocupan una sala entera.

Al mediodía me despido de Ordu. Dejo atrás la ciudad de la provincia de Findiksahili, llamada la Costa de las Avellanas, que por algo Turquía es el primer productor mundial de este fruto seco. A menos de 50 kilómetros me espera la Ciudad de las Cerezas. Cuenta la tradición que los emperadores romanos importaron de aquí esas frutas rojas y menudas con las cuales se entretenían entre bacanal y bacanal.

Es una etapa agradable. Después de una hora de pedaleo, compro pan y medio kilo de queso y me instalo en una playa tranquila. Durante un rato me olvido de camiones y de «cómo te llamas» para concentrarme sólo en el rumor del sube y baja de las aguas y en un cormorán que viene a sumergirse cerca de donde estoy. Y nadie más. Solos yo, la bicicleta y el mar.

Giresun es una ciudad preciosa, y se alza junto a una península coronada por una colina. El atardecer es la mejor hora del día para apreciar la belleza del entorno. La vista es impresionante. A un lado, la ciudad vieja y el puerto, y mirando hacia el este la ciudad moderna y unas cumbres nevadas de 3.000 metros que parecen querer tocar la costa. Hacia las ocho, el vientecillo que ha estado soplando todo el día desaparece y la neblina cubre las hondonadas. Los restos del castillo bizantino, las murallas, el runrún de los barcos que entran y salen... Todo parece irreal, como un decorado para imaginar cómo debía de ser la ciudad que sucesivamente invadieron griegos, romanos, bizantinos y turcos. Un paisaje para ilustrar la historia de las dos amazonas que, según la leyenda, vivieron en la isla que hay delante de la ciudad. O para contemplar a la primera pareja de enamorados turcos que veo besarse.

De regreso en el hotel, ya de noche, toco otra vez el suelo con los pies. Me cobran un «plus de extranjería» por la cena, y a pesar de mi insistencia no hay forma de conseguir una rebaja. Me duermo oyendo, desde el cuarto piso donde me encuentro, el escándalo que arman los hombres en los bares. No hay para menos. Retransmiten un partido de máxima rivalidad: el Galatasaray-Fehnerbace. Me hubiera gustado verlo, pero me da pereza bajar.

TURQUÍA
GIRESUN-TRABZON
12 de abril (día 15)
5 km (+130 km en autobús) (1.064 km)

En una casa de girls

Dos semanas de pedaleo sin detenerse llegan a cansar. Es un esfuerzo que nunca antes había hecho: 1.059 kilómetros en 14 días. Y casi tanto como la distancia recorrida, lo que cansa es la tensión constante, el hecho de no tener ni un momento de descanso, el estar pendiente siempre de cuarenta cosas. Así que cuando he visto la lluvia que caía sobre Giresun, la primera imagen que me ha venido a la mente ha sido la de un autobús. Hoy será día de descanso. (Bien, y mañana también, porque pienso quedarme un día en Trabzon.) Me ha costado poco decidirme. Lo tenía claro antes de salir de Barcelona. Quería hacer un gran viaje, no una gesta deportiva. También es cierto que había calculado que podría hacer 2.500 kilómetros por mes, lo que daba 10.000 kilómetros en cuatro meses, a un promedio de 83 diarios. Aunque era una distancia accesible, al menos teóricamente, enseguida me di cuenta de que había buenas razones para no intentarlo. Problemas fronterizos, tiempo para conseguir los visados, la necesidad —no prevista— de tomarme días de descanso cada semana... El mío es un viaje en bicicleta, sí, pero allí donde la prudencia o las fuerzas lo aconsejen, no tendré ningún remordimiento en aparcar las dos ruedas y subirme a un camión, un tren o un autobús. Aspiro a hacer bastantes más cosas que pasarme el día dándole a los pedales. El mío es un viaje, y viajar implica conocer a la gente y el país, y esto difícilmente lo consigues si te limitas a verlo pasar todo desde tu medio de transporte, sea éste un coche o una bicicleta.

Me pongo el impermeable y voy a buscar la parada de autobús. No la encuentro. Dos hombres me dicen que no me preocupe, que espere allí, delante de su tienda, mientras me traen un té, que ellos ya detendrán el primer coche de línea que pase.

Uno de los hombres me pregunta si soy de Azerbaiyán. No es la primera vez que me lo preguntan, pero no deja de sorprenderme. Lo más normal es que me digan «*deutsch?*», «*english?*», y que, al obtener una respuesta negativa, me miren fijamente con expresión interrogativa, como queriendo decir: «Si no eres alemán ni inglés, ¿de dónde narices eres?» Quizá la culpa sea de esta barba de dos semanas y esta piel bronceada tras muchas horas de estar expuesta al sol. Anteayer por la mañana me miré en el espejo y casi no me reconocí. Tan desaliñado iba. Pero es premeditado. Quiero pasar inadvertido, mientras sea posible, por lo menos hasta que haya superado la que, supongo, será la parte más problemática del viaje, Georgia y Azerbaiyán. El inconveniente de ir tan de desastrado es que llegas a un hotel y te ofrecen la peor habitación, en el cuarto piso, sin ascensor, y encima sin ducha ni agua caliente. Piensan que no podrás pagar nada mejor.

Me ayudan a subir la bici a un autobús moderno, con moqueta, televisor y calefacción. Esto sí que es viajar cómodo. Me siento junto a la ventanilla para disfrutar de la vista de la costa. El paisaje de calas desiertas, rocas negras y montañas verdes se sucede a una velocidad a la que no estoy acostumbrado. Parece que vayamos a doscientos. No tengo tiempo para asimilarlo. He perdido la oportunidad de cruzar esta zona por mis propios medios y ahora me sabe mal. La ventaja es que en pocas horas recorreré lo que en bicicleta me habría llevado dos días. Pronto estaré en Trabzon, o Trebisonda, la antigua Trapezunte de los griegos.

Cerca de la ciudad adelantamos a dos destartalados autobuses de Azerbaiyán. Mi compañero de asiento hace un comentario que interpreto como despectivo. No le gustan estos visitantes.

Encuentro hotel cerca de la estación, al lado de la carretera y del puerto, en un barrio que no es el mejor de la ciudad. Mientras pago la habitación por adelantado aparece una chica aceptablemente guapa, con el pelo aún húmedo, que ha venido a inspeccionar al recién llegado. Me dice algo. Le pregunto si habla inglés, pero no responde. Me mira de arriba abajo y se va. Pocos minutos después llega otra mujer, mayor, tirando a baja y bastante gruesa. Tiene restos de pintura en las uñas. También hace un comentario, y de repente recuerdo lo que me dijo un hombre en Giresun: «En Trabzon, si quieres, puedes tomar una *girl*.» No sé por qué, pero empiezo a sospechar que me he metido en una casa de *girls*.

Hora de comer. En la ciudad, voy de sorpresa en sorpresa; por ejemplo, puedo comprar tabaco americano de origen ruso que ha entrado en Turquía de contrabando. Esto es muy distinto de las otras ciudades turcas. Es como un puerto franco, una ciudad de excepción a la que acuden los ciudadanos de los países vecinos a comprar lo que no encuentran en los suyos. Paseo por una galería cubierta que hay junto a la carretera. Es increíble la cantidad y variedad de productos que tienen: tuberías, llaves inglesas, *matriushkas* con la cara de Eltsin, casetes, cubos de plástico, relojes, juegos de té, radios, gafas de segunda mano, pañuelos, Levi's 501, Zippo de imitación, zapatillas de marca, brújulas, máscaras antigás, gorros rusos, artículos de pesca, cuchillos tamaño Rambo... incluso pistolas. Entre los compradores hay bastantes rusos. Se los reconoce desde una legua. Mujeres altas y corpulentas, de ojos azules, vestidas con abrigos de pieles hasta las rodillas. Parecen mantener el equilibrio con las enormes bolsas que llevan en las manos. Las agencias de viaje ofrecen billetes de avión, barco o autobús hacia buena parte del antiguo universo soviético. Los restaurantes, hoteles y comercios se anuncian en alfabeto cirílico; en todas las esquinas es posible cambiar dólares y rublos por liras. Algunos de los productos que más atraen a la clientela extranjera son las cazadoras de cuero y los abrigos de visón. Otros vienen hasta aquí en busca de cosas más sencillas, que en su país no encuentran, como lámparas de cristal, electrodomésticos o cámaras fotográficas.

Desde hace cinco años Trabzon es la Andorra de los ciudadanos de la otra orilla del mar Negro. Sin embargo, sigue siendo la ciudad comercial de toda la vida, desde que fue fundada, en el siglo VIII, como una colonia milesia por gente venida de Sínope. Hasta hace un lustro eran los turistas europeos quienes aportaban el dinero que todo «principado» requiere para enriquecerse, pero desde la caída del telón de acero la clientela es de origen eslavo.

Paso toda la tarde paseando por las murallas bizantinas que rodean la ciudad antigua y visitando la iglesia de Santa Ana, una reliquia del siglo IX erigida sobre una basílica del siglo VII. Está bastante bien conservada, a pesar de la vivienda que hay adosada a uno de sus muros. La mezquita principal, del siglo XVI, se encuentra en mejor estado, casi como si acabaran de construirla.

Mientras ceno, el dueño del restaurante me explica lo que sabe de Georgia. Buenas noticias: ha habido problemas, pero ya no los hay y, en todo caso, quienes deben preocuparse son los *businessman,* no los turistas. Me dice que no sufra, que el país está en calma. Sigo con la idea de cruzar Georgia en autobús, pero aún he de decidir cómo llegaré hasta la frontera: si en bicicleta o valiéndome de otro medio de transporte. ¿Y si en la frontera no consigo un vehículo que me lleve? Necesitaría nueve días para llegar a Tbilisi en bicicleta. Es mucho tiempo. Entre hoy y mañana tendré que decidirme.

Vuelvo a mi nido, andando deprisa por una calle a oscuras. Al subir al hotel no me queda ninguna duda acerca de dónde me he metido. Me quedo un rato mirando la televisión, rodeado de chicos bien limpios, peinados y perfumados con agua de Colonia. Fuman sin parar. Miran una película pero no la siguen. A alguno se le ve nervioso. ¿Será ésta su primera noche? Al cabo de un rato se va la luz. De la oscuridad surge una chica y pide un cigarrillo, como quien sale a comer el bocadillo en medio de una intensa jornada laboral. Unos cuantos paquetes rodean a la señorita, que escoge el que mejor le parece y se acerca a ver las luces de los coches que pasan por la carretera. Se nota que le apetece estar sola. También a mí. Me voy a mi habitación.

TURQUÍA
TRABZON
13 de abril (día 16)
3 km (1.067 km)

Trabzonspor, 2-Barça, 7

Me levanto muy temprano, a las siete de la mañana. En el hotel no se ve un alma. Los que no se han ido todavía duermen. Como este hombre que yace tumbado junto al televisor, envuelto en una manta. De una pared cuelga un póster enorme con una imagen de los Alpes. Mide cuatro metros de ancho por dos y medio de alto. Es parecido a otros que he visto en lugares públicos y privados. ¿Qué tendrán estas estampas, que gustan tanto a los turcos? ¿Acaso las cuelgan para disimular la suciedad de las paredes?

Lo recojo todo, me despido de mí mismo y salgo hacia mi nuevo hotel, el Villa Pansyon, que me recomendó el dueño de un restaurante. ¡Vaya cambio! Soy el único huésped de esta vieja torre reconvertida. Me toca la mejor habitación, con un amplio balcón y vistas al jardín. Lleva el establecimiento un hombre muy discreto y agradable que me llama por mi nombre. Me muestra la postal que le ha enviado desde Barcelona su amiga Débora, que hace unos meses estuvo por aquí estudiando turco.

Entretengo las horas vagando, que ya tocaba. Hasta el mediodía. Inmediatamente después de comer entro en un establecimiento en el que venden un delicioso turrón de aceite de soja. Después voy a la iglesia de Santa Sofía, la más bonita de las que he visitado hasta ahora. Se encuentra en un jardín muy bien cuidado, sobre una colina que domina la playa. Tiene unos frescos excelentes, que en 1963 fueron restaurados por la Universidad de Edimburgo, pero que no sé cuánto tiempo se conservarán, ya que los tienen al aire libre y el clima es muy húmedo. Más fácil de evitar son las incontables inscripciones que han dejado algunos visitantes. «Ya se sabe, los niños...», comenta el vigilante cuando le señalo los *graffitti*.

Me encamino hacia la redacción del diario *Turquiye* en busca de más información sobre Georgia. En el portal del edificio hay un buen cacao de mujeres. Hacen cola para conseguir las cazuelas, vasos y platos con que el diario obsequia a sus lectores. El único periodista presente no está para dar explicaciones y me factura de nuevo hacia el centro en un taxi.

Por lo menos el viaje en un taxi comunitario ha valido la pena. La música de un cantante del país sonaba a todo volumen. En el interior, la ambientación era de lo más *kitsch*, con un disco compacto colgado del retrovisor, unas lucecitas que se encendían al frenar, unos guantes de boxeo en la parte de atrás, dos fotos del conductor en el *tablier*... Con las gafas de sol que llevaba, el tío parecía uno de esos conductores suicidas de *Mad Max*. Hacía sonar el claxon como un condenado, y no porque sí, sino para buscar clientes. Yo he sido el primero en subir. Al llegar a la zona comercial ya éramos cinco. Sólo utiliza el intermitente en caso de extrema necesidad, o sea, al pararse. Circula ajeno a los carriles que había pintados en la calzada, pendiente del primer hueco que se presentase para avanzar algunas posiciones en esa carrera sin sentido.

Me ha recordado al conductor del autocar de Giresun. No es que sea muy miedoso, pero tuve más de un susto, especialmente cuando adelantaba por una carretera estrecha y en curvas sin visibilidad, sin saber si venía alguien de frente.

En una ocasión nos acercamos a menos de un metro del autocar que circulaba delante de nosotros, provocando el pánico de unos niños distraídos que miraban hacia atrás. Los ocupantes de mi vehículo ni se inmutaron. Dormían, comían, fumaban o hacían crucigramas, tan tranquilos como si estuvieran en casa. Y el conductor, apacible, cada vez más satisfecho y arriesgando las frenadas unos metros más.

Es sábado y el centro de Trabzon está animado, lleno

de gente que va al estadio, cortando la calle, haciendo ostentación de cánticos y banderas. Dentro de tres horas el Trabzonspor juega contra el Samsun. Los aficionados quieren llegar temprano. Viven el fútbol con pasión, como todos en la ciudad. Esta mañana incluso he visto un cuartel militar pintado con los colores del equipo local y una calle con su nombre. Un camarero me pregunta de dónde soy. Se lo digo, pese a que me imaginaba la respuesta: «¿Barcelona? Vosotros nos eliminasteis de la Recopa por 7-2.» Sonrisa de compromiso. ¿Qué quieres que le haga? Es la quinta o sexta vez en lo que va del día que me recuerdan la humillante derrota que mi equipo infligió a los turcos. ¿Quizá el Barça tendría que autoimponerse un código ético para no avasallar a los equipos del tercer mundo futbolístico?

A las ocho, las calles están desiertas. Sólo hay gente en las tiendas con televisor. En una confitería en la que están abonados al canal codificado cuento hasta 25 personas. Los propietarios de los comercios más pobres, que no pueden pagar el Canal Plus local, no renuncian a ver el partido, lo que implica tener que adivinar las incidencias futbolísticas en el mar de rayas negras y blancas que aparecen en pantalla.

Al finalizar el partido, el caos se apodera de las calles. Cláxones, banderas, gritos contra el rival, petardos, conductores acelerando entre un pasadizo humano y coches de la policía haciendo notar su presencia. El equipo local ha vencido.

No quiero ni imaginar cómo deben de protestar cuando se produce una derrota injusta.

Antes de cenar me acerco a la oficina de información de la estación de autobuses para saber cómo puedo llegar a Sumela. Comprendo menos de la mitad de lo que me dicen. Suerte que encuentro una chica que habla inglés. Me dice todo lo que necesito y se despide con un cálido *«have a good travel!»*. Así da gusto. Es una de esas ayudas que tanto agradeces cuando tienes problemas. La amabilidad turca, una vez más. Algunos creen que es por la religión, pero yo opino que hay algo en su carácter que les hace sentir la necesidad de ganarse al extranjero. De todas formas, me gustaría ver cómo me tratarían si en vez de venir de Barcelona viniese de Bakú.

Para cenar pido *kebab*. Aprendo a comerlo observando a los otros comensales, evitando preguntar a los camareros. Y me quedo satisfecho. Un pequeño triunfo ante uno de los numerosos desafíos cotidianos que el viaje plantea. Cada día me siento menos turista.

TURQUÍA
TRABZON (SUMELA)
14 de abril (día 17)
36 km (1.103 km)

El monasterio nevado de Sumela

Duermo como un tronco. El día es bonito, y alrededor de las nueve y media yo y la bicicleta embarcamos en el minibús que nos llevará a Sumela, un monasterio situado en las montañas, a 1.700 metros de altitud. El viaje es entretenido. Me cuesta 25.000 liras, el precio de una chocolatina. El minibús va lleno de campesinos, gente mayor cargada de bultos que acude al mercado del pueblo vecino o que aprovecha que es domingo para visitar a unos parientes.

El minibús me deja en Akçaba. Soy el único que sube al monasterio. Me proveo de fruta y me pongo en marcha. Me habían dicho que la carretera era llana y que en el monasterio no había nieve. No aciertan ni una. En pocos kilómetros salvo 800 metros de desnivel y arriba descubro que ha nevado. Aun así, acepto encantado los inconvenientes. La carretera avanza por el fondo de un impresionante desfiladero. Llegando al monasterio, el valle se abre y aparecen las cumbres nevadas.

Para acceder al recinto hay que pagar 140.000 liras, lo que costaría ir y volver tres veces de Trabzon a Akçaba. Ato la bicicleta a una verja sin poder apartar la vista de la impresionante pared donde los antiguos monjes atenienses Bernabé y Sofronio llegaron portando una imagen de san Lucas, dando así comienzo a un mito que convirtió la peregrinación a la montaña negra en una especie de Camino de Santiago del monaquismo oriental.

El monasterio se encuentra enclavado en una pared de piedra, casi completamente vertical, de centenares de metros. Se sube por un estrecho sendero que zigzaguea hasta la cumbre. Ahí sí que los monjes estaban cerca del cielo. Encuentro unos japoneses sudorosos; son los primeros turistas-turistas que veo desde Estambul. Y también dos australianos que vienen del sudeste asiático.

El conjunto está formado por diversas capillas en proceso de restauración. Destacan los frescos, sobre los que centenares de visitantes han dejado impresa su firma. Los ojos de los santos han sido arrancados o borrados. El mal ya está hecho, pero ahora por lo menos han puesto vallas y un vigilante.

Bajando con uno de los australianos, comentamos cómo diantres pudieron construir el monasterio ahí arriba. O cómo se las apañarían para conseguir agua y comida. Antes de despedirnos, me cuenta la peripecia que él y su amigo pasaron en Irán. Estaban en una ciudad pequeña y trataban de orientarse. Se les presentó la policía y les acusó de espías. Uno fue golpeado y los dos acabaron pasando una noche en prisión.

TURQUÍA
TRABZON-ARDEÇEN
15 de abril (día 18)
137 km (1.240 km)

¡No soy un extraterrestre!

Tres días parado y ya tengo ganas de volver a la carga, de ponerme en marcha cada mañana sin saber qué me espera, hasta dónde llegaré, qué tiempo hará, si encontraré buena o mala gente o si mi chasis (la bicicleta) y su motor (mis piernas) responderán. Los días en Trabzon me han venido muy bien, pero me he quedado un poco traspuesto de tanto comer, dormir y fumar. En menos de tres semanas me he acostumbrado a un ritmo de vida duro. Y ya vuelvo a necesitar movimiento, descubrir nuevos sitios. Los días siguientes prometen responder a las expectativas.

Voy lanzado. Quizá es debido a ello que este 15 de abril he hecho la etapa más larga hasta el momento, 137 kilómetros, y estoy a menos de 70 de la frontera. Así tendré tiempo para resolver posibles inconvenientes. No obstante, sigo sin tener información totalmente fiable sobre qué me encontraré al otro lado de las montañas a las que me acerco. Bueno, sé que el país está muy castigado y que el poder se halla en manos de mafiosos de medio pelo.

He decidido viajar por Georgia evitando las grandes ciudades, buscando el contacto con la gente de las poblaciones pequeñas, donde seré menos vulnerable. Pero aún no sé si cruzaré la frontera en bicicleta o en autobús. Porque si llego y no encuentro la forma de continuar, ¿qué haré? Pues no habrá más remedio que volver a Trabzon y tomar un autobús directo a Tbilisi. En el peor de los casos, siempre existirá la posibilidad de ir en avión hasta Bakú.

El itinerario del día presenta diferencias respecto de

los anteriores. No es la Turquía que conocía. Veo, sí, dos mezquitas en construcción y una recién terminada, algunas mujeres con velo, oigo los cláxones de los camiones... Pero se nota que estoy cerca de la frontera. Los rostros son diferentes, más europeos, gente de piel más clara, pelirrojos, rubios... El paisaje sigue siendo fantástico. Desde las nueve, he pasado por playas de cantos rodados bañadas por aguas clarísimas y por un constante cruzar de ríos que bajan de las montañas que dejo a mi derecha. Cada kilómetro que recorro, las cumbres son más cercanas, más majestuosas.

Voy tirando, sin prisas y con pocas pausas, con la intención de acercarme cuanto pueda a Hopa, la última ciudad turca. Al final me acerco demasiado. Hago una buena comida con siesta incluida, y por la tarde vuelvo al ataque. A las seis, en un pueblecito de pescadores, aprovecho para descansar. Dos hombres se me acercan y les digo adónde voy. Sorprendidos, preguntan: *«Gurgistan?»* Uno de ellos se pasa dos dedos por el gaznate, muy lentamente, como haría un campesino durante la matanza del cerdo. ¿Será ése mi final? Me asusto. De nuevo las malas noticias. En el peor momento. De nada me sirven las palabras tranquilizadoras que había escuchado en Trabzon. ¿Quién tendrá razón, el propietario de la cafetería o esos dos hombres? Ni idea. Lo único que me viene a la cabeza es la imagen de sanguinarios georgianos, escondidos detrás de unas matas, esperando al primer insensato procedente de Barcelona para asaltarlo.

Mientras estoy sumido en estos pensamientos, dos chicos me aconsejan que no me acerque a Ardeçen, que no vaya ni loco, que me quede en Pazar. «Aquello es Las Vegas, el *far west* —insisten—. La gente lleva pistola, está lleno de rusos y a veces hay tiros.» Imaginaciones infantiles, pienso. «Lo máximo que puedes encontrar —me digo— es un ambiente medio ruso, que ya te irá bien, para ir ambientándote.»

Cae el sol sobre la calle principal de Ardeçen. No encuentro nada especial. Es un pueblo feo —a diferencia del anterior— y lleno de hoteles. Parece aburrido. Intento entrar en dos, pero están cerrados ya que la policía los ha clausurado. Me resulta extraño. Pruebo suerte en un tercero, el hotel Roma. Cargo la bicicleta a la espalda y subo por la escalera que lleva hasta la entrada. Segunda irregularidad: la puerta está cerrada. ¿Un hotel con la puerta cerrada? Llamo. Pasan unos segundos. Cuando estoy por marcharme, convencido de que no hay nadie, la puerta se abre. No hay luz. Sólo veo el perfil de un hombre. Se queda sorprendido, pero reacciona y abre la luz. *«Bisiklet?»*, exclama. «Sí, *bisiklet*», respondo, acostumbrado a que me hagan este tipo de pregunta. Empujo mi humilde vehículo hasta arriba, donde me percato de la clase de sitio donde me he metido: un prostíbulo como una casa, con el suelo cubierto de alfombras, tres o cuatro chicas rubias vestidas con minifalda y cuatro o cinco hombres que no sé si son clientes o del negocio. El que me ha abierto parece el dueño. Viste bien, muy occidental, el bigote bien recortado y diversas joyas de oro. Al verme le entra un ataque de risa. Agarra la bicicleta mientras una chica se pone mi casco, entre chillidos histéricos que revolucionan el gallinero.

Lo mire como lo mire, la situación es ridícula. Un ciclista sucio y sin afeitar, en un lujoso prostíbulo turco. De buena gana me habría echado a reír yo también, y como un condenado. Pero no puedo. Debo salir de aquí. Le quito la bici al proxeneta y me dirijo a la puerta tan rápido como puedo, antes de que me enreden o me encuentre haciendo lo que no he venido a hacer.

De nuevo en la calle, con el corazón acelerado, me pregunto «¿y ahora qué?». En un restaurante pido por un hotel y me señalan el que acabo de dejar. «No, esto no. Quiero un hotel normal», repito, enfatizando las dos últimas palabras. Un hombre mayor se acerca para hacerme entender que «en Ardeçen, no hotel normal». Pues la he hecho buena. Doce hoteles que tiene el pueblo y en ninguno puede uno limitarse a dormir. Ya tenían razón los dos chicos, que esto es como Las Vegas. Ahora sólo falta que me salgan con las pistolas.

Ha anochecido. No puedo continuar ni volver atrás, pero para algo llevo un saco de dormir y una tienda de campaña ¿no? Pues a hacer cámping. Recorro cinco o seis kilómetros a oscuras, y en el primer camino que veo, me meto. Detrás de una casa en construcción encuentro un sitio llano y discreto donde pasar la noche. Mientras estoy montando la tienda oigo a un hombre que sube cantando por el camino. Del susto no se me ocurre nada más seguro que salirle al paso y preguntar quién va. Pienso que es mejor dejarme ver antes de que sea él quien me descubra. Tengo que hacerle comprender que no soy peligroso, que lo único que quiero es dormir en esa parcela. El individuo se para, sorprendido ante mi presencia, me mira fijamente y balbucea alguna palabra. «Cámping, cámping», le grito. Me acerco y justo en ese momento echa a correr montaña arriba. Si yo tenía miedo, él ha sido presa del pánico. Y lo comprendo. Porque no es muy normal que a las once de la noche te aparezca en la oscuridad un ser que habla un idioma extraño y que lleva una luz clavada en la frente (mi linterna de montaña). Me ha tomado por un extraterrestre, por lo menos.

Me quedo solo en medio de la oscuridad, gritando *«efendim, efendim»* para aclarar la situación, pero es ya demasiado tarde. El hombre debe de estar en su casa, con la puerta cerrada a cal y canto. ¿Y qué hacer ahora? ¿Recogerlo todo e ir a buscar otro sitio o quedarme aquí? Escojo la segunda opción, y decido que si viene alguien a pedir explicaciones le pagaré lo que pida por las molestias causadas. Me cuesta conciliar el sueño. Paso una hora y media sin poder dormir, pendiente del menor ruido, del río, de las ranas, de los mosquitos, de los árboles... Dos sobresaltos son demasiado para un solo día.

TURQUÍA
ARDEÇEN-SARP (frontera)
16 de abril (día 19)
62 km (1.302 km)

«Nyet»: *no puedo cruzar la frontera*

Por la mañana temprano estoy de nuevo en la carretera. Tengo ganas de llegar a Georgia.

En el primer pueblo vuelven a decirme aquello de «Georgia-degollado», y otra vez me asusto. En el siguiente, en cambio, me comentan que no tendré ningún problema. Estoy desconcertado. La gente de la calle tiene muchos prejuicios contra los georgianos; sólo una minoría parece bien informada. ¿A quién tengo que creer, a hombres como al propietario del restaurante de Trabzon, o a quienes me señalan el cuello?

El tercer pueblo del día es Findikli, con aquel ambiente de localidad fronteriza que ofrece todo lo que el país vecino no tiene. Los comercios turísticos, Mercedes y Opel con matrículas rusas... Las mujeres se cubren con pañuelos rojos, faldas más cortas que en el resto del país y vestidos menos cerrados. Las miradas parecen menos huidizas. Y lo son. Al pasar por delante de una plantación de té —la provincia es la principal productora del país— una mujer... ¡me saluda! Es la primera vez que me ocurre. Después de 19 días en Turquía, mi masculinidad parece renacer.

Hopa, la última ciudad turca, no es demasiado grande, aunque sí lo es su puerto. Tiene unos grandes depósitos de petróleo y varios cuarteles militares. La presencia de vehículos rusos y de otras antiguas repúblicas soviéticas es constante. Aprovecho para comprar una libreta y papel higiénico, por lo que pueda pasar.

La ruta principal se desvía hacia el interior, en dirección a Artvin, pero la mía sigue recto, sin separarse de la costa. La calzada es infernal. Se nota que esta vía de comunicación estuvo dejada de la mano de Dios durante 70 larguísimos años.

Los primeros kilómetros están asfaltados, pero hay tantos baches que voy haciendo eses continuamente. Imposible ir recto. Y la carretera se estrecha. El asfalto deja paso a una pista de tierra de la que se levantan grandes nubes de polvo. Están de obras. El antiguo camino se convertirá en una autopista que unirá Georgia con Samsun. Y han decidido comenzar por el tramo que estaba en peores condiciones. Todo sea por el progreso. La nueva vía rápida favorecerá enormemente el intercambio entre dos países que durante demasiado tiempo se han ignorado.

La carretera está llena de enormes camiones rusos, unos monstruos con unas ruedas de más de dos metros de diámetro que levantan una polvareda que tarda minutos en desvanecerse. Más adelante los vehículos están detenidos. Han colocado explosivos para robar unos metros a la montaña. Tan estrecho es el camino y tan ancha tiene que ser la autopista. Incluso están arañando unos metros al mar empleando para ello grandes cubos de hormigón.

Mientras avanzo, no me puedo sacar de la cabeza la gran pregunta; ¿qué encontraré en Georgia, los degolladores que me han anunciado repetidamente o el pueblo amigo de Turquía que me han prometido mientras tomaba el último *chai* («té», en turco)? La respuesta se encuentra a menos de seis kilómetros. Pero la quiero ya, de inmediato, y me paro junto a unas casetas para conseguirla. La misma pregunta y de nuevo los degolladores: «*Bad people* (mala gente); *problems*; *robbery* (ladrones); *bisiklet KO.*»

Estoy completamente paranoico. Tomo precauciones. Salgo de la carretera, donde nadie pueda verme. Saco 150 dólares de la faja llena de dinero que llevo atada a la cintura, y los guardo en la costura de los pantalones. Nadie los encontrará allí, igual que los dólares que he escondido en el manillar y en la linterna. Saco el silbato que me dejó un amigo de L'Escala y me guardo una aguja en un bolsillo. Quién sabe, a lo mejor tendré que defenderme.

Por fin, llego a la frontera, donde hago una última llamada a casa para decir que todo marcha bien y que dentro de una semana estaré en Tbilisi. Al salir de la cabina un hombre me previene de que sin visado de Georgia, *«yok»*, no podré cruzar la frontera. ¡Pero si en Trabzon me dijeron que aquí podría conseguirlo! Los nervios comienzan a dejar paso a la mala leche. Y con este estado de ánimo me acerco al control de la policía turca, donde me repiten que sin visado, *«yok»*. A pesar de ello, decido intentarlo, primero solo, después en compañía de un funcionario de la oficina de turismo turca. No hay nada que hacer. Lo máximo que conseguimos es que el soldado ruso que monta guardia junto a la verja vaya a buscar a su superior.

Mientras esperamos, observo al soldado. Rubio, de ojos azules, con cara de pocos amigos, lleva un gorro de piel gris y una chaqueta llena de zurcidos. Del hombro le cuelga un viejo fusil Kalashnikov, sostenido por una cinta de cuero más gastada que las escaleras del metro. El oficial ruso escucha impaciente las explicaciones del turco, y sin pensárselo ni un segundo suelta la respuesta —*«nyet»*— y desaparece: acabo de aprender una palabra en ruso.

El cabreo que llevo encima es considerable. Tengo que volver a Trabzon. Dos días de viaje perdidos. Un drama.

En plena negociación con el conductor de un *dolmuz* (una furgoneta-taxi) se produce el milagro: pasa un Land Rover blanco con matrícula europea y el conductor se para. El chico que se sienta a su lado empieza a bajar la ventanilla y yo ya me veo volviendo a Trabzon en coche. En efecto. En un plis-plás tengo la bicicleta desmontada y cargada. Es un consuelo. Dentro de la desgracia, aún he tenido suerte.

Me preguntan si soy inglés o turco. Negativo. Dos días atrás me preguntaban si era paquistaní o iraní. Creo que nunca acertarán.

Mis «salvadores» resultan ser dos miembros de una organización no gubernamental inglesa que se dirigen hacia su campo de operaciones, en Trabzon, para negociar la compra de alimentos para los refugiados. El conductor, Sosu, es georgiano y no habla ni una palabra de inglés. El acompañante, Tom, es un inglés de 28 años que está al frente del destacamento que Feed the Children tiene en Zugdidi, cerca de la frontera con Abjasia. «¿No es allá donde hubo la guerra?», pregunto dubitativo. Y claro, lo es.

Tom aclara mis dudas sobre Georgia. Dice que el país está completamente hundido, con la economía en bancarrota, y que su trabajo consiste en ayudar a niños, minusválidos y ancianos, y a todos aquellos que el Estado ha abandonado a su suerte. El país que me describe es completamente distinto del que me habían dibujado en Turquía. Explica que la gente es encantadora, muy hospitalaria y que esta época, la primavera, resulta la mejor para visitarlo porque los georgianos tienen la costumbre de decorar las casas con flores. Casas, por cierto, que algunos consideran las más bellas del mundo. ¡Y qué decir de Tbilisi! No para de hablar, a pesar de que padece de una infección en la boca, y sólo me cuenta maravillas. ¿Cómo es posible que en Turquía exista semejante desconocimiento sobre un país vecino? La culpa se debe, en parte, a 70 años de fronteras bloqueadas, por no mencionar unas relaciones que a lo largo de la historia no han sido precisamente amistosas, sino que han estado marcadas por muertes y conflictos bélicos.

A las seis, llegamos a Trabzon. Resulta decepcionante ver cómo en sólo tres horas hemos desandado el camino que tardé tres días en recorrer. De nuevo en la misma ciudad, con la maldita imagen de un Atatürk iluminado en una colina y una espesa capa de contaminación que cubre la parte baja. Trabzon me parece ahora distinta. Todavía no he cruzado la frontera, pero empiezo a tener una idea acerca de lo que encontraré cuando lo haga. Y pienso que Tom tenía razón, que Trabzon, Turquía, es Europa. Cuando me lo dijo, en el coche, me quedé aturdido. Pero ahora, al ver la comida, los coches, cines y pantalones tejanos que aquí sobran, me parece que sí, que esto es Europa, y que lo poco que he visto hace unas horas, desde la valla, es otro mundo.

Estoy desanimado. Al llegar al Villa Pansyon, unos niños me dicen algo y no les hago ni caso. No estoy de humor. Ceno rápido y, sin tomar siquiera un té, me encierro en la habitación. Tom me ha dejado un detallado informe sobre Georgia y Azerbaiyán. Hasta la medianoche estaré leyendo. Tengo una urgente necesidad de saber.

TURQUÍA
TRABZON
17 de abril (día 20)
3 km (1.305 km)

Turquía es Europa; Georgia, no

Día de tránsito antes de Georgia. Por la mañana concluyo la lectura del informe de Tom, verdaderamente aterrador. Traza un panorama más que sombrío acerca de los dos países que me aguardan, especialmente de Georgia. Un impresionante alud de cifras. El producto interior bruto ha caído un 56% en cuatro años. Un tercio de las industrias han cerrado y las que siguen abiertas apenas funcionan. No hay electricidad. Una situación que me parece surrealista en un país rodeado de montañas. En buena medida todo ello se debe al sistema soviético, un sistema que fue coherente mientras las repúblicas se mantuvieron unidas, pero que mostró su rostro perverso el día en que algunas optaron por la independencia. Pongamos el caso del fluido eléctrico: en el pasado llegaba a Georgia procedente de Rusia y de Turkmenistán. Ahora también llegaría, si el estado georgiano tuviera dinero para pagarlo. Lo que no es frecuente.

Georgia contaba con un pantano que suministraba energía, pero ahora se encuentra en poder de Abjasia, la provincia donde el Génesis sitúa el paraíso terrenal, y que hace unos años se rebeló contra el gobierno georgiano. Bueno, aunque no fuera así, las líneas de alta tensión no van hacia este país, como sería lógico, sino hacia Rusia.

Y lo mismo sucede con el trigo. Georgia produce 180.000 toneladas anuales, pero necesita 800.000. La paradoja es que, históricamente, este país había sido productor de trigo, hasta que los planes quinquenales decidieron acabar con la tradición. Un buen día, Moscú resolvió que

Georgia dejaría de producir cereales y se especializaría en cítricos. Ucrania y Kazajstán se encargarían de llenar los graneros soviéticos.

En un lustro, los precios han aumentado como no se había visto en 70 años de comunismo. Lo que en 1990 valía cinco, en 1994, año en que la inflación llegó al 200%, costaba 7.000. El país ha sido incapaz de cumplir con ninguno de los requisitos que le imponía el Banco Mundial; la deuda externa es aterradora, el sector público ha perdido un 16% de los 130.000 empleados que tenía... Y a todo esto hay que añadir un país partido por la guerra, el centro de la capital medio destruido por los enfrentamientos del invierno de 1992, una población completamente deprimida y a la espera de que venga alguien de fuera y les diga que todo lo que están viviendo es mentira, una pesadilla, y que dentro de cuatro días volverán los buenos tiempos, cuando Georgia era la niña mimada de un imperio del que hoy no quieren oír hablar.

¿Cuál es la esperanza de Georgia? Existen yacimientos minerales por explotar y los planes para exportar el petróleo de Azerbaiyán hasta el mar Negro siempre dejarán unos dineritos. Poca cosa para que la gente vuelva a creer en sus posibilidades.

Cierro el informe y me quedo pensativo. ¿Cómo debe de ser la realidad, la vida de los georgianos, si los números son tan desastrosos? Un día antes de cruzar la frontera, mi mente se encuentra ya en el otro lado.

El insoportable timbre de la escuela que hay delante del Villa Pansyon me devuelve a la realidad. Dejo el hotel y me acerco a la embajada georgiana para conseguir el visado. En una hora, a cambio de 30 dólares, tengo el problema resuelto. No termino de comprender por qué me tramitan el visado de negocios en lugar del turístico, pero no pregunto. Tengo el visado y punto. Difícilmente me confundirán con un *businessman*.

El resto del día lo dedico a hacer algunas compras, a pasear y a hacer tiempo mientras llega el día D. Compro galletas, arroz y queso para el viaje en coche, voy al barbero para que me corte el pelo, me acerco a la oficina de correos para enviar a Barcelona medio kilo de papeles que ya no me sirven y compro unas pastillas de freno de recambio para la bicicleta. Antes de cenar me encuentro con Tom y Sosu. Concretamos la hora de salida. El inglés anda muy ajetreado, así que nos despedimos hasta mañana.

Como algo y me voy al cine a ver una película que precisamente me ha recomendado Tom: *Un paseo por las nubes*, de Alfonso Arau. Una última hora y media para volver a sentirme más o menos cerca de casa. Un día más, y lo desconocido. Intento olvidarlo. En el cine se está bien. Tengo que tranquilizarme para afrontar la segunda parte del viaje con serenidad. Paso el intermedio de la película observando cuán distintos que son estos espectadores turcos, sin bigote y con pantalones tejanos, del país de los velos que me dispongo a dejar atrás. Aún tengo viva en la memoria la imagen de hace dos días en la carretera: la mujer, andando encorvada por el peso de un gran saco, y el marido atrás, con la hoz en una mano y el cigarro en la otra, tan pancho. Las últimas semanas he conocido dos Turquías. ¿Cuál es la real? ¿Qué piensan estos chicos y chicas cada madrugada, a las cinco, cuando son despertados por los altavoces de los minaretes? ¿No es una presión excesiva para un país que se proclama democrático y laico?

Tampoco me atrae la Turquía-MacDonald's que simbolizan muchos de los aquí presentes. Hace pocas semanas estuve en un establecimiento de la multinacional norteamericana y todo lo que vi era igualito a lo que uno puede encontrar en Barcelona, Londres, Francfort o Johannesburgo, sólo que en Trabzon te ofrecen, además, sopa turca y té.

GEORGIA

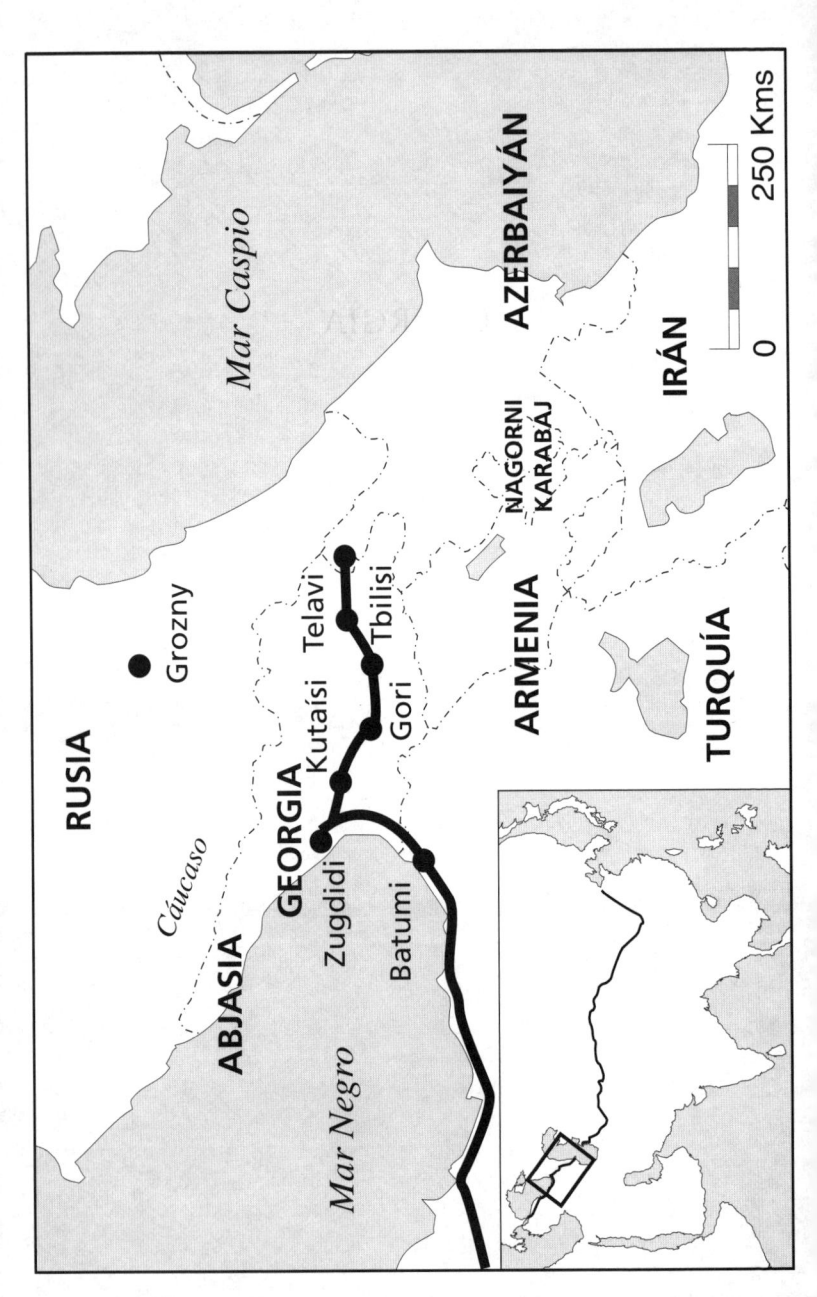

GEORGIA
TRABZON-ZUGDIDI
18 de abril (día 21)
(250 km en Land Rover)

Miserias de la guerra

Antes de las ocho me encuentro con Tom delante de su hotel. Nos acompañarán en el viaje dos franceses de una organización humanitaria que monta comedores comunitarios en Zugdidi. Nos apretujamos en el Land Rover como podemos y, con puntualidad británica, nos ponemos en marcha. Esta vez no estoy para paisajes.

Durante la primera parte del recorrido escuchamos algunos de los 12 casetes que el inglés ha comprado en el mercado de Trabzon. La mayoría son impresentables, de grupos de rock de tercera o grabaciones pirata de conjuntos conocidos. «Es que colecciono todo tipo de música», se excusa.

Al mediodía, en Rize, los voluntarios tienen una entrevista con un comerciante que les suministra material para llevar a Georgia. Este hombre sí que tiene pinta de *businessman*. Se lleva un 5% del valor de las compras que realizan las organizaciones no gubernamentales. «Son las mejores condiciones que hemos encontrado», aseguran.

Tom y los franceses acuden a una cita y yo me quedo con Sosu. El georgiano tiene unos 40 años. A pesar de la proximidad geográfica, no se parece ni por asomo a un turco. Es de piel blanca y alto como un pino. Tiene los ojos claros. Habla con discreción, como si no quisiera molestar. No sabe ni una palabra de francés o inglés. Con mucho movimiento de manos, me dice que tiene dos hijas y que las quiere mucho, me escribe algunas palabras en su idioma y me hace entender que no debo sufrir, que por las carreteras encontraré señales en georgiano, en ruso y en alfabeto latino. Es un alivio saberlo, porque del cirílico aún soy capaz de comprender algo, pero no sabría distinguir unas de otras las letras redondas del alfabeto georgiano.

Sosu me señala con orgullo que entre 1072 y 1272 la provincia turca donde nos encontramos había pertenecido a Georgia y me recuerda un hecho que me cansaré de oír: una de las provincias de su país se llama igual que la península de la que procedo, Iberia, lo cual induce a muchos georgianos a considerarte casi como a un familiar. Y si resulta que eres vasco, en Georgia es casi como si fueras un hermano. Todo porque entre el euskera y el georgiano existen coincidencias tan notables que muchos dudan de que sean fruto de la casualidad. Sin embargo, no ha podido demostrarse nada al respecto. En cualquier caso, haría ya mucho tiempo de eso, y los dos idiomas han cambiado enormemente. Un lingüista vasco estuvo por aquí investigando las similitudes, pero no consiguió ni siquiera la base para sustentar una hipótesis. Lo máximo que encontró fue una veintena de palabras similares que tienen el mismo significado en uno y otro idioma.

Le muestro a Sosu un recorte del *National Geographic* sobre el Cáucaso. Se lo mira atentamente, estudiando los mapas: uno que muestra las 50 lenguas que se hablan en el territorio, otro que señala los cinco conflictos armados que han asolado la zona durante la década de 1990 y que han costado la vida a 70.000 personas y han obligado a desplazarse a un millón y medio. Un tercer mapa muestra cómo los imperios otomano, ruso, persa y soviético han incidido sobre Transcaucasia a lo largo de la historia, dejando parte de su población y costumbres cada vez que avanzaban o retrocedían empujados por el enemigo. El conductor del Land Rover se lo mira en silencio. Vuelve a doblar las hojas y me las devuelve. Conoce muy bien lo que allí se explica. Quien no está al corriente soy yo, que pretendo cruzar en bicicleta este «campo de minas», dejando a derecha o izquierda lugares de triste recuerdo como Abjasia, Osetia, Ingushetia, Chechenia o Nagorni Karabaj. Estoy a punto de descubrirlo.

Un poco más tarde aparece Tom Austin. Viene a recogerme. El comerciante turco nos invita a comer en el mejor restaurante de la ciudad.

Una hora después volvemos a la carretera, con el depósito lleno, y a las dos llegamos a la frontera. El lugar ofrece un aspecto triste, que los modernos edificios no consiguen disimular. La zona de tráfico es un lodazal sobre el que caminan de puntillas las mujeres con zapatos de tacón que se han apeado de un autobús. El vehículo procede de Trabzon y no recibe una capa de pintura desde el día en que salió de la fábrica, y de eso debe de hacer por lo menos 30 años. Ante las oficinas de la policía turca hay dos furgonetas. Van bien cargadas, una de pelotas de plástico y la otra de cebollas. Uno de los vehículos es de procedencia militar, reconvertido para usos comerciales. Su propietario quizá lo haya comprado en una subasta. Otros seguramente se los llevaron a casa los conductores el día en que decidieron desertar.

Esta vez no hay problemas con la policía rusa que, de forma incomprensible, vuelve a controlar las fronteras de la Georgia independiente. La mayoría de las personas que cruzan traen un presente para los soldados, uno de esos detalles que en muchos países te ahorran sobresaltos de última hora.

Después de esperar más de 20 minutos a que los franceses compren una botella de whisky para la fiesta de esta noche, volvemos a ponernos en marcha. Sosu conduce más rápido, distendido. Se le ve que está en casa. El decorado que nos rodea cambia rápidamente y de forma espectacular. En apenas media hora las montañas de los últimos días dejan paso a un terreno llano, aunque igual de verde, de una vegetación frondosa como sólo crece en sitios extremadamente húmedos. En la zona más próxima a Turquía no hay ni una casa. Nada. Es el vacío, como si allí nunca hubiera vivido nadie, lo cual es absolutamente falso. Lo que ocurre es que después de la Segunda Guerra Mundial Stalin facturó a la población —especialmente a la de origen turco— hacia el centro de Asia.

La llegada a Batumi es el siguiente impacto. La ciudad

no tiene nada que ver con el país que hemos dejado sólo 15 kilómetros atrás. Tiene algo que me recuerda a La Habana. Una ciudad alegre venida a menos, de casas bajas, de madera, pintadas de colores claros, construcciones de estilo colonial de ancha escalinata al frente. Son de planta cuadrada y están rodeadas por un gran jardín delimitado por bonitas verjas de hierro. Alrededor se extiende un exuberante manto verde que llega hasta la carretera.

Por las calles hay muchísima gente, pero poco comercio. La animación está en los numerosos tenderetes hechos con plásticos y cuatro maderas mal puestas. Es el mercado negro, donde se venden tabaco, vodka o chocolatinas de marcas internacionales, importados de forma más o menos ilegal. Te los encuentras cada 100 metros. La ciudad respira un aire decadente, de que algo no funciona. Todo es viejo: los coches, las casas, las carreteras, la ropa que viste la gente, el clima... Un paisaje irreal que parece el decorado de una película y que sólo rompen los solitarios carteles de Coca-Cola, Camel o algunas de las pocas empresas georgianas surgidas en los últimos años.

Al salir de la ciudad empieza la zona de los hoteles en los que durante la «primavera» soviética veraneaba la *nomenklatura* del Partido Comunista. Unos edificios grandes junto a la costa, rodeados de bellas avenidas de eucaliptos, que hoy aparecen abandonados y, en muchos casos, desmantelados. La carretera sigue por un tramo con empinadísimas pendientes que los autobuses rusos a duras penas consiguen superar.

Unos kilómetros más adelante nos hacen parar en un control policial. Es la frontera. Dejamos la provincia de Adzharia. «La policía está aquí para controlar, pero lo único que hacen es pedir dinero. A nosotros no tiene que preocuparnos. Los extranjeros somos intocables», informa Tom. Es el tercer control del día, y aún toparemos con siete más hasta Zugdidi.

Dejamos atrás las montañas. El camino discurre por un terreno completamente llano. Delante de nosotros, en el horizonte, se ven las inmensas cumbres nevadas del Cáucaso. Hacia allí vamos, por una carretera que no puede calificarse más que de infernal. Sosu se ve obligado a hacer girar el volante del todoterreno continuamente para esquivar los enormes agujeros que a comienzo de la década de los noventa los tanques y las bombas abrieron en la calzada. Resulta imposible pasar de tercera, y a veces tenemos que poner primera e incluso circular fuera de la carretera.

Ante nuestros ojos se abre un panorama deprimente: fábricas abandonadas, hoteles vacíos, almacenes reventados, campos sin trabajar, casas que el propietario dejó a medio construir, coches sin luces, grupos de hombres charlando en los cruces... Un espectáculo dantesco, apocalíptico, un país que parece poblado por supervivientes de un holocausto nuclear. Uno puede llegar a asimilar y a contar lo que ve, pero difícilmente a entenderlo. El rastro de desolación que deja una guerra es tremendo.

La impresión resulta brutal, y me pregunto cómo es posible que una sociedad haya llegado hasta este extremo, en un país rico donde la gente vivía en casas incluso lujosas. Me siento muy pequeño ante la magnitud de la tragedia.

«¿Qué te parece, lo que estás viendo?», me pregunta Tom. Tardo en responder. Estoy conmocionado. No por una razón concreta, sino por la suma de pequeños detalles que me hablan del drama georgiano. Con voz que refleja mi estado de ánimo, trato de explicar lo que he visto, que aquello no se parece en nada a Turquía, y que él tenía razón cuando decía que el país que habíamos dejado era Europa, porque ahora me siento en otro planeta. Incluso la gente es distinta. Se ven personajes que podrían ser arrancados de los años sesenta, con sus poblados mostachos y patillas, y con unas ropas de colores tristes que parecen salidas del baúl del abuelo.

El inglés responde: «Me alegra que digas esto, porque después de tanto tiempo viviendo esta situación de anormalidad, acabas, en cierta forma, inmunizado y puedes llegar a tener la impresión de que todo es de lo más normal. Los que nos dedicamos a esto necesitamos que de vez en cuando venga alguien de fuera para recordarnos cuál es nuestra labor.»

Llegamos tarde a Zugdidi. A diferencia de otros pueblos, aquí por lo menos hay electricidad. Una pequeña compensación para una ciudad de 80.000 habitantes, que ahora cuenta con 160.000 desde la llegada de los desplazados por la guerra.

Ya en la ciudad, corremos a dejar las cosas en la sede de Feed the Children. Nos esperan en la casa de los españoles de Médicos sin Fronteras. Hay fiesta. Se alegran de verme, y yo de verles a ellos. Me hablan de un vizcaíno que hace dos meses apareció por aquí para hacer alpinismo en el Cáucaso. Después de tratar, sin éxito, de escalar la cima más alta —el Elbrus, de 5.600 metros— ahora se encuentra en Armenia, y ya hace semanas que no saben nada de él. «Está muy bien esto de que empiece a venir gente de fuera a Georgia; señal de que la situación mejora», dice una voz. Hay otro que ríe al verme aparecer. Mi llegada le recuerda que cuando estaba en Camboya topó con dos viajeros ingleses que venían de cruzar las peligrosas líneas de fuego de los jemeres rojos con toda la tranquilidad del mundo, como quien se va a subir al Aneto.

Yo, por mi parte, alucino de que en este lugar a alguien se le ocurra dar una fiesta. No estoy para cachondeo. Y no les entiendo. «Pero ¿cómo pueden pensar en una fiesta en estas circunstancias?», me digo. Esto es demasiado para mí. Un final de día chocante para una jornada con demasiadas impresiones.

No tardo en percatarme del porqué de esta fiesta montada con cualquier excusa. Las botellas de whisky empiezan a correr mientras los voluntarios bailan como locos. Toda esta gente se engaña. Aquí no se celebra nada. Es una fiesta para olvidar y, quizá, para celebrar que siguen vivos.

En este caso, la excusa es que Lola se vuelve para casa después de 11 meses de misión. «Ya tengo ganas, porque es mucho tiempo sin ver a la familia, a los amigos, lejos de los míos», explica. Le pregunto si repetirá. «Si tengo ganas —responde—, dentro de seis meses volveré. Sí, seguramente.»

Unas 40 personas de las nacionalidades más diversas

se han presentado en la fiesta. Todos son jóvenes, de unos 30 años de media, que han dejado una situación de bienestar en su país para ayudar a unas personas que ni conocen. Mi admiración hacia su trabajo crece por momentos. Igual que mi cansancio. Aprovecho que Tom regresa a casa con compañía y le pido que me lleve. Necesito estar a solas para digerir tantas vivencias.

GEORGIA
ZUGDIDI
19 de abril (día 22)

Los jóvenes misioneros de fin de siglo

No he dormido demasiado bien. Desayuno en la casa de Feed the Children, con el neozelandés Charles y la inglesa Natalie. Anoche, en la fiesta, decidí quedarme un par de días en Zugdidi a fin de recoger información para un reportaje sobre el trabajo de las ONG. Necesito saber cómo es esta gente, que procede de una situación similar a la mía, que lo han dejado todo para ayudar a un país que la mayoría de la población de Inglaterra, Francia o Alemania no sabría situar en el mapa. Los primeros entrevistados se encuentran al otro lado de una mesa llena de mermeladas, mantequilla y bollos. Les pregunto por su experiencia como voluntarios. Natalie es de origen chino. Vive en Londres, un sitio que le desagrada. «Es una sociedad muy materialista. Lo que a mí me gusta es viajar, pero no viajar por viajar, sino para vivir allí una temporada, tres o cuatro meses, y aprender. En el caso de Georgia, para aprender del coraje de la gente. Me gusta ayudar a la gente, ayudar a que se ayuden.»

Ésta no es la primera misión de Natalie. Antes estuvo en Ruanda, ayudando a los desplazados por el genocidio entre hutus y tutsis. Allí vivió dos experiencias que jamás olvidará. Un momento especialmente gratificante para ella ocurrió durante una reunión con 200 mujeres que habían perdido a sus maridos. Sin medios de subsistencia, afectadas todavía por el drama vivido, aquellas viudas no tuvieron ningún inconveniente en adoptar niños y niñas que habían perdido a sus padres. «Aquella situación me transmitió un increíble mensaje de amor y esperanza», cuenta emocionada.

Fue también en Ruanda donde Natalie pasó el peor momento de su vida, cuando los bandidos rodearon su casa y pensó que había llegado su hora.

«¿Y quieres continuar?», le pregunto. «No lo sé —responde—. Quizá un año más, pero quiero, necesito, más estabilidad. Te pasas media vida yendo de una organización a otra, con contratos de cuatro, seis u ocho meses. Es muy duro e inestable. Pierdes muchos amigos, el contacto con la familia...»

Lo mismo piensa su compañero, Charles. A él le agradaría continuar en una ONG, pero dedicándose a trabajos de coordinación y planificación, que es lo que hacía antes de incorporarse a organizaciones humanitarias, cuando trabajaba para las fuerzas aéreas de Nueva Zelanda. «Era un trabajo parecido, ayudar a la gente, pero desde un despacho, y lo que yo quería era acción.»

Para Natalie y Charles, trabajar en Georgia no es un camino de rosas. África es más fácil, porque el problema está más delimitado. Aquí, la mafia les pone dificultades. «El problema no se encuentra en el estómago, sino en la cabeza de la gente», dice él. Algo similar comenta Nino Morgoshia, una joven presentadora de la televisión georgiana, que ha vuelto a su ciudad para estar junto a su familia. «Y también porque en Tbilisi sólo me pagaban cinco dólares, y aquí, con las ONG, gano más.» A pesar de ello, Nino es muy crítica con la actuación de las organizaciones. «Ellos han trabajado en África, y caen en el error de comparar nuestro caso con el de aquellos países. Llegan sin saber adónde vienen, y cuando al cabo de seis meses se dan cuenta de que han venido a parar a un país con unas tradiciones y una cultura muy rica, y que nuestro problema no es la falta de pan, tienen que marcharse y llegan otros para sustituirles. Georgia no necesita comida, sino inversión, que haya trabajo, pues el 90% de la población está en el paro, que haya electricidad, gas, cosas elementales. La gente está deprimida. ¿Por qué te crees que el 25% de la población ha abandonado el país?», pregunta amargamente.

Según Tom Austin, en los antiguos países comunistas es frecuente que no entiendan el papel de las ONG: «Piensan que somos de la CIA... Los políticos tienen prejuicios contra nosotros, porque llevamos coches grandes, modernos equipos de radio, tenemos presupuestos que quizá superan los suyos... Es fácil caer en la trampa de creer que somos un puente que emplea Occidente para introducir el imperialismo económico.»

Para la andaluza Regina, en cambio, las quejas de Nino están plenamente justificadas: «Es como si hubiera un terremoto en Sevilla y llegasen los chinos para ayudarnos. Aceptarás todo lo que quieran darte, incluso la medicina china, porque no te queda otro remedio, pero seguro que no estarás de acuerdo con esa ayuda.» Eso les pasa a ellos.

Iñaki, el vasco de Médicos sin Fronteras, lo expresa claro y fuerte: «Éste no es un trabajo que puedas hacer toda la vida, sino dos, tres, cuatro, cinco años a lo sumo. Más tiempo, no se soporta.»

Por la mañana acompaño al equipo de médicos y colaboradores sanitarios al hospital de Tsabujija. Vamos en un todoterreno que aún conserva en la carrocería los agujeros de los disparos que recibió en Sarajevo. En el hospital nos aguarda el material sanitario que habrá que repartir por los pueblos de la provincia. Grandes cajas de cartón se amontonan en la cocina, la dependencia menos gélida del centro. La calefacción no funciona; la electricidad, tampoco. Alguien enciende unos fogones, en un intento de subir algún grado la temperatura ambiental. Iñaki y Cecilia son los que deciden, los colaboradores locales son los que más trabajan y los médicos locales contemplan la escena sin mover un dedo.

No fue porque sí que Médicos sin Fronteras decidió trabajar en este hospital. Algunos centros acabaron en ruinas, otros han dejado de funcionar. Aquí, en cambio, la gente es honesta, y el director, un hombre competente. «Aquí hay gente que limpia», me hacen notar, dando a entender que en los otros sitios eso no sucede. Pero en Tsabujija las cosas tampoco son fáciles. Las operaciones tienen que hacerse a la luz de velas y utilizando material mecánico que no requiere electricidad.

Los sanitarios a los que acompaño aseguran que la mayor parte de los numerosos hospitales de la provincia deberían cerrarse si se aplicaran «criterios de competitividad, un concepto que los georgianos desconocen, porque nadie les explicó jamás de qué se trataba. Una cosa es que la Unión Soviética tuviese algunos de los mejores indicadores sanitarios del mundo, como una cama de hospital por cada 73 habitantes o un médico por cada 245, pero eso no significa que las cosas funcionasen».

Al mediodía, por fin, cesa la lluvia. Es la hora de ir a comer y de despedir a Lola, que regresa a Barcelona. El grupo de españoles se fotografía con la familia que les alquila la casa y con el equipo de colaboradores. Hay algunas lágrimas. Han sido meses de relación intensa. Unos y otros tienen la certeza de que no se volverán a ver.

Paso la tarde en la casa de Médicos sin Fronteras, observando cómo el grupo de chicos y chicas con aspecto de montañeros van y vienen sin parar. Parece mentira que hayan estado bailando hasta la madrugada. Hoy son un equipo de profesionales perfectamente conjuntados. Aunque no hayan dormido. Cuando toca hacer un trabajo, se hace. No hay horarios ni excusas. El trabajo no puede esperar; la comida, sí. No hay lugar para los «es que...». Los títulos académicos no cuentan. No hace falta pedir voluntarios. Todos los aquí presentes están capacitados para recibir o enviar un mensaje a través de cualquier equipo de radio, de conducir un todoterreno, de aplicar una inyección, de redactar urgentemente un informe sanitario para Barcelona o de barrer el patio. Y el que no sabe, aprende, tanto a hablar el idioma del país como a depurar agua. Son voluntarios, con todo lo que ello implica.

De vez en cuando aparece uno de los franceses de los comedores comunitarios a pedir que les dejen un equipo electrógeno o, sencillamente, a saludar a los *«espagnols sympas»*. El interior de la casa está lleno de humo. Aquí todo el mundo fuma. Las paredes están repletas de mapas. Los hay rusos y americanos. Las radios de onda corta no callan. Tanto oyes hablar en español como en inglés.

La noche anterior Lola dijo que hay que «desmitificar la tarea de los voluntarios», quienes, al fin y al cabo, lo único que hacen es ejercer su profesión, la que escogieron, aunque, eso sí, en unas condiciones «más difíciles». Esto es lo que decía, pero después de verles en acción tengo la impresión de que su trabajo merece mayor consideración y reconocimiento, independientemente del carácter excéntrico o aventurero de alguno de ellos, e incluso de algunos que podrían considerarse inadaptados en su país. El norteamericano que acaba de llegar para sustituir a Iñaki pone la misma cara de despistado que debí de poner yo ayer. Ha viajado por Suramérica en bicicleta y anteriormente fue miembro de una ONG. Pero ¿es ésta una razón suficiente para tildarlo de inadaptado? Y aún más: ¿quién no se ha sentido inadaptado alguna vez?

Comienzo a percibir una imagen menos angelical de estos misioneros del siglo XX, especialmente cuando observo a alguno jugar con los videojuegos o ver películas de vídeo. ¿Es real o distorsionada esta imagen? El hombre es débil. ¿Se puede exigir a los voluntarios que ejerzan como tales las venticuatro horas del día? ¿No tienen derecho al ocio, a pesar de las desgracias, a intentar protegerse con una coraza? ¿No es ésta una reacción muy humana ante tanto sufrimiento?

Quien mejor explica el sentimiento del voluntario de una organización no gubernamental es Tom. Este joven abogado de 28 años se ha pasado media vida dando tumbos. A los 18 años ya estaba en Zimbabue como maestro. Como miembro de una ONG ha estado en Cuba, Bosnia y Afganistán, además de Georgia. ¿Por qué? «Hay varias razones —dice—. Una, porque soy un idealista, seguramente a causa de mi formación católica y marxista, y porque he leído mucho a Hemingway y Orwell. Quiero ayudar a la gente en la medida en que pueda. También porque disfruto de mi trabajo. Pero hay otras razones: llegar a países remotos, el espíritu de aventura, adquirir conocimientos de política... El trabajo aquí plantea cada día nuevos desafíos. La vida en Gran Bretaña es demasiado tranquila, convencional, y quizá en mi formación hay algo que me impulsa a buscar nuevas experiencias. Lo más gratificante es comprobar que tu ayuda sirve para algo.»

Pero ¿cómo tiene que ser el voluntario de una ONG? «Debemos ser, al mismo tiempo, antropólogos, expertos en nutrición, médicos, filósofos, políticos, economistas, sociólogos, personas equilibradas, con capacidad de dirección, capaces de vivir sin agua ni electricidad durante semanas, y tenemos que saber conducir como un piloto de fórmula 1 y reparar averías si es necesario. Hay mucha gente que no está preparada para esto, y es normal que así sea. Aquí hacemos cosas que en nuestro país no haríamos, como manejar un presupuesto de un millón de ecus con 28 años o tener la responsabilidad de alimentar cada día a 27.000 personas. Yo he tenido que tomar decisiones que jamás hubiera imaginado siquiera, y a veces te sientes superado y te resulta difícil mantener el equilibrio. No hay preparación posible para este trabajo. En casa se tiene una idea muy básica de lo que hacemos. Hay que venir aquí para conocerlo.»

El responsable en Zugdidi del programa Feed the Children reconoce que de vez en cuando aparecen por las ONG aventureros en busca de adrenalina, sangre y guerras. Pasó en Bosnia y en Somalia, donde llegaron a haber voluntarios armados y con ropas militares, lo que está expresamente prohibido. Es gente que persigue un desafío salvaje para sus vidas o que intenta en vano huir de problemas que están dentro de sí mismos. Las organizaciones intentan sacárselos de encima, porque no sirven. Igual que no sirven «muchos idealistas que nos apoyan, pero que se llevarían una gran decepción si viniesen aquí». Por eso es fundamental realizar una minuciosa selección entre los miles de solicitudes, en su mayor parte de estudiantes, que cada año reciben las organizaciones.

Tom Austin cree que las ONG pueden servir para corregir injusticias que la actuación individual es incapaz de resolver. Dice que las guerras son la consecuencia de sistemas políticos y económicos determinados, y que, para evitarlas, es fundamental que las ONG estén bien situadas. «Yo, hace unos años, era muy, muy idealista. Ahora soy más racional, más profesional. Intento hacer mi trabajo y hacerlo bien; he llegado a la conclusión de que para ser justo es mejor no involucrarse en el país en que te encuentras. Ya no hago el esfuerzo de aprender el idioma del lugar; pero todavía tengo ideales. Hay mucha mierda en el mundo, e incluso en las organizaciones, y sigo estando convencido de que aún es posible hacer cosas para ayudar al ser humano y obtener una inmensa satisfacción personal a cambio.»

Este inglés alto y risueño confiesa que en más de una ocasión ha pasado miedo, miedo de verdad, miedo a perder la vida. En Sarajevo mismo, cuando se encontraba en un refugio oyendo caer a pocos metros las bombas de los serbios, y en Afganistán, cuando pasó varios meses sin poder moverse de casa porque los secuestros y los asesinatos eran el pan de cada día. «Pero lo más difícil es estar lejos de casa, de la familia y de los amigos, y sentir que corres el riesgo de perder las raíces de tu país. Cuando pasas tanto tiempo en el extranjero puedes desorientarte y perder los objetivos.» Por eso tiene ganas de dejar esta actividad una buena temporada, uno, dos o tres años, tal vez. «No sé exactamente qué haré cuando vuelva a Inglaterra, pero debo regresar para acostumbrarme de nuevo a las cosas de mi país, restablecer las relaciones con los amigos y mi propia vida.» ¿Y luego? Supone que volverá a la carga, pero en África o en América Latina. Nunca más en un país en guerra o en una de las antiguas repúblicas soviéticas.

Durante una pausa en el trabajo, Iñaki cuenta algunos detalles del conflicto georgiano. Dice que la convivencia entre los refugiados que se encuentran en la ciudad y la población local es muy buena. Los habitantes de la ciudad han acogido con grandes muestras de solidaridad a las familias que lo han perdido todo. Algunas, que se arriesgaron a volver a Abjasia para recuperar sus propiedades, fueron asesinadas. Para Iñaki, como para toda la gente con la que he hablado, la culpable de la guerra es Rusia. «Georgia declara la independencia —fue la primera república de la antigua URSS en hacerlo—, y ¿de qué forma se defiende Rusia de la pérdida de poder?: fomentando los micronacionalismos como el de Abjasia para debilitar el país. Resultado: Georgia acaba sucumbiendo ante el potencial ruso, aceptando que una policía extranjera (la rusa) controle sus fronteras e integrándose en la Comunidad de Estados Independientes. Si no hubiera sido por los rusos ¿de qué forma una población minoritaria, que sólo representa el 18% de los habitantes de la provincia, podría haber ganado una guerra y expulsar a la mayoría de los pobladores?»

Nino Morgoshia cree que la frontera que separa Abjasia de Georgia seguirá cerrada durante muchos años, que las heridas de la guerra tardarán en cicatrizar. Le pregunto por los abjasios. Pone cara de circunstancias. Le cuesta empezar a hablar, hasta que suelta: «Yo no odio a nadie...» Y vuelve a callar. Se pasa una eternidad recordando lo que ha vivido. Hasta que con tono firme, casi con lágrimas en los ojos, murmura: «No; prefiero no responder a esa pregunta.»

Al caer la tarde creo haber superado el fuerte impacto de estar en un país que sale de una guerra. A lo mejor ha sido la fiesta y las dos cervezas de la noche pasada, o, seguramente, el cálido recibimiento que encuentro cada vez que hablo con un georgiano, y que no estoy seguro de merecer. Este mediodía, por ejemplo, un hombre se ha levantado de la mesa para que me sentase a comer. A las ONG les han dejado casas enormes, como esta en la que me encuentro ahora, una vivienda con suelo de parqué, cielo raso de madera, puertas ricamente decoradas y un comedor de unos cincuenta metros cuadrados con un ostentoso piano en el centro. Las familias viven apretujadas en las plantas bajas. Pero estas facilidades y muestras de agradecimiento no logran ocultar los resentimientos y humillaciones por la situación que les toca vivir.

Me resulta difícil ver una salida para Georgia. Pero ¿acaso Europa no superó dos guerras mundiales, con todos sus millones de muertos y desplazados, de genocidio y destrucción? La memoria es frágil. Falta capacidad para recordar la ayuda externa que España misma recibió para superar una situación dramática. Y sobran los dedos acusadores de quienes se creen inocentes señalando guerras que consideran ajenas.

Esta noche vuelve a haber fiesta. Los organizadores son los militares de la ONU encargados de patrullar por la frontera abjasio-georgiana. Los oficiales de Bangla Desh, Pakistán, India, Egipto, Francia, Rusia, Macedonia, Cuba y Uruguay presentan a su nuevo coronel, un americano que va repartiendo saludos y paseando la colección de insignias que luce en el pecho. Una fiesta muy distinta de la de la noche anterior. Los escasos representantes de las ONG han venido a cubrir el expediente. Entre tanto uniforme intimidador, muy pocos —y muy pocas— osan pisar la improvisada pista de baile. Y ante la presencia del «jefe supremo», el de las insignias, los militares se limitan a cumplir escrupulosamente con la misión que les ha sido encomendada: observar.

GEORGIA
ZUGDIDI
20 de abril (día 23)
17 km (1.319 km)

De excursión a una base de misiles

Dos días en Zugdidi bajo la protección de las ONG y empiezo a sentir la necesidad, o quizá la obligación, de moverme por mi cuenta. Mañana me pondré en marcha hacia Tbilisi y tendré que despabilarme. Venticuatro horas más y ya no tendré a nadie junto a mí para que me aconseje.

He decidido cruzar Georgia en bicicleta. El país es más transitable de lo que creía, y prefiero llegar a Tbilisi pedaleando que en transporte colectivo. Me han contado que las dos principales líneas férreas del país funcionan caprichosamente, en función de si hay electricidad o no la hay. Se dispone de trenes, pero es imposible saber cuándo salen y cuándo llegan.

Me han hablado de lugares maravillosos. Hacia el norte está Mestia, el pueblo de Europa habitado durante todo el año que se encuentra a mayor altura sobre el nivel del mar. Está a 3.000 metros, y la población vive incomunicada durante seis meses. Debido a ello aún perviven costumbres caucásicas ancestrales, como los pactos de sangre entre los hombres. Pero mediados de abril es aún demasiado pronto para plantearse ir. Además una de las carreteras que llevan hasta allí está cortada por otro conflicto bélico, la guerra entre las dos Osetias, que en 1990 causó 2.000 muertos y 43.000 refugiados. La otra posibilidad es viajar hacia el sur, en dirección al bajo Cáucaso, pasar por Ajaltsijie y llegar a Tbilisi bordeando la frontera de la también cristiana Armenia; pero seguramente estos días esté nevando, y yendo solo como voy no tengo ganas de complicarme la vida. Si allí arriba tuviera algún problema, podría verme obligado a quedarme días esperando un incierto autobús de línea. Así pues, no hay otra opción que seguir por la ruta principal, directo a la capital. La posibilidad de llegar directamente a Bakú a través de Armenia, sin pasar por Tbilisi, la descarté semanas atrás.

Esta mañana, y por primera vez desde que llegué a Georgia, he salido solo de casa y me he puesto a caminar por las amplias avenidas flanqueadas por casas con jardín, en dirección al mercado, donde he supuesto que habría animación. Y no me he equivocado. Hay centenares de personas y un considerable griterío. En la entrada de la gran nave venden gasolina y aceite para coches. El exterior está lleno de automóviles Volga y Lada, con las nuevas matrículas georgianas, convertidos en improvisadas oficinas de cambio. En uno de ellos consigo mis primeros laris, la moneda del país. Me encamino hacia el recinto siguiendo el estrecho pasillo que forman los vendedores. La mayoría son mujeres, vestidas de colores oscuros y cubiertas con un pañuelo. Hay tantas y están tan apretadas que no hay otro remedio que seguir recto por el único paso que queda libre, soportando los empujones que propinan algunos hombres que salen con cabritos o gallinas vivas, a las que llevan cabeza abajo, asidas por las patas. Venden tabaco americano, galletas acabadas de hacer en un horno casero, caramelos o chocolatinas Mars o Crunch, productos del mercado negro que, en muchos casos hace dos años resultaba imposible encontrar.

Dentro, los gritos de los vendedores son más escandalosos. Sobre todo cuando descubren la presencia de un extranjero, es decir, de una persona que con toda seguridad lleva dólares. La gente me dice cosas que no comprendo: no doy abasto para esquivar las miradas que me persiguen. Me siento incómodo. Tengo la impresión de que en cualquier momento puede pasarme algo. Compro un rosco, convencido de que me engañarán, de que me devolverán mal el cambio. Pero no. La vendedora me devuelve el billete de cinco laris (unas 500 pesetas) que acabo de darle y toma de mi mano una moneda de diez céntimos (unas diez pesetas). Le había dado un dineral. Podría habérselo quedado, que yo no me hubiese enterado.

El recinto está dividido según los productos que se venden: aquí la carne, allá las verduras, en una esquina las legumbres, en otra el pescado... No falta nada. Excepto dinero. Los vendedores superan con mucho a los compradores. Son numerosos los que en lugar de pagar en metálico intercambian cuatro tomates o media docena de huevos por una botella de leche o una lata de aceite. En un rincón veo a un mendigo que me hiela la sangre. Tiene la cara y las manos completamente negras. Lleva unas ropas que parece que vayan a desintegrarse sólo de mirarlas. Alguien le ha dado un mendrugo que, más que comer, devora.

Por la tarde me subo a la bicicleta y trato de acercarme a la frontera de Abjasia. Me impulsa un interés morboso por ver la franja de seguridad que patrullan tropas rusas y de las Naciones Unidas. No tengo ningún interés —ni posibilidad— de cruzar al otro lado. En Sujumi, la capital de la provincia, las condiciones de vida son extremadamente difíciles. Médicos sin Fronteras tiene allí un equipo. Los voluntarios destinados en la ciudad donde según la leyenda Jasón fue a buscar el vellocino de oro casi no pueden salir de casa. En la calle todavía hay enfrentamientos. La presión que tienen que soportar es considerable. Nada que ver con la relativa tranquilidad de Zugdidi. Por eso les obligan a tomarse una semana de vacaciones cada tres meses. Iñaki explica que en 1994 la «situación en Zugdidi también fue difícil, con minas en las carreteras, secuestro de occidentales, tiroteo a vehículos de las ONG; todo eso podría repetirse, porque el conflicto no está, ni mucho menos, resuelto».

No consigo llegar al puente que delimita la frontera de Abjasia. Me he perdido, y justo cuando me doy cuenta, me pasa un todoterreno de Médicos sin Fronteras. Son Iñaki y tres más que van hacia la playa, a pasear y visitar los restos de una base de misiles. De misiles, sí, de misiles. Yo también me quedo de piedra cuando los veo. Son misiles auténticos, de aquellos que aparecían en las películas de malvados espías rojos venidos de detrás del telón de acero; cohetes blancos, de unos tres metros de longitud, que yacen esparcidos por el suelo a menos de 300 metros de la costa.

El viejo poderío militar soviético ha caído muy bajo. Parece mentira que hasta principio de los noventa, con armamento como éste, el Kremlin siguiera plantando cara a los norteamericanos. Uno de los misterios rusos está ahora abandonado de la forma más vulgar. Lo mínimo que podrían haber hecho es destruirlos o esconderlos. Pero no; se limitaron a llevarse las cargas explosivas y los motores de unos artefactos que, un día, apuntaron a Turquía.

Volvemos al coche andando por la playa donde, en verano, Iñaki y sus amigos vienen a bañarse. Nos cuenta que esta parte es segura, pero que un kilómetro más al norte es peligroso, porque el río arrastra minas que las olas depositan sobre la arena. Cada mes hay tres o cuatro accidentes por culpa del maquiavélico invento.

Cuando llegamos al coche descubrimos que alguien nos ha deshinchado una rueda. A lo mejor han sido los niños refugiados que viven junto a la playa. De vuelta a Zugdidi, vemos a más de diez personas, completamente borrachas, describiendo eses por la carretera. Hemos evitado acabar en las mismas condiciones. Estábamos en un parque sacando fotos junto a un viejo helicóptero de Aeroflot, cuando se nos acercan dos hombres mayores para invitarnos a un entierro. En Georgia un entierro es una excusa como cualquier otra para celebrar una *supra*, una de esas fiestas en que todos, hombres y mujeres, jóvenes y no tan jóvenes, acaban bebidos, brindando y comiendo por los vivos y por los muertos, por la fraternidad y por la amistad, por la tierra, la cama en la que duermen, el techo que les cobija o por la madre que los parió. Es Iñaki quien, gentilmente, declina la invitación. «Estas fiestas son mortales; han llegado a invitarnos a *supras* a las nueve de la mañana, cuando llegábamos a un hospital; al final acaban sacando un cuerno que llenan de alcohol y que te hacen beber hasta el fondo. Si puedes, evítalas. Para quedar bien, di que has tenido una hepatitis. Todos comprenderán que no puedes beber.»

En Zugdidi y sus alrededores hay muchas casas quemadas. Son de los seguidores de Gamsajurdia, el primer presidente de la Georgia postsoviética, destrozadas por los seguidores del actual presidente, Eduard Shevarnadze.

Pasamos la tarde y parte de la noche en casa de los españoles, hablando de lo divino y lo humano, rodeados por el humo de los canutos de algunos, más tiempo a oscuras que con luz. Suena música salsa o una insoportable música *underground* que David, el norteamericano, se ha traído de casa. Hablamos del trabajo, de la medicina, del fumar o no fumar, del país... Esta gente se hace unas preguntas a las que resulta difícil encontrar respuesta. Los voluntarios son hombres y mujeres inconformistas, muy críticos con la sociedad en la que les ha tocado vivir. Piensan que muchas cosas se pueden mejorar, pero que es necesario que la gente se moje. Sí; es verdad que bastantes de ellos tienen un punto de «colgados»; pero para vivir aquí hay que estarlo. Y son buena gente. Convivir con ellos estos dos días me ha llevado inevitablemente a plantearme un interrogante: «Y tú, ¿qué haces?»

GEORGIA
ZUGDIDI-KUTAÍSI
21 de abril (día 24)
78 km (+30 km en autobús) (1.397 km)

Un beso en cada mejilla y vodka

Estoy nervioso por volver a pedalear. Todos mis miedos comenzarán a confirmarse o a desaparecer cuando me ponga en marcha. Así que me despido de Tom, Natalie y Charles y me dirijo a Médicos sin Fronteras para agradecer la ayuda y el ánimo que me han dado.

A las diez de la mañana me encuentro encima de la bicicleta, que ya tenía ganas. El cielo está cubierto por amenazadoras nubes bajas. Corro por la parte baja de Georgia, por una carretera nacional rodeada de campos. Los primeros 30 kilómetros pasan volando. Después de cuatro días de descanso, me encuentro en plena forma física y creo que un pelín excitado. La carretera está mucho mejor de lo que me habían dicho, por lo menos para mí, que puedo esquivar los numerosos socavones. En coche quizá sea distinto. Me habían dicho que los georgianos conducen muy mal, pero me parece una exageración; no es tan distinto de lo que vi en Turquía. Paso por campos abandonados y por el control ruso que hay a la salida de Zugdidi. Sin novedad. Por lo menos hoy hay soldados, porque el día en que llegué, ni eso. No parecen interesados por mi presencia. Yo, por si acaso, intento ser transparente durante unos segundos, no llamar la atención para evitar complicaciones. Están medio dormidos, sentados en sillas, con las piernas apoyadas sobre una cerca. Detrás de ellos hay un tanque, cubierto con tela de camuflaje.

A lo largo de la mañana paso por tres controles. Me llama la atención que no se hayan quitado la hoz y el martillo de las gorras. Me dejan pasar sin problemas, después, eso sí, de preguntarme sobre el equipamiento: el timbre, el cuentakilómetros, la caja de herramientas... Sólo en un control el oficial de turno mueve los dedos con poca marcialidad, sugiriendo que le dé dinero. Me hago el distraído. «Chico, no te entiendo», le digo. Hasta que acaba pronunciando la palabra mágica: «Dólar.» Me hago el ofendido y pronuncio alto y claro la única palabra en ruso que he aprendido: *«Nyet.»* Pone cara de travieso, como queriendo decir «tenía que intentarlo», mientras dos hombres que han presenciado la escena se burlan socarronamente de él.

A mediodía se presenta el peor enemigo del ciclista, el viento, un fuerte vendaval que sopla en la dirección contraria a la que sigo. Calculo que supera los 60 kilómetros por hora. La carretera es llana, pero me resulta dificilísimo avanzar. Pongo el plato pequeño y el piñón grande, como si estuviera ascendiendo al Tourmalet. Pero casi no avanzo. El desgaste físico es tremendo. Al cruzar un puente, una racha casi me derriba.

Me detengo para descansar a la puerta de una fantasmagórica fábrica abandonada. Me siento en una escalera sin peldaños, que supongo que alguien se llevó para emplearlos en beneficio propio. La fábrica ya no produce nada, pero sirve de vivienda a refugiados. Un hombre me recomienda que coja el autobús y otro me invita a beber vodka con él. Declino los dos ofrecimientos. Todavía no he renunciado a llegar a Kutaísi por mis propios medios. Al rato, aparece un tercer hombre. Es de Sujumi y al enterarse de que vengo de Zugdidi abre los ojos como platos y me pregunta si he pasado por Abjasia. ¡Hombre, loco sí, pero no tanto!

Estoy conociendo a cantidad de gente. Esta mañana un automovilista me ha hecho parar. Se llamaba Managatzé Nuzar. Me ha dicho que él había sido judoca y que ganó una medalla de bronce en los Juegos Olímpicos de Moscú. Una gloria que no encajaba con la imagen de señor bajito y tirando a regordete, pero extremadamente gentil, que desde la ventanilla de un Lada me invitaba a pasar la noche en su casa, en Kutaísi.

Último intento de continuar pedaleando. En vano. El viento sigue soplando demasiado fuerte. Baja acanalado entre el alto y el bajo Cáucaso en dirección al mar Negro. Desisto de hacer los 30 kilómetros que me restan.

El viaje en autobús es entretenido. Un chico que viene de una boda, completamente bebido, me da conversación. Él también es de Sujumi. Con ojos llorosos explica que su familia abandonó Abjasia después de que su casa fuese destruida. Me enseña las heridas de guerra, impactos de metralla en el pecho y en una rodilla, y la marca que le dejó una bala que le atravesó el brazo. Es una lástima cómo está el país, dice. «Mira las carreteras, no hay dinero para repararlas» añade, y pregunta cómo están las carreteras en Barcelona. Y, claro, tengo que decirle que bien. Él hace un gesto de comprensión, como queriendo decir «sí, claro», y calla. «Nosotros antes estábamos aquí arriba —agrega levantando la mano izquierda a la altura de su cabeza—, y ahora, ya ves, estamos aquí abajo», y señala la suela del zapato.

Hago el papel de chico bueno y le digo que ahora hay que reconstruir el país. «Reconstrucción», repite varias veces; «reconstrucción». Creo que me ha entendido, pero que no me ha comprendido.

En Kutaísi me ayuda a bajar la bicicleta y convence al conductor de que no me cobre el viaje. Ya en la ciudad, se me han pasado las ganas de ir a la casa del judoca. Preveía una *supra* en mi honor, y, la verdad, no me apetecía nada beberme un cuerno lleno de vino o vodka. Tengo una opción más tranquila, la casa que me ofreció Jon, el escocés de la ONG francesa Première Urgence. Voy hacia allí cuando desde una tienda me hacen señas. Un chico me ofrece un vaso. Convencido de que es agua, me dispongo a echar un buen trago. Pero el chico se delata. Es vodka, otra vez, y por lo visto él ha bebido bastante. En el momento de irme el tío se me acerca y me planta un contundente beso en cada mejilla. Y yo disimulando, «ja, ja, ja; je, je, je», y adiós. ¡En ningún otro sitio he visto que reciban así a los turistas!

Gogui me abre la puerta de Première Urgence. Es un hombre serio, como los dos conductores que están sentados en el gran comedor de la casa, mirando una película. Gogui es matemático. Dejó la universidad porque los diez dólares que le pagaban no daban para mantener a mujer y dos hijos. El gobierno le dio media hectárea de terreno y él se dedicó al campo durante un par de años, hasta que se dio cuenta de que no podía vender los productos que obtenía. Encontrar trabajo en una ONG es lo mejor que le podría haber pasado. Igual que a los conductores. Uno de ellos es ingeniero. La empresa para la que trabajaba le despidió, porque ahora funciona sólo al 10% de su capacidad. El mismo camino siguieron las fábricas de calzado, de muebles o de tejidos que hacían de Kutaísi una ciudad industrial. Un prestigio que hoy sólo conserva una fábrica de camiones.

¿Y cómo subsisten los que no han tenido la suerte de Gogui y sus amigos? «La gente se busca la vida para conseguir productos que comer. Están los que intercambian productos del campo, los que se venden el patrimonio familiar y los que van a comprar productos a Turquía, Irán o China, para luego revenderlos aquí.» Cerradas las rutas que en las últimas décadas han relacionado a Georgia casi exclusivamente con Rusia a través del Cáucaso, este diminuto país vuelve a descubrir las relaciones con unos vecinos con los que hacía tiempo no se trataba. Hallarse en un cruce de caminos tiene estas ventajas: cuando se cierra una puerta se abre otra. Los inconvenientes son de sobra conocidos. Por desgracia.

GEORGIA
KUTAÍSI-Túnel
22 de abril (día 25)
92 km (1.489 km)

Los hoteles están llenos de refugiados

El centro de Kutaísi es bonito: un gran parque y un teleférico que sube a una montaña próxima. La ciudad conserva numerosos restos históricos. En 1995 celebró los dos mil años de su fundación. Menos atractiva es la parte nueva. Está llena de unos horrendos bloques de pisos. A su lado, los barrios periféricos de Barcelona son una maravilla.

Gogui me lleva a visitar una iglesia construida entre los siglos X y XI. Tiene interés en que la vea, y es verdad que merece la pena. El sentimiento religioso está muy arraigado en el pueblo georgiano. Debe de ser una consecuencia de tantos enfrentamientos con los vecinos musulmanes, persas y turcos. Fueron precisamente éstos quienes, en 1691, destruyeron la iglesia que el colaborador de Première Urgence me muestra con tanto orgullo. El edificio comenzó a restaurarse recientemente, algo que no solía hacerse en la época comunista. Pero ahora falta dinero. Por eso me facilita el número de la cuenta corriente donde recogen donaciones para continuar la obra (100.700.919 MFO 521921 Industry Bank Tbilisi-Georgia). «En la escuela y más tarde en la universidad, nos decían que no fuéramos a misa, pero mi familia y las de muchos otros compañeros nos llevaban», explica.

En el camino de regreso a casa me muestra las ruinas de un viejo palacio real, también del siglo XI. En la confortable vivienda encontramos a Kety Rekviachvili, una filóloga. Habla varios idiomas y le gustaría aprender castellano, pero tuvo que dejar la universidad a causa de la guerra. Está contenta de encontrarse cara a cara con un periodista extranjero. Expresa opiniones que seguramente hacía tiempo que le rondaban por la cabeza. Algunas frases se me quedan grabadas: «Hay muchísimos georgianos que están interesados por Europa; la relación de Georgia con el extranjero es ahora posible, pero la gente no viene; el gobierno español tendría que hacer algo para ayudarnos; os necesitamos; los georgianos se percatan de la situación en la que estamos cuando van a Turquía y ven cómo se vive allí...»

Dejo Kutaísi con un consejo de Kety bien presente. «Los hoteles casi siempre están llenos de refugiados; lo mejor que puedes hacer es pedir que te acojan en casas del campo.» Y una recomendación: visitar el monasterio de Gerati. Se trata de dos iglesias situadas en un paraje montañoso de las afueras.

No me arrepiento de la visita a Gerati, a pesar de que me ha obligado a hacer 50 kilómetros de más. O, visto de otra forma, he dejado de avanzar 50 kilómetros. Tengo que volver a pensármelo. Estoy haciendo un larguísimo viaje en línea recta. Diariamente recorro unos 80 kilómetros, y seguro que a los lados de la carretera, a sólo 10, 15 o 20 kilómetros hay algún edificio, un pueblo, una montaña, un lago subterráneo o unas vistas fabulosas. Sin duda vale la pena acercarse, pero si me salgo de la ruta cada dos por tres necesitaré tres años para completar mi viaje, y, por desgracia, mi tiempo es limitado.

Circulo por una tortuosa carretera que cruza bosques de un verde exuberante. Me quedaría a acampar aquí, pero todavía es temprano. Más adelante me incorporo a la carretera de Tbilisi, que gana altura lentamente siguiendo el curso de un río. Resulta una jornada tranquila, con el cielo cubierto pero sin la paliza del viento que tuve ayer.

Se ven muchos camiones turcos. No es extraño que estén haciendo una autopista para comunicar los dos países. O que Rusia se empeñe en no perder influencia en la zona. Algunos carteles junto al arcén indican *«otel»* y *«lokanta»* para que los camioneros turcos repongan fuerzas como si estuvieran en casa.

Los policías que vigilan las carreteras no molestan. Al contrario. El único que me hace parar insiste en que nos saquemos una foto. Es un hombre corpulento, casi un palmo más alto que yo. En el momento en el que su compañero nos toma la foto, me agarra por el hombro como si fuésemos viejos amigos. Trato de imitarle, pero me falta brazo para abarcar tanta humanidad. El policía me da su dirección, en ruso, para que le mande una copia. Por suerte, no me ofrece vodka.

Unos kilómetros más adelante, el trabajador de una gasolinera me hace señas de que me pare. También quiere una foto. Esta veneración por la imagen puede dejarme sin carretes, así que opto por la salida de la mentira piadosa: «*Camera, nyet.*»

Otra decisión salomónica que tengo que tomar es la de no detenerme cada vez que me llaman, lo que ocurre continuamente. La gente que está junto a la carretera me ve venir de lejos, de entrada sin tener ni idea de qué es aquella silueta que formamos yo, la bicicleta y las alforjas. Pero cuando me acerco, se levantan al advertir que no soy georgiano y corren hacia mí soltando frases y levantando los brazos para que me detenga. A partir de ahora les saludaré con un «hasta la vista» de circunstancias, pero sin dejar de pedalear.

Lo mismo pasa con las invitaciones. No puedo decir que sí a todo el mundo, por falta de tiempo y porque eso implica beber vodka.

En la ciudad de Zestafoni me encuentro el mismo paisaje postindustrial, al estilo *Blade Runner*, de Kutaísi: fábricas abandonadas cubiertas de óxido, llenas de toneladas y toneladas de maquinaria inservible. Se alzan al costado de la carretera, con sus viejos carteles descoloridos y los cristales rotos, contrastando de la forma más brutal con el verde que las rodea.

El camino es ahora más difícil. A medida que me adentro en el país, el embudo que forman el Cáucaso principal y el bajo Cáucaso se cierra. Después de muchos días sin que sucediese, reaparecen las curvas y las subidas, y cuando el valle se hace más estrecho y la carretera se complica, desaparecen los núcleos habitados. Tengo que buscar un sitio donde dormir, pero no encuentro ninguno. Otra vez la alternativa del cámping. Como en Turquía, que por algo me gasté 20.000 pelas en una tienda. Hay que señalar que esta «parcela» es más acogedora que la del día en que me tomaron por un extraterrestre. Está junto a un riachuelo y muy cerca del bosque, a salvo de miradas indiscretas. Los únicos que se percatan de mi presencia son los cerdos que vendrán a husmear entre mis cosas mientras me estoy lavando o el perro que aparecerá por la noche y que casi se morirá del susto cuando descubra que dentro de aquella cosa verde que es mi tienda hay una persona durmiendo.

GEORGIA
Túnel-GORI
23 de abril (día 26)
87 km (1.576 km)

Impresionado por tanto drama

Me pongo en marcha a media mañana, sin prisas, después de levantar el campamento. No he descansado del todo mal, pero he pasado frío. De madrugada he tenido que cubrirme con toda la ropa que llevo.

La carretera sigue subiendo en dirección al túnel. El valle se hace muy estrecho y el tramo final es de veras empinado. A mediodía comienza a pegar el sol y acabo en camiseta. Descanso y compro algunas cosas para picar. Hay muchos tenderetes. Da la impresión de que todo el mundo se haya lanzado al poco rentable negocio de vender en un país donde nadie compra. Ofrecen desde tabaco —paquetes o cigarrillos sueltos—, whisky o vodka hasta jarros y cestos de mimbre. O un dulce georgiano del que ya me habló Iñaki, una especie de guirnalda de avellanas cubierta de mosto y secada al sol.

Claro que es mejor dedicarse a vender que a robar. Jon me ha recomendado que vigile, porque en algunas carreteras hay bandidos. «La situación no está tan mal como hace unos meses, pero aún es peligrosa.»

Llego a la entrada del túnel. Ante la amenaza de dos kilómetros y medio a oscuras, paro. Me han aconsejado que me olvide de cruzar al otro lado en bicicleta. Por tres razones: puedo morir atropellado por un coche sin luces, puedo asfixiarme porque la ventilación no funciona o puedo desaparecer por uno de los enormes agujeros negros que hay en el asfalto. Ni siquiera me dejan escoger qué muerte prefiero. Mejor no tentar a la suerte. Hago una señal al primer autobús que pasa. El pañuelo con mascarilla de aire que me regaló el neozelandés de Zugdidi se queda para mejor ocasión. Afortunadamente. Cuando estoy en el túnel advierto que la decisión de cruzarlo en autobús ha sido acertada. No se ve nada. Las luces de los vehículos apenas si consiguen iluminar los socavones que nos hacen ir dando tumbos de un lado a otro, entre los quejidos de la suspensión.

De bajada, otra vez en bicicleta, me cruzo con un motorista alemán. Al vernos, los dos quedamos tan sorprendidos que no llegamos a detenernos.

A partir de este punto, la carretera sigue el curso de un río, el Kura, por un paraje montañoso, siempre hacia el este, en dirección al mar Caspio. Me acompañará unos cuantos días. Llego a Kashuri, una ciudad mediana situada en el centro del país, allá donde se abrazan los dos Cáucasos, y como algo en uno de los numerosísimos restaurantes y chiringuitos que hay junto a la carretera. Es una pequeña construcción de madera con sólo cuatro o cinco mesas y un par más en el porche exterior.

En su día Kashuri, debió de ser una localidad turística. Está en un cruce de caminos, y yo no sé cuál tomar. Iñaki me habló de una carretera preciosa que sube a las montañas y llega a Tbilisi después de pasar rozando Armenia. Sería una buena opción si no viajase en bicicleta y con ciertas prisas. Llevo unos días de retraso, el cielo vuelve a amenazar lluvia y la nieve se encuentra a pocos centenares de metros por encima de mí. Si sigo hacia arriba no llegaré a la capital antes del viernes, lo que supondría perder todo el fin de semana. En el restaurante acaban de desanimarme. El rodeo que pretendo dar es inmenso. Decido continuar hacia Tbilisi y visitar Gori, la ciudad natal de Stalin.

Las montañas de las que tanto me habló Iñaki deberán esperar. Estaba hecho un buen montañero, el divertido vasco de Zugdidi. Él fue quien más se interesó por el artículo del *National Geographic* sobre las repúblicas caucásicas. La famosa revista norteamericana lo publicó hace dos meses, y en la oficina de Médicos sin Fronteras, a pesar de la distancia, casi todo el mundo había oído hablar de él. «Cómo se lo curran, los hijos de puta», fue el comentario del vasco al comprobar la calidad de los gráficos. Iñaki es un entusiasta de Georgia y del Cáucaso, que, afirma, tiene un gran potencial aún por explotar. Al oírle hablar tienes ganas de perderte por los enormes valles que penetran hacia el interior de la gran cordillera. «Es el futuro del alpinismo europeo —dice—, colapsados como están los Alpes y el Pirineo.»

Y no le falta razón. Las montañas y el paisaje son impresionantes. Durante el año largo que ha vivido en el país, ha hecho unas cuantas excursiones. Cada vez que accede a valles donde no vive nadie o corona picos que muy poca gente ha pisado antes, él se siente un descubridor.

Llego a Gori una hora antes de que oscurezca. No tengo ni idea de dónde dormiré. Me han dicho que hay un hotel de la antigua cadena soviética Intourist, pero que es carísimo. Pruebo suerte con la carta de presentación en georgiano que me escribió Kety. Me aseguró que la gente es muy hospitalaria, que lo intentase. Muestro el escrito a dos policías, que me remiten a Intourist. Poco convencido, estoy en la desierta plaza del ayuntamiento, al pie de un inmenso monumento a Stalin que parece señalar el nuevo anuncio de Coca-Cola que remata un edificio próximo. Aparece un hombre joven corriendo y gritando *«journalistika, journalistika»*. Sin duda viene hacia mí, porque en esta fría plaza no hay nadie más.

El joven me agarra por un brazo, después de estrujarme la mano con todas sus fuerzas. Me lleva junto a la gente que le acompaña, dos hombres mayores que él y dos chicas. Se presentan. Son de mi gremio y trabajan en un canal local de televisión. Van muy acicalados, con elegantes bolsos ellas y con traje los hombres. Vienen de una fiesta, y muy entonados, por cierto.

Sin tiempo para reaccionar, me encuentro sentado en el reservado de un restaurante, después de que una mujer se llevase mi insustituible Rockhopper hacia un oscuro pasillo, donde vete a saber qué le harán. El lugar está mal iluminado, casi en la penumbra, y, encima, las cortinas de terciopelo impiden que entre la escasa luz de la calle. Aún no he tenido tiempo de encender un cigarrillo cuando aparece mi amigo de la plaza con dos botellas de espumoso georgiano. No se cansa de repetir *«nyet problem, nyet problem»*, y comienzan los brindis. No entiendo nada, pero no dejo de sonreír.

En la mesa hay cuatro platos, pero soy el único que come. Me traen pasta y una ración de carne negra picada, que está buenísima. «Y vosotros, ¿no coméis?», pregunto. Dicen que ya lo han hecho en la fiesta. Pero al ver cómo observan la facilidad con que trago, no quedo convencido. Los brindis siguen. Cada uno por un motivo más trascendente que el anterior: por la paz, el compañerismo, los vínculos «ibéricos» entre Georgia y España...

Al cabo de un rato aparece un cámara de la televisión local. Parece que quieren hacerme una entrevista. Todo es muy poco convencional. Me dicen que hable en francés, y lo hago. Ellos siguen con muchísimo interés lo que digo, a pesar de que no comprenden nada. Nunca han salido de Georgia, pero están orgullosos de conocer a un periodista que ha llegado a su país de manera tan peculiar. De hecho, soy el primero que conocen. Mientras hablo, van bebiendo y charlando. Da lo mismo que la cámara esté filmando. Ahora toca beber y hay permiso para hacer algunas tonterías. Será mañana, el día después de la fiesta, cuando todo el mundo esté obligado a volver a las antiguas formas de esta vieja, religiosa y conservadora sociedad. Y cuando finalizo mi perorata volvemos a brindar, ahora por la mejor profesión del mundo.

Me toca hacer el siguiente brindis. Rápidamente, busco una buena razón para levantar las copas. Impresionado por los cinco laris (menos de cinco dólares) que cobran de salario y algo deprimido por la experiencia de los últimos días, me pongo demasiado trascendente. Se acaba de ir la luz; la triste melodía que sonaba por los altavoces ha callado. Me sale la vena sincera y no puedo decir más que lo que pienso. En otras circunstancias habría brindado por los vinos georgianos o por cualquier otra banalidad. Pero en ésta no. Brindo por que la situación del país, quizá la más difícil de su historia reciente, quede pronto atrás, por que el futuro sea mejor que el presente. Mis palabras son traducidas por un chico recién llegado que habla inglés a la perfección. Su reacción no es de alegría, sino más bien de tristeza o resignación. Acabo de recordarles las dificultades por las que atraviesan, y justo en uno de los pocos momentos que tienen para olvidar.

Consciente del patinazo, sólo falta que a uno de ellos se le ocurra preguntarme cuánto cobro. Les podría haber dicho la verdad (unos 1.300 dólares) o hacer una corrección a la baja, que es lo que hago. Pero la corrección es insuficiente, como lo habría sido cualquier otra. La estancia parece iluminarse cuando pronuncio las palabras «mil dólares». Definitivamente, acabo de estropearles la velada. Comienzan a imaginar todo lo que podrían hacer en su país con esa cantidad. De nada sirve que les diga que en mi ciudad el tabaco cuesta cuatro dólares o que la vivienda se lleva la mitad del sueldo. Son mil dólares, y eso es una fortuna.

Rodeado de tanta miseria, me siento un miserable. Por dejarme invitar y aun por permitir que me alojen en su casa. Lo primero que haré mañana será ir a Intourist a averiguar si tienen habitaciones y cuánto cuestan: 18 laris, unas 1.800 pesetas. Tenía razón la persona que me había dicho que es carísimo. Para un georgiano, no para un extranjero.

Antes de irnos pregunto cómo se puede vivir con cinco laris al mes. Todos suspiran y ponen cara de no querer recordar su historia. El que habla inglés dice que para mucha gente es posible vivir, y basta, a base de pan y sal. Y que el resto de la gente va trampeando.

Duermo en casa de Mishka. Su hermano murió cuando su avión fue derribado en la guerra de Abjasia. Él y su madre aún están de duelo. Mishka está extremadamente delgado. Me invita a sentarme mientras su madre prepara las camas. Hace tiempo que el dormitorio no se utiliza; desde la guerra, seguramente. Hasta hace poco aquí se vivió bien. La casa es grande y está bien equipada, con bañera rústica, calefacción de gas, calentador de agua, televisión, radio, lámparas de cristal, edredones bordados...

Ahora, padres e hijos se alojan en una pequeña habitación de la planta baja. Ahí tienen una estufa de queroseno, una de leña que sirve de cocina y tres camas mal puestas, con todo lo imprescindible para vivir al alcance de la mano. Mishka no me cuenta las miserias que él y los suyos deben de haber pasado para tirar adelante en estos tiempos de dificultades extremas, pero sí que quiere enseñarme quién y cómo era el hermano muerto. Durante media hora me muestra fotos. Imágenes que extrae de un montón que su madre ha dejado en el centro de la mesa. Ahí aparece un bebé de pocos días, los primos, los padres sosteniendo a un chiquillo de un año, una Navidad nevada... «¡Basta!», me parece entender que dice Mishka de repente. *«Sleep, sleep»,* repite. Y vamos a dormir.

Yo paso una de las peores noches desde que he iniciado el viaje, impresionado por tanto drama. Y, además, no tengo la conciencia tranquila. Me he quedado con la sensación de no haber obrado bien. En los países ricos no tienes reparos en permitirte algunos lujos, porque sabes que la mayoría de los que te rodean también pueden permitirse los suyos, por pequeños que sean. Pero cuando la normalidad es la pobreza, cuesta incluso decidirte a comprar un embutido cuyo precio equivale al salario mensual de un trabajador. Y estremece pensar que esto sucede en un país que durante décadas no ha tenido que pensar a qué precio iba el embutido. En un país que podría haber sido el tuyo.

GEORGIA
GORI-TBILISI
24 de abril (día 27)
95 km (1.671 km)

La ciudad de Stalin

Me levanto sucio y cansado. Tal como fueron las cosas anoche, no tuve ni tiempo ni ganas de lavarme. Lo mismo me ocurre esta mañana. En la casa no hay agua caliente y no quiero molestar más a mis anfitriones; pero peor debe de sentirse Mishka, que no ha dejado de dar vueltas en toda la noche. Se ha levantado dos veces, no sé si para vomitar o para ir al lavabo.

Con el cuerpo aún reblandecido por el peso de las mantas, bajo a desayunar. Casi no como, y no porque no tenga hambre. La madre nos ha preparado un ágape tentador. Demasiado. Todo en esta mesa parece haber sido dispuesto para que no me falte nada. Hay un par de confituras caseras, galletas, pan, chocolate y unos pescados secos que, la verdad, no me apetecen demasiado. Estoy más pendiente de lo que come Mishka que de comer yo. Él casi no lo hace. Sólo prueba el pescado. Me excuso. Como un pedacito de todo y basta. Digo que no tengo hambre, cosa harto dudosa después de hacer 87 kilómetros, pero ¿qué puedo hacer? Siento que me aprovecho de la situación; estoy incómodo conmigo mismo.

No logro comprender cómo aguantan, comiendo tan poco, personas como Mishka. Ayer probó el delicioso *cachapuri* —pan relleno de queso— con que me obsequiaron en el restaurante, después de que yo dijese que no tenía más hambre. ¿Quizá aguantan a fuerza de vodka y de fumar sin cesar? Aun así, los números no cuadran: el paquete de rubio americano cuesta medio lari.

Trato de comunicarme con Mishka y su padre, que

quiere explicar los problemas de la región: Rusia, Chechenia, el petróleo de Azerbaiyán, la guerra de Abjasia... La tristeza que refleja su cara habla bien a las claras de sus sentimientos.

A las diez nos despedimos. Insisten en que si quiero puedo quedarme un día más, pero debo continuar. Ellos se van al trabajo pues por fortuna aún lo tienen. La madre, a la escuela; el padre, a la fábrica —es ingeniero— y Mishka, a la televisión.

Llego al museo Stalin media hora antes de que abran. Un bedel quiere que pague en dólares, pero enseguida aparece la que debe de ser la encargada y pone orden. Las puertas se abren, para mí, treinta minutos antes de la hora prevista y por sólo diez céntimos. El museo está bien montado, pero todas las explicaciones están en ruso, a mayor gloria del dirigente más sanguinario de la URSS, un detalle que, de forma sorprendente, obvia buena parte de la población. «La mitad de los georgianos está a favor de Stalin, y la otra mitad en contra», me informaron ayer.

En el noble y céntrico edificio se guardan los más insospechados objetos relacionados con Stalin: fotos de su época de estudiante, con amigos, con políticos como Churchill, Roosevelt o Molotov, o de viajes por Asia y Europa. También hay gráficos explicativos, infinidad de recortes de prensa o una maleta que utilizó.

Lo que más me llama la atención es una especie de mausoleo. Se trata de una sala grande y oscura semejante a una cripta, con una veintena de columnas formando un círculo. En medio hay una figura yacente del dictador, al lado de la cual veo un ramo de flores. Todo muy religioso.

Al salir del museo me cruzo con los que tal vez sean los únicos turistas del país, un grupo de israelíes. Paseando, subo al castillo que preside la ciudad. Desde allí, en días claros se puede ver todo el llano y el Cáucaso central. Pero este 24 de abril las montañas apenas si se intuyen. Con razón los georgianos escogieron este monte tan estratégico para defenderse de los turcos. Desde él se debía de ver venir al enemigo desde lejos.

Se hace tarde. A la una pongo rumbo a Tbilisi. Nada

más salir tengo a la vista, a mano izquierda, el «territorio comanche» de Osetia del Sur. Muy previsor, Iñaki me señaló con rotulador rojo todas las zonas por las que no debía pasar bajo ningún concepto. Y ésta era una de ellas.

Lo que sí hago es detenerme a comprar unas manzanas recién recogidas que unas campesinas cubiertas con mantas no quieren cobrarme. Pero me pongo tozudo. Finalmente dejo unas monedas que superan con mucho el precio real. Después de la experiencia de la última noche, quiero sacarme de encima la sensación de estar viajando de gorra. Ante mi generosidad, una mujer me propone que me case con su hija y me la lleve. Le sigo la broma y le digo a la chica que se suba atrás, que nos vamos. Se pone roja como un tomate.

Contaba con hacer 70 kilómetros, pero al final son 95. Por el camino paso por lo que parecen las obras interrumpidas de una autopista. Debe de hacer cinco años que fue abandonada. Y no es la excepción. En una semana he visto infinidad de casas sin terminar y de servicios públicos averiados que nadie se ocupa de reparar. No es extraño, por ejemplo, encontrarse un agujero de 70 centímetros de diámetro en el centro de la calle porque alguien se ha llevado la tapa de la alcantarilla, o tuberías reventadas desde hace meses.

Hace días que las montañas me acompañan. La carretera discurre por un terreno ondulado, con continuas subidas y bajadas. Después se hace más fácil gracias a una ligera pendiente que me conduce lentamente hasta la ciudad. Llego a Tbilisi cansado pero con la ilusión de pisar una capital. Una vez más, la previsión de Iñaki me facilita llegar a destino. Esta vez es la central de Médicos sin Fronteras, al final de una calle larga y empinada. Allí me reencuentro con Koba, una vasca que conocí en Zugdidi, y con Begoña. Y con una deliciosa bañera llena de agua caliente, que me convence de que el Cielo existe. Cenamos juntos. Ellas me informan de lo que puedo hacer en los dos días siguientes y yo les explico que, a pesar de todo, cruzar Georgia me está resultando bastante fácil. Para variar, volvemos a quedar a oscuras. Un día más sin luz.

GEORGIA
TBILISI
25 y 26 de abril (días 28 y 29)

Melancolía georgiana

La señorial Tbilisi se alza en un cruce de caminos. De ella parten las carreteras que van hacia Armenia, al sur, siguiendo el río Kura; la que se dirige a Azerbaiyán, al este; la que lleva a Osetia del Norte, y la de Chechenia, una de las dos únicas que cruzan la cadena montañosa, pero que se encuentra cerrada por la guerra. Me encuentro a sólo 200 kilómetros de un conflicto, en un lugar que, cuando estaba en Barcelona, me parecía el culo del mundo. Y ahora lo tengo aquí mismo, a cuatro pasos, detrás de unas impenetrables cumbres nevadas. ¡Y he llegado en bicicleta! Yo mismo soy el primer sorprendido.

Paso parte de la mañana en casa, hojeando libros sobre Georgia. Son publicaciones de los años setenta y ochenta, de cuando la Unión Soviética podía presumir de sus éxitos y proyectar una imagen amable al mundo. Hay uno sobre los Juegos Olímpicos de Moscú, ilustrado con fotos de atletas tenaces que lo dan todo por la gloria de su país. Otro muestra la Tbilisi actual, una ciudad con numerosos edificios que en los años sesenta y setenta eran modernos, pero que hoy casi se desmoronan por la mala calidad de los materiales. El tercer libro es acerca de la historia de la ciudad. Hasta fines del siglo pasado los comerciantes llegaban a Tbilisi, procedentes de mundos distantes, con sus caravanas de camellos cargadas de mercancías. Como también llegaron aquí los turcos invasores, que además de muerte y desolación trajeron rasgos culturales como el té, los roscos de pan que he comido durante semanas o los baños.

Si tuviera que escoger entre la comida turca y la georgiana me quedaría, sin duda, con la primera. Los dulces que comí, las ensaladas, los estofados o incluso el pescado son incomparablemente más apetitosos y elaborados que las sopitas que me ofrecen un día sí y otro también. Entre esto y el reparo que me da entrar en un restaurante que me costará cuatro o cinco meses de un sueldo medio georgiano, me tiro dos días comiendo insípidas pastas de hojaldre y *cachapuri* de queso. El lío que me hago cada vez que tengo que pagar es considerable. Todo por culpa de los billetes, muy pequeños, de sólo unos diez centímetros, que se confunden los unos con los otros.

Entrar en un antiguo comercio soviético es una aventura. Nunca sabes qué te vas a encontrar. Es una sorpresa constante. En la telefónica puedo comprar comida, y en un puesto de comida seguro que descubriré una farmacia, el negocio de moda desde la liberalización del sector, que permite que todo el mundo pueda comprar y vender medicamentos sin prescripción médica alguna. Con razón los trabajadores sanitarios extranjeros están desesperados. Lo difícil en Georgia —y en las otras repúblicas de la antigua Unión Soviética— es dar con el producto que quieres cuando lo necesitas. Te puedes pasar el día buscándolo sin éxito. Así que mejor no esperar a que se te termine el papel higiénico o la libreta. El eslogan sería: «Si encuentras, compra; aunque ya tengas.»

Las tiendas son una locura. Vistas desde fuera, nada las distingue entre sí. Ningún cartel, ninguna señal externa que a estas alturas del viaje pueda reconocer. Hacen un horario completamente absurdo, de once de la mañana a seis de la tarde. Del servicio, casi mejor no hablar. Van perdonando la vida a unos señores y señoras que en Europa llamamos «clientes», pero a los que aquí se trata como si fuesen unos «imbéciles que vienen a molestar». Cuando entro en un establecimiento público es inútil que pida el turno o espere a que me atiendan. Puedes pasarte la mañana sin que nadie se dirija a ti para preguntarte qué diablos quieres. Para que tengan un poco de piedad contigo debes avanzar con mucha seguridad, dejar ver que eres extranjero, señalar lo que quieres con actitud imperativa y dirigir una sonrisa seductora a la gorda estranguladora de delantal blanco que te ha tocado en desgracia. Sólo así es posible salir del comercio con el producto que has entrado a comprar bajo el brazo. Pero ¡atención!: los empleados suelen manipular la comida con las manos y son capaces de darte un pedazo de queso tierno, chorreando agua, sin envolver.

Aunque peor debía de ser antes, cuando las tiendas estaban desabastecidas y en las calles se formaban largas colas horas antes de que abrieran.

Más amables son los vendedores callejeros, que se dirigen a los viandantes para llamar la atención sobre sus productos. Competencia obliga. Y mejor no reírse de ellos, porque seguramente muchos de los hombres y mujeres que hoy venden tabaco de contrabando sobre cajas de cartón algún día serán empresarios.

Sin embargo, no es fácil llegar a ser empresario. Para constituir una sociedad hay que disponer de un capital inicial de 1.000 dólares. Me lo cuenta Dato Evguenidze, un georgiano. Le he conocido en la calle, de forma casual. He visto un todoterreno con unas letras en la matrícula que me eran muy familiares: GC. Si no fuera porque estoy a 4.000 kilómetros de casa habría jurado que era de Gran Canaria. Pero no era posible... Ya estaba dando media vuelta cuando la puerta del vehículo se ha abierto y un hombre joven me ha soltado: «Hola, ¿eres español?» «La madre que lo parió —pensé— ¿de dónde sale este tío?» Dato estuvo cuatro años trabajando en Canarias, dedicándose al *show business*, lo que significa que se pasó cuatro años cantando la canción del verano a turistas centroeuropeos, siempre de hotel en hotel.

Dato ha montado una sociedad con un madrileño; una *joint venture*, como él la denomina. Son dueños de dos bingos, que dice que marchan la mar de bien. Voy a verle. Su oficina está decorada con pósters de las Islas Afortunadas. Ahora no está, pero puedo hablar con Givi Baramidze, el gerente. Me explica que los bingos fueron autorizados hace dos años y que entre algunos sectores de la sociedad georgiana comienza a haber pasión por el juego. Imagino que se refiere a las clases acomodadas, empresarios como ellos, que vete a saber de dónde han sacado los 1.000 dólares para poner en marcha el negocio, cuando con el antiguo régimen eran muy pocos los que podían soñar con acumular tanto dinero.

Baramidze es optimista acerca del futuro del país. Espera que en tres o cuatro años la situación económica mejore. Es consciente de las dificultades: la guerra de Abjasia, el interés de Rusia por no perder posiciones estratégicas, el hecho de ser un país pequeño rodeado de estados musulmanes. «Necesitamos dinero extranjero —enfatiza— y lo primero que hace falta es energía para que las fábricas vuelvan a funcionar.» Para favorecer la inversión extranjera, el gobierno ofrece unas condiciones que pocos países pueden plantear: inversiones libres de impuestos durante dos años o la posibilidad de llevarse el 90% de los beneficios obtenidos. Aun así, sólo es capaz de darme el nombre de dos multinacionales que hayan invertido: Coca-Cola y Siemens. Y me habla del interés de la ONCE por montar una lotería, similar a la española, en favor de los disminuidos.

El empresario está convencido de que Georgia puede volver a ser un nudo clave entre Oriente y Europa. Esta vez no sería la seda el producto de intercambio, sino el petróleo de Azerbaiyán, que se prevé que circule hacia el puerto de Poti, en el mar Negro, y el algodón de Uzbekistán, que encontraría en los mercados comunitarios la salida comercial que antaño garantizaba el sistema soviético.

Para que todo eso se convierta en realidad, Baramidze dice que es necesario un acercamiento a Europa. Por eso está tan contento con la entrevista que han mantenido el jefe de la OTAN, Javier Solana, y su admirado presidente, Edvard Shevardnadze, «un político de nivel internacional sin quien no seríamos nada, porque ha evitado la división del país».

Las palabras esperanzadas del gerente de la *joint venture* hispano-georgiana deben relativizarse. El despacho se encuentra en el segundo piso de lo que en tiempos fue un lujoso hotel Intourist. Los antiguos clientes del Partido, que antes ocupaban las habitaciones del céntrico edificio de dieciséis pisos, han sido sustituidos por centenares de refugiados. Paseo un buen rato por los pasillos del monstruo de hormigón. El espectáculo es deprimente. De todos los comercios del vestíbulo sólo funciona el bar, donde venden productos de primera necesidad. Al lado hay una taquilla en la que se reparte pan a las mujeres y niños que hacen cola. El mármol de la entrada acumula una buena cantidad de polvo, y sólo queda una pequeña parte de las bombillas que un día iluminaron la estancia.

Sin electricidad ni ascensores que funcionen, empiezo a subir pisos a pie. En los rellanos, grupos de hombres sin nada que hacer charlan, fuman o comen pipas. Las escaleras están transitadas por niños que juegan y por mujeres que acarrean pesadas bolsas. Más les vale que no se hayan olvidado nada. Las paredes están llenas de pintadas; las alfombras y las cortinas aparecen descoloridas; los fluorescentes han desaparecido. Los balcones se han convertido en almacenes donde las familias guardan los escasos bienes que consiguieron salvar antes de abandonar sus casas. ¿Cómo puede Givi Baramidze ser tan optimista cuando cada día, para ir al trabajo, debe ver miseria?

Los dos días de descanso en Tbilisi me sirven para llamar a casa y para ponerme en contacto con Aquilino Mata, el empresario barcelonés a través de quien he intentado conseguir el visado de Turkmenistán. Mala suerte: deberé esperar a llegar a Bakú. Pero sobre todo me vienen muy bien para relajarme y quitarme la barba, porque tras un mes sin afeitarme ya me han dicho que me parezco a Mohamed Alí Agka, el fanático que atentó contra el Papa. El barbero es un bestia. Me sienta en una silla, me ata un trozo de sábana al cuello y me estira la piel por todos lados mientras con la otra mano me pasa la navaja sin miramientos. Sufro lo indecible. Me veo salir de la barbería con la cara como un mapa y temo haber pillado una infección de aúpa. Sin embargo, me llevo una sorpresa mayúscula. No sé si ha sido por el agua caliente o por la colonia verde y el talco que me han puesto, pero es un placer volver a pasarme la mano por la cara y sentir que tengo la piel tan tersa como el culito de un bebé. (Me excuso por la exageración.)

Lo que no puedo hacer durante la estancia en la capital es volver a ducharme. Suerte que lo hice el primer día. La segunda noche falla el agua caliente, y la tercera ya no hay ni agua. ¡Qué país!

Podría haberme bañado y pedir que me hiciesen un masaje en los baños turcos, pero no me he atrevido; el lugar era demasiado sucio y no tenían ni una toalla que dejarme. Koba me había advertido de que si uno quiere tomar un baño calentito en aguas sulfurosas y quedar como nuevo debe ir a primera hora, cuando los baños todavía están limpios.

Las numerosas horas que dedico a hacer turismo me permiten ver lo concurridas que están las iglesias y la intensa actividad que se desarrolla dentro de ellas. En un lateral se celebra un bautizo mientras en la nave central hay unos señores con aire de ser muy importantes que sostienen unos libros durante una misa cantada. Está lleno de mujeres que sacan lustre a reliquias y de curas de negro que pasean unas pobladas barbas grises o blancas de un lado a otro, trajinando biblias o cruces y atendiendo a la gente que no para de entrar, sumándose a los corros de hombres y mujeres que se encuentran para hablar. Los cantos de un pequeño coro y la iluminación de las numerosísimas velas crean una atmósfera mística.

El centro de la ciudad es decadente pero encantador. Las casas antiguas son preciosas, con sus fachadas azules y los porches de madera. Diecinueve hectáreas de la parte vieja están catalogadas, con razón, como patrimonio histórico. Casi todo el centro fue construido en el siglo XIX, ya que en el año 1795 la ciudad fue destruida por el rey persa Aga Muhammad Sha. No era la primera vez que algo así ocurría. Siglos atrás, los mongoles también habían arrasado todo lo que encontraban a su paso.

Pero la vieja Tbilisi se cae a pedazos sin que nadie lo impida. El núcleo necesita una restauración urgente para evitar que las vigas y los balcones acaben de hundirse. Y si no se hace enseguida, seguramente será demasiado tarde.

Y esto es lo que pasará, ya que en estos momentos el país tiene otras prioridades.

Mejor conservada está la cárcel donde fue encerrado Maxim Gorki en 1898 con otros jóvenes revolucionarios. O la iglesia de la Virgen de Metakhi, del siglo XIII; o el monumento dedicado a Gorgasal, el fundador de la ciudad, que corona una peña de 30 metros de altura; o el castillo que hay al otro lado, que lleva el nombre de Navikale, la legendaria madre de Georgia. Y tantos otros restos históricos que los georgianos han conservado a lo largo de generaciones como testimonio de una identidad a menudo maltratada por el vecino musulmán.

La ciudad tiene algunos signos de la sociedad occidental. Anuncios de Coca-Cola, Motorola o Mars, y algunas estaciones de servicio turcas. Y es que Turquía está penetrando con fuerza en el país vecino, consiguiendo por la vía comercial lo que antes conquistaba por la fuerza de las armas. Aquí y allá se ven taxis o coches de policía de fabricación turca, tabaco turco, comida turca, bebidas turcas... Y no hay duda de que, en abril de 1996, esta invasión sólo acaba de comenzar, aunque el empresario de los bingos diga que los productos turcos son «caros y de mala calidad».

Paso la última noche haciendo *zapping* en la sede de Médicos sin Fronteras. Me choca el que Tbilisi, con todas sus carencias, esté «cableada», que miles de familias, a las que quizá no les alcanza el dinero para comprar comida, puedan acceder cada noche al artificial mundo que les entra en casa por la caja tonta. Un mundo con anuncios de modernos aparatos inaccesibles, Clint Eastwood en una entrevista de la NBC, cursos de *mountain bike* a través de Eurosport o corridas de toros por TVE-Internacional. Y yo que no paro de fumar. No puede ser. Cada día los paquetes de tabaco me duran menos. Casi un paquete diario. Comienzo a ablandarme. Mucho tiempo lejos —y cada vez más— de casa, las dificultades para entenderme, no tener a nadie al lado, este clima depresivo... Y sólo me faltaba la melancolía de los georgianos. Tengo ganas de que los neumáticos de la bicicleta pisen el asfalto de otro país.

GEORGIA
TBILISI-TELAVI
27 de abril (día 30)
125 km (1.796 km)

Por fin estoy en el Cáucaso

La salida de la ciudad se retrasa. Desayuno fuerte. Casi me como todo un bote de 400 gramos de crema de chocolate, acompañado con pan y galletas. No quiero que me falten fuerzas. Me despido de las dos vascas, que han hecho las maletas para pasar el fin de semana fuera. Me lanzo pendiente abajo en busca de la carretera de Telavi, pero después de cinco kilómetros, repasando mentalmente mis pertenencias, advierto que he olvidado el impermeable. Media vuelta. ¡Empiezo bien el día! Media hora más tarde vuelvo a encontrarme en el mismo punto, satisfecho de haberme percatado a tiempo. Descubrirlo al final de la jornada habría sido para tirarse de la moto.

La carretera de Telavi es una autovía ancha, con poco tráfico, arcenes limpios y bien conservados y unos cuantos anuncios de Coca-Cola. Cerca del aeropuerto me adelanta un coche de policía que escolta a cuatro grandes limusinas negras de la marca Volga. Deben de ir a recoger a alguna personalidad. Eso explica la numerosa vigilancia que encuentro en todos los puntos estratégicos, con un par de policías de guardia en cada cruce y en cada puente.

Una vez que he dejado atrás el aeropuerto, la autovía se convierte en una carretera de dos carriles. Me detengo en un cruce para preguntar a unos policías: «¿Telavi?» «Todo recto, a 150 kilómetros», responden. No lo entiendo. Los mapas rusos que me fotocopiaron en Zugdidi indican que debo ir hacia el norte. «Sí, pero estos puntos son montañas; si sigues recto es llano.» Doy las gracias y me aparto para estudiar la situación. Desconfiado, vuelvo a mirar los mapas y la brújula. Sí, no hay duda de que estoy en el cruce de Telavi. Tirando recto hago una vuelta impresionante. «No te lo pienses más.» Y no me lo pienso más. Me la juego.

El camino resulta una delicia, prácticamente sin tráfico; cruza un paisaje rural que al cabo de un rato me conducirá a las montañas. Incluso hace buen tiempo. Más no se puede pedir. Soy el amo de la carretera. Toda para mí solo. De vez en cuando me cruzo con algún coche, que me saluda haciendo sonar el claxon. ¡Qué distinta es esta carretera, sin camiones ni baches, de las de Turquía! Voy a mi ritmo, sin forzar, con todo un soleado día por delante. Y, si todo marcha bien, mañana en Azerbaiyán.

Lo que no había imaginado es que las marcas oscuras del mapa fuesen montañas de 2.000 metros de altura. ¡Y vaya si lo son! Paso por un pueblo, dos, y el llano queda atrás. Me encuentro a 600 o 700 metros de altura cuando me entero de que el puerto que se avecina está a 1.600 metros. La etapa, sin embargo, es muy agradable. Ahora pasa una furgoneta, ahora un hombre a caballo, ahora hago una foto a una vieja vestida de negro delante de una ermita medieval... Paro a descansar en un castillo en ruinas. Estoy pensando si esto habría sido un *caravasar* cuando aparece un hombre. *«Turk?»*, es lo primero que me pregunta. *«Nyet, nyet»*, respondo para tranquilizarlo.

Hacia el kilómetro 75 caen cuatro gotas gordas. Y todavía falta una buena subida hasta el puerto. Una solitaria pero negrísima nube negra quiere fastidiarme, así que dejo atrás sin pararme un pueblo en el que querían saber si era ruso. El puerto me aguarda. Sigo la ruta entre prados y bosques de pino negro. Al cabo de una hora, más truenos, y de nuevo la amenaza de lluvia. Me pongo el impermeable. Al parecer acabaré mojándome y, paradójicamente, estoy acabando el agua de los bidones. Dos horas necesitaré para llegar a la cima, que según el altímetro se encuentra a 1.535 metros. Y sin mojarme. Pero la bicicleta acabará completamente pringosa después de cruzar dos lodazales que casi cortan la carretera. El paisaje es bello, con la nieve aquí mismo, pero no tanto como para sacar la cámara que tan bien he guardado.

El suelo está mojado. No quiero ensuciarme ni acabar helado. La carretera baja zigzagueando por un valle estrecho. Sería divertido, pero me lo tomo con calma. Hay que evitar el riesgo de una caída. Romper cualquier pieza sería un grave contratiempo que no quiero ni imaginar. En el pueblecito de abajo no se ve ni un alma. Sólo un aserradero y un busto plateado de Stalin en una escuela sin niños. Unos metros más allá, un bosque espeso y un hombre a caballo. Podría haberle sacado una foto, pero me ha dado pereza.

Pienso en los 18 kilómetros que me faltan cuando... me veo parado en medio de la carretera. Miro hacia abajo y entre las montañas descubro un enorme valle. Es como una Cerdaña inmensa. Aquello de color blanco que asoma en el horizonte parecen nubes bajas. Pero no, es el Cáucaso central, una gigantesca sierra nevada que deja muy pequeñas las montañas que ahora piso. No puedo evitar las exclamaciones de admiración. Es impresionante. Ahora comprendo la fascinación de Iñaki por las montañas que se alzan majestuosas delante de mí.

En esta ocasión sí. Saco la cámara y hago unas fotos al hombre a caballo, que, con tanta distracción, ha vuelto a alcanzarme. Llueve otra vez, pero qué más da. ¿Qué importancia tiene mojarse cuando se contempla un espectáculo como éste?

La bajada hasta Telavi es un placer de dioses. Cruzo ríos y bosques en flor, todos distintos, húmedos todavía. Reboso optimismo. Me siento casi un conquistador a lomos de una bicicleta. ¿He hecho 125 kilómetros al final del día? Eso no es nada. Me veo capaz de hacer 100 más. Nadie me puede parar. Descarto la idea de buscar un hotel. ¿Para qué? Con este día tan espléndido no puedo encerrarme en una habitación. Compro pan, embutido y galletas y me voy a buscar un sitio solitario, frente a las montañas, donde plantar la tienda.

AZERBAIYÁN

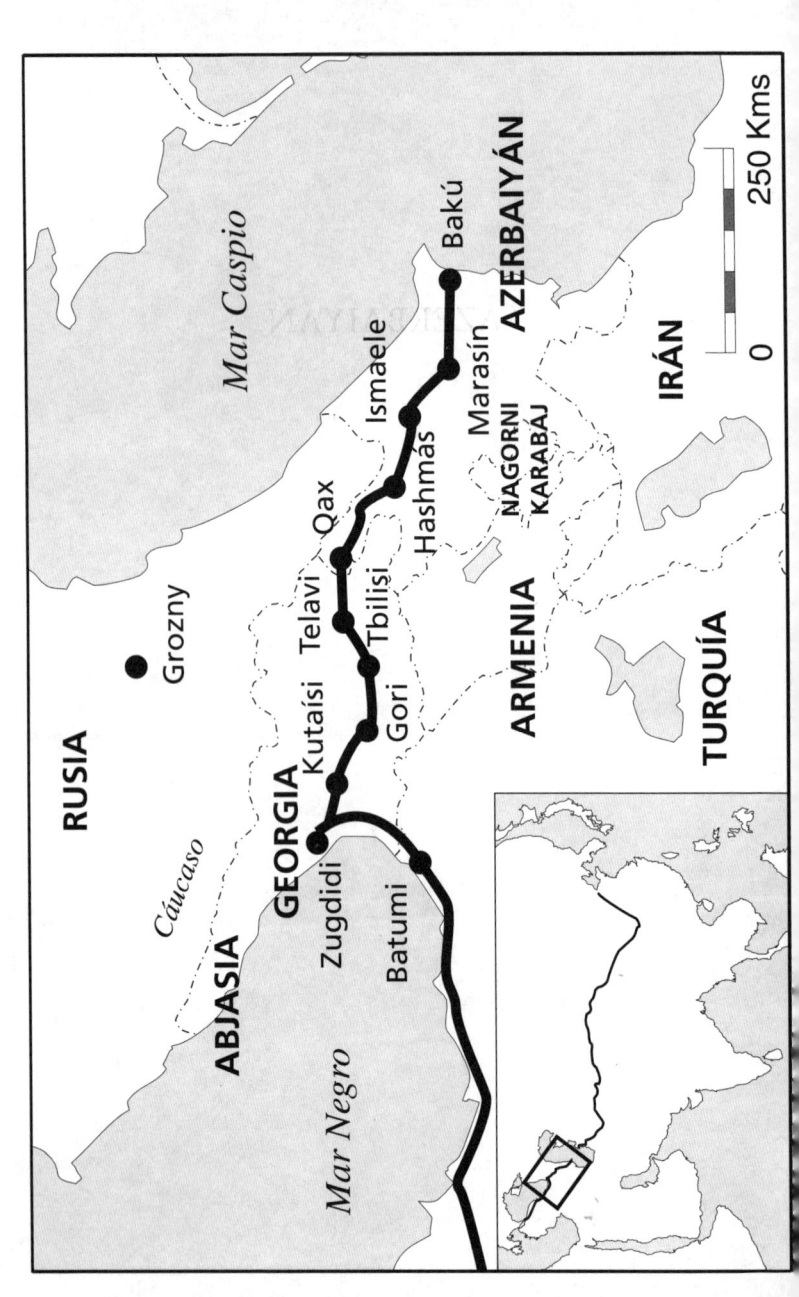

AZERBAIYÁN
TELAVI-BELAKÁN
28 de abril (día 31)
90 km (1.886 km)

Los policías se llevan mi bicicleta

La primera parte del día recorro un paisaje dejado de la mano de los rusos. No es que sea un sitio aislado o sin habitantes, pero es que entre la situación del país, la guerra de Chechenia —hoy es el día en que estoy más cerca de este país— y décadas de cierre de fronteras, me siento algo desamparado.

Me encuentro en la comarca del vino del que tanto presumen los georgianos. Hay muchos campos abandonados, como también lo están los restaurantes y hoteles que veo a lo largo del día, y un concesionario Lada, ahora cerrado, que debió de ser un importante taller, cuando los coches aún se reparaban. El mismo destino —el cierre— ha corrido un campo de aviación militar. Es enorme, y en él sólo queda material inservible: cuatro helicópteros viejos y dos aviones sin el tren de aterrizaje, recostados sobre su panza y tumbados sobre una de sus alas. Los aparatos que funcionaban se los llevaron los rusos.

Continúo en dirección a la frontera. Se ven menos quioscos de lo habitual. Claro, ¿quién puede pensar en vender en esta carretera por la que nadie circula, llena de gentes desocupadas? Quiero llegar a Azerbaiyán de una vez. Y a las cuatro de la tarde estoy a las puertas. Llego a Lagodieji, a menos de cinco kilómetros de la frontera. La gente es distinta de la que he visto hasta ahora en Georgia, más oscura de piel, con rasgos más orientales; muchos hombres llevan bigote. Son azeríes. También el paisaje parece diferente, más colorido. Nada que ver con la Georgia en blanco y negro de los últimos días.

Al cruzar la frontera tengo algún problema. De entrada, dos soldados se suben a la bicicleta y comienzan a hacer el indio. Ahora pedalea uno, ahora el otro, como si compitiesen a ver quién lo hace peor. Me siento impotente, pero estoy en sus manos. Mal asunto si discutimos.

No son ellos los que cortan el bacalao, sino el oficial, de unos 30 años, que acaba de salir de lo que podría llamarse la oficina. Me hace pasar y los energúmenos me rodean. En el despacho sólo hay una mesa. Un puñado de pájaros que anidan en la estancia revolotean sobre nuestras cabezas, entrando y saliendo. El oficial toma el pasaporte y, más que mirarlo, lo escruta, por delante y por detrás. No dice nada. Cuando por fin abre la boca es para decir que no tengo visado, y que sin visa, *«nyet»*. Vaya, otra vez con lo mismo. Ahora éste quiere complicarme la vida. Intento hacerle comprender que con el visado de Georgia puedo entrar en Azerbaiyán y conseguir el nuevo visado en Bakú, pero él va de duro: *«Visa nyet, visa nyet»*, insiste. «Que no, hombre. Mi, visa Georgia», le digo.

Me temo que quiere dinero. Sea como fuere, consigue que me tiemblen las piernas. No me imagino dando media vuelta para ir a recoger un papelito ridículo. Debe de ser verdad que la necesidad te hace imaginativo. De pronto recuerdo lo que alguien me contó acerca de que en estos países se muestran muy impresionados ante los papeles oficiales. Rápidamente, abro la bolsa y saco todos los documentos que tengo. Seguro que habrá alguno que convenza a este riguroso militar.

Uno es la carta que Tania, la secretaria de Aquilino Mata, me escribió en ruso. En ella dice, con palabras ampulosas, que soy un periodista que viaja por Asia con la intención de recoger información para un libro, todo bien aderezado con los oportunos sellos y tampones. También le muestro el visado de Rusia y el carnet de la Federación Internacional de Periodistas (FIP), donde está escrito en diez idiomas quién soy y a qué me dedico.

El jefe del destacamento se pasa unos inacabables diez minutos estudiándolo todo, impasible, mientras los soldados hacen el animal y me dicen cosas que no hago ningún esfuerzo por comprender. Me pide la carta y vuelve a leérsela, lentamente, resiguiendo cada línea con el dedo. Finalmente parece que toma una decisión. Pide algo y el soldado más serio le alcanza un libro. Estoy salvado. Es el registro donde se inscriben las entradas de extranjeros. Los últimos en hacerlo fueron un alemán y un japonés.

El oficial me extiende la mano ceremoniosamente y por fin parece que sonríe. Ya estoy en Azerbaiyán, el tercer país que piso en un mes. Acabo de decir adiós cuando, un poco más allá, otro policía me detiene. Hojea con curiosidad mi pasaporte mientras me tomo un té y unos hombres me bombardean a preguntas. ¡Qué distintos son de los georgianos! En el país de donde vengo también son hospitalarios, pero de trato más serio y reservado, excepto cuando van bebidos. A estos hombres de piel brillante se les ve más latinos, más propensos a gritar, a dar la palmadita de colegas en la espalda y al «tú y yo, amigos».

Ya sin trabas, voy a buscar un sitio donde dormir, camino de Bakú. El paisaje presenta algunos cambios. Por cosas del Islam, no hay viñas ni los cerdos que, indefectiblemente, en Georgia pastaban junto a las carreteras. También veo más tiendas abiertas. Sólo las montañas son las mismas.

Llegando a Belakán, un chico me acompaña al hotel. Mientras el director llega, me invita a tomar un té, que al final serán dos. Me siento cómodo en este bar que me recuerda a los locales turcos, en compañía de Azer y su amigo. No paran de reír. El más joven me invita a pasar la noche en su casa.

Antes tenemos que cenar. Han dispuesto una gran mesa al aire libre. Las mujeres se retiran cuando ven llegar a un desconocido. Sirven pan, estofado y el imprescindible *chai*, el cuarto té que tomo en poco rato. Le voy encontrando el gusto al «agua hervida», una bebida que en Barcelona no me hacía ni fu ni fa.

Después de un poco de tertulia, Azer me acompaña a su casa. Al llegar nos descalzamos. El suelo está cubierto de alfombras rojas y negras. Me parece entender que la abuela le dice al chico que ha habido un incidente con Armenia. Azer recibe la noticia con alegría. Hace la mili y le gustaría ir a pegar tiros. «*¡Pimpampum!*», grita. No hay duda de que se muere de ganas. Para él la guerra es casi como un juego. Se quita la camisa blanca y se queda con el pantalón militar y una camiseta a rayas. Se echa al suelo y se marca unas flexiones. «¡Rambo!», le digo, para provocar. Y él, todo serio, responde: «Rambo *nyet*! Jean Claude Van Damme.» Es su ídolo. Y mientras tanto, el presidente del país, lanzando una encendida proclama por televisión.

¡Qué mundo éste! Vengo de conocer a un chico al que le han matado al hermano, y al primero que conozco después de cruzar la frontera es un chico orgulloso de haber matado a dos personas en otra guerra. En menos de una semana he conocido las dos caras de un conflicto armado: la de la víctima y la del verdugo.

Guerra y religión. Azer me enseña el libro con el que estudia árabe, el Corán y una foto de La Meca. Él también irá, algún día, a hacer la obligada peregrinación que todo buen musulmán debe cumplimentar a la tumba del profeta. Pero los primeros en ir serán los dos amigos barbudos y con túnica que me ha presentado en la calle. Cuando acaba de explicármelo saca un radiocasete y pone música *mákina*, persiguiéndome con la mirada para obtener mi aprobación. Lo lleva claro. Guerra, religión y *mákina*. Hasta aquí podíamos llegar.

Suerte que se va la luz y tenemos que acostarnos. En cuestiones de suministro eléctrico, Azerbaiyán no es tan distinto de Georgia.

AZERBAIYÁN
BELAKÁN-QAX
29 de abril (día 32)
97 km (1.983 km)

Azeríes, rusos, georgianos, armenios, kurdos, turcos, daguestaneses...

A las siete y media suena el despertador. Azer ya hace rato que está despierto. Le digo *«good morning»*, pega un salto de la cama y vuelta a empezar con el numerito de las flexiones, el *bakalao* y más fotos de La Meca. Tiene una buena empanada mental, este chico. Le dicen que toca ir a la guerra, y él, el primero. Que toca ser religioso, pues él nada de beber ni de fumar, aunque su padre, un *businessman* de Bakú, lo haga. Y lo mismo para la música: la *mákina* es el género de moda, y él tiene 30 cintas.

Pan negro, queso, té y confituras para desayunar. Mientras, Azer vuelve a enseñarme cosas. Hoy le toca el turno a un libro de boxeo. Al fin y al cabo, por eso me ha invitado a su casa. No porque quisiera organizar un combate conmigo, sino porque soy un *sportsman* como él. Por televisión vuelven a dar el discursito de un político. No tengo ni idea de qué habla, pero no exagero si digo que ha repetido la palabra Azerbaiyán cincuenta veces en una hora de monólogo nacionalista.

Cargo agua, algunas manzanas y me despido de mi amigo «caqui».

Hoy, la carretera se separa algo de las montañas. Sigue siendo llana, lo que no deja de sorprenderme a la vista de la altura del Cáucaso que me acompaña unos kilómetros a mano izquierda. De las cumbres bajan unos ríos de una anchura desproporcionada en relación con la poca agua que llevan. En época de deshielo deben de ser terribles.

En la ciudad de Saki intento cambiar dinero. Nada

más llegar al bazar me encuentro rodeado de niños chillones y de cambistas sospechosos. Tengo todos los números para que me engañen. Así que me voy al centro urbano, suponiendo que allí conseguiré dinero al cambio oficial, pero en el banco no cambian moneda extranjera. Tengo que recurrir al mercado negro.

De regreso en el bazar, me siento más seguro. Por lo menos ahora sé que tienen que darme 4.500 manats por dólar. Encuentro a un conocido. Bien, conocido, conocido... Es un hombre mayor que he visto en la carretera hace unas horas. Conduce una moto impresionante, una réplica de aquellas BMW con sidecar que el ejército alemán utilizó en la campaña de Rusia y que hoy siguen fabricándose, casi idénticas al modelo de hace cincuenta años. Pero en el espacio reservado para el acompañante este azerí no lleva precisamente a un oficial de la Gestapo, sino que ha instalado un recipiente de madera lleno de un delicioso zumo de cerezas que generosamente me deja probar.

Reencontrar a este hombre de la *chapka* en un ambiente que de entrada había creído hostil es una ayuda psicológica importante. Ya no me siento tan solo ante los desconocidos que, tal vez a causa de mi indefensión, yo consideraba especuladores, pero que a la hora de la verdad se portan fantásticamente conmigo. No sólo me dan el cambio justo, sino que, al final, uno de ellos me invita a comer. Y me hablan de la increíble diversidad étnica y de nacionalidades que conviven en la ciudad. Trece grupos distintos, contando azeríes, rusos, georgianos, armenios, kurdos, turcos, daguestaneses y otras minorías que no identifico. ¡A eso se llama una sociedad multicultural! Y yo que sólo sé distinguir entre rusos y azeríes.

La carretera discurre ahora junto a campos de frutales, con árboles a los lados, que protegen del sol. No es que haga calor, pero los 20 grados de temperatura parecen muchos en comparación a los menos de 10 grados de los últimos días. Paso por un poblado de construcciones provisionales con la insignia de la Unión Europea. Aquí viven refugiados, una ínfima parte del millón de azeríes que abandonaron Armenia y Nagorni Karabaj a causa de una guerra que el país se resiste a olvidar. Una guerra injusta, como todas, y que, por lo que la gente cuenta, tiene muchos paralelismos con la de Georgia. Una minoría armenia que se subleva dentro de una provincia, Armenia que interviene para apoyar a sus compatriotas, y ya está liada. Estalla un conflicto que acaba con la huida de los azeríes, que hasta ese momento habían sido mayoría en la zona de Karabaj. ¿Cómo es posible?, me pregunto. Y la respuesta es unánime: «¡Por culpa de los rusos!» Con esta animadversión hacia los vecinos del norte, no es extraño que el gobierno haya abandonado el alfabeto cirílico y camine progresivamente hacia el latino. Una vía que Turquía emprendió hace décadas, y que ayudará a Azerbaiyán —pero también a Turkmenistán, Uzbekistán, Kirguizistán y Kazajstán— a incorporarse a la nueva división geopolítica de esta zona tan cambiante.

Al salir de una curva presencio una escena de lo más maternal: una yegua se queda en el centro de la calzada para proteger a su potro, que cruza distraídamente la carretera justo en el momento en que viene una furgoneta a toda velocidad.

Los encuentros con animales son frecuentes. En los últimos días he visto posados en los postes de teléfonos unos preciosos pájaros azules, parecidos a cuervos, que huyen cuando me acerco demasiado. Y mañana tendré una divertida aproximación a un objeto redondo que, visto desde lejos, en plena calzada, me ha parecido que se movía. Era una tortuga, grande, de unos 30 centímetros.

La etapa se alarga más de la cuenta. Durante el día he pasado por lugares apropiados para plantar la tienda, pero cuando toca hacerlo me cuesta encontrar un sitio cómodo. Así que acabo acampando sobre un suelo duro, junto a un pantano. Miles de ranas me darán la lata durante la noche.

AZERBAIYÁN
QAX-HASHMÁS
30 de abril (día 33)
81 km (2.064 km)

El viaje va sobre ruedas

Hace dos días que estoy en Azerbaiyán y aún no tengo una idea muy clara del país. Hay pocas ruinas históricas y las mezquitas no abundan. Parece que la gente trabaja. Los restaurantes y los comercios funcionan y venden productos turcos e iraníes, y las comidas son más variadas; se ha acabado eso de comer salami y queso cada día. Vuelvo a tener dulces.

Ayer hice cámping para tener algo de intimidad y poder descansar. Tal vez suene extraño, pero después de dos días dejándome invitar, me apeteció dormir al raso en lugar de hacerlo en una cama, que disfruto menos de lo que quisiera debido a que tengo que confraternizar con familiares y amigos del anfitrión. A menudo me siento agobiado por la gente. No hay forma de pasar inadvertido. Ayer mismo, un hombre que caminaba con un niño por la carretera me entretuvo un buen rato. Me paró y tuve que responder, lo mejor que pude, a sus preguntas. No le bastó. También quiso ver qué diantre llevaba en las alforjas, y el pasaporte, con el que —simpático, él— se quedó. Me amenazó con no devolvérmelo si no se lo enseñaba todo, así que tuve que seguirle el juego, hasta que se cansó.

Algo parecido me ha ocurrido hoy. Estaba echando la siesta bajo un árbol cuando han aparecido tres hombres bastante desaliñados. Me han saludado y, quizá porque no les he hecho demasiado caso, se han sentado en círculo alrededor de la bicicleta, que tocaban tímidamente. Uno de ellos ha tratado de descifrar de qué marca era: «*Spe-*

ciaa-liii-zed.» Se parecía a mí cuando trato de adivinar el significado de un cartel en ruso.

Intento leer los mapas rusos de Iñaki en un cruce de carreteras. Todo indica que debo continuar recto, pero la carretera que tengo delante se estrecha. Decido preguntar. «Espere que no lo sé; el señor que llega es ingeniero», me dice un hombre, y llama a un conductor, que no quiere saber nada de mis mapas y saca el que lleva en su Lada. Es evidente que con éste no llegaré muy lejos. Se trata de un viejo mapa de carreteras de la URSS. La red viaria de Georgia y Azerbaiyán aparece resumida en dos páginas y con un diseño muy elemental, con líneas rojas, completamente rectas, enlazando unos puntos rojos que representan las ciudades. Más que para orientarse, el mapa parece hecho para amargar la vida a un espía.

El ingeniero finaliza la consulta. Resuelve que tengo que volver sobre mis pasos y dar un rodeo de por lo menos 40 kilómetros para llegar a un pueblo que, en el peor de los casos, no puede estar a más de 15 en línea recta. Le doy las gracias y sigo mi camino. Todo recto. Y la cago.

El sexto sentido me falla. El pueblo ya estaba en línea recta, ya, pero... A los dos kilómetros el asfalto ha desaparecido, y un poco más adelante he tenido que descalzarme para cruzar un riachuelo. Pero la pista continuaba, y lo demás no importaba. Me he sentido confortado cuando dos hombres me han confirmado que iba bien. La carretera volvía a estar asfaltada y me hallaba al pie de la cumbre más alta del país, el Bazar-Diuzi, imponente, de 4.466 metros de altura. Lo peor estaba por llegar.

El camino se ha hecho cada vez más tortuoso. Es una de esas pistas forestales que no llevan a ningún lado, que dan vueltas y más vueltas para acabar en el mismo punto. «Pues campo a través», me digo. Según el cuentakilómetros, estoy muy cerca del pueblo. Y a medida que avanzo, un ruido al principio imperceptible ha acabado convirtiéndose en... un río. ¡Y vaya río! Un río de verdad, muy caudaloso. Me he acercado, esperando encontrar un paso para cruzar. Nada. Podía intentarlo, pero el cloc-cloc de las piedras arrastradas por el agua lo desaconsejaba.

El ingeniero tenía razón: por aquí no se puede pasar. Pero mi ángel de la guarda acaba de llegar para sacarme de este lío.

Esta vez mi salvador es un hombre que se encuentra en la otra orilla. Se descalza y cruza como si nada. Le pregunto cómo lo ha hecho, y él me aconseja un paso. Me quito las botas, agarro una alforja y hago un primer viaje. Y un primer corte en el pie. Dos viajes más, y otros dos cortes. Los cantos de las piedras hacen daño. Temo perder el equilibrio y que la corriente me arrastre.

Aún queda lo más difícil: llevar la bicicleta. Por suerte, el hombre no se ha marchado. Se ha quedado observando lo patoso que es este extranjero de pies blancos. Le miro con cara de súplica. No me veo capaz de hacer otro viaje, y él entiende bien el mensaje. Vuelve a descalzarse y consigue traerme, no sin dificultades, mi querida Rockhopper. Lo que ha hecho este hombre no tiene precio. Las gracias que le doy son bastante más que un cumplido. Mucho más.

Y ahora, hacia el hotel. Porque habíamos quedado que en Hashmás hay hotel ¿verdad? Pues no. En este pueblo rural, donde se llega por una única carretera, no hay nada, y está a punto de anochecer. Pero lo primero es comer. Por lo menos hay bar. Las partidas de naipes se interrumpen y los hombres se levantan cuando me ven entrar. Me siento como un marciano. Los únicos signos de modernidad presentes son unos calendarios chinos que cuelgan de las paredes, con chicas ligeritas de ropa. Respiro hondo, reuniendo fuerzas para soportar el alud de preguntas que se me viene encima.

Por suerte, con dos veces que cuente mi historia es suficiente.

Después, se encarga del trabajo el hombre que se sienta a mi lado, Azer —me pregunto si en este país todo el mundo se llamará igual—, quien comenta mi aventura a las personas que van llenando el local. Que no son pocas. Hasta 20 hombres —ni una mujer— llego a contar. Incluso ha venido el tonto del pueblo, un hombre que debe de rondar la treintena, con un ridículo gorro de lana blanco que le cubre la cabeza hasta las orejas. Los niños le toman el pelo. Quizá sea la forma cruel que tienen los chiquillos de vengarse de las patadas que reciben de los mayores por cualquier tontería.

Me como toda la verdura y los trozos de carne frita que me sirven y Azer me indica con un gesto que hay que irse. Intento pagar, sin conseguirlo. No las tengo todas conmigo. ¿Tengo que fiarme de este camionero con manos de oso? ¿Adónde me lleva? Le pregunto si está casado y si tiene hijos. Afirmativo. Me tranquilizo, como si el hecho de tener mujer y descendencia fuese garantía de honestidad. Pero no me equivoco. Su familia es encantadora. Vive en una casita de madera de dos habitaciones, situada dentro de un cercado, junto a la de sus padres y su hermano.

Vuelven a hacerme sentar, esta vez en el suelo, sobre las alfombras, descalzo. Quieren que cene otra vez, pero sólo puedo comer el primer plato, yogur con acelgas. El segundo plato, ni lo pruebo. En mi estómago no cabe nada más. Sólo un rinconcito para los cuatro brindis con vodka y, al acabar, el momento de las fotos y del intercambio de direcciones. Mientras tanto, una docena de parientes de Azer —padres, hermanos, hijos y algunos primos— se han congregado en la pequeña estancia. Todos ellos son miembros de una misma familia, pero de una diversidad étnica que me deja perplejo, desde una chica con cara redonda, piel blanca y ojos azules, a Azer y sus hijos, que podrían pasar por turcos.

Cada día de viaje es una novedad, un descubrimiento. Recuerdo la pregunta que me hizo cantidad de gente antes de dejar Barcelona. «¿Y no te cansarás tanto tiempo solo, tantas horas encima de la bicicleta?» Debo confesar que yo era el primero que dudaba. De entrada piensas que te gustará, porque te gusta la bicicleta y viajar, pero tanto tiempo, y solo... Eso ya lo tenía menos claro.

Sin embargo, ya hace días que mis dudas se han disipado. Para empezar, esto de «todo el día pedaleando» habría que matizarlo. Cuatro, cinco, seis horas de pedalear ya son horas, pero el día tiene veinticuatro, que dan para mucho. A la pregunta de si se hace aburrido he de responder con otra pregunta: ¿no se hace pesado ir cada día al trabajo tras media hora, tres cuartos, una hora de metro, de coche o de autobús, y repetir la historia para volver a casa? Cada cual conoce su respuesta. Yo, por mi parte, ya la he encontrado.

AZERBAIYÁN
HASHMÁS-ISMAELE
1 de mayo (día 34)
82 km (2.146 km)

El primer hotel en dos semanas

Primero de mayo. Día del Trabajador. Me pregunto si también será fiesta para mí. Con gusto dormiría un par de horas más. Me vendría muy bien un día de descanso. Pero tengo que darme prisa en llegar a Bakú. Lo primero es salir de este callejón sin salida al que me ha llevado mi tozudez. El Cáucaso se cierra. Imagino que me toca hacer un puerto de montaña, pero desconozco si será muy alto. Después viene un terreno llano y desértico, según me han dicho. A buen ritmo, puedo estar en la capital en tres días: el sábado, si todo marcha bien; domingo, a lo sumo.

Desayuno rápido, un recuerdo para Azer y unos caramelos para sus hijos. Y una pregunta que me sorprende: «¿Volverás pronto por aquí?» Tardo en contestar. «Tan pronto como pueda», digo. Es una respuesta de compromiso, claro.

Comenzar a pedalear temprano tiene sus ventajas. Tienes todo el día por delante y puedes detenerte tantas veces como quieras. Desde hace días me organizo así y llego al final de la jornada más descansado. En Turquía hacía demasiado frío para hacerlo y más adelante, cuando llegue al terrible desierto de Turkmenistán, deberé reposar durante las horas de más sol para evitar el calor.

Por ahora, al pie del Cáucaso ha vuelto a refrescar. Diez grados y cielo gris. Y el esperado puerto que no llega. ¿Un error en los mapas? ¿Una información errónea? Ojalá. Llego a Ismaele sin novedad, después de superar duras rampas a través de valles verdes y bosques espectaculares.

El pueblo es parecido a otros que he visto en Azerbaiyán, núcleos urbanos sin ninguna personalidad, con cuatro construcciones desperdigadas de hormigón. No se ven restos históricos. La mezquita de Ismaele, la primera con que topo, data de 1989. Tiene su explicación. Y es que, a diferencia de Georgia, la historia de este pueblo es un pasado de pastores y gente nómada que vivía en tiendas, hoy aquí, mañana allí. Nunca practicaron la agricultura y por eso no se establecieron en poblaciones hasta tiempos recientes.

No demasiado convencido de encontrarlo, busco un hotel. Ya van para dos semanas —la última vez ha sido en Trabzon—, que no me hospedo en uno. Me veía durmiendo en una casa cuando descubro un edificio con aspecto de hotel. Y lo es. No es una maravilla, pero... En la habitación observo lo que podrían considerarse «algunas irregularidades» de acuerdo con los estándares europeos: no hay lavabo ni agua caliente, faltan dos bombillas y ocho baldosas, la cerradura de la puerta no funciona, las cortinas y el trozo de toalla están sucios y será mejor que prescinda de la almohada, porque está de un marrón subido. Pero ¡me siento tan bien! Una habitación para mí solito. Por fin una tarde sin nada que hacer más que descansar, echado en la cama, con la mirada fija en el techo, asimilando las experiencias de los últimos días.

No salgo a la calle hasta última hora, después de poner algo de orden en mis alforjas y de hacer la colada. El dueño del restaurante donde ceno es de Daguestán. Se declara comunista y no puede ver al antiguo presidente de la CEI, Mijaíl Gorbachov. «Nos ha vendido a los americanos», refunfuña. Dice que habría que cortarle el gaznate, pues es el culpable de la crisis por la que atraviesa el país y de todos sus males. Ya no tiene clientes. Si pudiese, vendería el restaurante.

En recepción conozco a unos estudiantes. También alguno de ellos se declara comunista. «¿No ves cómo vivimos?», protestan al unísono. Antes las cosas funcionaban mejor, es indudable, y, para ellos ésta es una buena razón para desear el retorno al viejo régimen. Aunque no todo el mundo piensa igual, claro. Los monumentos dedicados a Lenin y Stalin ya hace tiempo que reposan en los almacenes.

Me impresiona el bajo concepto que tienen de su propio país. No entienden qué hago yo aquí, viviendo en un sitio espléndido como vivo, en el que no se conoce la palabra «problemas» y donde toda la población es feliz. Vuelven a hacerme la maldita pregunta de cuánto cobro. La respuesta piadosa de los 1.000 dólares no evita que, como en Georgia, me consideren otra vez un loco de remate. Regreso a mi habitación acomplejado, mientras ellos se quedan ante el televisor «invirtiendo» mis 1.000 dólares mensuales. Esta noche tomaré una decisión firme: a partir de ahora no pienso decir a nadie cuál es mi sueldo. Y que se enfaden si quieren.

AZERBAIYÁN
ISMAELE-MARASÍN
2 de mayo (día 35)
77 km (2.223 km)

Atrapado en una gasolinera

El puerto de montaña llega con un día de retraso. En realidad no es uno, sino tres, además de un largo trecho de subidas y bajadas, con pendientes terribles a través de montañas verdes pero sin árboles. Ni hablar de subir en zigzag. Las carreteras suben rectas, a la brava, sin curvas. Parecen dibujadas desde Moscú, sin haber pisado nunca el terreno. Mi cansancio crece en paralelo a la desmoralización. Por un instante me parece que tardaré un siglo en salir de aquí.

Como a primera hora de la tarde, después de perder el Cáucaso de vista, en una larga recta donde hay varios puestos donde preparan comidas. Creo que escojo el peor, antes de llegar a Samaxi. Lo lleva un quinceañero que fuma en plan chuleta. Me quedo fuera, junto a un hombre mayor. Todo va bien hasta que entiendo que el chico y el hombre hablan de números con una discreción sospechosa. «Estos dos discuten sobre lo que me van a timar», pienso. Intento mantener la calma. Acabo y pido que me escriban a cuánto sube la cuenta. Él pone 35.000 con una inocencia que le delata. Muy serio, le digo que no pienso pagar esa cantidad. Le dejo la muy razonable cifra de 12.000 manats (unas 400 pesetas), recojo los guantes, el casco y el tabaco y me voy, sin atender a los gritos del niño, el hombre y la madre, que ha salido de la cocina para ver qué ocurría. Una piedra me pasa rozando. El chico ha perdido los nervios. Me vuelvo pero no digo nada. Tampoco hay por qué liarla. Mejor dejarlo. Aunque yo tenga razón, si algo sucediera todas las culpas caerían sobre mí.

El pedaleo continúa un par de horas más sobre una superficie ondulada y verde como un gran campo de golf, hartándome de subir y soportando un intenso viento de frente. Me pregunto si merece la pena seguir o si es preferible que espere un autobús. Si hago esto último tal vez pueda ganar un día, que, a las puertas del fin de semana, no es poco. En una gasolinera perdida, dos chicos me dan la respuesta que mi cuerpo pedía. El autobús está a punto de pasar. «Que no se hable más. Me quedo.»

El problema es que los autobuses azerbaiyanos no pasan cuando deberían, sino cuando pueden. Estoy en la oficina de un pequeño edificio. Una hora, dos, tres... y el autobús que no llega. Oscurece y los chicos sacan algo de comida. Lo necesitaba, para recuperar energía y un poco de calma. Yo saco mi bolsa con los cacahuetes que conservo desde Geogia. Uno de los chicos se llena el bolsillo con mis frutos secos. Ya se sabe que esto de «mío» o «tuyo» en muchos países musulmanes sólo es un decir. En Azerbaiyán, lo que es mío es tuyo. Y viceversa.

Estoy atrapado, y la espera me desespera. Cada vez que oigo un vehículo saco la cabeza por la ventana para ver si es el mío. Me han dicho que me avisarán, pero no me fío. Paso el rato escribiendo recuerdos de los últimos días en el libro de viaje. Es una buena válvula de escape. En él anoto los nombres de la gente que voy conociendo, el precio de los hoteles o cuál es mi estado de ánimo en los peores y en los mejores momentos. Con los días se ha convertido en el compañero inexistente, en el confidente silencioso que sabe escuchar y a quien le cuento los problemas; en el amigo sabio que me ayuda a aclararme, a mantenerme centrado cuando la nave escora.

Ya es definitivo: hoy no hay autobús. No debo perder los nervios. Los dos chicos proponen que me quede a domir. Parecen buenos tipos. No tiene por qué haber ningún problema. Llega un coche con una avería, después de que se fuesen dos hombres con aspecto de mafiosos que sabían dónde está Cataluña. Yussef y su amigo salen a repararlo, con las cuatro herramientas que tienen en el cuarto de atrás. Los ocupantes del vehículo son dos familias que vienen de Bakú de comprar televisores. Los hombres están desesperados. Fuman y escupen; escupen y fuman. La de hoy es una noche ventosa y de luna llena, pero fría. Vuelvo para adentro.

Es interesante contemplar la chapuza que han montado en la habitación: una estufa eléctrica, conectada a la corriente con dos cables puestos en el enchufe de cualquier forma, y que tanto usan para calentar como para hervir agua. Encienden el televisor, y al cabo de unos minutos saltan los plomos. Pero no me pierdo nada, porque no dan ningún programa que valga la pena. Primero la madre de un soldado muerto en la guerra, llorando ante las cámaras cuando relata sus penas. Después un reportaje sobre el viaje del presidente, Igor Aliev, a Noruega, con la transmisión íntegra de los discursos que pronunció. «Éste es un ladrón», suelta Yussef.

La ventana de la oficina se usa para cobrar a los clientes que vienen a cargar gasolina o para tirar el té sobrante, que queda goteando por los barrotes. Sobre la mesa hay una colección de paquetes de tabaco. Tienen la marca más fumada de ésta y de otras repúblicas: New Freedom, nueva libertad. Un nombre muy apropiado para un producto que ostenta la leyenda: «Finest American Tobacco.»

Fuera prosigue la actividad. Dos hombres han ido al pueblo vecino a buscar un mecánico de verdad. No se resignan a pasar la noche en la gasolinera, donde difícilmente hubiéramos cabido. Por si acaso, más vale que vaya buscando un rincón donde dormir. Me han prometido que mi autobús pasará a primera hora de la mañana.

AZERBAIYÁN
MARASÍN-BAKÚ
3 de mayo (día 36)
20 km (+95 km en autobús) (2.243 km)

En Bakú me toman por espía

Cuando despierto, alrededor de las siete de la mañana, todo es silencio. He dormido más o menos bien. Pero cuando llevaba una hora de sueño, me despertaron para informarme de que yo tenía que dormir en el suelo, que las camas eran para ellos. Además, quedaron alucinados tocando el saco de dormir, fabricado con un material sintético que nunca habían visto.

Estoy recogiendo el saco cuando, por la ventana, veo que en la calle hay un autobús parado. Salgo disparado y pregunto a Yussef y a su amigo si es el que espero. «Tranquiii —me dicen—. Siéntate aquí y toma un té con nosotros; hay muchos autobuses hacia Bakú.» Lo que faltaba. Toda la tarde aguardando y el primer autobús que llega, lo dejo marchar. ¡Qué desastre! Ya me veo un día más perdido en esta dichosa gasolinera.

Un té, dos... y cuando estoy acabando el tercero llega el segundo autobús. Corro hacia la parada, pero no hay sitio para nosotros dos (yo y mi bicicleta). El cuarto té se me atraganta. Lo que acabo de ver pasar por la ventana no es un autobús, sino un hombre mayor con boina y bigote encima de *mi querida*. Es el vigilante de las bodegas de aquí al lado, que intenta, en vano, ir en línea recta. Apenas llega a los pedales y va haciendo eses por el aparcamiento. La caída parece inminente. Me sabría mal por él, pero más aún por la bicicleta. Desde dentro, pego un grito intimidatorio para que lo deje. Obedece. Deja con tranquilidad mi medio de transporte, sin atreverse a mirar. Pone cara de niño travieso, mordiéndose los labios, como quien ha sido sorprendido comiéndose el pastel que hay en la nevera.

El tercer autobús es el mío. Serán sólo dos horas de viaje agotadoras, dentro de un vehículo viejo, de 20 plazas, en el que la gente lleva lo que puede y más. Me toca ir atrás. Debido al estado de la carretera, me paso el rato rebotando como una pelota de goma sobre un asiento que parece de piedra. Bastante mejor se lo pasan mis compañeros de viaje a causa de mi inesperada y extraña presencia. Los que más se divierten son los niños de piel color café con leche que están a mi lado. Hurgan todas mis cosas hasta que se cansan. Después vienen a por mí. ¡Santa paciencia!

Intercambio unas palabras con un músico de Semaka y cuando la conversación que mantenemos mediante gestos da todo de sí, es el turno de un comerciante que lleva un cargamento de cubos de plástico *made in Iran* a Bakú. La gente hace cuanto puede para que me sienta bien, y yo intento corresponder. Sin embargo, a menudo acabo hasta los mismísimos. Especialmente cuando, con la cara iluminada y los ojos muy abiertos, me piden que les muestre mi dinero. «¡Dólar, dólar!», dicen con auténtica obsesión. Es como si no tuvieran nada más en la cabeza.

Cuando puedo, me entretengo observando el paisaje, que en poco rato cambia de manera espectacular. El verde de las montañas deja paso al ocre de una tierra sin vida, manchada sólo por el gris de las pocas casas que aparecen diseminadas. El llano que conduce a la capital es realmente pobre y desértico.

Hasta que aparece el petróleo. Llegando a Bakú se ven pozos, depósitos y oleoductos. Me acerco a la ciudad que, según dicen los expertos, algún día será como Kuwait. El informe de Tom Austin hablaba del tema. En septiembre de 1994 se firmó un acuerdo entre Azerbaiyán y un grupo de 12 compañías petroleras internacionales, que garantiza el futuro económico del país para los próximos 30 años. Se calcula que se invertirá un disparate de dinero, exactamente 100.000 millones de dólares, la inversión extranjera más importante en una antigua república soviética.

Rusia recibió la noticia de la inversión con ira. El informe señala que la reacción fue el cierre de fronteras y atacar a Chechenia sin piedad. La extracción de petróleo comenzó en junio de 1996. Los rusos trataron de impedirlo con unas razones que casi nadie se creyó. Argumentaron que el mar Caspio no es tal, sino un lago, y que, por lo tanto, su petróleo no está sujeto a las leyes marítimas internacionales. Según esa teoría, el petróleo pertenece a los cinco países ribereños, Azerbaiyán, Irán, Turkmenistán, Kazajstán y, claro, Rusia, y que sólo ellos, y de forma conjunta, pueden extraerlo. El gobierno de Yeltsin se quedó solo con sus tesis, con el único y simbólico apoyo de Irán.

Este primer acuerdo permite la extracción de 70.000 barriles diarios de la península de Bakú, pero el contrato verdaderamente importante es el que permitirá extraer 800.000 barriles a partir del año 2001. Para eso será necesario construir un gran oleoducto que llegue hasta el mar Negro. Turquía y Estados Unidos apoyan el proyecto.

Lo que el informe de Tom Austin no mencionaba es el precio, en términos de degradación del ecosistema, que habrá que pagar por extraer el petróleo. Y lo tengo ante los ojos, por lo menos, la parte más visible: oleoductos reventados, charcos de petróleo y campos completamente negros. Me pregunto cuántos de esos 100.000 millones de dólares se destinarán a paliar este gran desastre.

El aire que respiro está impregnado de petróleo. Es como estar permanentemente en una estación de servicio. Tengo la impresión de que si enciendo un cigarrillo provocaré una explosión y de que yo, cuantos me rodean, el autobús y la bicicleta saldremos por los aires.

Las afueras de Bakú no tienen nada que ver con la espléndida ciudad de la que me han hablado. El autobús se detiene en una barriada. El hombre cargado de cubos de plástico dice que vuelve enseguida. Nos quedamos esperando, yo y la familia del conductor, bisabuelo incluido. Con 95 años, este anciano de barbita y peludo sombrero amarillo es un digno representante de la longevidad caucásica.

Transcurre una hora, y nada. Durante la espera, el chófer va a comprar pan, embutido y yogur para todos. Parece que los relojes no se hicieron para los azeríes. Aunque sí para mí. Es viernes y tengo prisa. Quiero aprovechar la tarde. Decido marcharme, pero no quieren que les pague. Por una vez que iba a dejar propina...

El centro urbano no se encuentra a dos kilómetros, como me habían dicho, sino a 15. Por el camino saco una foto a una gran charca de petróleo, y un kilómetro más adelante un coche se detiene delante de mí. Se bajan tres hombres. Parece que quieren decirme algo. Sí, en efecto. Es a mí, porque por aquí cerca no hay nadie más. Llevan gafas de sol. Parecen de la secreta. ¿O de *Caiga quien caiga*? No, son de la secreta. Las gafas de uno de ellos son Ray-Ban, como delata el adhesivo que aún lleva pegado en un cristal.

Me preguntan por qué he hecho la foto. Problemas a la vista. Mi respuesta es preguntarles si son policías. Lo son. ¿Y ahora qué? Opto por decir la verdad: que soy un periodista de Barcelona, que vengo en bicicleta desde Estambul... Todo, con una amplia sonrisa. La vieja fórmula funciona. Palmaditas en la espalda, más risas y adelante, chico, ¡ningún problema! En un plis plás, paso de sospechoso de espionaje a colega.

Por última vez en este viaje, mi alojamiento será la sede de una ONG, en este caso Médicos sin Fronteras Holanda. Lucienne, la que manda aquí, me recibe con los brazos abiertos. Me aloja en la vivienda de los invitados, junto a Nono, un londinense de origen hindú que visita Azerbaiyán por segunda vez.

Por la tarde puedo hacer la mayoría de los trámites. Me acompaña un colaborador azerí de la ONG. Obtengo el visado de Azerbaiyán, pero no hay forma de conseguir el de Turkmenistán. Nos acercamos al hotel Azerbaiyán, donde se encuentran algunas embajadas. Mi amigo azerí hace de intérprete, pero parece que nuestros interlocutores no quieren ayudar. En la delegación rusa nos recibe un hombre con muy malas pulgas, detrás de un cristal blindado. Trata a mi acompañante con desprecio, y eso que

éste —licenciado en filología— es de una cortesía exʞ
ta. No más suerte tenemos en la embajada de Kazaʝ
Después de mucho llamar a la puerta, una voz nos grita
que pasemos. El hombre que tenemos ante nosotros es el
embajador. Me recuerda a Borís Yeltsin: pelo blanco, ojos
orientales... Está echado sobre el sofá, descalzo, viendo una
película. No parece que tenga mucho trabajo, y seguro
que no seremos nosotros quienes vengamos a estorbarle. Nos despacha en dos minutos: que Turkmenistán no
tiene embajada y que se busquen ustedes la vida. «Y cuando salgan cierren la puerta», suelta, sin hacer el menor
gesto de moverse.

Por suerte, Tania, desde Barcelona, me informará de
que puedo conseguir el visado en la misma frontera,
cuando llegue. La otra llamada es a casa. El teléfono me
pone al día de algunas noticias. Una, que precisamente
hoy se vota en el Congreso la investidura del nuevo presidente del gobierno español, José María Aznar. La otra,
que el Barça anda segundo en la Liga, a tres puntos del
Atlético. No está mal; lo último que sabía es que estábamos a ocho. Me resulta extraño recibir noticias de casa en
un lugar tan remoto. En cinco semanas no he visto ni un
diario europeo. De hecho, el único que veré en los próximos tres meses será en Samarcanda. Si aquí es difícil conseguir información, puedo imaginar desde ya lo que será
en Turkmenistán y Uzbekistán, los países que vienen a continuación.

AZERBAIYÁN
BAKÚ
4, 5 y 6 de mayo (días 37, 38 y 39)
60 km (2.303 km)

El ferry que nunca llega

Por primera vez en todo el viaje comienza a hacer calor. La primera noche en Bakú despierto con medio cuerpo fuera del saco. No me doy prisa. Tengo pocas cosas que hacer. La primera, y prioritaria, comprar el billete del ferry para cruzar el Caspio. Hay un servicio diario, de modo que no tengo que preocuparme. El pasaje cuesta 45 dólares, con derecho a butaca, o 75 si prefiero la intimidad de la cabina. Son dieciséis horas de viaje, unos 300 kilómetros, de la costa de Azerbaiyán al desconocido Turkmenistán, la primera república centroasiática. Prácticamente no sé nada de este país, sólo que es un gran desierto y que llego en la época menos mala. Ha finalizado el frío y los terribles vientos del norte. El calor fuerte aún está por llegar. Intentarlo más tarde sería una locura, según la guía inglesa *Central Asia*. Dice que se llega a los 50 grados, que hace tanto calor que puedes hervir un huevo en dos minutos con sólo colocarlo sobre el capó de un coche, y cocer un muslo de pollo en cinco minutos.

Confiado, me acerco a la terminal. «Compras tu billete, dedicas la tarde a visitar la ciudad y mañana, hacia el desierto del Karakum.» Sí, sí... Llego a la oficina a las once, una hora antes de lo que me habían dicho. Por si acaso, porque ya se sabe lo que pasa en estos países. Después de una hora de espera, a la una me dicen que vuelva a las dos. Una vuelta por el centro, comer algo y de regreso para allí. «Hoy se ha anulado el viaje. Vuelvan mañana.» Qué mala suerte.

Me habían dicho que fuese media hora antes, y a las once y media ya estaba allí, otra vez haciendo cola. Encuentro caras conocidas. Alguien comenta que ayer se anuló el ferry por una avería. Ya se sabe: son cosas que pasan. Pero vuelven a pintar bastos. Otra vez la cancioncita de «vuelvan dentro de dos horas» y, transcurrido ese tiempo, «mañana será otro día». Comienzo a preocuparme. Hace siete días que debería haber pasado por Bakú. Llevo una semana de retraso. Me doy cuenta de que los días que podría haber dedicado al descanso o a otras actividades tengo que invertirlos en cruzar fronteras. Me ocurrió en Turquía y a punto estuvo de repetirse en Azerbaiyán. ¿Será siempre así?

Lunes 8 de mayo. «El lunes, seguro que habrá ferry», habían dicho. En la cola de la ya aburrida terminal marítima reencuentro a las mismas personas que el sábado y el domingo, más las nuevas que se han incorporado a la espera. En su mayoría son hombres, pero también hay familias, cargadas de bultos y enormes cajas de cartón donde llevan la mitad de su yo. Hay gente de piel oscura y ojos rasgados, de Azerbaiyán, de Turkmenistán y de Uzbekistán. La ruta de la seda que voy siguiendo parece la ruta de las cajas *made in Turkey*. Un comerciante de Samarcanda me da su dirección para que lo visite, pero nuestro destino está escrito: el lunes tampoco es nuestro día. Otra vez el ceremonial del «venga», «vuelva» y «vuelta a empezar». No hay barco. Un día más. A seguir esperando.

En la cola, la gente no desespera. Yo, casi. ¿Cuántos días más tendré que pasar en esta ciudad?

Durante estos tres días he soportado la espera como he podido, relajándome menos de lo que quería, porque resulta imposible organizar una excursión por los alrededores. Bakú se encuentra en la península de Apseron, una lengua de tierra que penetra 60 kilómetros en el mar. Debe de ser por eso que hace tanto viento. De hecho, se dice que la palabra Bakú, en sus orígenes, significaba «ciudad de los vientos». Unos vientos que, según comentan, son fortísimos y secos. Con razón el terreno es tan árido. Y por las temperaturas, que en verano suben hasta los 43 grados. En estas condiciones pocas plantas sobreviven sin riego artificial.

Tan tacaña en el clima, la naturaleza ha obsequiado a Bakú, en cambio, con un pozo de riqueza sin límite: el oro negro, el petróleo, un líquido que según los libros de historia locales comenzó a extraerse en el siglo VIII, y que ha hecho que la zona fuera codiciada y ocupada, sucesivamente, por otomanos, persas y rusos. Fueron estos últimos quienes acabaron por ganar la partida. La penúltima. La última se está jugando ahora mismo entre los propios azerbaiyanos y las multinacionales del petróleo.

Los primeros campos petrolíferos comenzaron a funcionar en el año 1848; en 1870 la ciudad era la primera potencia petrolera del mundo, una situación de hegemonía que podría repetirse.

La Bakú que encuentro es una ciudad en proceso de reconstrucción. Poco a poco recupera el esplendor perdido. La entrada muy reciente de capitales se percibe en cualquier esquina del centro urbano: en los lujosos coches de importación, todavía en rodaje; en el American Supermarket que han inaugurado hace pocas semanas; en las galerías comerciales que están construyendo; en la obsesión por la lotería; en la invasión de antenas parabólicas; en la restauración de edificios públicos, o en los niños del casco antiguo, que me persiguen al grito de «¡dólar, dólar!». Sólo se piensa en el dinero. Es la fiebre del oro... negro.

Con razón mi guía-filólogo dice que no reconoce su propia ciudad, de tanto y tan rápido que está cambiando. «Pero atención —advierte—, que el dinero no beneficia a Azerbaiyán, pues se va al extranjero.» Quizá se refiera a casos como el de aquel ingeniero de Repsol que una mañana recibió una misteriosa llamada. Al otro lado del hilo telefónico había una persona con un extraño acento que le ofrecía un trabajo en Bakú. Dos semanas después nuestro hombre estaba en Suiza firmando el contrato y al cabo de dos meses se incorporaba al nuevo empleo con un sueldo de medio millón de dólares anuales (más de 70 millones de pesetas).

Comparada con el resto del país, Bakú constituye toda una sorpresa. Es una ciudad culta y agradable, con restos turcos y persas. La parte vieja conserva toda la muralla, rematada, por el lado de mar, en una espectacular torre de 38 metros de altura, así como antiguos *caravasar* reconvertidos en restaurantes. También hay numerosos talleres de venta y restauración de las valoradas alfombras azeríes. En uno de ellos constato la gentileza de los pobladores. Una gentileza tranquila, hospitalaria, que permite que cuando me detengo para ver cómo restauran una alfombra para devolverle sus colores originales, el hombre deje lo que está haciendo y me invite a tomar un té o a echar un vistazo al local. O la gentileza del amigo del dueño, que llega con unos dulces que reparte, a partes iguales, entre todos los allí presentes, y sin pedir nada a cambio, sólo para corresponder al interés que he demostrado.

La Bakú moderna me recuerda a la Barcelona de los años cincuenta y sesenta: una ciudad inocente que se mueve sin prisas. Casi una capital de provincia. El paseo marítimo es como una vieja postal, con su tiovivo, sus vendedores ambulantes y sus fotógrafos callejeros. Con la discretísima montaña rusa, que en Port Aventura no serviría ni como atracción para los más pequeños, pero que aquí es motivo de acelerones cardíacos y de chillidos. Con los chicos encorbatados y engominados persiguiendo a chicas de vestidito azul cielo o rosa que les llega por debajo de las rodillas. Ellos fumando como chimeneas; ellas, con sus helados. Y los niños jugando al pimpón o al billar, mientras docenas de abuelos intervienen, delante del tablero o como expectadores, en concurridas partidas de ajedrez.

La maldad o los problemas parecen muy lejos de este paseo idílico. Aunque no siempre fue así. Nono, el hindú de Londres, me ha descrito la ciudad que él conoció sólo dos años atrás, una sociedad aún traumatizada por la guerra, con las tiendas vacías y la gente todo el día de cola en cola para conseguir los pocos productos disponibles.

Tampoco aparece por el bulevar el tráfico de heroína y otros derivados del opio procedentes de Afganistán y, desde hace unos años, también de Kirguizistán y Kazajstán. La droga pasa por aquí camino de Rusia y Europa, y a los traficantes pueden caerles hasta 15 años de cárcel, una condena leve comparada con la horca que les espera si son detenidos en Irak o Irán.

El domingo por la mañana subo a la colina que domina la ciudad, el Montjuïc de Bakú. Ahí están representados el pasado, el presente y el futuro del país: una antigua fortaleza, las docenas de pozos de petróleo —en las montañas, en el llano o en el mar— y los centenares de tumbas de soldados muertos en Nagorni Karabaj y que merecen el trato de «mártires». ¿Forma parte la guerra del pasado de Azerbaiyán? Mi amigo-guía-filólogo tiene la respuesta: «La guerra sigue siendo la excusa de los políticos para esconder los auténticos problemas del país.»

AZERBAIYÁN
BAKÚ-*ferry*
7 de mayo (día 40)
15 km (+300 km en ferry) (2.318 km)

Por el Caspio en una lata de sardinas

Me sé de memoria los cuatro kilómetros de paseo que separan la sede de Médicos sin Fronteras de la terminal marítima y el triste y nada estimulante edificio donde he pasado demasiadas horas. Estoy familiarizándome con las caras de quienes, como yo, esperan desde hace días.

Hoy debe de haber cambiado algo. Nos han citado a las once, una hora antes de lo normal. A las diez y media ya estoy allí. No es que desconfíe, sino que no me fío en absoluto. Son capaces de empezar a vender billetes antes de hora o vender menos de la cuenta; quizá me han engañado o a lo mejor no comprendí lo que me decían.

Esta vez parece que sí. Nos hacen desalojar la oficina, y en la calle se forma una aglomeración de gente que lucha, con el pasaporte con las siglas CCCP y el dinero en la mano, por conseguir una buena posición en la parrilla de salida. Con gusto me declararía neutral en esta guerra, pero no puedo arriesgarme a perder el que parece que haya de ser el último barco de mi vida. Así que, adelante, a soportar una hora de empujones y de controlar con el rabillo del ojo a la mujer chillona del pañuelo negro que se quiere colar.

Es un esfuerzo inútil. Cuando comienzan a despachar billetes, desde dentro me indican que pase el primero. Quienes eran mis enemigos ahora me abren paso, un trato de favor que acepto encantado.

Tengo casi tres horas para volver a casa, recoger mis cosas, despedirme de Lucienne y dejar a Nono un mensaje y una bolsa con ropa que ya no necesitaré. Nono ha partido hacia un campo de refugiados. Antes de las cuatro vuelvo a estar en la terminal, pero... ¡¡¡horror!!! No me lo puedo creer: no hay nadie. Incluso el barco con la bandera azerí —verde, roja y azul— ha desaparecido. Estoy perdido.

Me pondría a llorar, pero no puedo permitírmelo. Un autobús, con todos sus pasajeros, acaba de irse hacia otro muelle. ¿Y si intento llegar en bicicleta? «Derecha, a la izquierda, recto, arriba, abajo...», me indican. «Gracias, ya lo encontraré», respondo, y salgo de allí como poseído, haciendo un *sprint* con el plato grande como si me persiguiera el demonio. Pero no he entendido ni la mitad de lo que me han dicho. «Hacia allá y...», y yo hacia allá, pero ¿qué más? Ni idea. Pregunto a un hombre, al que casi ni escucho. «Hacia allá y...» Y ahora hacia allá. Otro hombre: «No, hombre no. Vuelva atrás.» Maldita sea. ¡Como pierda el ferry!

Aún no sé cómo, pero consigo llegar, atolondrado y sudoroso. Y no había para tanto. Faltan horas para que nos pongamos en movimiento. Hay una larga cola de personas y paquetes esperando para embarcar o ser embarcados. Al lado, una desordenada caravana de Lada y Volga cargados como camellos.

No tengo que esperar. Me indican que avance hasta los policías. Otra vez tengo prioridad. Sorteo coches, personas y paquetes, saludando a algunos conocidos de los últimos días. El control es puro trámite. Casi ni miran los papeles. Nervioso, meto la bici en la bodega. Un marinero ruso que aprendió castellano en Suramérica me indica dónde puedo atarla.

Subo a cubierta a toda prisa, quizá para convencerme de que por fin estoy en el ferry, a punto de emprender la segunda etapa del viaje. Entre la gente que espera en el muelle distingo un Land Rover con matrícula británica. No puedo ver más. *«Mister, mister!»* Es un marinero joven quien me llama. Me toma del brazo para que le acompañe. Quiere enseñarme algo. Me conduce por unos larguísimos pasillos hasta un camarote individual de lujo. «Vale 100 dólares, pero como me has caído bien te la dejo por 45.» Le digo que es demasiado caro, y como que no se aviene a bajar al precio que le pido, me lleva a un camarote más sencillo, de 75 dólares. Sin insistir demasiado, me lo deja por 10. Una cantidad muy pequeña que, tal como comprobaré muy pronto, resultará muy rentable.

Al rato entra en el camarote la pareja de irlandeses que iba en el Land Rover. Ella es pelirroja y pecosa y él lleva la barba de un mes y tiene ojos más que claros transparentes. Les acompaña el marinero de los 10 dólares. Discretamente, intervengo en la negociación, y acaban pagando la misma cantidad que yo. Un detalle que agradecen, pero con el que me gano la antipatía del chico.

Subimos a cubierta. Las tareas de embarque se alargan dos horas. Vamos a tope. Da la impresión de que hayan vendido más butacas de la cuenta, o quizá sea que con tanto bulto cada persona ocupa el espacio de tres o cuatro. Zarpamos al caer la tarde. Bakú y sus pozos de petróleo se pierden en el horizonte a medida que avanzamos hacia el este. Siempre hacia el este. El Caspio no parece un mar demasiado activo. Debido a la elevada salinidad de sus aguas semeja una charca de aceite blanco. El sol se pone por estribor y decidimos volver al camarote antes de que refresque. Dos mujeres azeríes han ocupado la única cama libre. Los irlandeses les dirigen unas frases en ruso que me dejan impresionado. ¡Han aprendido idiomas para el viaje!

Donal y Anna siguen una ruta parecida a la mía. Han cruzado Rusia, Georgia y Azerbaiyán y ahora quieren continuar por Turkmenistán, Uzbekistán y Kazajstán, además de hacer una incursión en la belicosa Tayikistán. No tienen prisa. Disponen de un año para disfrutar de un merecido viaje. Se han pasado dos años ahorrando y preparándose para cuando llegase el gran momento. «Dos años en los que prácticamente no hemos ido al cine ni salido de copas», precisa Anna. Y todo por la pasión de viajar. Es la segunda vez que lo hacen. La primera fue por Suramérica. «Y cuando volváis a Inglaterra, ¿qué?», les pregunto. «Pues buscaremos otro trabajo de ingenieros electrónicos, o dos, si puede ser, y a ahorrar hasta que podamos volver a irnos.»

Una de las mujeres azeríes con las que compartimos camarote ha seguido nuestra conversación con interés, pero sin entendernos. Está realmente sorprendida. Le pregunta algo a Donal. La cara del irlandés es un poema. Y con razón. «¿Por qué habláis en inglés con Gabriel si él es español?», ha preguntado ella. Donal le ha respondido que el inglés es el idioma internacional, el que sirve para viajar más o menos por todo el mundo. La mujer está desconcertada; esto no es lo que le enseñaron de pequeña. «¿El idioma internacional? —pregunta—. Yo creía que el idioma internacional era el ruso.»

Después de cenar nos acercamos al bar a tomar un té. Vuelvo a dar gracias al ángel de la guarda por poder dormir en un camarote; sentimiento que se verá largamente confirmado cuando, de madrugada, tenga que levantarme por un problema intestinal. El nuestro no es, precisamente, el crucero de *Vacaciones en el mar*. Los pasillos están llenos de gente que duerme en el suelo. Una confusión de mantas, brazos, zapatos, cajas y maletas casi no deja sitio para pasar. Las salidas al exterior están bloqueadas. Sólo se puede circular por los pasillos principales, y a duras penas. Por curiosidad, me asomo al salón donde me tocaba pasar la noche: la estancia está a oscuras, la atmósfera es irrespirable, se oye el llanto de unos niños; miradas adormiladas contemplan al intruso que se ha quedado en la puerta... Quizá en el pasado este buque haya surcado estas aguas con viajeros ilustres a bordo, pero las tiendas del vestíbulo llevan tiempo cerradas. Hoy, el ferry parece el de la película *Éxodo*.

Oigo que me llaman desde el bar. Es el comerciante de Samarcanda, que quiere que vaya a tomar unos vodkas con sus amigos. A esta hora no hay nada que me apetezca menos, pero tengo que ser cortés. Acabo bebiendo más de la cuenta y poniendo en hora un reloj digital de pésima calidad que el amigo del amigo compró en Estambul.

Después, vuelvo a mi ostentoso camarote.

TURKMENISTÁN

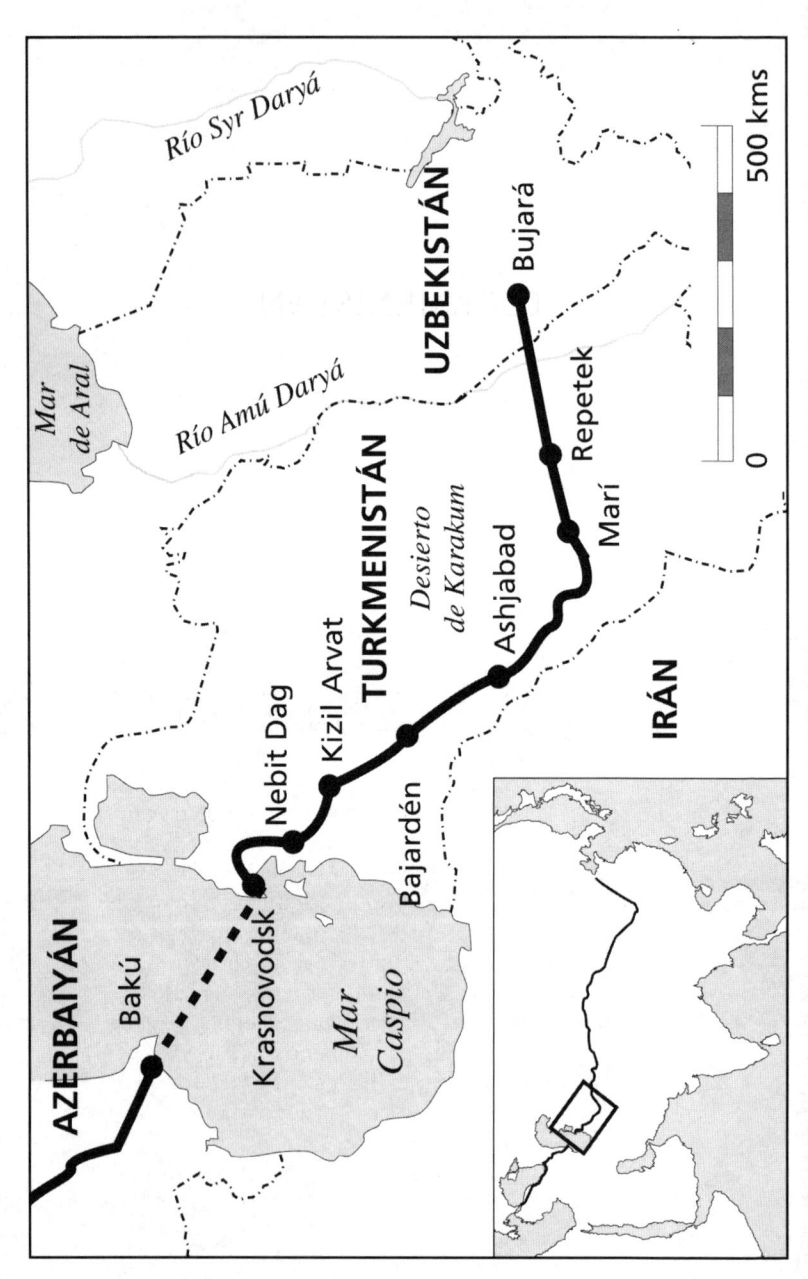

TURKMENISTÁN
KRASNOVODSK-BELEK
8 de mayo (día 41)
80 km (2.398 km)

Krasnovodsk, un panorama desolador

A partir del alba la actividad vuelve a ser frenética. La gente levanta el improvisado campamento y vuelven a oírse los gritos de la madre que busca al hijo, la tos de los hombres después de una noche de beber y fumar en exceso, las prisas innecesarias y el ruido de las cajas que son arrastradas de un lado a otro. Vuelvo a dar gracias por el camarote, que me ha permitido dormir casi todas las horas que el cuerpo me pedía.

Desayuno rápido. Un Nescafé sin calentar, cuatro galletas y corriendo al lavabo, antes de que sea demasiado tarde. Unas cuantas personas se me han adelantado. Sólo funcionan dos tazas. Hay media hora de cola. A medida que se acerca mi turno, el aire se hace más irrespirable. Cuando por fin consigo entrar... el hedor es fortísimo. Una taza se ha atascado de tanta mierda acumulada tanto dentro como fuera. Un hombre, consigue tirar de la cadena y liberar, momentáneamente, el aparato de la pesada carga que lo oprimía. Es mi turno. Entro y hago lo que he venido a hacer conteniendo la respiración, con los ojos cerrados. No quiero mirar. Oigo a algunos hombres que se lavan aparatosamente, haciendo gárgaras, tosiendo, escupiendo todo lo que su cuerpo rechaza. Salgo corriendo, dando empujones, sin lavarme las manos, y subo los peldaños de dos en dos hasta que llego a cubierta, donde me lleno los pulmones de aire fresco. Por un instante he creído que iba a reventar.

En cubierta, encuentro a Donal y Anna. La costa de Turkmenistán está a la vista. Pasamos entre dos islotes de arena y entramos en una ancha bahía escoltados por focas. En la cubierta de proa crece la expectación. Al contemplar el paisaje que se acerca, comienzo a alarmarme. Krasnovodsk, la primera ciudad turcomana, está a la vista. «¡Mi madre, que esto no es lo que me habían dicho!» El panorama es desolador. La ciudad resulta ser un pueblo y el resto... ¡Ay, el resto! Un paisaje blanquecino, sin rastro de vegetación. Cuatro casas rodeadas por el vacío más absoluto: unas montañas pedregosas y una carretera que se pierde hacia el interior del país. Quedo realmente impresionado. Y asustado.

Había calculado unos 1.200 kilómetros de punta a punta, de Krasnovodsk hasta la frontera con Uzbekistán, ya en terreno más civilizado. A lo sumo, 10, 12 días de bicicleta. La estadística lo dice todo: 4,5 millones de habitantes que viven concentrados en una pequeña franja al sur de un país algo más pequeño que España, y el 90% del cual es desierto. Así de contundente. La zona habitada está en el sur, al pie de una cadena montañosa. Por ella discurre la única carretera que puede ser considerada como tal y el canal que trae agua del río Amú Daryá hasta la costa del Caspio. El resto es un desierto inmenso, habitado por nómadas, con una climatología nefasta la mayor parte del año. Me suena a cinismo la frase de la guía según la cual «la época para ir es la primavera, cuando el desierto florece, o en otoño, cuando los mercados se llenan de melones». Aun sin haber desembarcado, me parece inconcebible que ahí pueda nacer una simple flor o que se cultiven frutales.

Ya en el puerto, soy de los primeros en desembarcar. Ventajas de viajar en bicicleta. Consigo el visado a continuación de cuatro universitarios paquistaníes que regresan a casa después de unas vacaciones. El afeminado y gentil funcionario que me atiende escucha mis explicaciones y me informa de que sólo puede darme un visado por tres días. Mala suerte. En la capital, Ashjabad, tendré que pedir una prórroga por 10 días más.

Al salir de la oficina me despido temporalmente de Anna y Donal, que aún tardarán nueve horas en desembarcar su Land Rover, y, lo que es peor, sin poder comer ni ir al lavabo, porque después de contarles mi experiencia de la mañana han preferido aguantarse. Me dirijo a Krasnovodsk. La pequeña y desoladora ciudad tiene su interés, aunque sólo sea por tratarse del fin del mundo. Fundada en 1869 como una fortaleza militar, fue escenario de breves enfrentamientos protagonizados por tropas turcomanas ayudadas por los ingleses desde Irán durante la Revolución Rusa. Y es que a pesar de que en 1916 Stephen Graham lo describió como «uno de los más calurosos, desérticos y miserables lugares del mundo», el paraje resultaba estratégicamente valioso por ser el final de trayecto de una vía férrea que cruza el país y en la que los rusos invirtieron no menos esfuerzos que los norteamericanos para conectar las costas este y oeste. Si los malos del *Far West* eran los indios, aquí eran los turcomanos, una población perteneciente a cinco tribus que hasta comienzos de siglo aún tenía en el tráfico de esclavos una de sus principales fuentes de riqueza.

Doy una vuelta rápida por la ciudad, buscando cuatro cosas para comer y, sobre todo, para beber. En el bazar encuentro lo que necesito y me sorprende el nuevo paisaje humano: mujeres de cuerpos estilizados cubiertos con vestidos de seda, muy brillantes, de color azul, rojo o verde, largos hasta los tobillos, justo por encima de unos zapatos blancos bordados con hilo dorado. Tienen la piel tersa, brillante y oscura, y sus ojos son más rasgados que los de los azeríes. Los hombres, en cambio, han cambiado la vestimenta tradicional por la camisa, la americana y los pantalones. Me choca ver a cantidad de rusos, que destacan por su cabello rubio, su piel muy blanca y su forma de vestir tan europea... de hace veinte o treinta años.

Pero no puedo, ni quiero, entretenerme. Tengo que ponerme en marcha hacia Ashjabad. Me siento impaciente por volver a estar en movimiento. Ahora sí que estoy en Asia, en el centro de Asia, y el sol aprieta de lo lindo. Si en la costa se registran más de 30 grados, no quiero ni pensar en lo que encontraré más adelante.

A mediodía comienzo a pedalear. He cambiado ligeramente de indumentaria. Llevo todo el cuerpo cubierto, como hacen los hombres del desierto: camiseta blanca de manga larga, pantalones largos y una gorra clara para cubrirme la cabeza. Se trata de no quemarse y de exponer el mínimo de piel al sol a fin de no deshidratarse.

Durante los primeros kilómetros me acompaña la costa, una especie de playa de lo más deprimente. El mar está muy bajo —cosas del Caspio— y deja al descubierto una superficie dura, polvorienta y blanquecina sobre la que parece que nunca haya existido la vida. Me siento con ánimo, a pesar de todo. Desconocedor de lo que me aguarda, paro a hacerme unas fotos sobre la playa y junto a un horroroso pórtico metálico que da la bienvenida a la ciudad.

La carretera que enlaza Krasnovodsk con el resto del país va hacia el interior. La línea de asfalto se convierte en el único modo de cruzar el inmenso vacío en el que me encuentro. Fuera de aquí, nada; un paisaje lunar, completamente llano, cubierto de piedras. Ni un árbol ni una casa ni un animal. Tengo casi toda la carretera para mí solo. Muy de vez en cuando me cruzo con un coche o un camión cargado de sal que he visto aparecer muchos minutos antes por el horizonte. Por lo demás, solo como la una. Le voy tomando las medidas a la vastedad del país, al silencio total, a la soledad.

He de confesar que me había tomado el viaje por Turkmenistán como un desafío y con un conocimiento demasiado superficial de lo que es un desierto. Entendemos por un desierto una gran zona deshabitada donde casi no hay vida. Considerado de forma tan simple, podemos sentirnos capaces de intentar la aventura de cruzarlo. Lo único que tenemos que hacer, nos decimos, es llevar más agua, más comida y protegernos del sol, y quizá algún día incluso dormir al pie de una duna. Así de simple. Tendemos a ignorar por qué no hay vida en estas grandes extensiones. Y poca gente es capaz de explicarnos los imprevistos que pueden presentarse en condiciones tan duras, como la dificultad de protegerse del calor, la imposibilidad de encontrar comida o agua, o la sensación de soledad extrema. Yo estoy a punto de descubrirlo.

Con suficiente agua y comida para pasar la noche, decido acampar en las afueras de Belek, el primer y único pueblo por el que he pasado en toda la tarde. Duermo bien, confortado por un airecillo fresco que se ha levantado al caer el sol. A pesar de todo, me siento optimista. Aún me veo capaz de cruzar el Karakum.

TURKMENISTÁN
BELEK-NEBIT DAG
9 de mayo (día 42)
70 km (2.468 km)

Qué calor...

Se hace difícil explicar qué significa encontrarse solo en un país cuya densidad es de nueve habitantes por kilómetro cuadrado (la de España es de 78,5), pues no llego a ver ni a estos pocos, porque la gente está en las ciudades. El resto es puro desierto.

Constatar esta realidad será uno de los descubrimientos más duros del viaje. Por primera vez me siento realmente desamparado. Ayer comí con unos camioneros turcos. Los encontré junto a la carretera, delante de un restaurante que estaba cerrado. En cuatro grandes trailers llevaban comida hacia Tashkent, la capital de Uzbekistán. Salieron de Estambul hace diez días y todavía les quedaban cinco, siempre que no surjan averías y contratiempos. De regreso a su país, cargarán harina de pescado, que, por lo que entendí, se empleará como pienso.

Encontrarlos hizo que me sintiese más cerca de casa. Significó el reencuentro con un comportamiento y una comida que me eran familiares. Especialmente esta última, porque en menos de media hora tuvieron listo un arroz de primera. Entre plato y plato, dijeron que los turcomanos son unos salvajes, que por la noche tienen que vigilar, porque intentan abrir los camiones y que por aquí hay muchas serpientes... ¿Serpientes? Lo que me faltaba. Ahora resulta que el desierto está lleno de asquerosos y mortíferos reptiles que, si me despisto, se meterán dentro de la tienda o del saco de dormir.

Sin duda es el motivo de que, por la mañana, tarde en salir de la tienda, a pesar del calor y del viento que comienza a soplar. Me quedo dentro hasta que lo tengo todo arreglado. Después me acerco a Belek. El pueblo son cuatro casas —una docena como máximo— dispersas en un terreno árido. Lo único verde son los dos o tres árboles que hay alrededor de cada vivienda. Unos chicos me invitan a desayunar debajo de una pérgola. Ya he comido, pero como mis víveres son limitados, acepto el ofrecimiento.

«Yo soy turcomano, él es kirguiz y el otro uzbeko», dice uno de ellos. Pues yo, la verdad, los veo a todos iguales. Quizá uno tenga los ojos más estirados que los otros, pero... Supongo que sus familias llegaron aquí deportadas en tiempos de Stalin. Agradezco la compañía, y lamento no haberme acercado ayer. Seguramente hubiera pasado una noche más cómoda.

Me despido dejando un pequeño presente con los colores del Barça. Nuevamente en la carretera, otra vez la soledad. Superada la novedad del primer día, el camino se hace pesado. El paisaje es monótono, árido, desolado. Ruedo con la vista fija en el suelo, esquivando retorcidos trozos de neumático y correas de ventilador rotas que, vistas de lejos, parecen amenazadoras serpientes. Pasa un coche cada media hora. Si tengo algún problema, mi única opción será ponerme en el centro de la calzada e intentar que se detenga el primer conductor que pase. Mi moral decae por momentos. Es como si llevase dos semanas en este infierno.

Antes de salir he estudiado bien el mapa. Es uno de los ocho que llevo. Son mapas bastantes peculiares, pues fueron realizados por satélite y distribuidos a todo el mundo por las fuerzas aéreas de Estados Unidos durante los años de la guerra fría. Se trata, en realidad, de unas cartas de navegación aérea de una precisión insultante, por lo menos comparadas con los mapas que se han vendido durante décadas en la Unión Soviética. Lo señalan todo: carreteras, pistas, alturas, tipo de terreno, aeropuertos, tendido eléctrico, restos arqueológicos... Lo que más gracia me hace son los comentarios que aparecen enmarcados en azul bajo el epígrafe *«Warning»*: «Las emisiones de radio no previstas desde esta zona pueden constituir un peligro para la navegación, con el resultado de sobrepasar fronteras, a no ser que se tomen precauciones excepcionales.»

Me encuentro en la parte más desértica del trayecto entre Krasnovodsk y Ashjabad. En 70 kilómetros sólo pasaré por un pueblo, Dzebhel, antes de llegar a Nebit Dag, una pequeña ciudad al pie de unas montañas peladas de 2.000 metros de altura, donde pasaré la noche. La etapa dura, sin embargo, será la de mañana, hasta Kazandzhik, o, si todo marcha muy bien, hasta Kizil Arvat.

Las condiciones no son precisamente óptimas. El terreno es tan árido como el primer día. El sencillo termómetro de plástico que llevo en la bolsa marca 35 grados. A esto hay que sumar un viento de frente cada vez más fuerte. Cerca ya de Dzebhel apenas consigo ir a más de 12 kilómetros por hora y eso a costa de un esfuerzo físico y mental considerable. Al cruzar una zona de pequeñas dunas, el viento se ha enfurecido, y levanta remolinos de arena que cruzan la carretera a toda velocidad.

En el pueblo encuentro a dos policías que al salir de Belek se habían ofrecido a llevarme a Ashjabad en coche, quizá sin reparar en que la capital está a 500 kilómetros. Cuando les pregunto por el viento, ponen cara de decir: «¿Viento? ¡Pero si esto no es nada!»

En una caravana-tienda recupero energías y moral. Se encargan de ello dos chicas sonrientes y muy arregladas. Llevan el cabello recogido con un pañuelo y visten túnicas de vivos colores. Me preguntan todo lo que se puede preguntar a un desconocido, y dejan para el final, agachando la cabeza con expresión de timidez, la pregunta del millón. Juntan los dedos índices y me señalan con expresión interrogativa. Quieren saber si estoy casado. Mi respuesta les parece muy interesante, y no paran de reír. A mí también me lo ha parecido su pregunta. Es la primera vez que me la hacen dos chicas, así que no dudo en preguntarles si ellas lo están, aunque es obvio que no.

A la salida del pueblo hay una base militar abandonada, con unos radares enormes, de más de 10 metros de diámetro, quizá para el seguimiento de satélites.

Llego a Nebit Dag muy cansado y casi sin agua. Necesito comer y dormir bien para recuperarme. Suerte que hay un hotel, al increíble precio de un dólar la habitación. No menos increíble resulta encontrarse otra vez con la omnipresente pareja de policías. ¿Acaso son los únicos del país? Dicen que baje a jugar a las cartas con ellos y a beber vodka, y yo les digo que sí, que me esperen, que es lo que más me apetece después de un día agotador.

Subo a la habitación, porque tengo trabajo. Lo primero, depurar agua con el pequeño y carísimo filtro de fabricación suiza que compré en Girona. Me muero de sed y no me fío del agua del grifo. Vuelvo a sudar. A lo mejor es por eso que al salir de la ducha de agua fría casi me desmayo. O a lo mejor ha sido por el repentino cambio de temperatura. O a lo mejor he bebido poco... Sea como fuere, me asusto. Y el ágape que me espera no es de tres tenedores.

Una hora y media más tarde salgo del hotel para ir a cenar. Normalmente, siempre voy a sitios populares, pero hoy me faltan fuerzas para buscarlos. Sólo ha faltado que, al salir, se me enganchasen los polis y dos amigos suyos, ofreciéndose para acompañarme a un sitio «mejor». He desconfiado y he declinado el ofrecimiento. Al advertir que tenía problemas, la patrona rusa del hotel ha llamado a un chico para que me acompañase.

Hemos llegado al bazar cuando ya no quedaba nada abierto, y en la que debe de ser la tienda principal de Nebit Dag sólo he encontrado una barra de pesadísimo pan negro y una lata de carne de procedencia búlgara. El desabastecido es alarmante. Ésta será toda mi cena. De regreso al hotel, uno de los amigos de los policías aún me ha preguntado si me lo pensaba comer todo yo. No sé exactamente qué le he dicho, pero sí que lo he hecho en un tono suficientemente expeditivo como para que se les pasasen las ganas de visitarme.

TURKMENISTÁN
NEBIT DAG-KIZIL ARVAT
10 de mayo (día 43)
85 km (+ 130 km en camión) (2.553 km)

Tirado en medio del desierto

Me había propuesto dejar el hotel pronto para evitar las horas de más sol, pero en recepción me tienen reservada una sorpresa: me han retenido el pasaporte y me dicen que han avisado a la policía. Otro problema. Me pongo nervioso y no hago el menor esfuerzo por disimularlo. Al contrario, pienso que montar un pequeño escándalo tal vez me beneficie. El visado todavía no ha caducado. Sospecho que quizá quieran sacarme dinero. ¿Y si es cosa de los dos policías, enfadados porque anoche no bajé a beber con ellos? Intento aclarar la situación, pero ellos también se atolondran y comienzan a decirme que no me preocupe, que se trata de una formalidad sin importancia. «*Problem nyet, problem nyet!*», insisten.

Transcurren tres cuartos de hora preciosos hasta que llega un coche de la policía con un hombre de paisano. Casi ni mira mi pasaporte. Me dejan ir. No sé qué ha pasado ni me interesa. El desierto me espera.

Al salir de Nebit Dag, la carretera avanza paralela a las canalizaciones que llevan el agua del río Amú Daryá a Krasnovodsk. Ésta es una de las obras faraónicas de la era soviética, es un canal de más de 1.000 kilómetros que atraviesa Turkmenistán de este a oeste, proporcionando al país el agua que, según la mitología, ya había facilitado un río que seguía el mismo curso. La contrapartida de este gran trasvase es uno de los grandes desastres ecológicos del siglo XX, la desecación del mar de Aral. Y no es que el precioso líquido esté muy bien aprovechado en estas tierras. Se calcula que la mitad del caudal se pierde por evaporación o filtraciones. En el tramo donde me encuentro, el agua está canalizada y las pérdidas se deben a la constante rotura de tuberías. Me indigno al ver cómo el agua se escapa a chorros formando grandes charcos que se pierden en la arena.

Aprovecho para llenar de agua el depósito suplementario, pero la alegría dura poco, apenas 30 kilómetros. De pronto me encuentro en un tramo de desierto de 100 kilómetros en el que, sin duda, no hallaré absolutamente nada. Treinta y nueve grados marca el termómetro. Y pensar que hace sólo 10 días estaba a dieci... El viento es cada vez más fuerte. Avanzo lentamente. El aire es tan seco que ni siquiera sudo. Se me secan los labios, la lengua, incluso la garganta. Es una sensación desagradable. Casi no puedo tragar saliva. No paro de beber. A este paso, tendré justito para llegar a Kazandzhik. Y menos mal que llevo siete litros.

Dejo el pueblo de Kum Dag a mano derecha. «Siempre podrías volver, si pasase algo», pienso. Dos kilómetros más adelante, un solitario cartel me levanta la moral. Mide dos metros de alto, y no hay nada que lo supere alrededor. Ashjabad, 300 kilómetros; Bujará, 1.200; Samarcanda, 1.500, señala. Estoy desamparado, pero por lo menos no me he equivocado.

Unos cuantos kilómetros más y vuelvo a poner los pies en el suelo. El viento es ahora violentísimo. Sopla completamente en contra. Unos kilómetros de lucha contra los elementos y decido parar. Pero ¿dónde? No hay ningún sitio en el que pueda protegerme. ¿Ninguno? Veo entonces un pequeño puente, que ofrece una de las pocas oportunidades de disfrutar de una sombra en muchos kilómetros a la redonda. Y bien que lo saben las vacas que, incomprensiblemente, alguien ha llevado allí. Bajo a hacerles compañía. El entorno no es idílico, pero ¡se está tan bien! La diferencia de temperatura, de siete u ocho grados, me reconforta. Da lo mismo que haya algunos animales echados en el suelo, rodeados de ensaimadas de excrementos y de una vaca muerta. Lo único que me preocupa es que vean la carne de ternera que ayer me sobró de la cena, porque voy a comérmela.

Me pongo otra vez en marcha, pero no resisto más que una hora. No es un agotamiento físico, sino psicológico. El riesgo de rodar solo en estas condiciones es demasiado alto. Hay incluso menos tráfico que ayer. Puedo intentarlo, pero... En el horizonte, a unos kilómetros, vislumbro una casita solitaria. Un regalo divino; casi como el gordo de Navidad. Cuando por fin llego, entro con bicicleta y todo, sin pedir permiso, y me siento en un rincón, para que me dé el aire. Hasta que advierto que hay allí otra persona, un policía. Está sentado sobre cuatro ladrillos apilados, apoyado sobre dos ruedas de camión que le sirven de mesa. Me dice algo a gritos. Trato de responder —es lo mínimo que puedo hacer después de irrumpir en su «oficina» de forma tan súbita—, pero estoy desmoralizado. He llegado a Turkmenistán poco enterado de lo que encontraría. Me faltan fuerzas para seguir.

El policía me propone que duerma mientras él sale a parar un camión que se acerca. Se sitúa en medio de la carretera y levanta su porra de madera por encima de la cabeza, haciendo ademanes exagerados. El conductor no le hace ni caso. Pasa a medio metro de él sin siquiera levantar el pie del acelerador.

El policía vuelve a entrar maldiciendo al camionero. Saca una pasta verde de una caja, se mete un pedazo en la boca y apunta la matrícula. Más tranquilo, se echa la gorra hacia atrás y me grita preguntas que soy incapaz de comprender. «¿Ha dicho autobús?» En efecto, tres cuartos de hora más tarde aparece el vehículo que me sacará de este fregado.

El conductor abre desmesuradamente los ojos al verme llegar empujando la bicicleta. Estoy a punto de comprender por qué. Ve en mí la posibilidad de ganar el sueldo de dos años. ¡Cien dólares —unas 15.000 pesetas— pretende cobrarme el tío por un trayecto de poco más de 100 kilómetros! Y esto en un país en el que la gasolina cuesta cuatro pesetas. Le digo que ni loco pagaré esa cantidad —pero qué se ha creído—, aunque en el fondo estoy convencido de que regatearemos un rato hasta encontrar un precio conveniente para las dos partes. Incluso aceptaría pagar más de la cuenta, porque él tiene la sartén por el mango. Pues no. Hace un gesto de «ahí te quedas», y aquí me quedo. ¿Se atreverá a abandonarme en medio de este desierto? Se atreve. Se sienta al volante, pone el motor en marcha y adiós, se larga. Le digo de todo, lo amenazo con denunciarlo, e incluso le saco una foto para demostrar que hablo en serio... Nada. Me quedo solo con mi ira y con el policía al lado, rascándose la frente, rodeados por una nube de polvo y humo mientras el coche de línea se aleja. La he hecho buena, dejando marchar el autobús. ¿Cómo saldré de aquí? Pienso en continuar. Imposible: acabo de descubrir que el agua que he cargado no es potable. Sería una locura. «No te preocupes, pararé el primer camión que pase», me da a entender el policía.

Veinte minutos después, subo la bicicleta a la caja de un camión. «¿Cuánto me cobrarás?», le pregunto. *Problem nyet, problem nyet*», me aseguran. Al fin he dado con una buena persona, me digo. ¡Y un jamón! Justo después de ponernos en movimiento, el conductor y el acompañante me informan del precio de la excursión: 100 dólares. ¡Por favor, otra vez no! Parece que hoy todo el mundo quiere aprovecharse de mi situación.

Por lo menos he conseguido ponerme en camino. El tira y afloja durará tres horas y media; es el tiempo que tardaremos en llegar a destino. Hacemos un primer alto para dejar enfriar el motor, y consigo una primera rebaja de 50 dólares. Una hora más tarde, en una segunda parada, fijamos el precio. Le pregunto cuánto cuesta la gasolina y cuántos kilómetros haremos. Sus cálculos son muy optimistas —para él, claro—, pero no discuto. «Pues mira, chico. Esto hace 16 dólares, y como soy muy generoso, te pagaré 20 y que no se hable más.» Le pongo el dinero en la mano y doy la discusión por concluida. En la tercera parada intentará que mejore mi oferta y en la cuarta ya se ofrecerá para llevarme a Ashjabad por 20 dólares. He pagado mucho más de lo que tocaba, pero ha sido dinero bien invertido.

Al margen de la discusión, el viaje con compañía me reconforta. Me llama la atención el comentario que hace el conductor cuando pasamos cerca de animales. ¡Oh, mira: camellos! A la primera no entiendo a qué viene esa frase. Será un rato después, al cruzar una zona arbolada y oírle exclamar: «¡Caballos!», cuando comprenda la profundidad de esas palabras. Le han salido del alma. Es un sentimiento de admiración ante el milagro de la vida, mucho más extraordinario entre las piedras del Karakum.

Llegamos a Kizil Arbat con el conductor más contento que unas castañuelas, comentando que «esto sí que es una ciudad, y no como Nebit Dag; nosotros tenemos cafeterías, taxis y Pepsi-Cola». Posiblemente hasta tengan un hotel, pienso; pero quizá tenga que vérmelas otra vez con la policía. Después de la experiencia de Nebit Dag prefiero quedarme con la duda. Mi visado ha caducado y debo ir con cuidado. No quiero que me pillen. Opto por aprovechar las últimas horas de luz. Me encuentro al pie del Kopet Dagh, la sierra que hace las veces de frontera con Irán y que me acompañará hasta Ashjabad. Las montañas son tan peladas como el primer día; la vegetación, mínima.

Pedaleo hasta que es noche cerrada, aprovechando que el viento ha amainado y no hace calor. ¡Es como si volara! Recupero la moral. Veo muy negro que pueda cruzar el resto del país en bici, pero por lo menos confío en llegar a Ashjabad.

El monasterio de Sumela, Turquía, está situado a 1.600 metros de altitud, clavado en una espectacular pared de piedra. Cuatro días después cruzaba la frontera de Georgia.

Izquierda: El centro histórico de Tbilisi, capital de Georgia. Los hoteles estaban completamente ocupados por desplazados por la guerra y me alojé en la casa de Médicos sin Fronteras. *Derecha:* Los georgianos sobreviven como pueden. Los campesinos venden sus productos en las carreteras.

En la página anterior, arriba: Una curiosa parada de autobús en Azerbaiyán. El día anterior había tenido un susto con la policía fronteriza. *En medio:* Turkmenistán, cuarto país y un panorama desolador: 39 grados, un fortísimo viento de cara y primera derrota. Gabriel, 0-Desierto, 1. *Abajo:* Una modesta vivienda turcomana en la histórica Marí, la ciudad que Gengis Kan arrasó en el siglo XIII. Éste era el primer contacto con la ruta de la seda.

En esta página, derecha: Uno de los numerosos mausoleos de la monumental Samarcanda, en Uzbekistán. En esta cosmopolita ciudad convergían las diferentes rutas de la seda. *Abajo:* El espectacular Registán, en Samarcanda. En tres días me harté de ver mezquitas, madrasas, palacios y otras joyas arquitectónicas.

Una parada para captar la imagen de las laderas del Tien Shan (montañas del cielo) iluminadas por los últimos rayos del sol. Media hora más tarde encontraba un lugar para descansar tras 100 kilómetros en bicicleta.

Interior de una *yurta* en Kirguizistán. Estas inmensas tiendas de campaña aún se utilizan en Asia central, pero no dormí en una de ellas hasta llegar a China.

Pastores en Kazajstán, a más de 2.000 metros de altitud. Vinieron cabalgando hasta donde yo estaba y nos observamos en silencio. Ellos estaban tan sorprendidos como yo.

Música kazaka en Xinjiang. La diversidad étnica del norte de China fue una sorpresa. Las palabras turcas que había aprendido en los meses anteriores todavía me eran útiles.

El caballo sigue siendo el principal medio de transporte en las montañas de Xinjiang. Poco después de tomar la foto, irrumpí en una casa para resguardarme de una tormenta. La familia, que estaba cenando, se quedó atónita.

Junto al río Naryn, ya en Kirguizistán, en una de las primeras jornadas de montaña.

El desierto de Taklamakán, que en chino significa «irás y no volverás». Al fondo, las «montañas de fuego».

Un anciano uigur cerca de Turfan. Al día siguiente volvía a intentar la aventura del desierto, esta vez con un ciclista suizo.

Una imagen cotidiana de China central, en las proximidades de Lanzhou.

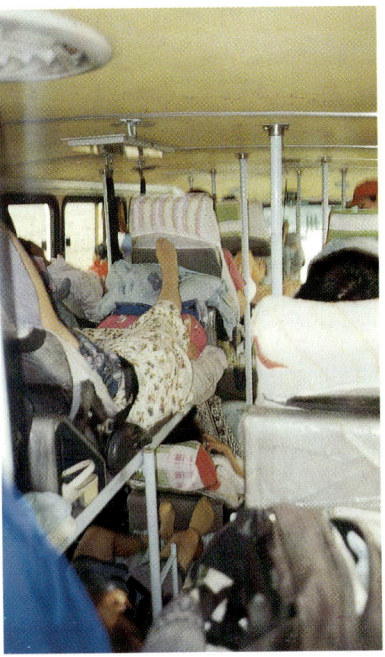

En un autobús hacia Lanzhou, antes de afrontar el último trayecto en bicicleta. Viajaba en un coche de línea de categoría máxima. Permanecimos echados en él cerca de 24 horas.

TURKMENISTÁN
KIZIL ARVAT-BAJARDÉN
11 de mayo (día 44)
110 km (2.663 km)

¡*Maldito viento!*

Me despierta un niño pastor con su rebaño. Se me queda mirando desde una distancia prudencial, sin decir nada, mientras preparo el desayuno, me lavo y recojo la tienda. Le doy dos galletas y me voy.

Decididamente, el paisaje ha cambiado. Aquí hay vida. Ya no es todo de color tierra, y al cabo de un rato, después de un cruce, aumenta el tráfico. Hay camiones turcos e iraníes, que transportan Coca-Cola, Snikers, jabón, sillas de plástico o pasta dentífrica hacia Uzbekistán, Kirguizistán o Kazajstán. Se trata de productos que no se venden en los oscuros y desconchados *magasins* estatales, pero que en los puestos de venta callejeros del mercado negro se encuentran fácilmente.

Me adelantan, a toda velocidad, uno, dos, tres, cuatro y hasta cinco coches de lujo, japoneses o americanos, nuevos y relucientes. Los confundo con una comitiva oficial. Pero no. Son demasiado nuevos. Además, llevan matrículas extrañas. Dentro de unos días me contarán que se trata de vehículos comprados en los Emiratos Árabes por nuevos ricos, que jóvenes conductores a punto de casarse se encargan de llevar a Tashkent, Bishkek o Alma Atá a cambio de una buena suma de dinero.

Después de la monotonía del desierto, tantas novedades no son casuales. En Kizil Arvat se juntan la carretera de Krasnovodsk y la del sur, que viene de Irán. La ruta del sur es la escogida por la mayoría de los camioneros procedentes de Estambul, una vía que hasta hace poco permanecía cerrada y que ahora es la preferida por el tráfico entre Occidente y las repúblicas del centro de Asia. Desde el día de su independencia, Turkmenistán vuelve a mirar hacia sus vecinos naturales del sur. Ahora, en mayo de 1996, todas las carreteras que conectaban los dos países están abiertas, y precisamente este mes se abrirá también una línea de ferrocarril que sin duda beneficiará a Irán y a Turquía en la misma medida que perjudicará a Rusia. Como también lo hará la apertura de un gasoducto que cruzará Irán.

Turkmenistán podrá, así, exportar uno de los recursos naturales que más dinero le reporta sin tener que pagar la exagerada cantidad que los rusos pedían para el uso del único gasoducto que permitía sacar del país el gas, que por lo que he oído, poseen en abundancia. Algunos aseguran que este país será el próximo Kuwait. En efecto, hay muchos recursos y poca población entre la que repartir. Pero eso aún está por llegar, ahora mismo, no sobra el dinero ni el trabajo.

Para mí es un golpe de suerte volver a encontrar sitios donde comer. El menú se reduce a ensalada y *shashlic*, que, para entendernos, son como los pinchos morunos.

Pero no todo es «comer y cantar». Comenzar a pedalear muy temprano no evita el que me encuentre con el viento más fuerte de los últimos días. Lo intento todo para contiuar, continuar, continuar... Acabo rodando con el plato pequeño, como si estuviera en alta montaña. No quería pararme, pero en Bamí, después de 50 kilómetros, acabo cediendo. Espero durante un par de horas a que el viento afloje, mientras me coso los pantalones, que después de tantas horas de asiento están ya muy raídos. Al advertir que el tiempo no cambia, decido ir al pueblo. Al lado de la estación, en un edificio típicamente ruso de principios de siglo, encuentro un buen lugar donde reposar y comer como no lo hacía desde hace días. Estaba todo tan bueno que le pido al cocinero que me envuelva un par de raciones para la cena. Me dedicaré a escribir y a fumar hasta las cuatro.

Por la tarde, puedo pedalear a un ritmo mínimamente normal, acompañado, a mi derecha, por montañas de más de 2.000 metros de altura y, a mi izquierda, grandes extensiones sembradas. No es un espejismo. Si me hubiera separado unos 20 kilómetros de la carretera, hacia el norte, habría vuelto a encontrar el desierto. No lo hago. Me siento a gusto con la presencia humana y con la visión del canal del Amú Daryá.

TURKMENISTÁN
BAJARDÉN-ASHJABAD
12 de mayo (día 45)
138 km (2.801 km)

El alemán del Dyane 6

Recorrer países remotos donde llegan pocos turistas o viajeros es muy gratificante. Permite ponerse en contacto con la gente de forma franca y directa. Puedes conocer mejor cómo viven porque su existencia aún no se ha visto perturbada por la llegada de personas que ellos consideran un puñado de excéntricos que van haciendo idioteces y dejando un rastro de dinero allá por donde pasan. Es hermoso conocer unas formas de vivir y de comportarse distintas, pero cuando en medio de este marco que idealizamos se encuentra una cara, pongamos la de un alemán, que se parece mínimamente a la tuya, te lanzas a sus brazos como si fuera el amigo íntimo que no ves desde hace años. Algo parecido me ha ocurrido esta mañana. Pedaleaba yo tan tranquilo después de haber acampado cerca de Bajardén, cuando un coche rojo se ha detenido de forma temeraria pocos metros delante de mi rueda. Ya iba a decirle de todo cuando he visto la matrícula. Era de Alemania, un Citroën Dyane 6. La primera pregunta que me ha pasado por la cabeza es la misma que hice a los franceses de los ciclomotores en Turquía: «¿Qué haces aquí?», pero se me ha adelantado. Ha venido a saludarme con los brazos abiertos y una sonrisa de oreja a oreja —repito que no le conocía de nada— y haciéndome preguntas como una ametralladora.

Todo un personaje. Viaja solo en su Dyane 6, de regreso a Alemania, después de haber alcanzado las proximidades de la frontera china. Vive en el coche y tiene un contacto mínimo con la gente del país. Dentro de esas cuatro latas sujetas con alambres, veteranas de un anterior viaje por África, duerme y come, pero no los productos que compra en los bazares, sino los trozos de rosbif y otros alimentos liofilizados que cargó en algún supermercado alemán antes de salir.

—Odio los hoteles y los restaurantes —dice.
—¿Y no has probado la comida del país? —le pregunto.
—Un día probé *kebab* —responde.

Un tipo extaño, y con unas ganas de hablar desbordantes.

Es cartógrafo. Me ha mostrado sus dibujos de ruinas de ciudades desaparecidas y todos los libros que se ha comprado. A su vuelta pretende publicar una guía de viajes para automovilistas alemanes. Utiliza la misma guía que yo, los irlandeses del Land Rover y el 80% de los que vienen a estas repúblicas, la excelente *Central Asia*, de Cadogan Guides, que los australianos de *Lonely Planet* aspiran a mejorar. La trae llena de correcciones y con toda la información actualizada. Me ha puesto al corriente de lo que voy a encontrar en Uzbekistán. Después de una hora de conversación, nos despedimos. La compañía era agradable, pero íbamos en sentidos contrarios y ninguno de los dos podía entretenerse.

Quiero llegar a Ashjabad hoy mismo, y aún estoy a 100 kilómetros. Me he tomado el día como una etapa contrarreloj, renunciando a pararme en sitios que deben de ser atractivos. Lo que quizá me da más rabia es perderme los restos de la ciudad de Nisa, la antigua capital del reino de Partia, que 2.000 años atrás se extendió hasta Irak y Siria. Por supuesto, había otras cosas interesantes como las aguas sulfurosas de Bajardén o los restos de una fortaleza que fue escenario de una batalla entre rusos y turcomanos que costó 20.000 vidas.

Turkmenistán es una tierra que nunca ha despertado demasiadas ansias invasoras. Sólo fue ocupada por los partos (del siglo II a. de C. al siglo III), selyúcidas (en el siglo XII), mongoles (en el siglo XIII), turcomanos y rusos. Como estado, su historia se remonta a 1991. Aquí acaban mis conocimientos sobre el país, aparte del calor y las piedras. Bueno, y los habitantes del desierto que veo en las ciudades, hombres de piel arrugada y negrísima, requemada por el sol, que pasean orgullosos vestidos con unos abrigos hasta las rodillas y con un ancho cinturón en torno a la cintura. Pero lo más espectacular es la *chapka* con que se cubren la cabeza, unos enormes y peludos sombreros negros que no se quitan por mucho calor que haga.

Por un día, el viento me ha respetado. Aunque bastante tarde, llego al fin a la capital. Intento localizar a Frank A. Prieto, el ingeniero cubano del que tenía referencias. No lo encuentro. Es domingo e incluso en este rincón del mundo es día festivo. Así que me voy a buscar hotel, lo cual resulta una labor más dura de lo que esperaba. A las once, después de cenar, encuentro mi nido. No tenía muy claro que me aceptasen sin visado, pero lo han hecho. Conseguido mi propósito, dejo pagada la noche. Me dispongo a disfrutar de un baño caliente por primera vez en mucho tiempo, cuando me llevo un susto. Alguien llama a la puerta. Es la mujer de recepción, quien me dice no sé qué de la policía. Me visto en un santiamén y salgo de la habitación. El policía del hotel está esperándome, pero no para pedirme explicaciones, sino para que le cambie un billete de 100 dólares... Le doy lo que quiere con una sonrisa. Aliviado, vuelvo a la bañera.

TURKMENISTÁN
ASHJABAD
13 de mayo (día 46)

La capital más aburrida del mundo

Ashjabad es la capital más aburrida del mundo. Y no soy el único que lo dice. Ryszard Kapuscinski constata que es «una ciudad muy tranquila. De vez en cuando un Volga pasa por alguna calle». La guía, por su parte, señala: «Ésta es la ciudad del centro de Asia de la que más difícilmente te enamorarás, y la más fácil de odiar.» Su principal atractivo es el mercado dominical, al que hombres y mujeres procedentes de todo el país acuden —en moto, coche, bicicleta, camello o a pie— para comprar y vender lo que sea, desde animales y alfombras hasta el radiador de un coche o verduras. Pero llego con un día de retraso. El resto es... una ciudad de edificios bajos estilo *soviet* construidos no hace más de 50 años. El casco urbano fue totalmente reconstruido a partir de 1948, después de que un increíble terremoto, de nivel 9 en la escala Richter, la destruyese por completo; murieron 110.000 personas a causa de uno de los peores seísmos que el hombre contemporáneo haya conocido. Y no ha sido éste el único terremoto que se recuerda en esta tierra demasiado propensa a las sacudidas: hay constancia de movimientos menores en los años 1893, 1895 y 1929.

Los atractivos de Ashjabad son más bien escasos. Aun después de tantos días perdido en el Karakum, he sido incapaz de encontrar algo que me sedujese, y eso que he llegado en la que quizá sea la fecha más señalada de la década, aquella que se inscribirá con letras de oro en la historia del país. Se celebra una cumbre de jefes de estado y de primeros ministros de la zona. Han llegado a la ciudad dignatarios de Turquía, Irán, Uzbekistán, Kirguizistán, Kazajstán, Tayikistán y Pakistán. Incluso han venido periodistas extranjeros.

La expectación es enorme. Los retratos de los ilustres aparecen en cualquier esquina. Las calles principales han sido asfaltadas y engalanadas, y las casas que las flanquean pintadas, para que el trayecto de los gobernantes desde el aeropuerto hasta el palacio presidencial esté presentable. Camiones cisterna circulan sin descanso por las arboladas avenidas. Desde primera hora, las aceras están repletas de escolares, universitarios y trabajadores con banderas turcomanas.

Por la mañana parece que los dirigentes están a punto de llegar. Pero nada. Como no aparece nadie, me voy a hacer algunas compras. Al mediodía y por la tarde se repite la situación. La gente continúa en las aceras, esperando unas comitivas que se resisten a llegar. Sólo después de la cena, cuando ya estoy en mi habitación, veo pasar una caravana de coches lanzados a cien por hora. Delante van Mercedes, BMW y Opel nuevos, y detrás, renqueantes Lada de la policía pasados de vuelta que queman carbonilla para no quedar descolgados. La decepción de la gente debe de ser mayúscula. Se han tirado horas esperando, atendiendo a las consignas presidenciales y la verdad es que se merecían algo más.

Me habían dicho que en estos últimos años muchos rusos que vivían en las repúblicas centroasiáticas han vuelto a la tierra de sus antepasados. Sin embargo, para mí, que vengo del miserable desierto, la ciudad está llena de rusos. En una estación telefónica he sido protagonista voluntario de una divertida situación. Mientras esperaba para llamar, una mujer rusa le ha dicho a la hija, de unos 20 años, algo parecido a: «Mira, Tatiana, este chico es de Barcelona. Ha venido en bicicleta. ¿Te gusta?» Y ella, que me había mirado con un deje despectivo, me ha dado la espalda mientras respondía: «¡¡¡En bicicleta!!! Si por lo menos tuviese un Mercedes...»

El día da poco de sí. Por la mañana me he encontrado a dos viejos amigos, Donal y Anna, que también acababan de llegar después de pasarse dos días en una casa del desierto. Por la tarde me he acercado a la estación de ferrocarril. Había muchos bancos, pero poco sitio para sentarse. Quería averiguar la manera de continuar el viaje. En tren, lo tengo difícil. Resulta que unos especuladores sin escrúpulos acaparan los billetes de los cuatro o cinco días siguientes para revenderlos después a los pobres desgraciados que, cargados como mulas, quieren volver a su pueblo. Les hacen pagar diez veces la tarifa normal. La policía no lo impide y ellos aún tienen el cinismo de considerarse *businessmen*. En estas repúblicas neocapitalistas tienen una forma bastante peculiar de hacer negocios.

El problema del transporte se resolverá esta misma noche: viajaré en el Land Rover de los irlandeses.

TURKMENISTÁN
ASHJABAD-MARÍ
14 de mayo (día 47)
(350 km en Land Rover)

Viajar en Land Rover también cansa

Son las siete de la mañana. Los irlandeses se presentan a la hora convenida y cargamos las ruedas y el chasis de la bicicleta en el maletero, ya bastante lleno, del todoterreno. Queremos evitar las horas más calurosas, pero sólo lo conseguiremos a medias. Primero tenemos que ir al bazar. A esa hora, los vendedores aún están montando los tenderetes. No obstante, puedo hacerme una idea de lo que debe de ser este gran mercado un domingo. Con todo lo que a esa hora hay expuesto, se podría montar un Lada, pero resulta imposible encontrar una cámara para sustituir la que Donal y Anna han destrozado por el camino.

Su coche está muy maltratado. Es un vehículo con 15 años encima, de una simplicidad sin igual, pero que por aquí llama tanto la atención que al llegar a Ashjabad les han parado varias veces sólo para darse el gustazo de ver un motor que no es *Made in Russia*.

Con sólo una de las dos ruedas de recambio disponibles nos ponemos en marcha. Vamos tan cargados que no podemos pasar de 70. Los amortiguadores es como si no existiesen. Cada vez que pasamos por un bache el equipaje nos empuja hacia delante, acercándonos peligrosamente a cuatro dedos del parabrisas. El coche es virtualmente una bomba con ruedas. Detrás de los asientos llevamos 150 litros de gasolina, y con el calorcillo que comienza a hacer no me extrañaría que volásemos por los aires. No, decididamente, la bicicleta no es un medio de transporte tan incómodo. Al menos para mí, que llego al final de la jornada casi tan cansado como los días anteriores.

La carretera sigue llana, al pie de las montañas, por un paraje en el que la vida aún parece soportable. Nos acompaña un canal del Amú Daryá cuyas aguas penetran, escoltadas por franjas verdes de cáñamo y árboles, en la ávida arena. A mediodía dejamos atrás las montañas. El paisaje cambia radicalmente. A partir de ahora, todo lo que tenemos por delante es puro desierto, con sólo dos puntos mínimamente habitables: Tedzhen, donde comemos, y Marí, donde dormiremos. Acabamos de incorporarnos a la vía principal de la ruta de la seda, y justamente por uno de sus tramos más temibles. Un itinerario que ya no abandonaré hasta el fin del viaje, en la antigua capital china, Xi'an.

Ciertamente, podría haber intentado seguir en bicicleta. Los primeros 150 kilómetros eran asequibles, los de la tarde bastante menos, y los 250 restantes hasta la frontera... para dejarlo correr. He decidido aprovechar el coche y no me he arrepentido ni por un instante. No estoy dispuesto a hacerme el héroe. Con una vez ha sido suficiente. Además, tengo la sensación de estar perdiendo el tiempo. Por algo debía de ser que mi «biblia» particular dedicaba 108 páginas a Uzbekistán y sólo 18 a Turkmenistán. Creo que he cumplido una etapa importante del viaje llegando a Bakú. El siguiente objetivo es Samarcanda. A partir de allí, ya da lo mismo que todo salga mal. Habré llegado mucho más lejos de lo que nunca había imaginado.

Temprano por la tarde, después de tres horas de desierto bajo un calor sofocante, el despachurrado Land Rover aterriza en Marí, ante el hotel Intourist. Sólo nos cobran diez dólares por cabeza, un tercio de la tarifa oficial, un dinero que, mucho nos tememos, nunca llegará a pasar por caja. Decidimos quedarnos. Del balcón de la habitación cuelga una enorme bandera turcomana, que a última hora pasan a recoger. En Ashjabad, ha finalizado la cumbre de jefes de estado. Por televisión, y en franja horaria de *prime time*, transmiten los interminables discursos de todos los presidentes y la partida de los aviones presidenciales. ¡Se nota que la guerra de las audiencias no ha llegado a Turkmenistán!

Tenemos todo el hotel para nosotros solos y para dos matrimonios rusos. Nadie más. Sin embargo, parece que alguien acaba de llegar. Desde la habitación veo a una chica con *shorts* y gorra blanca que saca fotos del hotel. Va acompañada. Se trata de una pareja de belgas que han venido en autobús.

Cenamos juntos, los irlandeses, los belgas y yo. El hombre, de unos 50 años, trabaja en una agencia de viajes, mientras que ella, que no llega a la treintena, es auxiliar sanitaria en un hospital de Brujas. Es su primer contacto con Asia, y se les nota. Ella no deja de quejarse de los mosquitos, de la suciedad, de que no ha podido ducharse, pregunta si el agua es potable... Es la segunda vez que viaja a un país del segundo o tercer mundo. Él, por el contrario, es un viajero experto que ha estado en todas partes. En sólo dos semanas pretenden visitar, por libre, Marí, las principales ciudades uzbekas y alguna otra. Yo y los irlandeses les decimos en tono de broma que perderán el tiempo y los nervios esperando billetes y visados. El belga reacciona muy mal y hace un comentario de mal gusto.

De regreso en el hotel, la chica trata de disculparse, pero no puede hacerlo porque la recepcionista sale a recibirnos dando gritos, fuera de sí. Por lo visto la chica se ha dejado el grifo abierto y el agua, que ha inundado un pasillo, empieza a bajar por la escalera. Un día aciago, para los pobres. Un mal comienzo de viaje. Pero Asia central es así. ¡Bienvenidos!

TURKMENISTÁN
MARÍ
15 de mayo (día 48)

Ya estamos en la ruta de la seda

No es porque sí que queríamos pasar un día en Marí. Más que Marí debería decir Merv, pues tal es el nombre de la antigua, antiquísima ciudad que durante cinco siglos fue segunda capital del Islam, después de Bagdad. Hay mucha leyenda en torno a Merv: que si los cuentos de *Las mil y una noches* estaban ambientados aquí o que si fue fundada en el siglo VII a. de C. por el poeta persa Zaratustra. Un mito alimentado por realidades contundentes. La ciudad ocupaba una superficie de 130 kilómetros cuadrados, un 30% más que la actual Barcelona, y su población llegó a superar el millón de habitantes, en un momento en que pocas ciudades europeas superaban las 50.000 almas.

Las excavaciones arqueológicas de la era soviética revelan que la ciudad podría haber sido fundada por el rey seléucida Antíoco entre los años 280 y 261 a. de C. con el nombre de Margiana, pero a un centenar de kilómetros se han encontrado restos muy anteriores, del siglo XV a. de C. Después de los seléucidas vinieron los partos, y a éstos siguieron los sasánidas, con los que se convirtió en un reino de tolerancia en el que convivían budistas, zoroastrianos y cristianos nestorianos. Era, en definitiva, una ciudad que miraba más a Persia que a las tribus turcomanas. En el siglo VII los árabes la colonizaron con miles de familias y la llevaron a un nivel de prosperidad sin igual.

La decadencia de este importante punto de la ruta de la seda se produjo en el siglo XIII. Los enemigos llegaron a caballo y muy bien armados. Eran los mongoles. En enero de 1221, el hijo de Gengis Kan ordenó arrasarla. Durante una semana preparó a sus tropas en las puertas de la ciudad, y el séptimo día, cuando tuvo las catapultas a punto, consiguió romper las defensas y penetrar en el recinto amurallado. Murieron centenares de miles de personas y la mayor parte de los edificios resultaron destruidos. No tuvieron piedad de los supervivientes que días después volvieron para recoger sus pertenencias.

Los seléucidas, seguidores del gran emperador Tamerlán, los persas y los turcomanos la reconstruyeron, pero Merv ya no recuperaría la gloria perdida.

Aconsejados por nuestra «biblia» particular, contratamos los servicios de un guía. A las siete de la mañana Tania Lumina nos aguardaba, puntual, en recepción. Suerte de ella. Tania nos conduce con su inglés fluido a través de una ciudad que difícilmente habríamos podido conocer sin su ayuda. De la deslumbrante metrópoli del pasado sólo queda una vasta superficie de tierra ondulada de la que sobresalen restos de murallas y cuatro edificios. Los terremotos, el sol y el viento han borrado lo poco que los mongoles dejaron en pie. Hay, pues, poco que ver, y muchas imágenes para dejar volar la imaginación.

Sólo una pequeña parte de la ciudad ha sido excavada. La mayor parte de las riquezas de Merv siguen enterradas, pero también hay muchas a la intemperie, esperando la llegada de turistas, que se llenan los bolsillos de *souvenirs*. El suelo está lleno de trozos de cerámica y, en menor número, de viejos objetos de uso cotidiano. Tania y el taxista nos lo muestran. En menos de un cuarto de hora recogen dos puñados de piezas arqueológicas. Donal y yo nos quedamos de piedra cuando nos las ofrecen. Sólo cogemos un pedazo de cerámica cada uno. En nuestro país, una fechoría así nos costaría una multa, mientras que aquí nos las ponen en las manos para que nos las llevemos. ¿Qué deberíamos hacer? ¿Decir que eso está mal y que parece mentira que una mujer con la cultura de Tania haga semejantes cosas? Callamos; pero antes de subir al coche devolvemos disimuladamente las piedrecitas al lugar donde han permanecido durante siglos.

Visitamos las murallas, un par de mausoleos que restan en pie y el castillo donde el sultán Sanjar daba unas fiestas muy exclusivas a las que sólo se invitaba a hombres y esclavas. Cuesta imaginar que en esta inmensidad haya habido tanta vida, que del vacío desierto que contemplamos surgiese una civilización capaz de alimentar a un millón de bocas. Y en cambio...

Protegiendo su piel blanquísima bajo un paraguas azul, Tania cuenta que ha conseguido reunir una buena colección de piezas arqueológicas. Destacan las bolas de piedra con las que los mongoles atacaron la ciudad, pero también las monedas y diversos utensilios y objetos de cerámica. Nos quedamos sin poder ver su colección particular. Lo tiene todo empaquetado, a punto para llevárselo a Moscú. Va a reencontrarse con su familia. La vida en Turkmenistán se le ha complicado demasiado desde la independencia del país.

TURKMENISTÁN
MARÍ-REPETEK
16 de mayo (día 49)
(150 km en Land Rover)

De safari entre las dunas

Recordamos el consejo del alemán del Dyane 6 y hacemos un alto en Repetek. No tenemos prisa por llegar a Uzbekistán, y, aprovechando que estamos aquí, queremos ver cómo se vive en el Karakum.

Los 150 kilómetros entre Marí y Repetek son de desierto puro y duro. Durísimo. Incluso en coche, y a pesar de los ventiladores que Anna y Donal, en una demostración de sus habilidades técnicas, han montado junto a las ventanillas. De hecho, más que refrescar los pequeños aparatos remueven la pesada carga de aire caliente que se acumula en la cabina. El ambiente se hace más irrespirable a medida que el sol se acerca a su cenit. Si, como dicen los nativos, esto no es calor, no quiero ni imaginar cómo serán los meses de julio y agosto.

El paisaje es desolador. Sin las montañas de los últimos días, el desierto carece de puntos de referencia. Alrededor de nosotros sólo se ven pequeñas dunas de arena gris que se pierden en el infinito. Al pasar cerca de unas casas, unos niños descalzos nos hacen señas. Venden leche de camella. Los irlandeses toman un sorbo y yo... «¿Un viajero como tú y no piensas probarla?», inquiere Anna, provocándome. No pensaba hacerlo. Jamás me ha gustado la leche sola, pero las palabras de la pelirroja no me dejan opción: tendré que tragarme este espeso líquido que te blanquece los labios. Lo hago y... ¡está bueno! Esta leche fermentada, sabe como el yogur y, por lo que dicen, embriaga como el alcohol.

Repetek, una base de investigación sobre el desierto montada por los rusos en 1912, es un lugar agradable, con una construcción de madera de estilo colonial, y donde se cultivan todas las especies vegetales que crecen en la zona. Queda algo apartada del pueblo, cerca de las dunas. Su responsable es un turcomano de 60 años, un hombre de piel oscura que nos explica que meses atrás tuvo de huésped al mismísimo presidente alemán, Helmut Kohl. Es todo un lujo del que podremos disponer para nosotros solos, con su magnífico y fresco porche, para pasar tranquilamente la tarde.

En Repetek veo la primera *yurta*, la vivienda tradicional de Asia central. Se trata de una tienda de campaña redonda, que tanto encuentras en los más temibles desiertos, con 40 grados de temperatura, como a 4.000 metros de altitud, a 30 grados bajo cero. La construcción se sostiene gracias a un esqueleto de madera recubierto de todo tipo de mantas, pieles y telas impermeables. En las más grandes pueden dormir unas 40 personas. Hasta hace poco tiempo eran la residencia habitual de la mayoría de la población. De hecho, en Mongolia siguen siéndolo, pero en Kazajstán, Turkmenistán, Uzbekistán y Kirguizistán es más difícil encontrarlas.

Será en la *yurta* del cuidador del parque donde cenaremos esta noche. La tienda ya sólo se usa para enseñar a los visitantes y recordarles cómo se vivía hace 70 años, antes de que las casas se construyeran de hormigón. Nuestro anfitrión siente nostalgia de aquella época. Pone los ojos en blanco cuando recuerda que él es un turcomano privilegiado, ya que pudo salir de la URSS para asistir a congresos científicos internacionales.

Otra clase de nostalgia sienten los rusos presentes en la base. Son tres científicos que trabajan para el equivalente ruso de la NASA. Están aquí para llevar a cabo una misión muy particular, casi diría que increíble: capturar una especie muy especial de escarabajo que habita en el desierto. Un insecto capaz de soportar la climatología más adversa, desde las más terribles heladas hasta los más de 60 grados a que llega la arena en verano. Moscú los ha enviado para que recojan, durante quince días, la mayor cantidad posible de escarabajos. Más adelante alguien los encerrará en unos contenedores de cristal para mandarlos al espacio a fin de someterlos a toda clase de experimentos.

Acompañamos a los rusos en su «cacería». A las siete estamos en su habitación listos para partir, provistos de gorra y una botella de agua cada uno, tal como nos habían ordenado. Anatoli, el que lleva la voz cantante, nos da instrucciones precisas. «Caminaremos tres cuartos de hora en dirección sureste. Después nosotros nos dedicaremos a buscar escarabajos; no os separéis en ningún momento de nosotros porque no os vigilaremos. Sois vosotros los que no debéis perdernos de vista; si alguien se pierde, que sepa que la casa está en dirección noroeste y que el sol se pone a las ocho y cinco.» Mensaje recibido. Allá vamos.

Formamos una curiosa expedición. Delante, Anatoli, quien sólo viste un bañador de competición que deja al descubierto una panza prominente. «He bebido mucha agua», se justifica. Detrás vamos Donal y yo, con los otros dos científicos, cada uno con su lata de cerveza y una bolsa de plástico para los escarabajos. Al irlandés se le ocurre decirle a Anatoli que se parece al político ultranacionalista ruso Vladímir Zirinovski, y él se cabrea como una mona. Se pone rojo de ira y, cuando parece que va a responder, se pierde entre las dunas. Tardaremos una hora en volver a verlo.

El safari es más aburrido de lo previsto, así que Donal y yo dejamos que ellos se dediquen a lo suyo y nos sentamos a esperarles a la sombra de un arbusto. A la hora convenida, están de regreso. Durante un rato nos explican curiosidades de la vida en el desierto: que si esta planta es mortal, que si esto son rastros de serpiente... Debemos volver antes de que oscurezca.

De camino hacia la casa, conocemos algo más del carácter de Anatoli. Ha viajado por todo el mundo para asistir a congresos científicos. Tres son las cosas que más le gustaría hacer en esta vida: ser astronauta, profesión para la que ya es mayor; tirarse en paracaídas, pero sufre de vértigo, y practicar surf en una playa californiana. Anatoli tiene una visión muy suya de Turkmenistán. «La gente siempre está sentada —dice—, sin hacer nada, hablando;

es gente inútil, incapacitada para el trabajo. Fíjate: la primera ducha de este pueblo la traje y la monté yo, porque aquí nadie se lava; sólo saben sentarse y hablar.» Le pregunto por la situación del país desde su independencia. Su respuesta es definitiva: «Turkmenistán nunca fue una república de la Unión Soviética; era una colonia del imperio ruso.» Una respuesta que explica muchas de las situaciones que te encuentras en las repúblicas centroasiáticas. Y es que, con ese criterio, se comprende mejor que ahora, una vez acabada la «colonización», los rusos sean rechazados en los nuevos estados independientes y que los que siguen en éstos quieran regresar a casa. Una realidad que contradice la idea de unas repúblicas libremente confederadas que el anterior sistema quiso hacer creer al mundo.

UZBEKISTÁN

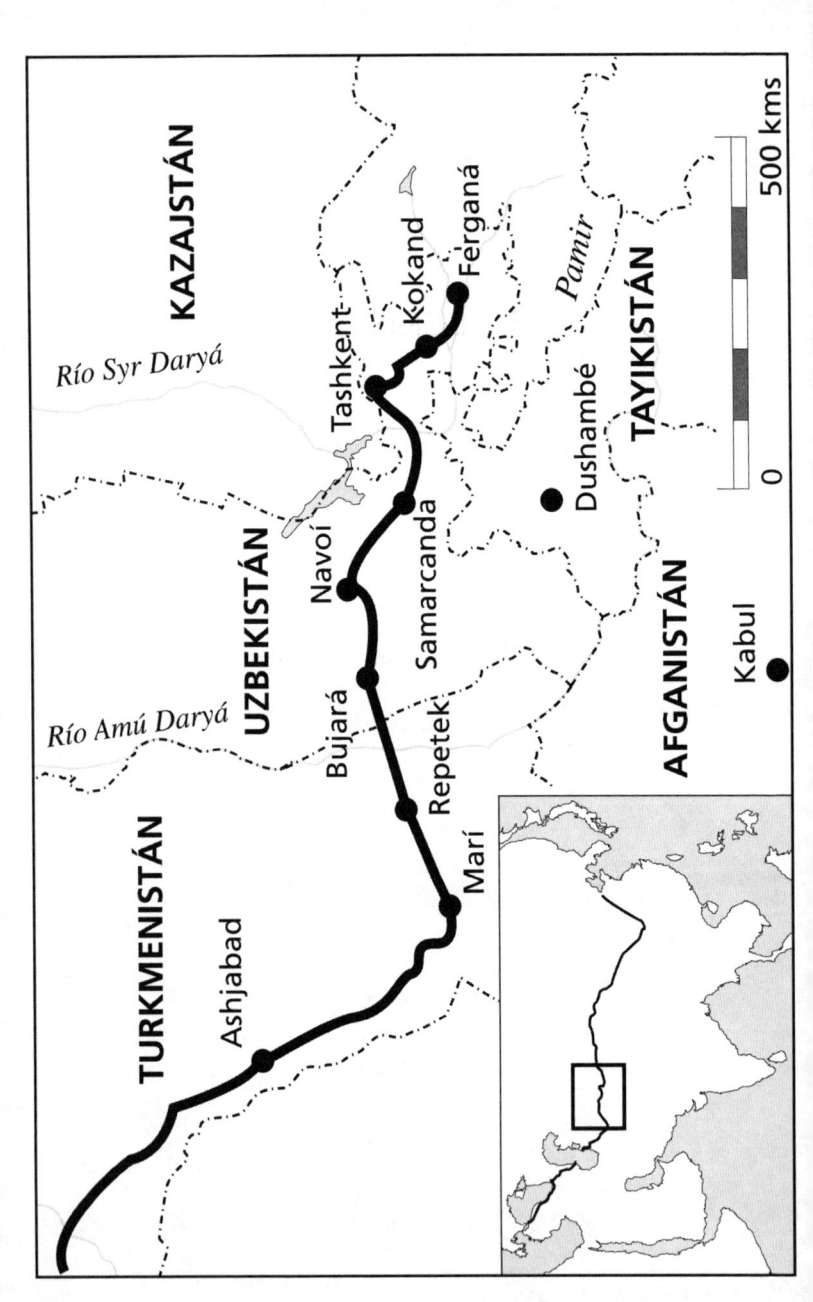

UZBEKISTÁN
REPETEK-frontera-BUJARÁ
17 de mayo (día 50)
(100 km en Land Rover) 85 km (2.886 km)

Avería mecánica

La etapa del día se presenta fácil: en coche hasta la frontera, donde me despediré de Donal y Anna, y a partir de allí, solo. Me ha gustado compartir viaje con dos compañeros, pero puede que eso me haya relajado demasiado.

Vamos por un mar de dunas cuando, de repente, surgen del horizonte dos puntitos que en pocos minutos toman forma. Son siluetas que me resultan familiares. Enseguida descubro por qué. Se trata de ciclistas, una pareja de norteamericanos que viajan en dirección contraria a la nuestra. Salieron de Filipinas hace aproximadamente un año, después de trabajar en una ONG. Su destino es Polonia. Viajan sin prisas, con un equipaje tan completo que me parece excesivo. Se lo toman con calma. Les da igual llegar en septiembre o en octubre.

Con ellos, son ya siete los occidentales que he visto en Turkmenistán. En Marí, Tania me habló de unos ciclistas que hace un año trataron de cruzar el desierto en pleno verano. Sólo dos de ellos lo consiguieron. El resto tuvo que desistir por problemas de deshidratación.

«Sonja Raub, John McGown. Eurasian Odyssey», llevan escrito en la tarjeta de presentación que me dan. Qué desastre: claro que he sido incapaz de cruzar el desierto, ¡si ni siquiera se me ha ocurrido poner un nombre lustroso a mi *expedición*!

Mientras nos acercamos a la frontera empiezo a preocuparme. Los americanos me han dicho que la policía uzbeka es «paranoica», que Uzbekistán es un «estado policial» y que han tenido que mostrar sus pasaportes cada dos por tres. Se me enciende la luz roja. He cometido un error garrafal: me he olvidado de conseguir el visado de Uzbekistán en Ashjabad. El visado de Rusia me da derecho a entrar en el país y a estarme allí un máximo de tres días, pero la información que he conseguido en Internet es concluyente: si te pillan sin el dichoso documento te ponen una multa de 40 dólares y es probable que te expulsen del país. Complicaciones a la vista.

En Chardzhóu gastamos los últimos manat. La ciudad es muy deprimente. Un paraje llano y polvoriento en medio del desierto. El único atractivo es el Amú Daryá, el caudaloso río que, igual que el Syr Daryá, acaba muriendo al norte, en el menguante mar de Aral, después de recorrer cerca de 2.000 kilómetros. Ambos nacen en las nevadas cumbres del Pamir y el Tien Shan, precisamente hacia donde voy. En la práctica, el río es una corriente de aguas sucias y pestilentes que avanzan lentas entre arenas ennegrecidas por el alquitrán y el petróleo.

En este marco incomparable acontece la segunda desgracia del día. Hemos tenido una discusión para pasar por el puente. Nos han querido cobrar un peaje excesivo hasta que una Coca-Cola de regalo ha puesto fin a la disputa. Estamos algo nerviosos, y encima el endeble puente metálico se encuentra en obras. Hacemos media hora de cola y, al comprobar que estamos bloqueados, les digo a Anna y a Donal que me pongo en marcha, que ya llegaré a la frontera pedaleando. Comienzo a bajar la bici cuando los coches de delante arrancan y se inicia una precipitada carrera por ser el primero. Rápido, monto la rueda de atrás. Los coches hacen sonar la bocina —«¡piii, piiiiiii!»— y yo, «¡que ya va, hombre!». Tan mal lo hago que antes de recorrer 200 metros un rotundo ¡pom! me deja con cara de bobo. Acabo de destrozar el neumático y la cámara. Maldigo todos mis huesos, todos los radios de la bicicleta y todos los camellos de Asia. Mis gritos de impotencia deben de haberse oído hasta en La Meca.

Ningún reventón en todo el viaje y por una tontería arruino una cubierta. Me siento hundido. Toda la seguridad de los últimos días se va a pique. ¿Cómo podré conseguir un neumático en un país donde sólo se ha visto una *mountain bike* por televisión? El viaje peligra. Y todo por culpa mía, mía y de nadie más. Si por lo menos hubiera podido culpar a otro...

Donal y Anna me animan. Tienen razón: debo calmarme. Otra vez con la bicicleta dentro del Land Rover, aparco los problemas mecánicos durante un rato. Lo primero es cruzar la frontera. Pasamos el control turcomano y llegamos al nuevo edificio de la policía uzbeka. Ellos tienen los papeles en regla. Los gestionaron, no sin problemas, desde Londres. A mí, me esperan momentos de incertidumbre. Sigo la táctica de mostrar el visado ruso, la carta de ITLV y el carnet de la Federación Internacional de Prensa.

«¿Y el visado de Uzbekistán?», preguntan, mientras Donal ofrece su paquete de Marlboro a los allí presentes. Les señalo la carta, digo que soy periodista y cuando ya me veo volviendo a Ashjabad haciendo dedo, me viene a la memoria que el visado ruso me da derecho a tres días de tránsito por el país. *«Tri dnya transit Uzbekistan, tri dnya transit Uzbekistan»*, insisto. El policía parece entender y Anna me mira con complicidad. Por los pelos, pero acabo de superar otra frontera.

El problema es, ahora sí, la rueda. Con la cabeza más fría, veo que puedo resolverlo. El neumático está inservible, pero traigo uno de recambio para situaciones de emergencia. Aunque no me permitirá llegar a China, sí al menos a la siguiente capital. En cuanto a las cámaras, no hay ningún problema, porque tengo dos. En cualquier caso, puedo proseguir por mi cuenta. Ya me las apañaré para conseguir un neumático nuevo. Agradecido, vuelvo a despedirme de los irlandeses. Es la segunda vez en diez días que nos decimos adiós. Y no será la última.

Los 85 kilómetros hasta Bujará son llanos y me permiten cargar pilas. Empujado por una suave brisa, me planto en la ciudad en poco más de cuatro horas. Sin visado, decido evitar los hoteles. Paradójicamente, es en la recepción de uno de ellos donde, ya de noche, se presenta la solución: un matrimonio de avanzada edad me alquila su casa. Es una pareja de coreanos, acogidos en la URSS en tiempos de Stalin. La mujer me prepara la cena y se va. A las once ya estoy en la cama, pero tardo dos horas en conciliar el sueño. Consecuencias del exceso de cafeína: esta tarde no he encontrado agua potable y he tenido que conformarme con un litro y medio de Coca-Cola.

UZBEKISTÁN
BUJARÁ
18 de mayo (día 51)
20 km (2.906 km)

Bazares, mezquitas y madrasas

El piso en el que he dormido se encuentra en un bloque de cemento idéntico a los otros que hay en el barrio, un barrio triste y gris que es una fotocopia de las docenas que forman la moderna Bujará, una ciudad calcada de otras que durante los últimos 30 días he visto en Turkmenistán, Azerbaiyán y Georgia. La ciudad vieja está a seis kilómetros, más allá de la zona de hoteles.

Bujará, «la ciudad monasterio» o «la ciudad fuente del conocimiento», dos denominaciones de origen sánscrito y farsí, respectivamente, que evocan el pasado de la que durante siglos fue uno de los primeros centros culturales del Islam. Una ciudad que vio pasar a Alejandro Magno y que mil años después se convertía en la capital del primer estado centroasiático independiente. A sus 250 madrasas, o escuelas coránicas, acudían estudiantes incluso de la España morisca. En el siglo X tenía una población superior a la actual. El reino abarcaba las actuales Uzbekistán y Tayikistán y parte de Irán y Afganistán. Fue en Bujará donde Hussein ibn Abdullah ibn-Sina —conocido entre nosotros como Avicena— escribió un *Canon de la medicina* que durante siglos fue la principal referencia médica mundial.

El brillo de la época samánida terminó con los devastadores qarajaníes, que sólo dejaron en pie el mausoleo imperial. Una labor más o menos parecida a la que llevarían a cabo los mongoles de Gengis Kan 200 años después.

Con Abdullah Kan, Bujará se convirtió en un kanato y recuperó parte del poder perdido. En el siglo XVII controlaba toda la zona comprendida entre el Amú Daryá y el Syr Daryá. En 1784, se convirtió en un emirato de los astrajánidas. El emir, un tal Maasum, fue definido por un viajero alemán como un hombre que tenía 40 o 50 mujeres y que practicaba «todos los horrores y abominaciones de Sodoma y Gomorra».

En 1832, el oficial inglés Alexander Burnes constató que en la ciudad vivían 150.000 personas, la mitad de ellas de origen no mongol. De éstas, tres cuartas partes eran esclavos persas y, en menor número, rusos, llevados hasta allí y vendidos por las tribus turcomanas. A las mujeres les estaba prácticamente prohibido salir de casa.

Durante el siglo XIX, la zona estuvo en el punto de mira de los imperios ruso y británico. En 1839, un militar británico llegó con una carta de cortesía firmada por el gobernador general de la India. Grave error. La misiva debería haber ido firmada por la reina Victoria. Le instaron a convertirse al Islam o morir ejecutado. Se decantó por salvar la vida. Dos años más tarde, otro militar británico acudió en su ayuda. Rechazó la conversión, y los dos murieron ajusticiados. En 1845, un misionero, también británico, encontró el diario que dejó escrito uno de los presos. Fue más hábil. No adoptó la religión de Mahoma, pero se postró a los pies del emir, le tocó la barba y pronunció 40 veces *«Ala Akbar»*. No sólo vivió, sino que salió de palacio a los sones de *Dios salve a la reina*.

Vuelvo a preguntarme cómo es posible el nacimiento de una cultura en medio del desierto. Ya lo hice tres días atrás en Merv y volveré a hacerlo cuando llegue a Samarcanda.

El día transcurre apaciblemente por los callejones y plazas de la vieja Bujará. Horas paseando sin prisa entre minaretes, mezquitas, escuelas coránicas y mercados. Visito la ciudadela donde durante 2.000 años vivieron las clases nobles, el parque Samani y las seis madrasas. Puede que la escuela coránica más hermosa sea la que Ulug Bek hizo construir en 1417. Es la más antigua del Asia central. El nieto del gran héroe uzbeko Tamerlán erigió el edificio como un ensayo de la que tres años después mandaría hacer, a escala descomunal, en Samarcanda. Las cerámicas de la entrada son muy vistosas.

El bazar merece otra parada. Los puestos de venta forman estrechos pasillos en los que se acumula una muchedumbre que toca, grita y camina entre toda clase de olores. Un vendedor insiste en regalarme el típico sombrero uzbeko, de color negro, la única pieza del vestuario tradicional que la mayoría de hombres sigue usando. Sólo en fechas señaladas, como una boda, se ponen las llamativas túnicas de vivos colores. Las mujeres sí que visten a la antigua, con unas túnicas de seda similares a las que se llevan en Turkmenistán o en el norte de China. Aquí son a rayas verticales, por lo general de color amarillo, rojo y verde.

Puede que la parte más colorida del mercado sea donde venden alfombras. Las hay colgadas en las paredes, extendidas en el suelo o enrolladas, tienen de lana, de seda y de materiales sintéticos. Las discusiones entre comerciantes y compradores duran horas. Para la mayoría de las familias se trata de una inversión importante.

Al salir del bazar, un hombre me invita a su casa, una vivienda de una sola planta, sin ningún mueble. Me cambia dinero y se ofrece a venderme seda mientras tomamos té. Pero no es por eso por lo que me presenta a su mujer y sus hijos. Sencillamente, quiere disfrutar de la presencia de un extranjero, algo impensable hasta hace sólo cinco años. Durante siete décadas las personas de otros países han llegado aquí con cuentagotas, y cuando lo hacían era en viajes organizados y severamente controlados por el gobierno. Ahora las cosas han cambiado, y cambiarán aún más dentro de pocos años. Los visitantes europeos o americanos todavía son escasos en relación con todo lo que Uzbekistán puede ofrecer. De momento, la gente prefiere conocer la ruta de la seda, que, con gran eficacia, promocionan las autoridades chinas. Pero será por poco tiempo, porque en la antigua Unión Soviética existe, por lo menos, igual número de atractivos. Hay que aprovechar ahora que no ha llegado el turismo masivo y que las antiguas ciudades conservan parte de su autenticidad, antes de que el gobierno acabe de asfaltar las calles, de derribar barrios viejos y de reconstruir los edificios históricos.

Como unas brochetas en la calle. Ahí coincido con un turista italiano que, por proximidad cultural, me parece primo hermano. La única noticia que sabe darme de mi país es que el Barça va de mal en peor. Malhumorado por la información, pero contento porque mi país aún existe, vuelvo al piso antes de que anochezca.

UZBEKISTÁN
BUJARÁ-NAVOÍ
19 de mayo (día 52)
90 km (2.996 km)

Coreanos en el centro de Asia

Todos los intentos de reparar el neumático resultan infructuosos. De nada me sirve el parche de camión que los irlandeses me han dado. No habría durado ni 100 kilómetros. Debo buscar una cubierta nueva, pero está claro que en Uzbekistán no la encontraré. En China seguro que sí, pero eso está a 1.500 kilómetros, demasiado lejos para mi neumático de recambio. El riesgo es demasiado grande. Otro problema y me quedaría definitivamente colgado. Telefonearé a Barcelona para que me manden una cubierta nueva lo más rápido que puedan. Intento llamar, pero cuando me informan del precio de la conferencia decido dejarlo para Samarcanda. ¡Tres mil quinientas pesetas el minuto!

Me despido de la pareja de coreanos deseándoles que pronto puedan regresar a su país. Está claro que aquí, tan lejos de su casa, no están a gusto. Después, con la bicicleta cargada, voy a decir adiós a la vieja Bujará, a tomarme el último *kéfir* (yogur) en el *magasin* del centro, y a mediodía reemprendo el camino en dirección a Samarcanda, la mítica.

Me he propuesto llegar cuanto antes, en dos días, tres a lo sumo. Me esperan etapas llanas, con la única dificultad del alojamiento. Porque no me conviene ir a hoteles. Deberé dormir donde pueda, en la tienda o en casas. No quiero que la policía me pille. En la carretera los he visto varias veces parar camiones y exigir la documentación y dinero. Y es que la policía mantiene todas las costumbres de la época soviética, igual que el KGB, que al parecer se mantiene plenamente operativo.

En Internet he leído historias increíbles sobre el exceso de celo de la policía y las dificultades a la hora de obtener el visado. «Si la forma de conseguir el visado no mejora, aconsejo a los viajeros evitar este xenófobo estado policial», dejó escrito un húngaro. Había quienes contaban que la policía les había hecho regresar a la ciudad de la que venían para gestionar el visado, otros a los que les habían dado un día para abandonar el país, y un americano que aseguraba que Uzbekistán es el segundo país del mundo más difícil de visitar, después de Irak. Todo porque no quieren turistas por libre, sino que prefieren que pagues mil dólares por un viaje organizado en lugar de descubrir que, por tu cuenta, puedes hacer exactamente lo mismo por un tercio de esa cantidad.

Afortunadamente, viajo de forma distinta de como lo hace la mayoría de los turistas y viajeros. Yo no paso por estaciones de tren, no utilizo trenes ni autobuses. Lo único que debo hacer es alejarme de la policía. Y para conseguirlo, nada mejor que la discreción. Discreción en los movimientos y en el vestuario. Supongo que la piel quemada por el sol me ayuda. Y también mi indumentaria. No parezco un uzbeko, pero tampoco voy vestido de forma que pueda ser fácilmente reconocido como occidental. Camisetas discretas y unos pantalones caqui que hoy he tenido que tirar de lo gastados que estaban. Por dos dólares he comprado otros de color azul en una tienda estatal. No son precisamente un diseño de Miró, pero me permiten pasar más o menos inadvertido. Y, a fin de cuentas, los había más feos.

Al abandonar Bujará he dado más vueltas de la cuenta buscando la carretera. Ha faltado un pelo para que siguiera por la que conduce a Afganistán. Se trata de una ruta histórica, la del Khyber Pass, que enlaza con Pakistán, pero que está cerrada desde hace años a causa de la guerra.

Llevo cinco horas pedaleando, y comienza a oscurecer. No tengo ni idea de dónde dormiré. Entro en un solitario restaurante de carretera con la esperanza de que me ayuden. La amabilidad uzbeka vuelve a ponerse de manifiesto. Comparto la cena con dos chicos y un hombre mayor que de ninguna forma permiten que pague. Antes de acostarme juego al ajedrez con uno de ellos. Me da una paliza, y, al final, para terminar, para que la humillacion sea más rotunda, me hace una demostración de cómo domina el juego de las damas. Hundido, me dirijo a la pequeña habitación que hay detrás del restaurante.

UZBEKISTÁN
NAVOÍ-KATTAKURGAN
20 de mayo (día 53)
110 km (3.106 km)

«Chai, chai»

Se han levantado con el canto del gallo, sin hacer ruido, para no despertarme. Una hora y media más tarde lo hago yo. En el restaurante, el contenido de las ollas ya está a punto y los primeros clientes de la mañana esperan su ración. «Pasa, siéntate aquí», me grita mi contrincante en el ajedrez, ofreciéndome un plato de caldo. Me quedo un rato viéndola venir, sin hacer nada, mirando a la gente que entra y sale tranquilamente. Ya hace cuatro días que disfruto del país y sus habitantes, tan chillones como afables. Te ven llegar y vienen a saludarte, quieren saber cosas de ti, te tocan, te invitan a comer, a beber y a dormir. Inspiran una gran confianza. Me parece difícil que llegue a tener un problema serio. De acuerdo que siempre hay quien puede clavarte un cuchillo por la espalda o robarte la cartera, pero, francamente, lo tienen difícil, rodeado como estoy siempre de gente.

¡Qué lejos queda ahora Turkmenistán! A su lado, Uzbekistán está tan lleno como El Corte Inglés en Navidad. Me sorprende la cantidad de gente que veo. Gente joven y mayor, niños y niñas que juegan junto a la carretera, hombres en bicicleta, llevando un carro o reparando un coche ante el portal; mujeres tendiendo la ropa o barriendo. Es agradable pedalear por aquí. ¡Y pensar que, si no hubiese cruzado el Karakum en coche, aún seguiría en el desierto!

Paso buena parte del día sobre la bicicleta, cruzando el valle del Zeravsan, un río que nace en las montañas de Samarcanda y se pierde en las arenas del desierto. La zona del país que he comenzado a cruzar está llena de canales. Datan de los años cuarenta y permiten un aprovechamiento intensivo del agua de los ríos Amú Daryá y Syr Daryá. Mediante la irrigación artificial, Uzbekistán llegó a ser el principal proveedor de algodón de la URSS. Casi tres cuartas partes de la producción procedían de los campos que me acompañarán hasta Tashkent.

En una *chai khana* me sirven la comida. Originariamente, éste es el nombre que se daba a los puestos donde un viajero podía detenerse para descansar y tomar un té, pero en la actualidad sirve para designar cualquier chiringuito donde sirven comida. La *chai khana* en la que me encuentro es de las tradicionales, de las que no tienen mesas ni sillas. Me toca sentarme en una de esas camas de madera que, vistas desde lejos, parecen divertidas, cómodas incluso. Imito a la gente del país y me quito los zapatos. Esto no está hecho para mí. No puedo cruzar las piernas ni comer de lado, apoyado sobre un codo. Después de 60 kilómetros encima de la bicicleta, la postura resulta muy incómoda. Solución: me siento con las piernas colgando hasta que me sirvan... los mismos *shashlic* de carne de cada día.

El *chai*, en cambio, se ha hecho imprescindible. No puedo pasar sin él. Le he encontrado el gusto. Es el sustituto del café. Me sirve para hacer bajar las comidas relajadamente mientras me fumo un cigarrillo o escribo en el libro de viaje. Es, al mismo tiempo, la mejor garantía para evitar problemas intestinales. Hasta ahora mi organismo ha funcionado bien. Afortunadamente, las comidas no son de las consideradas «de riesgo», sino que consisten en carne a la plancha y sopa, carne a la plancha y sopa... Con el agua voy con más cuidado, pero sin exagerar. Sólo extremo las precauciones en lugares muy secos o que no disponen de agua corriente. Claro que, como dijo alguien, «después de casi dos meses de viaje, el cuerpo se ha acostumbrado a casi todo».

La carretera es tan ancha como una pista de aterrizaje. Se nota que se construyó en una época en que el concepto «coste económico» era casi desconocido. Sólo así se explica un eje viario de 12 metros de ancho con el mismo tráfico rodado que puede tener una comarcal del Pirineo. Y buena parte del tráfico es de camiones turcos e iraníes, que sigo encontrando en mi camino hacia el este, siempre a la altura del paralelo 40. ¿Paralelo 40? Podría haber sido el nombre de mi expedición euroasiática. Si hubiera pensado en ello antes de salir de Turkmenistán, habría podido corresponder a la pareja de ciclistas norteamericanos ofreciéndoles una tarjeta en la que apareciese la «marca» de mi viaje. Definitivamente, no sirvo para la publicidad.

UZBEKISTÁN
KATTAKURGAN-SAMARCANDA
21 de mayo (día 54)
70 km (3.176 km)

Samarcanda, la mítica

No he podido llegar a Samarcanda en dos días, pero sí en tres. Hoy está a mi alcance, a cuatro horas de bicicleta. Quiero pisar por fin la que llegó a ser una de las ciudades más ricas del mundo, en otros tiempos capital de la región persa de Sogdiana, encrucijada de caminos imaginarios que unían Europa, India, Persia y China, el centro por el que pasaban las diferentes rutas de la seda, porque nunca existió una sola ruta, sino unas cuantas. Los viajeros escogían uno u otro camino en función de la estación del año o de las eventuales guerras que cerrasen el paso, así como del lugar del que saliesen: Constantinopla, Siria, Rusia o Europa. El destino era uno solo: China. Pero por la ciudad hacia donde voy pasaban todos los caminos. Y quiero estar allí, pisar sus calles para, algún día, poder contar que «yo también estuve en Samarcanda».

Se hace difícil decir cuál es el momento más emocionante de un viaje tan largo, pero éste es uno de ellos. Al pisar Samarcanda, no hay comité de bienvenida, ni falta que hace. Te sientes de sobra recompensado, experimentas la incomparable satisfacción personal de llegar hasta allí por tus propios medios, de haber llevado a feliz término una parte importante del proyecto en el que un día creíste. Y piensas que te lo has ganado, porque un día te pusiste en camino hacia un destino incierto y porque has ido superando las dificultades que se presentaban en el camino.

Ya casi he llegado. Me pregunto si será verdad lo que escribió Alejandro Magno en el año 329 a. de C.: «Todo lo que he oído sobre la belleza de Samarcanda es cierto;

sólo que es aún más hermosa de lo que jamás podría haber imaginado.» O lo que dijo el viajero árabe Ibn-Battuta: «Una de las ciudades más grandes y perfectamente bellas del mundo.»

A lo largo del día, la carretera se ha acercado a las estribaciones de los Pamires, a cuatro pasos de Tayikistán. Ésta es la única de las antiguas repúblicas soviéticas donde se hizo realidad el temor de Rusia y Estados Unidos, que con el final de la URSS vaticinaron un caos de guerras religiosas en Asia central. Creían que el antiguo Turquestán sería un nuevo Cáucaso. En Tayikistán, la independencia despertó luchas fratricidas por el poder entre las tribus que pueblan un territorio inhóspito que no es de idioma y tradiciones turcos, sino persas.

Samarcanda es el segundo centro industrial de Uzbekistán, una ciudad grande y moderna que convive con una de las grandes capitales de la antigüedad. Hoy, casi no tendré tiempo de verla. Me dirijo a una fábrica textil propiedad de ITLV. Me recibe míster Jamraev, antiguo alcalde de la ciudad y actual presidente de la sociedad. Se pone de pie ceremoniosamente y avanza hacia mí con la misma seguridad que debía de mostrar cuando pertenecía al aparato del partido comunista y hacía ofrendas florales al soldado desconocido. Le muestro la carta de Aquilino Mata y con eso ya tiene suficiente. Las tres próximas noches estaré hospedado en una casa de la empresa.

La fábrica es una pequeña nave situada junto al centro histórico. Presidiendo la sala principal, los retratos del presidente de Uzbekistán, Islam Karimov, del rey Juan Carlos y del presidente de la Generalitat de Catalunya, Jordi Pujol. La maquinaria —la que funciona— ha sido importada de España. El resto está arrinconado. Míster Jamraev me explica su trabajo y me aclara que buscan nuevos mercados para su producción. Y nos dejamos retratar a las puertas de la fábrica, al pie de las banderas catalana, española y uzbeka. Una de las tantas fotos que Jamraev debe de haberse hecho con sus visitantes, aunque seguro que ninguno de éstos iba tan desaliñado como yo.

Comemos en las dependencias de la empresa. Traen arroz, que me viene muy bien para romper la dinámica de sopitas-*shashlic*. Es el *plov*, un plato de elaboración compleja: el arroz se fríe, se hierve y, finalmente, se hace al vapor, acompañado de pedazos de carne de cordero y zanahorias. «Hoy lo comemos con plato y cubiertos —comentan—, pero es mejor comerlo directamente con las manos.»

Míster Jamraev se va enseguida. Al acabar, yo y el resto de los trabajadores de la fábrica salimos fuera. Pasaré dos horas esperando a alguien o algo que no acaba de llegar. No puedo más: tengo Samarcanda al lado y todavía no he podido verla. Me decido a marchar, y durante una hora pasearé por el espectacular Registán, una plaza tan grande como un campo de fútbol, rodeada por tres gigantescas madrasas cubiertas de cerámica azul.

En la fábrica ya han llegado las personas que aguardaba, y con quienes compartiré piso. Son dos kirguiz amigos de Jamraev. Sus caras me recuerdan a los mongoles, especialmente la de Davlan, un gigante de metro noventa, de rostro redondo, pómulos salientes y ojos achinados. Se dedica al negocio turístico cerca del lago Issik Kul. Ha venido a Samarcanda a firmar unos contratos para llevar turistas a su pueblo y comprarse una antena parabólica. Su amigo es más discreto. Farmacéutico de profesión, ha venido a proveerse de las medicinas que dos días más tarde cargará en el Opel Ascona del presumido de Davlan.

Son dos tipos divertidos. Cenamos junto al bazar. El farmacéutico esconde pudorosamente los envases de cerveza debajo de la mesa, lejos de la vista y del rigor islámicos, porque Uzbekistán ha cambiado mucho por la influencia rusa, pero las convicciones musulmanas se mantienen firmes. Especialmente desde 1991, año de la independencia del país.

UZBEKISTÁN
SAMARCANDA
22 de mayo (días 55 y 56)

Seda, fresas y otros lujos asiáticos

La casa de míster Jamraev se halla a unos diez kilómetros del centro. Es un piso normal, parecido al que ocupé en Bujará y a los que he visto en las otras repúblicas. Ni mejor ni peor. Un piso, simplemente; pero, eso sí, provisto de una bañera que frecuentaré un par de veces por día en un intento —supongo que psicológico— de que mi piel recupere su color original.

Con dos días por delante, intento organizarme. Davlan me ha confirmado que en Uzbekistán no encontraré ninguna bicicleta como la mía, así que ya puedo darme prisa en llamar a casa. Ayer lo intenté desde el hotel Samarkand, pero el satélite no funcionaba. Esta mañana han vuelto con la misma historia. En el novísimo hotel Afrasiab, lo mismo. Recurro a una solución de emergencia: llamar a Olga Merino, la corresponsal de *El Periódico* en Moscú, para que informe a mi familia de que necesito un neumático. Y de paso que les diga que me encuentro fantásticamente, tanto que no quiero que el viaje termine. Olga Merino me desea toda la suerte del mundo en esta aventura. Debo hacer notar que, después de tantos días de comunicarme como los indios, mi forma de hablar no es muy fluida. Me doy cuenta de ello, e imagino que Olga también.

Después, me he ido a descubrir la ciudad que Marco Polo, por pasar más al sur, no llegó a conocer. De las ciudades que he visitado en mi viaje, es la más turística. Ya me había advertido el alemán del Dyane 6 de que toda Samarcanda se encuentra en obras. Algunos de los principales edificios y monumentos están en proceso de restauración o reconstrucción con motivo de la celebración del quinto centenario de Tamerlán, el gran héroe uzbeko. Las autoridades del país pretenden de esta forma que el número de visitantes vuelva a las cifras de la era soviética. Me parece un disparate que pretendan rehacer lo que el tiempo ha deshecho, sobre todo porque vuelven a levantar una mezquita en ruinas o a instalar un monumental arco situado en la parte posterior del Registán. Pero ¿acaso no es exactamento esto, reconstruir la vieja Samarcanda, lo que ordenó hacer Lenin en 1918, para dejar las mezquitas y madrasas tal como han llegado hasta nuestros días?

En la guía *Central Asia* he leído que los policías uzbekos recomiendan vigilar la cartera. Lo que no dice es que son ellos quienes pueden vaciártela, con lo que demuestran que comienzan a perder la ingenuidad ante los turistas. La primera vez ha sido visitando el mausoleo de Tamerlán, el hombre que, a finales del siglo XIV y principios del XV, después de decir que «si en el cielo hay un dios, en la tierra bien que tiene que haber un rey», se lanzó a la conquista de nuevas tierras, llegando a Delhi y Bagdad, y quedándose a las puertas de Constantinopla y Moscú. Murió sin ver cumplido su gran sueño de invadir China. La tumba está cerrada por obras, pero me he colado. He sido sorprendido por un policía que, en lugar de multarme, me ha hecho de guía. Y, claro, después ha exigido su paga. La segunda vez ha sido por mi culpa, también por colarme. Me encontraba en el Registán. Era mediodía y la plaza estaba vacía. Al pasar junto a la madrasa Sher Dor me he percatado de que el acceso a un minarete estaba abierto. «¿Tú crees? ¿Estás seguro?» No he tenido tiempo para responderme. Ya estaba arriba, preparando la cámara para sacar una foto desde lo alto del mirador cuando... ¡he sentido unos golpecitos en el pie! Era un policía. De nuevo *in fraganti*. Ha tocado pagar multa, para definir de alguna forma el regateo que se ha iniciado 50 metros por encima de la plaza, a medio camino entre el mundo terrenal y el cielo. Primero han sido 150, 100, 75... Finalmente he tenido que pagar 50 sums. ¡Si Alá nos llega a oír!

Hay tantas cosas por ver, tantas cosas por leer y tantas cosas para hacer que no sé por dónde empezar. Samarcanda me abruma. Lo más fácil habría sido apuntarme a una visita guiada, pero he optado por moverme por mi cuenta. No he llegado con los pedales hasta aquí para sumarme al primer grupo que encontrase.

Y al final del día he acabado rendido, con la sensación de estar en un sitio excepcional pero del que no logro comprender demasiado. Y ya he visto cosas, ya. Mezquitas, madrasas, mausoleos, minaretes..., pero en 48 horas resulta imposible entender 10.000 años de historia.

Y bien claro que lo explica el libro. Dice que el *homo sapiens* vivió aquí hace entre 10.000 y 40.000 años, porque éste era un lugar rico en recursos naturales. Afrasiab fue el nombre del primer asentamiento. A partir del siglo IV, fue la ciudad más grande de Sogdiana, 800 hectáreas que sólo han sido mínimamente excavadas. Fue gracias a los chinos que Samarcanda vivió su edad de oro, o más exactamente, gracias a la seda, un producto que hoy forma parte de la industria local pero que hace 1.500 se importaba de la lejana Xi'an. Y se pagaba a muy buen precio.

Pero pasaron las hordas de Gengis Kan y la destruyeron. La población descendió de 400.000 a 100.000 habitantes. El comercio de la seda duró hasta el siglo XVI. A fuerza de exportar a todo el mundo conocido, los secretos de su producción llegaron a Italia, España y Francia, y la ruta inició su declive, un fenómeno acentuado por el cierre de fronteras de China y el descubrimiento de las rutas marítimas hacia Oriente.

El misterio y el mito de Samarcanda se vieron incrementados a causa de su aislamiento. En Europa, los testimonios de los pocos viajeros que la habían visitado eran tan escasos como deslumbrantes. A mediados del siglo pasado, Geoffrey Moorhouse escribió que era «un gran lugar, más remoto del resto de la civilización de lo que hoy es la luna». La mejor y casi única descripción de cómo era el riquísimo reino gobernado por Tamerlán la hizo el embajador extraordinario de Enrique III de Castilla, Ruy González de Clavijo. Se refiere a una ciudad más grande que Sevilla, en la que todas las calles tenían agua corriente, y la mayor parte de las casas, jardín. El enviado de la corte castellana relata que fue recibido en las tiendas de seda reales. Se celebraba una gran fiesta en la que no faltaba ningún tipo de comida ni un árbol de plata del que colgaban rubíes, esmeraldas, turquesas, zafiros, perlas y pájaros de oro de varios colores.

Mi lujo asiático particular lo encuentro en el hotel Afrasiab, donde paso parte de la tarde. Necesitaba enfriar un poco la cabeza, ponerla al fresco, y el aire acondicionado *made in Malaysia* es la mejor solución. Tomo un café de verdad mientras escribo una veintena de postales a amigos y familiares. ¡Se está tan bien en este edificio de ambiente esterilizado! Nadie me ha dicho nada cuando he entrado y me he dejado caer sobre un mullidísimo sofá de piel, tan grande que me faltan brazos para abarcar su anchura. Especialmente emocionante ha sido el momento de entrar en los servicios, de un blanco y reluciente que ya había olvidado.

En el camino de regreso a la fábrica, me llaman los dos chicos de la tienda que conocí ayer. Con el poco inglés que chapurrean me invitan a beber Coca-Cola, pero enseguida comienzan a pedirme que les saque una foto, que les regale algo, que les muestre lo que llevo en la bolsa... Desconfío, y ellos se percatan. Se ponen agresivos y, con muy mala baba, me preguntan si soy judío. Les devuelvo la provocación y les respondo que no lo soy, pero que siento simpatía por ese pueblo. Y ellos prosiguen con la misma cantinela, diciéndome que soy tacaño como un judío. Me callo y me voy. El incidente me ha recordado lo que me dijeron en un bazar, cuando regateaba el precio de un producto. «¿Qué te crees, que somos cristianos, nosotros?»

Ceno otra vez con los kirguiz y, de nuevo en casa, volvemos a comer fresas y frutos secos. Hablamos —por llamarlo de alguna manera— de los animales más sabrosos para llevarse a la cazuela y al estómago. Reímos imitando los ruidos de los animales que más nos gustan. La gallina, el cordero... *«¡¡¡Coc, coc, coc, coc, coooc!!!»* *«Good, very good.» «¡Béeeeee!» «Good.» «Anc, anc, anc.» «Yok!!!»* Claro, los musulmanes no comen cerdo. Lo más divertido es cuando empiezan a imitar a todos los bichos que se comen en China: serpientes *(«zzz»)*, ratas *(«ñi, ñi, ñi»)*, perros *(«guau, guau»)*, gatos *(«miau»)*... Y después de cada sonido hacemos ver que vomitamos, porque por nada del mundo nosotros comeríamos un bicho de ésos.

Ya más en serio, Davlan me pone sobre aviso de que en el camino voy a encontrar lobos, manadas de ellos, de un metro de alto, hambrientos, esperando la llegada del primer humano para zampárselo. Y ha imitado el aullido del lobo: *«auuuuu!»*. Me quedo de piedra. No contaba con ellos. ¿Cómo podría defenderme si apareciesen? ¿Evitando dormir al aire libre, haciendo fuego? Incluso me ha preguntado si llevaba pistola.

La guía *Central Asia* define Kirguizistán como unos Alpes en estado salvaje, y, con lo que me cuenta Davlan, me vienen ganas de ir. Pero tendría que cambiar de ruta, renunciar a volar a Pakistán y a entrar en China por la carretera del Karakorum, con su puerto de casi 5.000 metros. Si me dejo convencer, después de Tashkent deberé continuar hacia el valle de Ferganá, cerca de Tayikistán, entrar en Kirguizistán por el este, visitar el pueblo de Davlan y proseguir camino hacia el nordeste para, desde allí, llegar a China. Me atrae muchísimo la posibilidad de pasar 12 días en las montañas en una excursión a caballo que sólo me costaría 150 dólares (unas 22.000 pesetas).

El segundo día en Samarcanda me lo tomo con más calma, y decido visitar dos museos y dedicar más tiempo a entender lo que veo. Están muy bien montados, y aún lo estarían más si a las indicaciones en uzbeko y ruso añadiesen el inglés. A continuación me encamino hacia el observatorio desde el cual, en el siglo XV, Ulug Bek contemplaba las estrellas. Es un lugar sorprendente. Lo único que se conserva es aproximadamente la mitad de un sextante de 20 metros de largo excavado en el suelo. Desde allí, el nieto de Tamerlán situó la posición de un millar de estrellas, en un trabajo que no sería conocido en Europa hasta dos siglos más tarde. Como suele pasar con los genios que se adelantan a su tiempo, Ulug Bek era un incomprendido. Dijo aquello de que la religión acaba donde comienza el conocimiento y la ciencia, y acabó asesinado por su propio hijo.

Por la tarde me acerco a la madrasa Khodja Akrar, la única que funciona como escuela coránica y que se puede visitar. En ella vive un centenar de estudiantes, jóvenes de entre 14 y 18 años que sus padres han traído para que aprendan la religión que a ellos les fue prohibida. Después de permanecer muchos años cerradas, las madrasas uzbekas vuelven a estar llenas de estudiosos del Corán. En la de Khodja Akrar, todas las habitaciones se hallan ocupadas por chicos que se reparten el escaso espacio para estudiar y dormir.

A última hora vuelvo al bazar, el más grande y colorido de los que he visitado hasta el momento. Su grandiosidad se ve acrecentada por el calor humano y por su situación al pie de la mezquita Bibí Khanym. Acude gente de todas partes a comprar y vender. La variedad de productos, la presentación de la pasta formando remolinos amarillos, el olor de las especias que impregna el aire, los colores de las alfombras y las verduras, la forma de vestir y los gritos de los vendedores, la súbita aparición de la policía, el niño vagabundo que aprovecha un descuido para cometer su pequeño hurto... todo es un espectáculo. Puedes pasarte el día observando sin llegar a cansarte.

Discutir los precios con los vendedores es toda una aventura. Son zorros viejos, especialmente con los extranjeros. Yo me presento aparentando seguridad, señalo un producto y pregunto en ruso cuánto vale: *«Skolka stoit?»* Ellos prefieren que les hable en uzbeko, así que, suponiendo que me han dicho una cifra exagerada, les digo que no —*«yok, yok»*— con la esperanza —siempre confirmada— de que me hagan una rebaja. Pero después de la compra siempre aparece alguien para decirte que dónde iremos a parar, que te han timado. Siempre me queda la pequeña satisfacción de hacerme entender cuando pido el producto y pregunto cuánto vale. La próxima vez intentaré acercarme más al precio real.

A las seis en punto, en el bazar hay función de circo. Un grupo de artistas, que viaja de ciudad en ciudad, ha montado su espectáculo en la plaza más céntrica y pide la voluntad por el buen rato que hacen pasar al «fabuloso público». Así fue el teatro en Europa en la Edad Media y así sigue funcionando el circo en Uzbekistán, con una cuerda floja sin red y artistas aficionados que cada día se juegan el tipo. El espectáculo no es muy profesional; la mayor parte de los números se basan en la fuerza bruta: uno que rompe ladrillos con la cabeza, otro al que le rompen piedras encima de la barriga con un mazo y, finalmente, lo inesperado, la sorprendente y fabulosa despedida, con repique de tambores incluido: un Lada pasa por encima de cuatro personas tendidas en el suelo. Los 300 espectadores aplauden a rabiar.

En la fábrica, vuelvo a encontrarme con los kirguiz, que quieren regresar al bazar. Intento aprender sus técnicas del regateo. Se pasan un cuarto de hora para acordar lo que pagarán por un kilo de cacahuetes, haciendo ver que se van, preguntando a diferentes vendedores o enseñando con ostentación un fajo de billetes. Mi sorpresa cuando les pregunto cuánto han pagado por los frutos secos es mayúscula: ¡no lo saben! Es increíble. Hablan el mismo idioma y han sido incapaces de entenderse con los comerciantes. «Bah. Es que estas mujeres gritan mucho; no hay quien las entienda», dice Davlan. Acabo de aprender una buena lección: para algunas cosas es más importante la actitud que las palabras.

UZBEKISTÁN
SAMARCANDA-DZHIZAK
24 de mayo (día 57)
110 km (3.286 km)

Compartiendo mesa con dos policías

La despedida de la noche anterior no fue suficiente. A las cinco de la madrugada los dos kirguiz se presentan junto a mi cama para volver a decirme adiós. Ya tienen el coche cargado y se vuelven para Bos Teriz, su pueblo. No les prometo nada, pero posiblemente yo también esté allí en unos días. Me he sentido muy cómodo con ellos. Davlan incluso me ha regalado unos calcetines. ¿Ha sido una indirecta para que renueve mi indumentaria?

A las ocho, me levanto. Cierro la casa y vuelvo al centro en autobús. Antes de recoger la bicicleta me proveo de avellanas, pasas y caramelos; me proporcionarán energías los próximos días. En el bazar, el circo ha plegado velas y parece menos alegre. Quizá porque ésta será la última vez que lo vea.

En la fábrica de calcetines reencuentro la bicicleta después de dos días de tenerla abandonada. Ha sido la primera vez que nos separábamos en casi dos meses y me vienen ganas de tratarla como a un ser humano, darle ánimos para los tres días que restan hasta Tashkent, donde podré calzarle zapatos-neumáticos nuevos.

Calculo llegar a la capital de Uzbekistán el día 26. Me aguarda alrededor de un centenar de kilómetros diarios, una distancia perfectamente accesible en condiciones normales, ya que será un recorrido llano por la parte más poblada del país. Sigo sin poder ir a un hotel. A pesar de lo que me habían advertido, todavía nadie ha pedido que le muestre mi inexistente visado uzbeko. Toco madera, pero cuanto más cerca estoy de Tashkent, mayores son las posibilidades de que me cacen.

¿No es la ley de Murphy la que dice que sólo hay que pensar en algo malo para que te suceda lo peor? Pues eso. Tanto pensar en el visado y acaban pidiéndomelo. Es en uno de esos controles policiales que hay en las carreteras de todas las repúblicas, y que, especialmente en Uzbekistán, siguen realizándose. Es el segundo control del día. El primero lo he pasado pedaleando discretamente, saltándome una señal de stop y esquivando la mirada del policía que estaba sentado a la sombra. Si los ciclistas del país no se detienen ¿por qué debería hacerlo yo?

En el segundo control me pillan. Intento huir, pero la voz imperativa que resuena a mi espalda exige que me pare. Hay unos cuantos policías y algunos camiones con matrícula de Turquía. Oficialmente, los controles sirven para impedir el contrabando y el tráfico de opio de Afganistán y Tayikistán, pero los camioneros se quejan de que la policía sólo está allí para sacarles el dinero.

Miran el pasaporte sin mucho interés mientras, por señas, les explico quién soy, de dónde vengo y adónde voy. No sé si les caigo bien, si tengo mucha suerte o si es que los ciclistas norteamericanos lo hacían muy mal, pero cada vez que la situación se presenta dificultosa consigo salirme con la mía. Será verdad que he nacido con una flor en el culo, como dice mi amigo David.

A 300 metros de allí descubro una *chai khana*. Un buen sitio para reponer energías, a la sombra de unos árboles. Hay mesas y esas incómodas tarimas de madera. La clientela se reparte a partes iguales entre unas y otras. Escojo mesa. Estoy acabando de comer cuando aparecen los policías. Me llaman a gritos. Dudo, pero acabo en su tarima, recostado sobre unas almohadas que han traído para que esté más cómodo. Insisten en que coma. Dicen que estoy muy delgado, lo cual es cada día menos cierto. Han pedido *plov*, y es verdad que está buenísimo, pero el arroz comienza a salirme por las orejas. Y para acabar de celebrarlo, unos brindis de vodka, Coca-Cola y unas fotos. ¿Estos dos agentes son los temibles miembros de los cuerpos de seguridad de un estado policial?

Con el estómago lleno me cuesta recuperar el ritmo.

Después de disfrutar de un ágape que la mayoría de uzbekos no puede permitirse, lo ideal hubiera sido tenderse sobre la hierba a echar una cabezada, pero toca pedalear.

Llevo unos 100 kilómetros de viaje cuando empiezo a buscar un sitio para dormir. La noche anterior a mi llegada a Samarcanda tuve una mala experiencia cuando dormí y comí en una casa-restaurante que no ofrecía las mejores garantías de salubridad. Estaba llena de insectos y me costó dormir, porque de madrugada alguien montó un escándalo.

Ahora deseo un ambiente más agradable. Mi intento de dejarme invitar en otro restaurante no fructifica, así que acabo montando la tienda a oscuras, en un bosque, lejos de la carretera.

UZBEKISTÁN
DZHIZAK-CHINAZ
25 de mayo (día 58)
125 km (3.411 km)

Aburrimiento monumental

De Dzhizak sale la carretera que conduce al valle de Ferganá por su acceso natural. La ciudad, sin embargo, es más conocida porque vio nacer a quien fue líder del país entre 1959 y 1983, Sharaf Rashidov. El político vivales. Favoreció de forma descarada a su círculo más cercano, especialmente a Ajmadjan Adylov, que gobernaba Ferganá como un dictador, con su propia justicia, tortura incluida. No en vano se declaraba descendiente directo de Tamerlán. El asunto estalló en 1983 con la inesperada muerte de Rashidov. Algunos diarios de Moscú informaron de cómo operaba el clan, pero nunca se llegó a demostrar nada, pues fue imposible encontrar personas dispuestas a testificar.

Con la voluntad de seguir avanzando dejo atrás Dzhizak de buena mañana. Los fabulosos mapas de navegación aérea norteamericanos señalan dos carreteras hacia el pueblo de Chinaz: una da un rodeo pero pasa por numerosos pueblos; la otra, más al sur, es completamente recta y me conducirá a las puertas mismas del Syr Daryá, mi destino. Se me pasa por alto la letra pequeña, allí donde pone «Syr Darya Highway». Cuando descubro que se trata de una autopista ya es demasiado tarde. Me aguardan 100 kilómetros sin ni una sola curva. Campos de algodón y más campos de algodón, uno detrás del otro.

Resumen de la etapa: aburrimiento monumental. Campos, campos y más campos, poquísimas casas a la vista y escasísimos lugares donde comer. Después de 20 kilómetros ya estoy harto. Sin embargo, debo continuar. Volver atrás sería una mala solución.

En días como éste, el cuentakilómetros se convierte en una tortura. Es un invento infernal menos inofensivo de lo que parece: miras cuánto llevas y descubres que aún te falta cantidad para llegar. Cuando te cansas de comprobar la distancia recorrida, puedes cambiar el indicador y saber el tiempo que llevas circulando desde la salida, pero tampoco sirve de mucho, porque enseguida te das cuenta de que sólo hace una hora que estás encima de la bicicleta. Entonces cambias a la posición de kilómetros recorridos desde Estambul: 3.300 km. «Una buena cifra», piensas, y te animas. De tal forma que acabas circulando con el reloj en esa posición, pendiente de cuánto te falta para llegar a la siguiente cifra capicúa, por ejemplo, haciendo cálculos para saber el promedio de velocidad que llevas o recordando qué día hiciste la distancia más larga. Todo sea para pasar el rato.

Levantas la mirada de la carretera y compruebas que nada ha cambiado, como si no te hubieses movido del sitio. Los mismos campos de algodón, la misma carretera, los mismos coches viejos, el sol siempre a mano derecha... Tu mente acaba viajando a otro sitio. Te vienen a la memoria recuerdos que creías perdidos para siempre. De un rincón escondido de tu cerebro surgen personas que creías olvidadas, recuerdos entrañables de cosas que sucedieron hace ya mucho —demasiado— tiempo. Recuerdas aquella vez que te portaste mal con alguien y que no le supiste pedir perdón, y piensas que cuando vuelvas quizá podrías llamarle; o te preguntas qué se debe de haber hecho de aquel buen amigo que tenías en la escuela.

Las playas de L'Escala... ¡Qué darías en este instante por estar allí! En Riells descubriste un amor imposible y una pasión posible. ¿Recuerdas aquel día de tramontana, cuando decidiste que tú también harías como ellos, que algún día tú también aprenderías a deslizarte sobre las olas como los primeros windsurfistas, o cómo te escondías en la última fila de la clase de física, con 16 años, para leer revistas de motos, tu gran pasión de adolescente? ¿Y la primera moto que tuviste? ¡Claro que te acuerdas! Era una Mobylette de tercera mano que tus padres no querían que te comprases y que al final conseguiste a fuerza de llevar paquetes y sobres por las calles de Barcelona a cambio de cuatro ochavos. No era una gran moto, es cierto. Por alguna razón que no entendías, tus amigos la llamaban «el submarino», pero para ti... lo era todo; la mejor moto que has tenido y que nunca tendrás. Con ella descubriste el placer de despeinarte por las pendientes del Garraf en días sin viento. Era con la que tomabas las curvas de la Rabassada como si fueras Kenny Roberts, *el Extraterrestre*, el mejor piloto de todos los tiempos. Le hiciste de todo a aquel ciclomotor, con la vana esperanza de que corriese más. Un día le abriste el tubo de escape y, al comprobar que no habías ganado mucho, incluso le sacaste el filtro del aire.

¡Qué tiempos aquéllos! Has sido siempre un quemado. Por eso un día te abriste la cabeza en un circuito de *motocross*. ¿Y hace un verano, cuando te lanzaste en paracaídas con unos amigos? No te atrevías, pero al final te dejaste convencer. Hiciste aquello que haces a veces, de no pensártelo mucho, que son cuatro días, y lanzarte al vacío. ¡Y vaya salto! Un minuto de caída libre, a 180 por hora, con el monitor atado a tu espalda, tú gritando como un condenado sin poder oírte, a aquella velocidad demencial, sintiendo la descarga de adrenalina más bestial que nunca hayas experimentado.

¡Ay!, me estoy poniendo nostálgico. Tanto tiempo esperando este viaje y ahora siento añoranza por lo que he dejado en Barcelona, algo que hasta ahora no se había manifestado. Me pregunto qué deben de estar haciendo los amigos, que, según me cuenta la familia, se interesan por mi estado. Pienso en la vuelta a casa, en que cuando llegue me entregarán el piso de protección oficial que solicité en 1992; me digo que tendré que tomarme el trabajo con más calma... Pensamientos y más pensamientos. Cuatro meses de viaje dan para mucho. Viajar es, por definición, una salida hacia el exterior, pero, por lo que voy viendo, es también un recorrido interior que te lleva a encontrarte a ti mismo y a valorar lo que tienes. Y éste es, creo, el gran hallazgo de estos inolvidables cuatro meses sabáticos. Un paréntesis en lo cotidiano que, por lo menos una vez en la vida, sea en forma de viaje, de estudios o de quedarte en casa, todo el mundo debería tener a su alcance.

«Chai, chai!»

Los gritos de un chico me devuelven a la realidad. Me tomo un descanso para llenar la tripa en una *chai khana*.

Finalmente llego a Chinaz. Es hora de parar y buscar un sitio donde dormir. Puede que en este lugar sean más atentos que en Dzhizak. Y parece que lo son. Dos chicos que trabajan aquí me invitan a sentarme con su padre, un hombre con bigotito que fuma sin parar. Traen comida y bebida. Pruebo el *manti*, unas deliciosas pastas rellenas de carne y cebolla. Y luego más comida, hasta que digo basta. Con la bebida, igual. Insisto en que no quiero alcohol, pero ellos venga, una cerveza no hace daño, otra por si tienes más sed, ahora un vasito de vodka, el segundo para brindar... Bebo lo mínimo, pero ellos lo hacen a discreción.

Me inquieto. Me han dicho que podré dormir en su casa, pero algo, la forma de hablar o su mirada, hace que desconfíe. Sobre todo por su insistencia con la bebida. Y me han dicho que nos iremos enseguida, pero transcurre más de una hora sin que nadie se mueva. No puede ser; no puedo arriesgarme a caer en una trampa. Tengo que deshacerme de ellos ahora que aún estoy a tiempo; pero ¿cómo? ¿Huir cobardemente a oscuras, sin decir nada? ¿Y si han sido imaginaciones mías? Quedaré como un puerco aprovechado. No, me iré diciendo la verdad. Le hago entender al chico de la gorrita negra que me marcho, que estoy muy agradecido por el trato que él, su padre y su hermano me han dado, pero que se ha hecho tarde. Él no dice nada. No sé si su cara transmite tristeza o decepción por la oportunidad que se le escapa. Yo me quedaré con la duda de qué habría sucedido si me hubiese quedado, pero mejor así que arriesgarme a tener problemas.

Decepcionado y triste por la experiencia, me voy a buscar un rincón donde descansar. Es la primera vez en dos meses que declino una invitación.

UZBEKISTÁN
CHINAZ-TASHKENT
26 de mayo (día 59)
90 km (3.501 km)

Sí, ministro

Cruzo el Syr Daryá de buena mañana, por un puente más convencional que el del Amú Daryá. El terreno es verde, lleno de canales, campos y bosques dispersos. Es la época de las fresas y las cerezas, que los campesinos traen en grandes cestos para venderlas a los lados de la carretera.

Esta tarde llegaré a Tashkent, donde deberé conseguir el visado chino y, rápidamente, decidir hacia dónde prosigo. La intención inicial era tomar un vuelo a Pakistán, y, una vez en Islamabad, seguir la mítica carretera en la que el gobierno de este país y el de China invirtieron 14 años de penosos trabajos. Una obra de ingeniería faraónica en la que trabajaron 15.000 hombres, que oficialmente costó la vida a 400 personas y que cada primavera hay que rehacer a causa de los desprendimientos y corrimientos de tierra que se producen en la zona de contacto entre el subcontinente indio y la plataforma euroasiática. Me atrae esta ruta de altísima montaña: seguir el valle del Indo, pasar al pie del Nanga Parbat (8.186 metros) y entrar en China por Kashgar.

Me veo con fuerzas para un itinerario de 1.300 kilómetros. Cuento con el visado de Pakistán y con una espléndida guía que incluso contiene consejos para ciclistas. Pero tengo dudas. En Marí, el belga comentó que lo lógico sería seguir hacia Kirguizistán y Kazajstán. Sin embargo, hacer montaña con Davlan es una oferta tentadora. Las montañas kirguiz no tienen la envergadura de las paquistaníes, pero dicen que son igual de bellas. Además, me da pereza subir a un avión, adaptarme a otro país... Ya veremos. En Tashkent decidiré.

La entrada en una gran ciudad es complicada cuando viajas en bicicleta. Es fácil perderse, y el hecho de ir solo te hace vulnerable. Como en un comedor comunitario. Tashkent es grande y puede pasar rato antes de que encuentre la casa que mi involuntario patrocinador, Aquilino Mata, puso a mi disposición.

En la ciudad descubro que es domingo. Todos los comercios están cerrados. Tenían razón los que decían que esto es diferente de todo lo que he visto hasta ahora. Una ciudad nueva, levantada según el racionalismo de los urbanistas soviéticos con la colaboración de 30.000 «voluntarios», según la propaganda de la época, después de los dos terribles terremotos que en 1966 destruyeron casi por completo la que se considera la capital de Asia central. Se ven numerosas casas de ladrillo recién construidas según los tradicionales métodos uzbekos. El uso de hormigón y cemento, tan habitual hasta 1991, está siendo abandonado.

Cuando por fin localizo la dirección, un hombre que estaba barriendo la calle deja la escoba, corre hacia mí y, ante mi estupefacción, me da un abrazo como el del padre que recibe al hijo que vuelve de la guerra. Es el portero de lo que algunos conocen como el «palacio de Aquilino». Les avisaron de mi llegada y, por lo que parece, han sufrido al ver que me retrasaba. ¡Qué calidez!

El hombre agarra la bicicleta como si sólo pesara cuatro kilos y la entra. Me exige que coma, quizá pensando que no lo hago desde que salí de Barcelona. Después sube mis cosas a la que será mi habitación. Me espera una cama de dos metros, aire acondicionado, un televisor con canales vía satélite y una vista espléndida. Pero lo más urgente es la ducha. «¡Gabriel, Gabriel!» El portero quiere enseñarme la maravillosa ducha que tienen, cubierta de mármol negro, y me cuenta algo que a él, cuando se lo explicaron, debió de sorprenderle: «Mira, Gabriel: a la derecha, agua fría, y a la izquierda, agua caliente.» Ya tiene razón, ya, que este invento es maravilloso.

Hace un par de horas que estoy en la casa cuando alguien llama a la puerta. Es un hombre alto y grueso, con una camisa de seda marrón, que me saluda efusivamente por mi nombre. Es Mumín. Por su aspecto podría ser quien manda en la empresa, pero no: es el segundo. El presidente se llama Nazim. Está en el jardín, mostrando la casa a unos visitantes. Vamos a su encuentro. Se trata de uzbekos, y visten a la manera occidental. Nos entendemos como podemos. No tengo ni idea de quiénes son, pero parecen muy educados y perfectamente al corriente de la situación de su país. Hablan de cifras, de porcentajes...

Brindamos por la prosperidad de los países respectivos y luego los dos hombres se marchan. «¿Quiénes eran?», pregunto. El presidente de la empresa me informa. Resulta que he estado hablando con el ministro de Finanzas de Uzbekistán y el hermano del primer ministro, «un hombre muy influyente, también». ¡Y yo en chanclas y con una ridícula camiseta! ¡Podrían haber avisado! «No te preocupes; resulta que estábamos comiendo en el campo y me han llamado para decirme que habías llegado; ellos no se creían que vinieses de Europa en bicicleta, y han querido conocerte», comenta Nazim.

Me cuesta asimilar todo lo que me está pasando. Es increíble: la noche anterior dormí en la tienda para escapar de unos posibles ladrones y un día más tarde me encuentro ante las primeras autoridades del país, en un palacio. Vivir para ver. Debe de ser por eso por lo que ya no me extrañará que muevan todos sus contactos para localizar a una persona que hable castellano y que nos acompañe a cenar al restaurante más lujoso de Tashkent. Los hechos se precipitan. Aun así, rehúso una atención que considero desmesurada. Nazim dice que mañana irán a comprarme ropa para que esté más presentable. Hasta ahí podíamos llegar; de ninguna manera. El chico cubano que hace de intérprete traduce con dificultad mis palabras al ruso. Nazim y Mumin sonríen cortésmente.

UZBEKISTÁN
TASHKENT
27 de mayo (día 60)

Bloqueado, pero a cuerpo de rey

Aunque puede que la residencia de Aquilino en Tashkent no llegue a la categoría de palacio, sin duda es una señora casa. «No es la más grande de la ciudad, pero sí la más lujosa. Los *businessmen* quieren venir aquí sólo para verla», me explica Nazim. Dispone de jardín, sauna y despachos, pero lo que la hace imponente es la decoración del vestíbulo y del comedor principal, obra de los mejores artesanos del lugar. La entrada es inmaculadamente blanca, de ambientación y luminosidad orientales. Las paredes están decoradas con relieves de yeso realizados a mano y que esconden pequeños espejos.

Acabo de levantarme. En el vestíbulo ya me aguarda toda la tropa de ITLV. El ambiente de trabajo en esta casa, y en otros muchos lugares del país, no tiene nada que ver con el que estamos acostumbrados en Europa. No hay horarios ni una tarea fija que hacer. Si no hay nada pendiente, la gente se sienta alrededor del televisor —un aparato de dimensiones panorámicas— y se pone a hacer *zapping*, mientras la joven y guapa secretaria se queda sentada a la mesa limándose las uñas o pintándose los labios.

El relajamiento desaparece instantáneamente cuando toca moverse. Entonces, da lo mismo que brille el sol o sea de noche, que sea día festivo o laboral, que se lleven diez horas a la brega o que la mujer esté enferma en casa. Hay que trabajar y se trabaja. Sin hacer preguntas, sin buscar justificaciones.

La plantilla es una gran familia, y no sólo en el sentido metafórico. La mayoría son parientes o amigos de toda la vida. Aquí, nadie ha llegado por currículum o por oposiciones. Han encontrado el trabajo porque son parte del clan, de la tribu. Y nadie lo esconde. Al contrario. No entienden que se pueda funcionar bien de otra forma: «Es la garantía de que nadie te traicionará», dicen. Una forma de actuar muy coherente, pero terriblemente injusta.

Que se lo pregunten, si no, al cubano que anoche nos hizo de intérprete. Está casado con una rusa a la que conoció cuando estudiaba ingeniería textil en la Universidad de Tashkent. A Oswaldo no sólo le es difícil conseguir trabajo, sino incluso hacer amigos uzbekos. «Lo he intentado todo, quedar con ellos o invitarlos a casa, pero ni siquiera vienen. Es un país cerradísimo», comenta con amargura. Le explicaré a un uzbeko los problemas que el caribeño tiene en un país tan distinto del suyo. Su respuesta será que «las amistades no se hacen en un día ni en dos años ni en tres; necesitan mucho tiempo, a veces tanto como haberte conocido en la escuela». Eso equivale a decir que Oswaldo nunca formará parte del clan.

Para mí es distinto. Sólo recibo atenciones. Llego recomendado por Aquilino, y eso implica encontrarme a todas horas rodeado de gente dispuesta a atender cualquier necesidad en cualquier momento. Durante mi primer día en Tashkent, la prioridad es resolver el problema de los visados. Nazim envía al aeropuerto a dos hombres con mi documentación a fin de resolver el trámite; mientras, desde la oficina, nosotros nos informamos acerca de cómo conseguir el visado chino.

Hacia el mediodía, mi estancia en Uzbekistán está regularizada. He dejado de ser un ilegal. Comienza mi odisea para conseguir entrar legalmente en el país de Mao Zedong. Desde Barcelona traigo un documento del consulado chino, un puñado de fotos carnet, fotocopias del pasaporte, el billete de vuelta Pekín-Barcelona y reservas de hotel para cuando llegue a la capital. Éstos son los papeles que las autoridades pequinesas exigen para visitar el país.

Pero en Tashkent no es suficiente. Las embajadas chinas en las repúblicas de Asia central son más estrictas. Me piden que un particular o una empresa china me inviten mediante una carta. Y para hacerlo más fácil, la legación diplomática sólo abre dos días por semana, martes y viernes. Es lunes, así que ya puedo ponerme en movimiento. He de encontrar a un hombre de ojos rasgados que me avale. ¿Lo encontraré en esta ciudad? «Seguramente sí —me dicen—; conocemos a una persona que...»

Jugármelo todo a una carta es temerario. Llamo a casa y a un par de agencias de viajes de Barcelona, a ver si a ellos, desde allí, se les ocurre una solución. Después, sólo resta esperar, tener la paciencia que siempre me ha faltado.

Con respecto a la continuación del viaje, la opción paquistaní está casi descartada. Será mejor seguir hacia Kirguizistán y Kazajstán que liarse con un cambio de ruta. Cada vez le veo menos sentido. Por la tarde me acompañarán a la embajada de la Federación Rusa. En ese edificio blindado no están acostumbrados a la presencia de europeos. «¿Cuánto te cobraron en España por el visado? *Tridtsat*? Pues aquí lo mismo», dirá el policía. Treinta dólares y buen viento. Un problema menos. El visado ruso me permite continuar el viaje. Ya sólo me falta el de China.

Por la noche, tenemos cena familiar en el jardín de ITLV. Una comida agradable en compañía de todos los trabajadores y de un recién llegado que será mi «escudero» los próximos tres días. Se trata de Sadir, un hombre muy despierto y culto que se me presenta como «el único intérprete de español de Uzbekistán». Me explicará infinidad de detalles sobre su país, pero también dedicará una buena cantidad de energías a reñirme por todo lo que no he visto y todo lo que he dejado de leer sobre Uzbekistán.

Sadir es emprendedor. Con un socio, ha puesto en marcha «la única revista de Asia central que se edita en color». Una publicación que realizan con la ayuda de un viejo ordenador IBM que entre los dos, sin la ayuda de nadie, han aprendido a manejar. Cuando llega el verano trabaja de guía turístico para grupos de habla hispana. Su gran sueño es poder organizar algún día un viaje por la ruta de la seda «como se hacía hace 500 años, en caravanas de camellos, viviendo y comiendo como en la Edad Media».

Será un alivio tenerle a mi lado. Durante unos días me sentiré menos autista. Mi comunicación con la gente del país podrá ir más allá del *«ya Gabriel, velosypied, Barcelona-Kitai»* («yo Gabriel, bicicleta, Barcelona-China»). Por fin podré tener conversaciones serias y explicarles, por ejemplo, por qué, con 32 años, no estoy casado ni tengo hijos, dos de las preguntas que, casi indefectiblemente, me hacen cada día. Pero una cosa es entender y la otra comprender. «¿No te gustan las mujeres?; ¿tienes algún problema?; ¿no te gusta...?», siguen preguntando. Al fin y al cabo, cuanto más saben, menos comprenden.

UZBEKISTÁN
TASHKENT
28 de mayo (día 61)

La danza del vientre

En la mesa donde desayuno se han congregado unas cuantas personas que ya conocía y un desconocido, un abuelo de piel aceitunada que ha empezado a bromear acerca de lo bien que se vive ahora en Uzbekistán. Cuando acabo, me arrebata el plato y lo rebaña con un trozo de pan. «Dejas lo mejor», dice con la convicción que dan muchos años de vida vividos. Y sufridos. Explica cosas del pasado, de su familia, de las duras condiciones de trabajo, de cómo se construyeron las espléndidas Bujará y Samarcanda, de cómo se sacrificaron muchos en beneficio de unos pocos. «La gente vivía junto a las obras; trabajaba día y noche en condiciones de esclavitud; y al morir, los enterraban en los muros que ellos mismos habían levantado», explica, envuelto en el silencio y la juventud de los que le escuchamos.

A las diez en punto estamos en la embajada de la República Popular China. Nazim y Mumín se abren paso a empujones entre una aglomeración de gente que parece que esté siendo engullida por el estrecho hueco de la ventanilla. Es como si desde el interior de la oficina una fuerza misteriosa sorbiese los estiradísimos brazos que anhelan un visado. Al otro lado del cristal, dos hombres y dos mujeres, bajitos, atienden a gritos las demandas frustradas de quienes se han olvidado una foto, un documento o un fax.

Estoy a punto de engrosar la lista de frustrados. El fax que me han enviado de Viajes Orixà es insuficiente. La carta de invitación tenía que llegar de China, no de Barcelona. Nos han tratado muy mal. Sólo ha faltado que nos dijesen que si no lo hemos entendido es que somos algo retrasaditos. Nos retiramos con el rabo entre las piernas.

De nuevo en la oficina, Nazim y Mumín siguen haciendo llamadas mientras yo vuelvo a telefonear a Barcelona. El primer contacto con los chinos no me ha gustado. Los movimientos nerviosos, esas miradas huidizas... Son de una rigidez enervante. «Igual que aquí unos años atrás», dice Nazim.

Entre llamada, comida, siesta, nervios y otra llamada pasamos otra mañana y otra tarde. Gracias a la televisión, me distraigo a ratos. Una enorme antena parabólica permite captar 70 canales de toda Asia: Mongolia, China, Hong Kong, Pakistán, India, Birmania, Irán, Macao... Puedo ver desde una retransmisión deportiva en directo desde Estados Unidos, hasta una película con mujeres cubiertas con velo o una ópera china. Una ventana abierta al mundo que todos queremos controlar. Yo soy partidario del *zapping*, pero si me despisto me sacan el mando a distancia y ponen fútbol americano.

Por la noche, toca cenar fuera. Nazim y Mumín tienen una cita importante. Ha venido el director general de la empresa textil más importante de Uzbekistán, que da trabajo a miles de personas en Samarcanda. De forma incomprensible para mí, me quieren a su lado. ¿Qué hago yo, con pantalones de chándal de color azul eléctrico, chanclas y chaqueta polar verde al lado de hombres encorbatados que discuten sobre precios? No lo sé, pero si a ellos no les molesta mi indumentaria, no seré yo quien se preocupe.

La cena resulta más entretenida de lo que esperaba. Mientras hablan de sus cosas, me dedico a observar el local y a su clientela, compuesta exclusivamente por hombres de negocios que manipulan teléfonos móviles con gran aparatosidad. Hablan en voz lo bastante alta como para que todo el mundo advierta que son dueños del Motorola que se han regalado. En el escenario hay actuación musical, si se le puede llamar así a una serie de gesticulaciones realizadas mientras por los altavoces suenan canciones de Madonna y Michael Jackson. Pero el plato fuerte del *show* es la danza del vientre, que una chica en biquini representa recorriendo las mesas mientras manos deseosas le dejan billetes entre los pequeños pedazos de tela y la piel. Me informan de que la chica no es uzbeka, y por la forma de decirlo parecen satisfechos de que así sea, como si este trabajo no fuera digno para una mujer del país.

Tampoco son uzbekas, sino rusas, la mayoría de las personas que están en la discoteca a la que nos llevan después. Tomo un par de cervezas con el temerario conductor del Volkswagen Passat importado de Bélgica y con el cocinero de la empresa, que fracasa estrepitosamente en su intento de ligarse a dos chicas rubias de muy buen ver. Se han levantado y lo han dejado más solo que la una.

En casa volvemos a encontrarnos con el equipo directivo. Nazim me ha reservado una sorpresa. Ha mandado preparar la sauna que desde el día de mi llegada me tenía robado el corazón. Es una deferencia que tiene reservada para personas muy importantes, dice; un honor del que sólo pueden disfrutar los cinco o seis empresarios con los que hace negocios. Agradeceré el detalle mientras tomamos la última cerveza y nos hinchamos el estómago con fresas del tamaño de una pelota de pimpón. Ducha, cinco minutos de sauna, un baño helado, toalla y otra vez cerveza y fresas. Y así tres veces, hasta que nuestros cuerpos dicen basta. El primero en retirarse será el empresario de Samarcanda, que regresa al hotel.

Cuando nos quedamos solos, Nazim, que tiene aproximadamente mi edad, me hace una confesión: «Eres un héroe; a mí me habría gustado ser como tú, llevar a cabo un proyecto como éste.» Habla en serio, y me da que pensar. «¿Héroe yo, que vivo en un país en el que no me falta el mínimo para vivir y que he venido aquí en un viaje medio aventurero medio excéntrico para ver lo mal que vivís? No; yo no soy un héroe; los héroes son muchas de las personas que he ido encontrando por el camino, personas que sin tener prácticamente nada me lo ofrecían todo; héroes son los que tienen que luchar diariamente para sobrevivir, porque no tienen otra salida, o los que tratan de continuar adelante después de una guerra. Ellos son los verdaderos héroes. Pero ¿cómo podría hacértelo entender?»

Subo a la habitación con el cuerpo blando. La cama me espera. Sin embargo, cinco minutos después de apagar la luz llaman a la puerta. «Nazim dice que bajes.» ¿Y ahora qué querrá?. Pues presentarme a una chica. A estas horas de la noche, después de la sauna, las cervezas y las fresas... No sé qué pensar, si en un cuento de *Las mil y una noches* o en qué. Enseguida lo descubro. Es su novia, la hija del primer ministro, que viene de una fiesta y que se ha acercado para saludarle y, de paso, ver al extranjero que hospeda en su casa. Me tocará hacer de carabina mientras la pareja, sentada en la butaca de enfrente, se mira tiernamente. Muerto de sueño, ahogo mis ilusiones en la que, ahora sí, será la última cerveza de la noche.

UZBEKISTÁN
TASHKENT
29 de mayo (día 62)

La exaltación sexual de los uzbekos

Lo primero que Sadir ha hecho al verme esta mañana ha sido preguntarme cómo acabó la noche. Esperaba una confesión del tipo «madrugada loca en el palacio de Aquilino», pero mi respuesta le decepciona. «Cuando dijeron que nos marchásemos pensé que a lo mejor...» Los únicos «a lo mejor» están en la imaginación de este y de otros uzbekos, que siempre disfrutan hablando de sus fantasías o experiencias sexuales. Es casi una obsesión. Davlan ya me habló de ello en Samarcanda: exagerando la nota, me había dicho que «las uzbekas no llevan bragas».

El tema aparece en cada comida, sin excepción, y esta noche no será menos. Uno de ellos contará su estancia en Barcelona. «Estábamos en el hotel a la una de la madrugada y vino uno y nos dijo: "Ahora vamos al Bagdad (conocido espectáculo de sexo duro de la Ciudad Condal)." Nos extrañó que hiciesen teatro tan tarde, pero cuando llegamos y vimos a las parejas jodiendo en el escenario... fue demasiado. Incluso pretendían que yo subiese allí.» Cuenta con pelos y señales los números que se montaban aquellos prodigios de la naturaleza, y cómo acabaron visitando una reputada casa de señoritas de la ciudad olímpica cada una de las noches que duró la estancia.

En Tashkent, la prostitución es un negocio muy próspero, aunque que oficialmente no existe. Me han hablado de una profesional coreana que se cotiza a 100 dólares la noche, que aquí es mucho dinero. Y por lo visto, tiene trabajo de sobra. Algo no tan extraño en un país en el que la mitad de las bodas no se hacen por voluntad de los contrayentes, sino por intereses familiares. Y mientras algunos optan por pagar, otros, que se lo pueden permitir, se decantan por la ilegal poligamia.

Yo estoy cada vez más negro, y no precisamente a causa del sol. Un día más en Tashkent. Es el tercero. La frustración aumenta por momentos. Estoy bloqueado. Después de dos meses en continuo movimiento, el paro forzoso me provoca una ansiedad terrible. No puedo hacer más que tener paciencia y esperar, paciencia y esperar. Dependo por completo de lo que estén haciendo en Barcelona. ¡Y todo por culpa de un estúpido papel! Si por lo menos fuera por una razón seria —qué sé yo, una avería, un accidente, una enfermedad, lo que fuera— lo habría aceptado, pero verme parado por un problema burocrático me pone a cien.

En la casa recibo las miradas comprensivas de la gente de ITLV, solidaria con mi tristeza y dispuesta a animarme.

La llegada del paquete de Barcelona con el neumático —¡en sólo seis días!— me ha levantado la moral. Mi amigo Pere incluso me manda otro neumático y dos cámaras. Unas horas más tarde llega la segunda buena noticia, también de Barcelona. Es un fax con mi carta de invitación. La han conseguido a través del Colegio de Periodistas de Cataluña después de remover cielo y tierra. Por teléfono, el gerente del colegio, Àngel Jiménez, me explica lo que pone en este ininteligible papel en chino: que trabajo en Comercial Lein y que tengo que ir a la provincia de Shandong, a una empresa china asociada, por motivos laborales. A partir de ahora, pues, tengo que olvidar que soy un turista y, sobre todo, ni una palabra de que soy periodista. Cualquier comentario que haga sobre mi verdadera profesión y las puertas del país se cerrarán ante mis narices.

Con el fax en la mano, Nazim, Mumín y yo hemos creído que el visado sería coser y cantar, pero la embajada no abre hasta mañana. «*Problem nyet*», han dicho. Los directivos de ITLV mueven sus hilos y una hora y media más tarde estamos en la entrada de la legación diplomática. Nos acompaña un alto cargo del ministerio de Agricultura. Fracasamos estrepitosamente. Ni siquiera conseguimos superar la cerca que rodea el edificio. Queda claro que las influencias no sirven con los chinos. Habrá que hacer cola como todo el mundo.

Con toda la tarde libre por delante, sin nada más que hacer que dejar pasar el tiempo, salgo a visitar Tashkent, que hasta ahora sólo he conseguido ver desde la ventanilla del Volkswagen. No es que tenga demasiado interés por esta vieja ciudad de edificios modernos. De su pasado de 2.000 años no queda casi nada; todo ha sido destruido y renovado. He de conformarme con ver una mezquita, una discreta madrasa y las casas fortificadas que dieron a la ciudad fama de invulnerable.

Más interesantes son los museos, o el lujoso metro, del que todo el país se siente orgullosísimo. Es el único de Asia central, y, como el de Moscú, se construyó sin regatear rublos. Será curioso comparar la línea que ahora construyen con las dos realizadas durante los años de la Unión de Repúblicas Socialistas Soviéticas. Seguro que la nueva se hace con otros criterios económicos.

La torre de comunicaciones, las anchas avenidas, las plazas y los parques, los monumentos y los contundentes edificios hacen de Tashkent una ciudad distinta de Bujará y Samarcanda.

Es una ciudad moderna, que pugna con sus rivales de la zona, Alma Atá e Islamabad, por la capitalidad de este rincón de continente que en pocos años ha empezado a atraer capitales extranjeros.

«El problema del centro de Asia es que estamos muy lejos del mar», se lamenta Sadir, y con razón. No basta con tener recursos naturales si hay dificultades para llevarlos al exterior. Es el caso del oro. Uzbekistán dispone de buenas reservas, como atestigua la inmensa cantidad de personas de clase media o baja que llevan una docena de dientes de ese material. La ruta hacia el norte está cerrada a causa de que las relaciones con Rusia no pasan por su mejor momento; la ruta de China está muy controlada debido a la desconfianza de Pekín hacia unos países islámicos demasiado próximos —por motivos étnicos, lingüísticos y culturales—, a la provincia autónoma, y a menudo rebelde, de Xinjiang; y la ruta hacia el sur sigue cerrada por la interminable guerra de Afganistán, que Europa y Estados Unidos ahora empiezan a descubrir. Sólo la vía hacia el oeste permanece abierta. En beneficio de Turquía e Irán, los grandes favorecidos por el colapso soviético.

UZBEKISTÁN
TASHKENT
30 de mayo (día 63)

El arte del regateo

Hoy no tengo mucho que hacer. Con Sadir nos dedicamos a dar una vuelta por el bazar, los museos y las madrasas buscando qué comprar. Es un día para pasear y comportarse como un turista. No creía que tuviese tiempo para ello. Sin embargo, sucede todo lo contrario, especialmente después de comprobar la eficacia de las empresas internacionales de envíos urgentes. Así que ya puedo comprar, aprovecharme de la divisa fuerte que llevo conmigo y de los bajos precios del mercado, y enviar a casa algunas de las maravillas artesanales que están a mi alcance. Por un día, no me dedico a ahuyentar a los vendedores. Estoy dispuesto a gastar.

Me tranquiliza comprobar que, al contrario que los de Marrakech, los comerciantes uzbekos no tienen la habilidad, de conseguir que pagues más de la cuenta. Además, en estos dos meses ya he adquirido cierta desenvoltura en el arte del regateo, que incluso me divierte. Así pues, pasaré horas viendo, tocando, comparando y escogiendo, aconsejado por Sadir, que no quiere entrar en el juego porque conoce a la mayoría de los vendedores.

A última hora de la tarde volvemos a casa. La cosecha ha sido provechosa: dos preciosas cajitas decoradas con dibujos en miniatura, un increíble soporte móvil del Corán construido a partir de un bloque de madera, y, lo que para mí es la joya de la corona, una alfombra de la ciudad de Sajrisabz de tamaño imperial, tres por cuatro metros, del año 1920. Me ha costado 100 dólares, una cifra que no ha habido forma de rebajar. De todos modos el precio debía de ser muy bajo, a juzgar por el disgusto de las mujeres que me la han vendido.

Por la noche, otra cena, esta vez en el comedor de los espejos. Siempre comiendo. Estoy ganando kilos. No puedo evitarlo. La tentación ante las mesas tan bien surtidas que me ponen delante es demasiado fuerte. Necesito ponerme nuevamente en movimiento. La estancia en Tashkent ha estado muy bien, me han tratado a cuerpo de rey, pero comienzo a sentirme como un rehén, incómodo por toda una serie de atenciones de las que no me considero merecedor. No quiero quedarme más. Acabaría acostumbrándome a la buena vida.

UZBEKISTÁN
TASHKENT-AJANGARÁN
31 de mayo (día 64)
70 km (3.571 km)

De nuevo en marcha

Hoy será el gran día, pues conseguiré el visado y por fin diré adiós a mis hospitalarios anfitriones. Por la tarde podré ponerme en marcha. Aunque, si lo pienso bien, quizá sea mejor dejarlo para mañana por la mañana, ya que así tendré tiempo para prepararlo todo, aprovechar las últimas horas con esta buena gente y, por qué no, disfrutar de la última ducha de agua caliente en unos cuantos días. Ya he decidido que iré hacia Kirguizistán, pero no por el camino más fácil, la carretera principal, sino a través del valle de Ferganá. A partir de allí, tendré dos opciones: pasar a Kazajstán y después al extremo norte de China, o bien adentrarme en la parte más montañosa del país y acceder a Xinjiang por una carretera inhóspita que lleva a Kashgar.

Las cosas, sin embargo, a menudo no salen como pensabas. Tan convencidos estábamos de que todos los problemas se habían resuelto, que me han dicho que no hacía falta que me acercara a la embajada. Ellos se encargarían de todo.

Una hora después están de vuelta en casa, derrotados. No lo han conseguido. Los funcionarios chinos les han dicho que está muy bien el papel, que es el que necesito, pero que el fax debe ser enviado desde China directamente a la embajada. El que llevaban, entregado en mano, no tiene ningún valor. Podría ser una falsificación realizada por enemigos de la República Popular con oscuras intenciones. «Son paranoicos», insiste Nazim.

Me siento desconsolado. Otra vez debo llamar a Barcelona para pedir que desde el Colegio de Periodistas vuelvan a hablar con Comercial Lein, que desde la empresa llamen a China y que desde Shandong manden el fax a la embajada. Cuando esto suceda, cuando el encargo llegue al destinatario final, el número de fax tal vez haya perdido algún dígito por el camino. Y entonces, ¿qué? ¿Repetir todo el proceso? Por no mencionar que hay un fin de semana de por medio, las diferencias horarias... Todo es muy complicado, pero no hay otra salida. Debo resignarme a pasar el sábado, el domingo, el lunes y el martes en Tashkent; cuatro días más. A menos que... ¡Idea! Sí señor: que no manden el fax a Tashkent sino a la embajada china en Bishkek, la capital de Kirguizistán, donde yo lo recogeré dentro de cinco o seis días. Así pues, no hace falta que pierda ni un minuto más. ¡Soy libre!

La gente de ITLV se queda pasmada cuando anuncio que me voy. No lo pueden creer. «¿Qué prisa tienes? Si puedes quedarte el tiempo que quieras, nadie te obliga a marchar. Espera a mañana, o a pasado mañana. Aquí tienes casa; y en Bishkek, ¿qué tienes? Nada. ¿Dónde dormirás, si allí no conoces a nadie?», insisten; pero es inútil, estoy decidido, no me harán bajar del burro. Además, mi visado uzbeko caduca en pocos días. No quiero alargar la estancia más de lo imprescindible.

Nazim me pregunta qué necesito, que ellos irán a comprarlo, y queda algo decepcionado porque sólo le pido fruta, almendras y pasas. Él, por si acaso, me da el nombre de un importante miembro del gobierno kirguiz. Es una suerte, ya que dentro de unos días me ayudará a resolver un problemilla.

Será una despedida triste, como todas las despedidas, y emocionante. Nos hacemos unas fotos en el jardín y, al acabar, el abuelo de la casa pronuncia una oración deseando que Alá me acompañe durante el resto de la travesía. Todos siguen las palabras con los ojos entrecerrados y las palmas hacia el cielo, con el mismo gesto de agradecimiento que repiten después de cada comida. El portero que me recibió como a un hermano me observa con cara de no entender y vuelve a abrazarme con todas sus fuerzas. Creo que un par de lágrimas se deslizan por sus mejillas.

Quien de verdad tiene razones para estar agradecido soy yo, y así lo digo. También me hubiera gustado obsequiarles con un presente, pero ayer Sadir me dijo que no lo hiciese: «Simplemente, cuando llegues a Barcelona les mandas una fotografía dedicada; será suficiente.»

Me acompañan hasta la puerta para despedirme. Tengo la bicicleta cargada y en perfectas condiciones. Puedo volver a ponerme en camino, hacia China. Me queda un largo trecho. Últimos apretones de mano, últimos abrazos, unos postreros consejos y finalmente un «¿No te dejas nada?». ¡Muchísimas cosas dejo en esta ciudad y en esta casa! Casi tantas como las que espero encontrar en las próximas semanas.

Salgo de Tashkent con una sonrisa de oreja a oreja. Después de 64 días, el viaje sigue vivo y, puesto que no iré a Pakistán, aún voy bien de tiempo. He pasado el ecuador del viaje y, a buen ritmo, puedo llegar a China antes de julio. Tendré un mes largo para recorrer el país más extenso y del que menos he leído antes de partir, seguramente porque no tenía nada claro que pudiese llegar hasta él.

Me dirijo hacia las montañas, después de tantos días de calor y de llanuras monótonas. Antes de veinticuatro horas podré disfrutar de temperatura fresca y aire puro, de las cimas blancas que ya veo al este, de ríos caudalosos y transparentes y de paisajes cambiantes tras cada repecho.

La entrada a Ferganá desde Tashkent se realiza a través del puerto de montaña que me espera mañana. No es el acceso natural a la provincia más tradicionalista de Uzbekistán, pero sí el más recomendable, a menos que uno esté dispuesto a cruzar la frontera de la conflictiva Tayikistán, pasando por la ciudad de Jodzhent (la antigua Leninabad).

Pedaleo casi sin interrupción durante toda la tarde, y al ponerse el sol dejo la carretera para acampar. Un campesino que vuelve a casa me pregunta adónde voy, si no me doy cuenta de que allí, junto a los campos, no puedo dormir, que un propietario me echará a punta de escopeta. Le pregunto qué puedo hacer. El hombre, que lleva una azada al hombro, me mira de arriba abajo y suelta un «Vente conmigo».

Cruzamos la carretera y entramos en su casa, una construcción de madera de dimensiones considerables situada delante de su terreno. La mesa en la que cenamos no levanta dos palmos del suelo. La mujer y los niños van y vienen. Hoy será una de esas noches en que dormiré plácidamente.

UZBEKISTÁN
AJANGARÁN-puerto
1 de junio (día 65)
90 km (3.661 km)

La montaña, por fin

El hombre se levanta con el sol y una hora después viene a despertarme. ¿A lo mejor ha creído que abusaba de su generosidad? Ni mucho menos. Es la hora de desayunar. Después, ya puedo ponerme otra vez en camino. La familia ha cumplido sobradamente con los preceptos de hospitalidad musulmanes.

Durante la primera hora de bicicleta me siento cansado. Los días de descanso no me han sentado muy bien. De tanto comer me ha salido una barriguita que no recordaba desde la mili, cuando, con la paranoia de que comía poco y mal, pasaba el rato vaciando bolsas de patatas fritas y latas de atún.

Lo mismo me ocurre con el tabaco. Cuando salí de Barcelona fumaba seis o siete Ducados *lights* al día, y ahora debo controlarme para no superar el paquete de LM diario. Fumo mucho, de forma compulsiva. Cuando pedaleo no, claro, pero sí cada vez que me paro: después del desayuno, antes y después de que me traigan la comida, antes de dormir, mientras escribo, mientras descanso... No doy la imagen del deportista, precisamente. Por eso se me hace raro encontrar en estas repúblicas personas que me digan que estoy hecho un *sportsman*.

Camino de Ferganá, la carretera asciende a 2.100 metros, una altura que, viniendo de 500 metros, supone un buen desnivel. Me sirve de entrenamiento para los puertos que encontraré la semana que viene en Kirguizistán. Es mi primer día de montaña, y me lo tomo con calma, para que las piernas se acostumbren a las subidas. Un día de pedalear despacito, sin forzar el ritmo.

Lo único que quiero es superar el puerto, llegar a Ferganá. La carretera está muy transitada, y es que por aquí circula una parte importante de las mercancías que se mueven en esta provincia, una de las zonas más ricas de Uzbekistán. «¿A Ferganá en bicicleta? —me interroga un camionero, en un alto para cargar agua—. Es imposible. Venga, sube al camión que te llevo.» Le doy las gracias, pero sigo solo. Después de tantos días de llano me apetece disfrutar de los picos nevados que se ven a izquierda y derecha, ya en Tayikistán.

La carretera gana altura por un valle que se estrecha hasta convertirse en una lengua de tierra que se pierde, haciendo eses, centenares de metros más arriba, entre las nubes de polvo que levantan los vehículos. Tardo una hora en superar el collado, una hora de resoplar mientras se hace tarde y la temperatura cae en picado.

La desilusión es grande: aquí arriba no se puede dormir. ¡Con las ganas que tenía yo de pasar la noche viendo estos prados verdes, bajo el cielo estrellado! Pero no puede ser. Sólo hay un destacamento militar y una *chai khana* donde pueden ofrecerme poco más que chocolatinas y té. «Ya te apañarás con lo que llevas», me digo, y me lanzo pendiente abajo a toda velocidad por una carretera en obras, a buscar un prado o cualquier lugar llano que Alá se digne poner en mi camino. Después de los sitios en los que he llegado a dormir, mis huesos ya están preparados para descansar sobre cualquier clase de terreno.

Hago 15 kilómetros de bajada por un valle estrecho y descubro un rincón que puede servir. Es un pequeño espacio junto al río, apartado, lejos de miradas indiscretas, bajo unos árboles. «Perfecto —me digo—; aquí dormiré cómodamente, sobre un mullido colchón de hierba.» Pero lo perfecto sólo existe en la imaginación. Pongo agua a hervir para la cena. La dieta es la habitual de los días que tengo que improvisar una acampada: arroz hervido acompañado de lo que tenga a mano, en este caso embutido y queso. Son alimentos de emergencia, que ocupan poco lugar y puedo cargar durante días sin que se echen a perder.

Al salir del bosque para ir a lavarme, me descubren

unos niños que jugaban unos centenares de metros río abajo. Diez minutos más tarde recibo la visita de cortesía de los padres de las criaturas. Se acercan a la tienda con la discreción y la precaución con que te acercas a un desconocido. Pongo la mejor de mis caras, saludo y les ofrezco comida, aun a sabiendas de que no la aceptarán. Quieren saber qué hago aquí, y cuando están informados me ofrecen cenar y dormir en su casa. Han llegado tarde, lo siento. Veinte minutos antes habría aceptado, pero ahora, con todo el chiringuito montado, me da mucha pereza desmontarlo todo, ir a su casa y verme sometido al interrogatorio habitual. Quedamos para mañana por la mañana. A las siete y media en punto estaré allí para desayunar. Prometo no faltar.

UZBEKISTÁN
puerto-KOKAND
2 de junio (día 66)
85 km (3.746 km)

El último kan de Kokand

No se han retrasado ni un minuto. A las siete y media los dos hombres de ayer están ante mi tienda, saludándome con sonrisas. Me doy prisa a recogerlo todo, todavía húmedo por el rocío, mientras ellos estudian mis enseres y hacen comentarios en voz baja. En diez minutos estamos en su casa, que no es tal sino una espléndida *chai khana* con una veintena de esas camas de madera que tan poco me gustan, dispuestas al pie de un bosque de robles. Ellos también acaban de levantarse. Las cazuelas todavía no humean. Los niños están atareados, haciendo equilibrios con dos o tres troncos secos recién cortados y que pueden aplastarles un pie en cualquier momento.

Espero sin impaciencia. Hoy será un día sin complicaciones. Me reconforta contemplar la familiar estampa campestre. En la mesa de al lado se sientan dos hombres mayores, los cabezas de familia que se cuidan del negocio. Visten túnica de lana, a la antigua, y hablan en voz baja mientras dirigen miradas huidizas hacia mí. Ellos también aguardan para comer. Así transcurre media hora. Extrañamente, en todo ese rato nadie me dice nada. Es después, con el estómago lleno, cuando uno de los hombres viene a sentarse a mi mesa, con un pequeño aguilucho sobre el brazo. Gesticula. Intenta explicarme que lo encontró la primavera pasada en la montaña, herido de un ala. Muy orgulloso de su compañero rapaz, le acaricia dulcemente el lomo. Me da a entender que, cuando sea mayor, le enseñará a cazar. Me muestro muy interesado y pronuncio repetidos «oh» de admiración, para compensar todas las cosas que dice y no entiendo, que son la mayoría.

Hacia las diez comienzo a moverme. En el fondo del valle, me espera Kokand. Es un día distinto de lo previsto. Para empezar, la carretera. Después de pocos kilómetros, el río que me acompaña desaparece y me encuentro rodando por un terreno cada vez más seco, con paredes de tierra a los lados.

Ferganá no es el valle que me esperaba, sino una depresión rodeada de montañas que se extiende a lo largo de 300 kilómetros con una anchura de 100 kilómetros. Al contrario que ayer, la pendiente de bajada es suave, ideal para rodar mucho rato a buena velocidad sin esfuerzo. Mantengo los 30 kilómetros por hora sin dificultad, todo un récord. Y aún habría podido correr algo más de llevar los neumáticos casi lisos con los que salí de Barcelona. Los nuevos llevan tacos y se agarran más al asfalto. La ventaja es que, con tanta goma, difícilmente tendré un pinchazo.

Vuelvo al llano y reaparece el verde. Nuevamente estoy a 500 metros, la misma altitud que los 1.500 pies que marca la carta de navegación aérea. Por segunda vez en una semana cruzo el Syr Daryá, el río del que depende la fertilidad del valle de Ferganá. En sus aguas nacen los peces a los que tan aficionados son los rusos, y también, a pesar de la religión, muchos uzbekos. «¿Por qué tendríamos que privarnos de ellas?», me habían dicho en Tashkent. Una buena pregunta.

Tampoco Kokand es como me esperaba. La ciudad fue el segundo centro religioso de Asia central, después de Bujará, con 56 madrasas y 500 mezquitas, y la capital del kanato del mismo nombre, enfrentada a Bujará, así como una plaza fuerte que los rusos tardaron muchos años en conquistar. En la primera mitad del siglo XIX sus dominios se extendieron hasta Bishkek, Dzhambul y Kizil Orda, en Kazajstán.

Fue en 1876 cuando el último kan, Polat, fue encarcelado y ejecutado, y la provincia acabó incorporada en el protectorado de Turkestán. De nada había servido la demanda de ayuda de su predecesor, Judayar, a las tropas británicas. Los rusos estaban decididos a reforzar su control sobre Asia central ocupando los territorios próximos al Pamir. No podían permitirse tener al enemigo tan cerca de sus dominios.

Pero queda poco de la vieja Kokand. En un siglo, los rusos han borrado infinidad de rastros de la cultura original. Muchas madrasas y mezquitas han desaparecido. Ahora el proceso es inverso. Se trata de «reuzbekistanizar» el país. Han comenzado por retirar el avión, modelo Yak-40, que alguien, con unos parámetros artísticos algo discutibles, situó en el parque más céntrico, delante del palacio del kan Judayar, un edificio que es el principal atractivo de Kokand. Fue construido por el excéntrico dignatario de Ferganá con todo el lujo y todo el oro que su posición requería. Hoy acoge a vendedores que ofrecen monedas cinco veces centenarias por unos pocos dólares. Hay muy pocos visitantes. Es domingo, y paseo por las salas completamente solo.

Paso las últimas horas de la tarde en la puerta del hotel Kokand, tomando té y comiendo *shashlic*. Ojalá todas las jornadas sean tan tranquilas como ésta. Incluso he conseguido pagar el mismo precio que los uzbekos.

UZBEKISTÁN
KOKAND-MARGUELÁN
3 de junio (día 67)
95 km (3.841 km)

Con una familia judía

Lunes por la mañana. Las afueras de Kokand parecen más interesantes que el centro. Veo carros arrastrados por asnos que marchan hacia los campos, camiones que acuden al mercado, viejos ciclomotores que —petep-petep-petep— me adelantan a una velocidad apenas superior a la mía, una mujer con velo que cruza la carretera sin mirar, seguida por sus dos pequeños, grupos de hombres charlando a la sombra, tocados con el típico sombrerito negro. En las numerosas mezquitas hay más actividad que en Bujará o Samarcanda. Más que una provincia, Ferganá es un país dentro de otro. Ha sabido conservar sus tradiciones y sus casas de campo, con sus porches y entradas de madera laboriosamente trabajada. También es profundamente islámica. Incluso en los años de persecución religiosa desafió unas prohibiciones que parecían hechas para ser acatadas en toda la URSS a excepción de aquella díscola provincia.

Saliendo de Kokand escojo la carretera equivocada, el camino más directo en lugar de dirigirme a las zonas más pobladas, bordeando las montañas del sur. Debe de ser la carretera menos transitada del valle. Pero no estaré solo en mi travesía hacia Marguelán. Al cabo de diez kilómetros adelanto a un ciclista. Como de costumbre, saludo con el preceptivo *salam aleikum* de cortesía. Lo que no me esperaba es que el hombre se pegara a mí como una lapa y no me abandonara hasta —atención— ¡treinta kilómetros más adelante!

Al principio me ha hecho gracia su compañía, pero

después de media hora ya no podía más. Quería saberlo todo, y tocarlo todo. «¿Qué llevas aquí?, ¿esto qué es?, ¿para qué sirve?, ¿llevas cámara fotográfica?...» Tenía tanta curiosidad como yo poca paciencia. La mitad de las preguntas me resultaban incomprensibles. *«Ya nye gavaryu pa-russki, pa-uzbek»* (no hablo ruso ni uzbeko), le decía, pero él, nada: vuelta a la carga repitiendo lo mismo, cada vez más fuerte y más cerca de mi oreja. Estaba consiguiendo que me pusiese nervioso. Él no podía concebir que no le entendiera. Me miraba sorprendido. A lo mejor imaginaba que yo padecía un gravísimo problema que me impedía comunicarme con él. Imagino que era el primer extranjero que conocía, que nadie le había enseñado que existen unos países, muy lejos de Kokand y de su campo de melones, donde se hablan idiomas distintos del suyo.

Cuando me he cansado, lo he intentado todo para dejarle atrás. Pero era muy fuerte y no aflojaba. He optado entonces por cambiar de táctica: detenerme a descansar y que él continuase. Pero ni así. Me ha seguido, ha dejado la bicicleta y ha corrido a poner su americana en el suelo para que yo no me ensuciara. «¡Por favor, déjame en paz!», le dije. La situación no tenía nada de cómico.

Hasta que me he enterado de que su campo de melones estaba a cinco kilómetros. «¿Sólo eso? Pues venga, vamos.» Y por fin hemos llegado a su destino. Antes de despedirnos he probado su bicicleta. Y he alucinado. No sé cómo se lo hacía. Con esos cuatro hierros gastados había sido capaz de seguirme durante cerca de dos horas. Yo, con su bicicleta, no habría podido. Los neumáticos estaban deshinchados, las ruedas completamente torcidas, y de un pedal sólo quedaba el eje. Y cada día debía hacer 30 kilómetros para ir a su campo de melones y otros tantos para la vuelta, con la azada y la americana, atada con un cordel, en el portabultos. Este «mohamed» sí que era un héroe.

Con la amenaza de una negrísima tempestad que avanza desde el este, sigo sin detenerme hasta Marguelán.

He escogido esta ciudad en lugar de la vecina Ferganá,

también conocida como la segunda Tashkent debido a sus industrias. Marguelán conserva muchos trazos del pasado, desde las fábricas de seda hasta un entramado urbano más o menos parecido al original. O un bazar de un colorido sin igual.

Como algo en la calle y me voy en busca de un hotel. Casi me sacan a patadas. Me dicen que soy extranjero, que no puedo dormir allí, que vendrá la policía y tendremos problemas gravísimos; que siga hasta Ferganá, donde podré dormir. Insisto en que mi pasaporte está en regla, pero no atienden a razones. Han dicho que no, y es que no. Por lo menos se ofrecen para buscarme alojamiento. El conserje dice que puedo ir a su casa, pero al cabo de diez minutos vuelve con la respuesta: su mujer no quiere invitados y menos aún extranjeros.

La solución la encuentro en la esquina. Hay dos chicos. Unos de ellos, que lleva gafas de sol, habla inglés con una fluidez insólita por estos lares. Se llama Rubén y no tiene ninguna pinta de uzbeko ni de ruso. Es de piel muy clara y pelo negro y rizado. «Mi familia es judía», dice. Lo miro asombrado. ¿Y qué hacen unos judíos aquí? Forman parte de una comunidad que a principios de los noventa, estaba compuesta por 7.000 familias, de las que ahora sólo queda la mitad. El fin de la URSS y la vuelta del islamismo ha acarreado problemas para un colectivo que, según la familia de Rubén, ha vivido en Uzbekistán desde siempre. El padre del chico, el fotógrafo de la ciudad, ha tenido problemas con los integristas. Le agredieron con una navaja y salvó la vida por un pelo.

El joven de las gafas de sol resulta ser un buen comerciante. Me ofrece alojamiento en su casa, siempre que su padre acepte. Vamos a la tienda de fotografía que regenta y antes de entrar me pregunta cuánto estoy dispuesto a pagar. ¡Ésta sí que no me la esperaba! Me han invitado muchas veces, a comer, a dormir o a ambas cosas, pero nunca pagando. De todas formas, quiero quedarme, y ofrezco 50 sums, que es lo que me costó el último hotel. Espero cinco minutos, hasta que Rubén vuelve. «75 sums, ¿OK?» OK. «Ah, y no podrás salir de casa para que no te vea la policía.» No llego a entender esta paranoia con la policía, pero OK.

La estancia será muy agradable. La casa es grande y la familia encantadora. Paso la tarde comiendo frutos secos y viendo cómo Rubén humilla a su amigo uzbeko jugando al pimpón. Hasta que llega la familia y preparan la cena. Tan lejos de su tierra prometida, y la familia conserva costumbres típicamente judías, como la oración en hebreo en el momento de servir la comida o los motivos decorados con candelabros de siete brazos que hay repartidos por la casa.

Después, Rubén me cuenta que él y los suyos se sienten uzbekos, pero que están decididos a iniciar una nueva vida lejos de aquí, en Nueva York, donde ya se encuentran algunos familiares. Ilusionados, él y su hermana pequeña me enseñan los papeles que les permitirán emigrar y sus libros de inglés. Los padres observan con cara de resignación, conscientes de que la aventura americana les pilla a una edad demasiado avanzada. Ellos también partirán, pero saben que en la ciudad de los rascacielos a duras penas podrán sobrevivir, que el futuro está en manos de jóvenes como sus hijos. El padre de Rubén alza la última copa de aguardiente de 80 grados que él mismo elabora con las uvas que cuelgan en el patio de casa. «Ellos saben que en América jamás podrán tener una casa como ésta», pienso. El hombre se va. «¿Adónde vas, ahora? ¿A buscar alguna chica?», le espeta la mujer, que conoce muy bien la respuesta.

UZBEKISTÁN
MARGUELÁN-ANDIZHÁN
4 de junio (día 68)
75 km (3.916 km)

Mi visado ha caducado

El repentino contacto con la familia judía ha sido una sorpresa. Estas personas son muy distintas de los otros uzbekos. Han aprendido inglés y saben situar Nueva York en el mapa, mientras que la gente del país... En su mayoría vive ligada a una cultura ultranacionalista para la cual parece que no pasen los siglos. Sigue viviendo en su mundo, ajena a la modernidad y a lo que sucede a sólo 500 kilómetros de allí; es como si los aviones y las telecomunicaciones no se hubiesen inventado, como si el transporte aún se hiciese mediante caravanas de camellos y la comunicación fiable se confiase todavía a la tradición oral. En el país de Tamerlán, la gente parece vivir feliz al margen de la sociedad occidental. Aún no estoy convencido de la razón de esta felicidad. ¿La ignorancia? ¿O quizá la sabiduría de quien sabe disfrutar de lo poco que tiene?

Me quedan dos días en Ferganá antes de pisar Kirguizistán. Debía de ser muy cómodo viajar en tiempos de Marco Polo, cuando no existían carreteras, visados ni fronteras. Habría sido muy fácil pasar de Andizhán a la histórica ciudad de Osh, tan vieja como Samarcanda, aunque con pocas cosas que ver a causa de los terremotos, y desde ahí pasar a China a través de Torugart, a 4.000 metros de altura. Pero, sin visado chino, tengo que dar un gran rodeo por el norte. Iré a parar a Urumchi, la capital de la provincia de Xinjiang, y me perderé Kashgar, una de las ciudades perdidas del mundo que, según dicen, todo buen viajero debe visitar.

La carretera por la que voy discurre por una continua sucesión de pueblos, canales y campos de cultivo. No hay tiempo para aburrirse ni ciclistas que me persigan. Una jornada sin prisas para llegar a Andizhán temprano y darme un garbeo.

Al cabo de una hora y media paso por Kuva (y no Cuba, como bromeaba un policía). Me asomo al patio de una mezquita. Preciosa. Están ampliándola con un gran porche de madera. Me decido a sacar una foto, y me acerco a unos ancianos que descansan en torno a una tetera. Son hombres simpáticos, con túnicas blancas, barbitas estilo Confucio y ojillos brillantes y sonrientes que me miran divertidos.

«Salam aleikum.» Me invitan a sentarme. No les molestan ni las fotos ni la presencia de un extranjero. Me ofrecen su *chai*, mientras esperamos la llegada de un hombre más joven. Es el muhecín. Ha interrumpido la clase para venir a saludarme. Viejos y jóvenes le tratan con gran respeto. Intentamos comunicarnos, mientras unos alumnos van a buscar pan, pepinos y tomates. Después del atracón que me he dado esta mañana, no tengo hambre, pero cuando acaban de disponerlo todo sobre una de esas odiosas camas, me hacen venir ganas, sobre todo cuando veo la delicadeza con que el muhecín pela los pepinos, sin tocar la parte húmeda con los dedos, y rebozándolos después en un montoncito de sal. Pasa el rato, y cada vez hay más gente alrededor de mí. El último en llegar trae una cámara fotográfica. Es el periodista del diario local y viene a hacerme una entrevista, si así se le puede llamar, ya que apenas logramos entendernos. Me gustaría ver qué publica mañana en su diario. Lo más divertido será la foto: en primer plano, la bicicleta; detrás, la gente de la mezquita, con el *journalisty* dándome la mano, sonriente.

Me invitan a comer *plov* en el mejor restaurante de Kuva, pero me excuso, para gran disgusto del muhecín, que no comprende. Soy la pera. Tengo cuatro meses de vacaciones y siempre voy con prisas. Pero mi visado está a punto de caducar.

Después de Kuva paso por Leninsk, hoy rebautizada con un nombre uzbeko y que desde hace unos años fabrica unos cochecitos coreanos que he visto por todo el país.

A las cuatro estoy en Andizhán, famosa por su algodón. He leído en la guía que vale la pena visitar el bazar, y me acerco. No me parece que vaya a encontrar nada especial. Y no lo encuentro. El bazar principal se halla a cuatro kilómetros, en la parte antigua de la ciudad. Y eso ya es otra cosa, pues se trata de un espacio enorme lleno de hombres y mujeres cargados de mercancías. El problema, visto por un turista, es que están de reformas, modernizando un lugar que, cuando acaben las obras, seguro que será muy funcional, pero que habrá perdido buena parte de su encanto.

Corro hacia el hotel, pues se hace tarde. La guía informa que no aceptan a extranjeros, pero eso debía de ser cuando la escribieron. Ahora puedes quedarte, siempre que estés dispuesto a pagar la tarifa habitual multiplicada por siete u ocho. Le digo al chico de recepción que es demasiado caro, y él pone cara de no enterarse. Ante mi insistencia, me presenta al dueño para que me entienda con él. No se mueve de la silla. Está interesado en saber quién soy, lo cual es una buena baza a mi favor. Me repite los precios: uzbekos, X sums; rusos, Y sums; extranjeros X + Y × 4. Total: demasiado caro. Por suerte, en Kokand pagué la tarifa estándar y conservo la factura. El hombre acaba rindiéndose ante la evidencia. Se apea del burro, pero me da una habitación en el tercer piso. Y cargar 45 kilos a la espalda es una mala forma de acabar el día.

Lo que me fastidia no es eso, sino que el hombre me ha hecho ver que el número que llevo escrito en mi visado no es un 5, sino un 3. Es decir, que mi estancia en Uzbekistán finalizaba ayer, y no mañana, como yo —feliz de mí— creía. Ceno caldo y huevos pasados por agua mientras medito qué haré para despistar a la policía uzbeka.

KIRGUIZISTÁN-KAZAJSTÁN

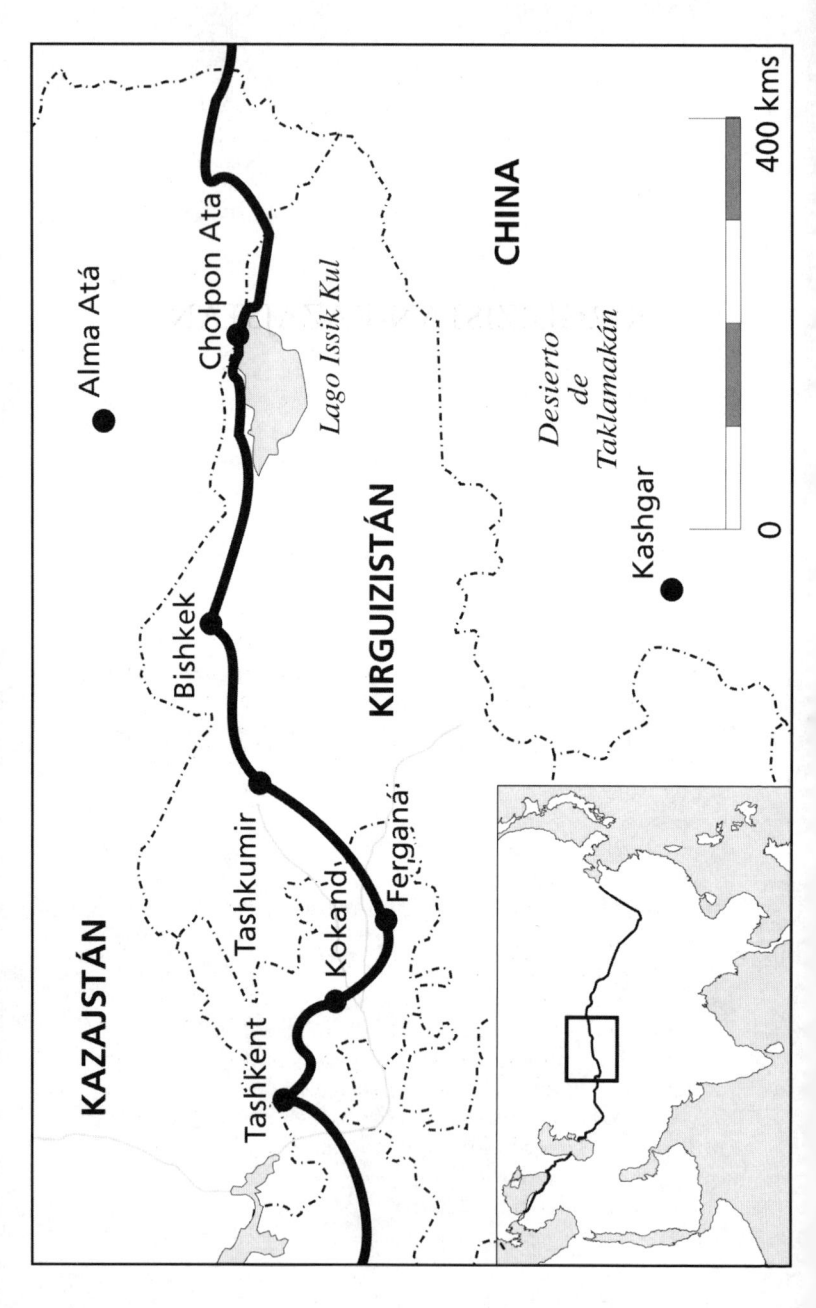

KIRGUIZISTÁN-KAZAJSTÁN
ANDIZHÁN-TASHKUMIR
5 de junio (día 69)
100 km (4.016 km)

En el país de los kirguiz

Me levanto una hora más temprano que en los últimos días y preparo algo para desayunar con la intención de salir de Andizhán cuanto antes. En el bazar, gasto los últimos sums. Tengo un par de horas de camino hacia el norte, en dirección a las impresionantes montañas que por fin se alzan delante de mí. Hasta allí, el camino es llano y bordea el extremo oriental del valle de Ferganá. Unos 40 kilómetros más y me despediré de Uzbekistán, el país que me ha cobijado estos últimos 19 días. El desierto, Samarcanda, los grandes bazares, los vestidos de seda, la gente de Tashkent..., todo está a punto de quedar definitivamente atrás. Voy hacia el país de las montañas, los lobos, la población trashumante, los grandes ríos y los profundísimos valles. Un país la mitad de cuya superficie se encuentra a más de 1.500 metros de altura, con una cima como el Pik Pobieda, de 7.439 metros. Un país poblado por gentes de una etnia distinta de la de Turkmenistán y Uzbekistán, aunque compartan una misma lengua turca. Los kirguiz provienen de más al norte, del lago Baikal y de las montañas de Altai. Llegaron a las nevadas cumbres del Tien Shan huyendo de los mongoles, de las tropas de Gengis Kan y, más tarde, de las de su nieto Kublai Kan, que los persiguió hasta que tuvo la seguridad de que aquellas tribus rebeldes nunca más le molestarían.

Antes de llegar a las «montañas del cielo» (tal es el significado de Tien Shan) tengo que superar un problema más terrenal: mi visado. Los policías que me han dado el alto lo tienen clarísimo. Lo que está escrito en el pasaporte es un 3, insisten, pero yo les digo que no, que es un 5. «*Pyat iyun*. Visa OK», repito, procurando mostrarme muy seguro; pero estoy asustado. Me he encontrado con la temida policía uzbeka en el peor momento. ¿Y si me obligan a volver a Tashkent?

El policía que lleva la voz cantante va de paisano, lo que le hace aún más temible. Me revuelve las cosas con descaro, sin que yo pueda hacer nada al respecto. Agarra la minicámara fotográfica, la manosea y, en el momento en que le digo «Cuidado que...», el flash se dispara y le ilumina la cara. Aprovecho el momento de desconcierto para exagerar mi disgusto, como si el pobre hombre acabara de cometer un error irremediable. Confuso, reacciona dándome un empujón. «Venga, vete», dice. Al fin y al cabo, para él soy un pobre desgraciado. Se ha creído que sólo llevaba 200 dólares, la cantidad que declaré al llegar a Uzbekistán, en lugar de los más de 2.000 que me quedan.

Los 10 kilómetros que hay hasta la frontera los dedico a urdir un plan para cruzarla. El control de la policía uzbeka está después de Kochkor Ata. Dos agentes me llevan al despacho del oficial, que me recibe con gran deferencia. Pero no me fío. Las normas son las normas, ya se sabe. Llega el temido momento de mostrar el pasaporte. Nervioso, le doy el documento y cuando encuentra la página del visado pongo ante sus narices el visado ruso, el carnet de la FIP y la carta en ruso, todos los papeles que tengo a mano, uno tras otro, para que se distraiga y no descubra que tengo un visado más caducado que un calendario de Marilyn. Lo consigo. Me invita a fumar y a *chai*. Justo cuando comenzaba a relajarme veo por la ventana a un soldado que pasa con mi bicicleta a toda velocidad. Salgo a la calle seguido del oficial, que llama al orden a la tropa. Agarro la bicicleta por el manillar y sólo la suelto para despedirme. «Vuelva pronto por aquí, nos gusta ver a extranjeros», dice el oficial, y yo respondo que se hará lo que se pueda.

Turquía, Georgia, Azerbaiyán, Turkmenistán, Uzbekistán y Kirguizistán, el sexto país en 10 semanas y cerca de 4.000 kilómetros. Ha sido la frontera más fácil. Para mí. No para los kirguiz que vivían en Uzbekistán y los uzbekos que vivían en Kirguizistán, que en 1990 trataron de pasar al país vecino por la fuerza, provocando dos días de enfrentamientos que, según informaciones nunca confirmadas, provocaron la muerte de un millar de personas. De hecho, el estado de excepción rigió en la zona hasta siete meses antes de mi llegada.

La carretera está en calma. El control de la policía kirguiz no aparece. Puede que fuera la caravana que había aparcada a un lado de la carretera, con una señal de stop al lado, hace un par de kilómetros. Pero allí no vi a nadie y pasé de largo. Lo mismo hago con la caravana que tengo enfrente. Ningún policía a la vista. «Pues tira millas, que ya estás en Kirguizistán», me digo. Con el visado de Rusia, yo y mi Rockhopper tenemos más que suficiente para entrar en el país.

Estoy a punto de cruzar el Narín, un río de aguas glaciares de un azul turquesa que tumba. Es el principal afluente del Syr Daryá y nace en el este, en el otro extremo del país, al pie del Pik Pobieda. Me acompañará los próximos dos días. Ahora tengo que cambiar dinero, que no es fácil. Hay poca gente y nadie quiere dólares. Debía de ser cómodo viajar por aquí cuando todas las repúblicas se entendían en rublos.

Ciertamente, Kirguizistán está más despoblado que Uzbekistán. La gente es distinta. Todavía hay muchos uzbekos, pero también muchos hombres y mujeres de rostro redondo y ojos achinados. Son tranquilos, poco chillones, menos interesados en tocarte el jersey o la cara, como si refrenasen su carácter juguetón, más introvertidos. Parecen más nórdicos, en suma. El sombrero blanco de fieltro con el que los hombres se cubren la cabeza me recuerda al tirolés. Lo llaman *ak-kalpak*, y algunos hombres lo llevan aunque vistan americana y corbata.

Los últimos 30 kilómetros se adentran en el valle del Narín, ganando altura hasta Tashkumir. Cuanto más arriba, más impresionante me resulta el lugar. Las abundantes aguas del deshielo corren, inaccesibles, un centenar de metros más abajo de la carretera, al fondo de un acantilado casi vertical, que debe de haberse tragado infinidad de vidas.

El pueblo se encuentra en la orilla opuesta, y hay que cruzar un puente de vértigo para alcanzarlo.

No se está mal del todo en este establecimiento. En la puerta encuentro a unos policías con los que compartiré habitación. Me ducho y pregunto por los lavabos, que están al otro lado de la vía del tren. El policía regordete ha soltado un «¡ooooh!» que me ha dejado de piedra. «¡Tienes papel higiénico!», exclama. Le respondo que suelo usarlo, aunque en Asia central cueste de encontrar. Por eso no me separo del rollo más que para dormir, ya que en cualquier momento puedo necesitarlo con urgencia.

Resulta surrealista estar en un lavabo inmundo oyendo la música de ópera que suena por los altavoces de una fábrica cercana. Es uno de los vestigios del régimen de producción soviético, y en Tashkumir los testimonios de este pasado tan reciente son numerosos. Hay bastantes símbolos comunistas, construcciones típicamente rusas, y las personas que he visto son una buena mezcla de razas: algo de aquí, un poco de allá, incluso otro poco del... más allá.

A la hora de la cena, lo corroboro. Me hacen pasar a la cocina. Alrededor de una mesa sin cubiertos se sientan una rusa, un alemán, una pareja de griegos y un kirguiz. En Tashkent ya me habían dicho que los alemanes son descendientes de la población que durante la Segunda Guerra Mundial Stalin desplazó a miles de kilómetros de donde nacieron, para evitar que se pusieran del lado de Hitler, aunque muchos llegaron en tiempos del imperio ruso a fin de colonizar los nuevos territorios del zar. Pero los griegos... Que nadie me pregunte qué hacen aquí. Sólo puedo testificar que se debe a alguna misteriosa migración forzosa, y que no se encuentran a gusto, por más que brinden con vino y vodka y disfruten comiendo cordero con las manos. Los griegos y el alemán me miran como a un pariente, como queriendo decir «tú sí que tienes suerte».

Cuando la borrachera llega al punto en que todos comienzan a cantar, me voy a la habitación. Se avecinan días duros y debo descansar. Pero me cuesta llegar a la cama. Primero me interceptan dos policías para que vaya a beber Coca-Cola con ellos. «Cuidado con la mafia», me advierten. Y cuando por fin disfruto de la calidez de las sábanas, viene el poli regordete del papel higiénico para que le haga una foto y le cuente historias... Estoy rendido. Lo siento, pero 20 minutos después le doy la espalda y me hago el dormido.

KIRGUIZISTÁN-KAZAJSTÁN
TASHKUMIR-KARAKUL
6 de junio (día 70)
70 km (4.086 km)

Bien peinados para la foto

Pensaba levantarme a las siete. Había quedado con el alemán, los griegos, el kirguiz y el ruso para hacerles una foto, pero no tuve en cuenta el cambio horario y han venido a buscarme una hora antes de lo previsto. Allí estaban todos, bien peinados y vestidos con sus mejores ropas, irreconocibles después de la jarana de anoche, esperando el retrato. Se han desilusionado al descubrir que no traigo una Polaroid, pero prometo mandarles la foto. Sin duda para ellos era muy importante. Lo que me piden no supone un gran esfuerzo.

Sólo tengo 70 kilómetros de montaña hasta Karakul. Sin embargo, son complicados. Salgo de unos 1.000 metros de altura y la llegada se encuentra aproximadamente en la misma cota. No contaba con que hubiese una cantidad tan increíble de subidas y bajadas. Es para morirse. El valle es estrecho y la carretera retorcida. Los ingenieros tuvieron que sacar espacio de donde no lo había. Así que me paso el día escalando con el plato pequeño y dejándome caer en los descensos para que las piernas recuperen el tono muscular. Es peor que pasarse el día escalando un puerto de montaña. Mortal. Cuando tienes toda la pendiente por delante te lo tomas con calma, porque sabes que cuando llegues arriba todo habrá terminado. Aquí es diferente, de nunca acabar, pues cuando piensas que ésta es la última para llegar al final de la cuesta, descubres todo lo que te queda.

Ya tenía razón la guía cuando decía que en los 620 kilómetros entre Osh y Kara Balti casi no encuentras terreno llano ni en línea recta. Ayer lo descubrí y ahora tengo la confirmación. Pero el tramo que me toca hacer es el fácil de la épica M-41, que enlaza Bishkek con Dushanbé, la capital de Tayikistán. Si es que se le puede llamar fácil a tener que superar dos puertos de más de 3.000 metros. Más duro, sin embargo, es en el país vecino, la mitad de cuyo territorio se encuentra por encima de 3.000 metros de altura. En el tramo tayik, la M-41 pasa cuatro veces a más de 4.000 metros. No deja de ser una ironía que la llamen la «autopista del Pamir».

Durante el viaje tendré noticias de un ciclista francés que recorrió toda la M-41, imagino que comiendo y durmiendo en unas condiciones que convierten mi viaje en una excursión escolar. Porque no sólo pasó por Tayikistán, sino que cruzó Afganistán por el norte, por el valle del río Vajan —la cabecera del Amú Daryá—, siguió viaje por Pakistán, pisando un territorio que queda fuera del control gubernamental y, como la cosa más fácil, enlazó con la llamada «autopista del Karakorum», la que yo quería hacer, para finalizar tranquilamente la travesía en el solitario Kashgar, ya en China. Frío, nevadas, dificultad para encontrar comida, animales salvajes, tribus indómitas, una decena de países en guerra... Para mí, un exceso de adrenalina. Y cuando me dijeron que lo había hecho con la mitad de equipaje, quedé alucinado. Yo llevo tienda y saco; él, ni eso.

El paisaje es agradable en mi primer día de montaña. Invita a frecuentes paradas para contemplar las montañas o los saltos de agua. No es fácil encontrar dónde comer. Hay poco tráfico y en todo el día no he visto ni una sola *chai khana*. Las reservas de frutos secos menguan rápidamente. Empiezo a comprender que aquí no podré alimentarme cuando quiera, sino cuando pueda.

A primera hora de la tarde llego a Karakul, un pueblo pequeño. El hotel Turist queda en las afueras, al pie de un embalse, en un rincón encantador. El edificio es moderno. Está rodeado de un jardín con juegos infantiles lleno de madres rusas que aprovechan los últimos rayos del sol para bañarse. En los buenos tiempos, el hotel debía de llenarse. Ahora está vacío. Las familias rusas son del pueblo, gente que vino a vivir aquí hace décadas. En el pueblo hay industrias, algunas abandonadas. Muchos hombres debían de trabajar en la descomunal central eléctrica que me quedaré sin ver. Tiene una cascada de 215 metros hecha en el interior de la montaña. Por aquí pasan las aguas del pantano Toktogul, de más de 50 kilómetros de longitud. La montaña me impide verlo. Deberé esperar a mañana.

En el pueblo, encuentro un antro mal provisto para comer, en el que el número de rusos triplica al de kirguiz. Tengo que conformarme: no hay otro. Sólo llevo un día y medio de montaña y ya me duelen las piernas. La travesía del Tien Shan comienza mal.

KIRGUIZISTÁN-KAZAJSTÁN
KARAKUL-TOKTOGUL
7 de junio (día 71)
113 km (4.199 km)

Unos jóvenes jinetes vienen a recibirme

Un día más tranquilo a la espera de las grandes cumbres, pero tampoco es fácil. El primer tramo vuelve a estar lleno de subidas. Hay que superar un puerto que me conducirá hasta el gran pantano. Por ahora, el camino es estrechísimo. Paso entre unas paredes de piedra negra que parecen querer cerrarme el paso. La carretera compite con un río de aguas turbulentas por ocupar el poco espacio disponible. En los pasos más angostos, el rugido de las aguas blancas es ensordecedor, tan intenso que no oigo los toques de claxon con que me saludan los camioneros.

El lugar es muy húmedo hasta que el valle se abre y a mis espaldas aparece el puerto. No es nada del otro mundo. Una hora de subida enlazando curvas, ahora a derecha, ahora a izquierda, y, al acabar el asfalto, a tragar polvo. Los camiones avanzan tan lentamente que tardan una barbaridad en adelantarme. Si alargo el brazo puedo asirme a ellos y dejarme arrastrar por uno de estos remontes mecánicos. El primero que pasa va demasiado deprisa, pero el segundo será el mío. Acelero y me sujeto a la parte posterior de la caja. Pierdo el equilibrio, pero lo recupero enseguida. El conductor me ve por el espejo retrovisor y se ubica en el centro de la calzada para dejarme espacio. El gusto de subir sin pedalear durará poco, apenas un kilómetro, hasta que el brazo se me agarrota y lo dejo correr. Era demasiado peligroso. Un movimiento en falso, y habría sido fácil caer.

Desde el puerto se ve el embalse de Toktogul y, en la orilla opuesta, el pueblo hacia el que me dirijo. Tengo que rodear buena parte del pantano.

La bajada, de tierra, es impresionante, casi toda en línea recta y con una fuerte pendiente. Para mí no constituye un problema, pero es una prueba de fuego para los frenos y las ruedas de los viejos camiones. Bajan con la marcha más corta, a paso de tortuga, para no castigar la mecánica, pues saben que si lo hacen de otra forma pueden acabar en el fondo del lago. Es mi oportunidad, la ocasión que esperaba para adelantar a unos cuantos y así vengarme por todo el ruido, humo y polvo con que me han obsequiado durante la ascensión.

Debe de ser un día de camiones, porque unos kilómetros más adelante soy testigo de un accidente, y parte indirectamente implicada. Uno que venía por detrás se ha abierto para esquivarme, y el que venía de frente se ha mantenido en su posición. Consecuencia: retrovisor y parachoques chafados e intercambio de palos entre los ocupantes. Paso de pararme para señalar al culpable. Seguro que también recibiría una tunda.

Como en una *chai khana* junto al pantano y —no podía ser de otra forma— al lado de unos camioneros. Van a Ferganá. Siguen esta ruta, en lugar de la más lógica y llana vía norte, para evitar a la policía uzbeka y su desmesurado interés por el dinero ajeno. En el menú del día hay una importante novedad, pescado, uno de esos que dejan secar al sol, al borde de la carretera, hasta que queda poco más que escamas y espinas. No es un plato de mi devoción, pero a los rusos les entusiasma. Al irme, la mujer que está al frente del negocio se niega a cobrarme. No puedo aceptar. Me parece excesivo: una cosa es que te invite alguien en su casa y otra distinta que lo haga quien vive de ello.

La vuelta al pantano me lleva a través de unos prados que convierten las montañas en ondulados bulbos de terciopelo verde. Los colores que me envuelven son claros y puros, como creía que sólo existían en los dibujos animados. El cielo, azul; la tierra, verde; la bandera del país, completamente roja, con un gran sol amarillo con cuarenta puntas en el centro. El galope de unos caballos me sorprende. Son tres jinetes jóvenes, y muy buenos, que montan sin estribos ni silla, unos preciosos animales negros con la seguridad de quien lleva toda la vida haciéndolo. Vienen hacia mí, y a toda velocidad, sólo para darse el gusto de saludar al forastero que han visto aparecer en la distancia. El gusto también será mío, que me emociono por este recibimiento sin igual. Los chicos me siguen al trote durante un rato, haciendo alguna pregunta que no entiendo, hasta que alzan la mano para despedirse y se marchan por donde han venido. Para ellos no existen las carreteras; sólo la montaña. ¿Es todo esto real, o se trata de un sueño? Qué más da. A veces, la distancia que separa el sueño de la realidad es muy corta. Comienzo a preguntarme si la bicicleta no me habrá llevado a una tercera dimensión.

A última hora de la tarde me toca correr. Vuelven los toboganes y el cielo amenaza lluvia, y de la fuerte. Llego a Toktogul, un pueblo de anchas calles construido cuando hicieron el pantano. Tengo el tiempo justo para acercarme al bazar y encontrar el hotel. Después cae el chubasco. O puede que haya que decir el doble chubasco: el de la lluvia y el de la mujer de la recepción. Se ha puesto hecha una fiera porque la bicicleta huele a gasolina. Pero no puedo evitarlo. El alcohol de quemar se me ha terminado y éste es el único carburante que he encontrado. Subo la bicicleta a la habitación para que la mujer se calle. ¿Por qué tienen tan mal carácter los rusos? Vuelvo al comedor. De postre me esperan rayos, truenos y apagón. ¡Venga, hombre! Es evidente que tengo que acostarme. Mejor. Mañana me aguarda uno de los días más duros del viaje.

KIRGUIZISTÁN-KAZAJSTÁN
TOKTOGUL-chai khana OT MOK
8 de junio (día 72)
89 km (4.288 km)

A más de 3.000 metros de altura

Hoy me espera el Ala Bel, que no es el nombre de una mujer, sino de un puerto de 3.148 metros. Puesto que me encuentro a poco más de 1.000 metros de altura, eso significa que me pasaré todo el día subiendo sin cesar, lentamente, hasta llegar a una cota donde hará frío. Debo salir de Toktogul antes de que amanezca a fin de coronar el puerto lo antes posible. A esta altura, a media tarde puede haber tormenta de nieve, y en estas condiciones el riesgo de quedar colgado es elevado. No quiero verme durmiendo dentro de la tienda en un lugar tan solitario y amenazado por los lobos. Sólo lo haré si no queda otro remedio. Para mi tranquilidad, me han dicho que en verano los lobos no son peligrosos, porque tienen alimento y se conforman con manjares más pequeños que un ser humano, pero aun así prefiero recordar los lobos de Rodríguez de la Fuente que imaginarme encerrado toda la noche, muerto de miedo, rodeado de una manada.

Para complicar las cosas, el mapa que llevo es incompleto. Un tramo de la carretera no está marcado y en su lugar han puesto un texto en inglés advirtiendo a los automovilistas del peligro que supone usar la radio en este sector. Sé que la carretera existe, que va de norte a este hasta llegar al puerto, pero eso es todo. Una estimación muy por encima del kilometraje me indica que deberé hacer unos 50 kilómetros de subida. Seguro que serán más, porque en montaña siempre me quedo corto. Habrá que apañarse con el altímetro, el cuentakilómetros y la brújula.

Un par de kilómetros después de Toktogul, aún de noche, enfilo por el valle que me acompañará todo el día. Para afrontar la primera subida, bajo la cadena del plato mediano al pequeño, posición que ya no dejaré hasta llegar a la cumbre. Junto al río hay unas *yurtas*, las primeras que veo habitadas. Son pastores que han subido desde el llano en busca de alimento para sus rebaños. Las hay de diferentes tipos, desde las más grandes, en las que vive la gente, hasta las que sirven de almacén.

Después de dos horas de ascensión, una parada para desayunar. A falta de pescado, *laghman*, los espaguetis de fabricación artesanal que Marco Polo importó a Europa en el siglo XIII.

Sin perder ni un minuto más, vuelvo al tajo, *turqui que turqui*, avanzando más despacio que un niño con patinete nuevo. El peso de la bicicleta cargada me domina. Debo tener paciencia, pedalear sin forzar la máquina, porque la etapa siguiente también promete ser muy dura. Me repito que tan importante es llegar al destino que me he fijado para el día como reservar fuerzas para el siguiente. Voy tan lento que las moscas se me pegan a la cara, puede que esperando a que las ayude a subir hasta la siguiente cascada o el rebaño de vacas más próximo.

Y así van pasando las horas, a un triste promedio de siete u ocho kilómetros, con tiempo de sobra para contemplar cómo cambia el paisaje. El río es cada vez más estrecho, los campamentos de pastores más escasos y los árboles desaparecen dejando lugar a pequeños vegetales capaces de soportar el riguroso invierno. A partir de 2.500 metros, aparece la nieve en los arcenes. A la salida de una curva, la carretera está parcialmente cubierta por el hielo de un alud primaveral.

La última hora y media será la peor. La temperatura baja hasta cuatro o cinco grados. Comienza a caer una lluvia fina y helada. Se acaba el asfalto y viene el tramo final, de curvas en zigzag para superar la pared final hasta el puerto, que seré incapaz de subir en bicicleta. Mis piernas han dicho basta.

Las últimas fuerzas son para hacerme una foto. Después, me dejo caer en un prado, boca arriba, mirando un punto en el cielo, que ya ha dejado de soltar agua, con los brazos extendidos sobre la hierba, en forma de cruz, aspirando profundamente el aire regenerador. ¡Qué bendición! Ya pueden venir los lobos, ya, que después de 69 kilómetros de subida y más de ocho horas sobre el asiento no estoy para historias.

Refresca y vuelvo a bajarme de la bicicleta. Debo ir a buscar un lugar donde dormir, de inmediato. El valle que tengo delante es completamente distinto de lo que había imaginado. Es un altiplano verde rodeado de cimas casi tan altas como el Mont Blanc, que desciende suavemente hacia el este. Sería bonito pasar la noche envuelto en este silencio, pero solo no me atrevo.

Quince kilómetros más de ligera bajada y encuentro la *chai khana* que una familia kirguiz está acabando de montar en vistas del verano. El abuelo, con un abrigo negro de piel que le cubre hasta más abajo de las rodillas, dirige las operaciones. En un momento, arman una mesa con unas cuantas maderas. Mientras, las mujeres colocan vistosas alfombras. Los colores son los mismos que había visto decorando las *yurtas*. «*Kharashó?*» (¿está bueno?), pregunta el hombre, señalando el plato de *laghman*. «*Da, da*; tráigame otro plato», pido ante su sorpresa. He quemado muchas energías, y por más que coma no me siento saciado.

Aún no ha anochecido y ya estoy en el saco. Ni siquiera he desmontado las alforjas. Las familias de la *chai khana* me dejan dormir en una de sus tiendas. Me tiendo sobre las sucias alfombras. Estoy tan cansado que casi no oiré el fuerte aguacero que caerá de madrugada ni el chipichipi de la gotera que tengo al lado.

KIRGUIZISTÁN-KAZAJSTÁN
Chai khana *OT MOK*-chai khana
9 de junio (día 73)
90 km (4.378 km)

«Cuidado con los bandidos»

Me levanto un par de horas más tarde que los demás. Ya no llueve, pero fuera hace frío. Dentro del saco se está muy bien, así que haraganeo hasta que he ensayado todas las posturas. El suelo no es precisamente cómodo. Tengo la espalda dolorida y me cuesta mover las piernas.

Más fácil lo tienen los conductores turcos que han pasado la noche en la cabina de sus camiones. Ellos, por lo menos, duermen cada día en la misma cama. No tienen que preocuparse de buscar alojamiento. Con un buen lugar donde aparcar tienen suficiente. Lo que no alcanzo a entender es qué hacen aquí, en un lugar tan perdido. Me lo cuentan entre cucharada y cucharada de *laghman*: al igual que los camineros rusos, huyen de la policía uzbeka, y pienso que tiene poca gracia que la gente deba huir de un cuerpo precisamente creado para protegerla. ¿Así aspira Uzbekistán a convertirse en la encrucijada de los países de Asia central?

Me lo tomo con calma antes de despedirme. Hasta casi las once no empiezo a moverme. Preveo un día tranquilo. Bajaré por una suave pendiente hasta finalizar la jornada al pie de un puerto de 3.586 metros, el Tyo Ashu. Por lo que dicen, allí encontraré un lugar donde dormir y comer. La subida y el posterior descenso hacia Bishkek quedan para mañana y pasado, pues la verdad es que no tengo tanta prisa.

Me dejo llevar por la pendiente, estirando los músculos mientras disfruto del paisaje. Es un lugar solitario y abrumador. Las montañas imponen. Después de unos cuantos kilómetros sin ver a nadie, encuentro en un prado a una familia que monta sus *yurtas*. Han extendido las mantas al sol mientras un hombre con sombrero arma el esqueleto de madera, igual que hicieron sus antepasados durante siglos. Me siento transportado a otra era. Absolutamente nada permite recordar que estoy a finales del siglo XX. Pido permiso para hacer una foto y ellos posan, obedientes, ante las tiendas. Bebo del vaso de leche que me ofrecen. Me quedaría, pero tengo el problema de siempre: las prisas. Me hubiera gustado ver cómo es la vida cotidiana a 2.500 metros de altitud, lejos de toda forma de civilización que no sea la que pasa, muy de vez en cuando, por esta pista polvorienta.

El tráfico es escaso, y eso que se trata de una carretera nacional. No quiero ni pensar en cómo deben ser las desérticas rutas de segunda, por las que sólo circulan los vecinos de la zona cuando, una vez al año, van a comprar o vender algo o necesitan ir al médico. Estaría bien perderse por las carreteras que van hacia el sur, en dirección a la parte más montañosa del país, para reencontrar el Narín o la pequeña ciudad del mismo nombre, pero me he planteado un viaje de pasar y ver, no de pasar y quedarme. Para eso necesitaría un mes más, un equipamiento que no tengo y compañía para afrontar las contingencias que con seguridad se presentarían.

La carretera pierde altura, pero menos de la prevista. La parte baja del valle está a 2.000 metros. Hay unas caravanas aparcadas que ofrecen comida y cama. Decido que es demasiado pronto para detenerme. Quiero llegar más lejos. Lo que no esperaba era alcanzar el Tyo Ashu, que se me presenta antes de lo que suponía. ¿Y ahora qué? Me encuentro ante una línea de asfalto que se pierde en las cumbres nevadas. Y allí donde quería comer está cerrado. ¿Qué hago, volver atrás? ¡Jamás! Siempre queda la ración de arroz de emergencia, al margen de la bolsita de *muesli* que me reservo para ocasiones de auténtica necesidad. No tengo mucho donde escoger, así que mi comida es un buen plato de arroz con... arroz.

Me convenzo de que no estoy cansado, de que al fin y

al cabo el puerto no es tan duro, y que en unas horas me encontraré arriba. El desnivel que me espera es muy inferior a los 2.200 metros de la víspera. Como mucho serán 1.500, pero muy empinados.

Serán tres horas de subida, con paradas cada hora para recuperarme, estirar las piernas y picotear los últimos frutos secos que traigo desde Tashkent. De repente me veo sorprendido por un pájaro que vuela a menos de 50 centímetros del suelo. Se desplaza como un ala delta, casi sin mover las alas.

A 3.100 metros me aguarda una sorpresa agradable. Se acaba el puerto. La carretera vieja sigue subiendo hasta los 3.586 metros, pero la nueva se adentra por un túnel negro como la noche. ¿Quién es el guapo que se mete ahí dentro? Yo, desde luego, no.

Hago señales a un camión; que se para. Tres kirguiz bajan de la cabina, abren la caja, cargan la bicicleta y nos ponemos en marcha. Un kilómetro y medio de oscuridad, y ya estamos en el otro lado. Así de fácil. Doy las gracias y me dispongo a tomar una fotografía del túnel, pero un policía se me acerca a toda velocidad, gritando. Quiere que le acompañe. «¿Qué sucede?», pregunto. Me parece entender las palabras «foto», «túnel» y «estratégico». ¿Se creerán otra vez que soy un espía? Lo que faltaba, otra vez, como en Bakú. Opto por la misma solución que el día de la foto en los campos de petróleo: cuatro explicaciones, cuatro bromas y me los gano. Ahora soy su amigo, por eso me recomiendan que no baje en bicicleta, y no debido a que la carretera es mala, sino porque hay salteadores de caminos, «gángsters» que, según dicen, pueden robármelo todo. Muestran fotos de unos delincuentes, las mismas que ya vi cuatro días atrás en Tashkumyr, advirtiéndome de que, si topo con ellos, corra en busca de ayuda.

Me veo con más fuerzas para enfrentarme a unos supuestos ladrones que a unos supuestos lobos. De forma que agradezco el consejo y me lanzo por una pendiente de vértigo que cae en picado por un hondísimo valle de sombras.

Superado el tramo más vertical, paro en una *chai khana*. Deberé dormir aquí, porque no parece que en este valle tan estrecho haya mucho más. Me atiende una mujer simpatiquísima. Me sirve toda la variedad de alimentos de que dispone mientras observa al visitante tan remoto que acaba de llegar.

Junto a la caravana, cuatro hombres trabajan de firme. En unas condiciones y con unas herramientos más que precarias, tratan de rectificar el motor de un camión. Puede que lleven días aquí, y alguno más que les queda, pero estoy convencido de que conseguirán que el viejo motor vuelva a funcionar. Si en las últimas semanas he visto a los lados de la carretera pistones, cigüeñales y válvulas ¿por qué razón ellos no van a conseguirlo?

Al caer el sol, se limpian la grasa que les cubre de pies a cabeza y vienen a mi mesa. Al cabo de diez minutos se ponen pesados. Quieren que beba con ellos. La mujer me hace de madre y me invita a pasar al interior de la caravana. Hemos quedado que me quedaré a dormir, pero no nos hemos entendido. Una hora y media más tarde, cuando ya dormía, aparece el marido preguntando qué hago yo allí dentro, en su habitación. Me sacan. No es tan extraño, porque sólo hay una cama. Pero las once de la noche no son horas para decírmelo. ¿Por qué han dejado que me quede? Por lo menos hay una solución alternativa: un coche viejo, en el que dormiré hecho un cuatro.

KIRGUIZISTÁN-KAZAJSTÁN
Chai khana-*KARA BALTI*
10 de junio (día 74)
95 km (4.473 km)

50 kilómetros de bajada

Necesitaba descansar bien y he dormido pésimamente. No he pasado frío, pero dificultosamente instalado entre el cambio de marchas, los asientos gastados y el freno de mano no he llegado a encontrar la posición adecuada. Como broche final acaban de despertarme los madrugadores golpes de martillo de los camioneros. Mientras pliego el saco, pasa la mujer. Me mira con cara triste; seguramente está disgustada porque cree que me he enfadado con ella y su marido. Me sabe mal. Me gustaría animarla, pero sigo de mal humor. Si no podían ofrecerme alojamiento, haberlo dicho a tiempo, que ya hubiera procurado encontrar otro sitio.

La situación me resulta incómoda y me aplico una máxima de Vázquez Montalbán: «El movimiento se demuestra huyendo.» Lo que no tengo tan claro es de qué o de quién debo huir. No he sido yo quien ha provocado esta situación. Aunque, bien pensado, es posible que todo el viaje no sea más que una gran huida. ¿Huyo acaso de mí mismo? ¿De los demás? Los irlandeses del Land Rover comentaron que quien hace un largo viaje como el suyo o como el mío es que no está del todo satisfecho en el país en que vive. Pero, sinceramente, ¿alguien lo está?

Para hoy tengo bajada, bajada y más bajada hasta llegar al llano. Para mañana, un último golpe de pedal y ya estaré en Bishkek, la capital kirguiz, entre la estepa y el Tien Shan.

Son más de 50 kilómetros de lento descenso, por un hondísimo valle, cruzándome con grupos de pastores nómadas, montados a caballo o en camellos, que llevan sus rebaños hacia las tierras altas. Un alto y ración doble de *laghman*; segunda parada, y lavado de bicicleta en un estanque. No puedo quejarme del rendimiento de la Rockhopper. Al margen del problema de la rueda, sólo he tenido que tensar un radio, en Bakú. El resto funciona más que correctamente. No he tenido que cambiar nada. Las pastillas de freno están gastadas, pero aún les queda vida. Igual que a la cadena, que el fabricante recomienda sustituir cada 2.000 kilómetros. Lleva más del doble y sólo hace algún ñic-ñic poco alarmante, que soluciono con una buena limpieza y unas gotas de lubricante. Las alforjas son otro motivo de satisfacción. Después de los problemas en Turquía, he encontrado la forma de atarlas sin que sufran.

Sí; estoy contento con el material, comenzando por la bicicleta, un modelo grande y fiable, muy cómodo, que permite cargar mucho peso sin que perjudique su estabilidad. Pero ha fallado el sistema para llevar agua. No hay forma de atar el depósito de seis litros lleno sin que se mueva. Un día cayó en marcha sobre la carretera, y desde entonces rezuma líquido sobre las alforjas. También están los bidones, las botellitas de plástico que los ciclistas del Tour tiran a la cuneta cuando se quedan sin agua. Yo llevo dos para cuatro meses. Después de abrirlos y cerrarlos un mínimo de dos veces al día, pierden agua por todas partes.

Hacia el kilómetro 60, el valle se abre y aparece un pueblo, el primero en dos días. Es completamente ruso. Y es que los kirguiz han vivido en las montañas hasta bien entrado este siglo, según sus formas de vida tradicionales. En el llano, en cambio, en Bishkek y en las principales ciudades, hay mayoría de población rusa, que es la que ha controlado la estructura social, política y económica hasta hace bien poco.

Después del exotismo de los últimos días, esto es un reencuentro con la civilización. Al pasar ante un kiosco, freno instintivamente. Necesito comprar cualquier cosa de marca, que lleve una etiqueta o que esté envuelto en celofán. ¡Y tienen chocolate, una tableta de chocolate negro, dulce, de fabricación búlgara! Es el máximo que podría pedir, harto de la monotonía del *laghman* para desayunar, comer y cenar. La devoro, sin hambre, con la vista fija en los picos nevados de donde vengo, y que reencontraré en unos días.

Sin prisas, me dejo caer hasta Kara Balti, ya en la ruta Tashkent-Bishkek. Una bañera llena de agua caliente, jabón y unas toallas blancas serán el justo premio antes de llegar, mañana, a la capital. En la calle ya puede llover, que no pienso moverme de aquí en toda la tarde.

KIRGUIZISTÁN-KAZAJSTÁN
KARA BALTI-BISHKEK
11 de junio (día 75)
95 km (4.568 km)

La colección de arenas

Como ya hice en Turquía, Bakú y Samarcanda, me dirijo a la oficina de correos con un sobre muy particular. Contiene tres bolsitas con arena de Ferganá y de los valles del Tien Shan. Tres nuevas adquisiciones para mi incipiente colección de arenas, acompañadas de una nota dirigida a la policía: «Atención: este sobre contiene arena para una colección; por favor, si lo abren, vuelvan a cerrarlo.» Lo hago para que no piensen que trafico con droga.

El cielo está despejado. Lo de ayer por la tarde fue una tempestad primaveral. La vista de las montañas es perfecta. ¡Parecen tan cercanas! El cielo es tan claro que casi se puede alcanzar la nieve con los dedos. Su presencia me acompañará todo el día, camino de Bishkek, la capital del país, la cual, apenas conseguida la independencia, en 1991, cambió el soviético nombre de Frunze por el histórico de Bishkek. Algo de lo más normal. Mijaíl Frunze fue el general ruso que destruyó la ciudad antigua y edificó la actual.

La ruta hacia Bishkek es un camino de rosas comparada con las dificultades y la soledad de las alturas. La carretera es una sucesión de pueblos de nombres rusos y casitas de campo de tejados inclinados y paredes de madera, rodeadas de jardines o huertos. La mayoría de la población es de etnia kirguiz, pero igual que en Turkmenistán y en Uzbekistán, sigue sorprendiéndome la presencia de tanta población rubia y de ojos azules. Los encuentro fuera de lugar, demasiado apartados de su tierra. Una impresión que confirmo cada día que pasa. Los rusos no se encuentran a gusto tan lejos de su país. Aunque viva en Kirguizistán, no se te ocurra llamar kirguiz a un ruso, porque a pesar de la distancia sigue considerando a Rusia su madre patria. Tienen poco en común con la población autóctona. Hacen vidas completamente separadas. Las parejas mixtas son rarísimas. «Lo único que comparten es el autobús», me dijo el alemán del Dyane 6.

Bajo la constante vigilancia de las montañas de más de 5.000 metros de altura que tengo a mi derecha, llego a Bishkek a primera hora de la tarde, no sin que antes caiga el chaparrón del día, una tormenta de esas que se van con la misma facilidad con que han llegado, pero que me obliga a refugiarme en una gasolinera.

Ya en la ciudad, busco donde dormir. La guía habla de una Sociedad Kirguiz de Amistad y Relaciones Culturales con Países Extranjeros, un alojamiento económico y más cálido que un hotel. Tengo dos nombres de contacto, Aidar y Jamal. Uno de ellos está a punto de partir hacia Japón, en visita cultural; pero su mujer se queda. Me ofrece casa por 25 dólares, el precio más caro que he pagado hasta ahora. Trato de regatear, pero es imposible.

—Ve al hotel y pide precios —responde en perfecto inglés.

—Sí, pero resulta que la última noche he pagado dos dólares —replico.

—Pues vuélvete a Kara Balti —contesta.

No hay nada que hacer; este hombre sabe un rato. Mucha amistad, pero también mucho amor por el dinero. Valoro los pros y los contras y, mira, tampoco hay que ponerse así: estamos hablando de menos de 4.000 pesetas. Además, en dos o tres días tendré el visado chino, seguro.

A las cinco estoy donde me han dicho. La mujer no tarda en llegar, acompañada de una niña de cinco años, de aspecto completamente chino, vestida a la rusa, con zapatos y calcetines blancos, un vestido de marinero del mismo color, con un lazo exagerado sobre el pelo. Una monada.

La casa está la mar de bien, y toda para mí solito, incluido un televisor. Para redondearlo, a última hora he conseguido incluir la comida en los 25 dólares. Ya no me parece tan caro. Paso mirando la televisión hasta bien entrada la noche. Uno de los programas que consigo entender es el serial suramericano, *Bellísima*, penosamente doblado con una voz rusa superpuesta a la versión original en castellano. Bueno, es cierto: confieso que también vi *Tom y Jerry*.

KIRGUIZISTÁN-KAZAJSTÁN
BISHKEK
del 12 al 20 de junio (días 76 a 84)
116 km (4.684 km)

Sin visado, la espera me desespera

Conseguir el visado chino ha de ser cosa fácil. Espero que la gestión en Tashkent haya funcionado, que la carta esté esperándome en la embajada y que en dos o tres días pueda dejar una ciudad que en menos de doce horas ya me ha aburrido. Las avenidas rectilíneas, las grandiosas plazas desiertas de gente y de contenido, los edificios grises... No le veo ningún atractivo. Algunos dicen, bromeando, que lo único que Bishkek tiene para escoger es Coca-Cola china o Coca-Cola turca. Urbanísticamente, no vale nada. Es una fotocopia de Ashjabat y de Tashkent y, según dicen, aún más de Alma Atá, la primera ciudad de Kazajstán. Por lo menos aquí tengo una ventana abierta al nevado Tien Shan, que surge tras los edificios para recordarme de dónde vengo y hacia dónde volveré. De todas formas, como la estancia será corta no debo preocuparme mucho.

Sin embargo, una semana y media necesitaré para conseguir el maldito visado. ¡Diez días! Tendré tiempo de esperar y desesperar, de engordar tres o cuatro kilos, de aprenderme el nombre de las calles, de asistir al circo y de ir de excursión a una *dacha*.

Al día siguiente me presento en la embajada china, confiado, con la documentación que creo que van a pedirme. Recordando lo que me han dicho desde Barcelona, me he hecho a la idea de que soy un ingeniero de Comercial Lein que, concluidas las vacaciones, se dirige a la provincia de Shandong para trabajar en la instalación de nueva maquinaria. Aparco la bicicleta a 100 metros del edificio. Nadie debe saber nada de mis intenciones, y es que en los últimos años, a raíz de la apertura de fronteras, las autoridades chinas se han percatado de la relativa facilidad con que algunos occidentales se animan a entrar impunemente en su país. Esta más o menos libre circulación de extranjeros por el territorio, accediendo a áreas y ciudades prohibidas, no gusta nada a los herederos de Mao, que tratan de impedirla.

A las nueve llego a la embajada. Los papeles que me acreditan como periodista se han quedado en casa, no fuera a suceder que por un olvido descubriesen mi identidad. Lo que sí traigo es el garabato que el hombre de la Sociedad Kirguiz de Amistad me ha escrito, y que viene a decir: «Señor Lu, ayude a mi amigo Gabriel a conseguir su visado.»

Pero el tal míster Lu no parece muy convencido de que pueda ayudarme. Él es el cónsul, un hombre de unos 30 años, delgadísimo. Lo veo moverse, nervioso, detrás del cristal de la oficina. Chapurrea un ruso macarrónico, con el que apenas se entiende con la gente del país. Me hace esperar dos horas y media, hasta que llega la hora de cerrar. Nos hallamos en la secretaría, donde se encuentra la única persona de la embajada que habla inglés. No me gusta lo que dice: la carta de invitación no ha llegado, y, aunque lo hubiera hecho no habría servido, porque debe tener fecha de hoy. ¡Lo que faltaba! Todas las gestiones de Tashkent, todo el tiempo invertido, no han servido de nada. Hay que volver a poner en marcha toda la rueda: Colegio de Periodistas, Comercial Lein, la empresa china... Con la diferencia de que esta vez no tengo ni teléfono ni fax ni a quién recurrir para que me eche una mano. Tendré que espabilarme solo.

A mediodía —ocho de la mañana en Barcelona— llamo a casa y les pongo al corriente. Suerte que les tengo. Sé que harán todo lo que puedan para que no me quede colgado y que a partir de este preciso instante vuelven a mover todos los hilos para ayudarme. Lo único que puedo hacer es esperar. La continuación del viaje ya no está en mis manos, sino a miles de kilómetros de distancia. Habrá que tener paciencia, mucha paciencia.

Esto es lo que me digo al salir de la compañía telefónica; pero ¿y ahora qué? ¿Qué puedo hacer en esta ciudad de pasado militar que durante décadas estuvo cerrada a los extranjeros? Se trata de una capital con industria armamentista que durante la penúltima guerra de Afganistán fue el principal campo de operaciones aéreo de las fuerzas soviéticas. Debe de ser por eso que es tan aburrida. «En fin, no pienses más —me digo—; con algo de suerte, el viernes tendrás tu visado, y, si no, el lunes. Aprovecha para descansar.»

A falta de restaurantes o *chai khana*, opto por el más aburrido y antidietético sistema de ir comprando dulces y pastas saladas en los tenderetes de la calle. Incluso en el aspecto comercial la ciudad es aburrida: pocos restaurantes, pocas tiendas estatales, pocos establecimientos nuevos y pocos mercados. Y encima, los vendedores no aceptan que les discutas los precios. ¡Con lo que me ha costado aprender!

El bazar Osh es otro cantar. El principal centro de abastos de Bishkek es comparable al de Samarcanda o Bujará en superficie y animación. Vuelvo a sentirme en Asia central. Abundan los vendedores que bajan de las montañas vestidos a la manera tradicional, cubriéndose la cabeza con su *ak-kalpak* blanco, pero también cada día hay más con americana y zapatos, que se dedican al pequeño comercio de los productos electrónicos que compran en los mercados chinos. También se encuentra aceite vegetal procedente de la ayuda humanitaria norteamericana. Se vende en muchos puestos, a pesar de la visible etiqueta que anuncia: «Este producto no puede ser vendido ni intercambiado.» La policía no lo impide; prefiere perseguir a los chavales que corretean sin zapatos por los pasillos birlando fruta.

Pruebo algunos de los manjares que me ofrecen, como la leche fermentada de yegua. Antes de volver al piso me paso más de una hora sentado en la entrada, contemplando el movimiento de gente que lleva en carretas animales vivos, cajas de verdura o de Coca-Cola. Casi sin darme cuenta me acabo medio kilo de galletas.

La noche es una repetición de la anterior: un nuevo capítulo de *Bellísima* y más aventuras de *Tom y Jerry*, mientras como fresas con yogur.

Jueves. Segundo día en Bishkek. Un día vacío, sin otro plan que visitar dos de los tres museos que señala la guía y esperar a que llegue mañana para volver a la embajada. Si el viernes no consigo el visado, me aguardan días soberanamente aburridos, porque no hay otros sitios de interés.

Los museos bien merecen una visita. El primero recoge infinidad de obras del principal atractivo del país: la naturaleza, los espacios abiertos, la vida salvaje y las tradicionales formas de vida de su gente, a parte de unas pocas piezas sobre los hechos revolucionarios y el Kirguizistán moderno.

El otro museo es el de Historia. Construido en homenaje a Lenin, ahora está siendo reconvertido en el museo de Historia de Kirguizistán. El edificio es un enorme bloque de mármol blanco que da a la exagerada plaza Lenin. El espacio ocupa unos 15.000 metros cuadrados, que se intentaron llenar con una descomunal pero insuficiente estatua del político comunista, y ahora no hay presupuesto para retirarla. El museo presenta muestras de la propaganda soviética: nada más entrar, un bajorrelieve de más de 20 metros de altura, con profusión de banderas rojas y figuras de campesinos, obreros, aviones, atletas y mujeres trabajadoras; los techos están cubiertos de una variada iconografía que representa las escenas más gloriosas de la Unión Soviética.

La nueva ala recoge, en su mayor parte, la historia del país. Varias salas están dedicadas a Manas, un héroe kirguiz de leyenda que protagoniza el poema épico más largo de la literatura universal, y que ahora comienza a considerarse un mito nacional.

Viernes, me espera una buena noticia en la cola de la embajada. Veo a un chico que habla en alemán con un hombre rubio. En un primer momento pienso que se trata de dos de los hijos, nietos o biznietos de alemanes que viven repartidos por el centro de Asia y que hablan una mezcla de ruso y alemán. Aquellos a los que el gobierno de Helmut Kohl quiere disuadir de regresar a la tierra de sus antepasados favoreciendo inversiones extranjeras en Kirguizistán.

El hombre rubio, que lleva una carpeta de una agencia de viajes, es un kirguiz de origen alemán; el otro, es un suizo en una situación parecida a la mía: en espera de la autorización para entrar en China, también en bicicleta. Como era de esperar, nos entendemos enseguida. Tengo muchas cosas en común con este *petit suisse* de metro noventa de estatura. Se llama Ernst y tiene mi edad. Hemos llegado hasta aquí con la misma motivación viajera, y nuestro itinerario se ha visto interrumpido por culpa de la misma burocracia traicionera. Él está peor que yo, pues lleva más de dos semanas en Bishkek. Cuando me lo ha dicho, se me han puesto los pelos de punta. «¿Esto es lo que me aguarda? Si es así, me retiro; no puedo, no podría. Antes prefiero dejarlo todo y volver para casa», me digo. Intento sacarme esos malos pensamientos de la cabeza. Esto es justamente lo que no puede pasarme a mí. ¡Dos semanas en Bishkek! Ni borracho; antes asaltaría la embajada de noche, sacaría a míster Lu de la cama y le obligaría a extenderme el visado.

Vuelvo a llamar a Barcelona para que no me olviden y de paso decirles que el fax no ha llegado. Ya lo sabían; me recomiendan calma, porque la nueva carta de invitación será más difícil de obtener.

Ernst me explica su itinerario mientras comemos en la universidad. Salió de Suiza a principios de marzo en compañía de Marc, un ex ciclista como él que localizó a través de un periódico. Tiene la intención de alargar el viaje dos años, si el dinero se lo permite. Han llegado a Bishkek siguiendo una ruta llana y creo que poco amena a través de la estepa. Han recorrido más de 7.000 kilómetros en tres meses. ¡Casi nada! Están hechos unos deportistas, aunque han tenido problemas con las ruedas por culpa de los 40 kilos de equipaje que arrastran. A Marc le robaron el pasaporte en Kazajstán y, por si no tuviese suficiente con ello, se han peleado. Uno se ha quedado en Alma Atá y el otro en Bishkek, con la intención de proseguir viaje cada uno por su lado.

Después de tantos días aquí, el pobre Ernst está desesperado. Ya no sabe qué hacer. Ha pagado 60 dólares a Tien Shan Travel para que le consigan el permiso de entrada en China, pero lo único que ha obtenido son muchas promesas y la visita, día sí día no, a la embajada. En un intento de animarle, lo convenzo de que aproveche el tiempo y haga una excursión de fin de semana. Por lo menos conocerá las montañas, porque las últimas que pisó fueron los Alpes.

Por la tarde me presenta a dos de los pocos occidentales que viven en Bishkek, Michel y Corinne, dos franceses recién salidos de la universidad que han venido aquí para dar clases de francés. Hablar con todos ellos es una pequeña liberación mental, comprobar que soy capaz de comunicarme y de que los otros me entienden. A pesar de que les hablo en un idioma que no es el mío, creo que me expreso en un código casi idéntico. Y lo mismo que me pasa a mí les pasa a ellos que en los cuatro meses que llevan aquí han llegado a comprender poco de la vida del país. Sus formas de evasión son las llamadas a Francia, el correo electrónico, las cartas, el televisor, el *footing* y dormir.

Con los nuevos conocidos, el fin de semana se presenta algo más distraído. El sábado por la mañana lo tengo libre. A las siete llego al piso universitario de Ernst con todas mis pertenencias. Es mucho más barato que el piso de la Sociedad Kirguiz de Amistad, y además tendré buena compañía. Pero eso será a partir del lunes. El suizo se marcha tres días fuera, con todo su equipamiento «tipo Induráin» y su bicicleta de 300.000 pesetas.

A media mañana me acerco al tristísimo centro, que fue planificado con la idea de que tuviera todo lo que una ciudad debe tener. Decidieron poner todos los museos, la universidad, el edificio del gobierno, los ministerios, los equipamientos deportivos... sin darse cuenta de que lo que da vida a una ciudad no es eso. Estaban construyendo el modelo de ciudad más racional, pero también más aburrido, que se haya planificado. Incluso pusieron un Circo, así, con mayúsculas, un edificio grande donde estos días actúa el Gran Circo de Kazajstán.

Asisto al espectáculo, de primera, con un público experto y admirado ante la profesionalidad de payasos, acróbatas, malabaristas y domadores de osos. La mayoría de los espectadores son niños y niñas cargados de dulces, pero también personas de edad que acuden como quien va al teatro.

Por la tarde he quedado para ver un partido de fútbol en casa de un matrimonio ruso amigo de los franceses. La vivienda es vieja, de madera, de un solo piso, sin cloacas. El lavabo, una caseta de madera con un agujero en el suelo, está en el jardín. Son profesores universitarios. Me reciben con todo tipo de atenciones. Forman parte del 30% de población rusa que detentó el poder y que con la independencia ha ido a menos. A mucho menos. Han pasado de ser colonizadores a extranjeros. No sienten el país como propio. En la ciudad he visto tristes estampas de niños rubios y ojos azules pidiendo, pero a ningún kirguiz. Una experiencia semejante a la que viví en Tashkent, en las puertas de una iglesia ortodoxa: una mujer de ojos llorosos se dirigió a mí, y no al uzbeko que me acompañaba, para que le diese unas monedas. Confiaba en mi solidaridad, no en la de mi acompañante.

Los rusos de las repúblicas centroasiáticas quieren volver a la casa Rusia, un país que los reconoce como hijos pero no los acepta. ¿Qué sería de este monstruo en proceso de desintegración si tuviese que acoger a los millones de rusos que viven en otras repúblicas? Se trata de un conflicto latente que, sin embargo, puede tener una lectura positiva pues obliga a Moscú a entenderse con sus antiguas «colonias». Y viceversa.

La duda es si piensan igual los rusos que viven en Kirguizistán, Kazajstán o Uzbekistán, que comienzan a sentirse marginados en el país donde han nacido. Será interesante observar la reacción de unas chicas rusas hablando con una francesa de origen ruso. Ellas le preguntarán si es rusa y Magdalina responderá: «Mis padres sí, pero yo soy francesa.» Las jóvenes estudiantes no entienden que se pueda renunciar a la nacionalidad de los abuelos y adquirir otra distinta. Éstas son cuestiones de sangre, no del lugar en el que vives. Por esta razón jamás podrán ser kirguiz. «Somos europeos. Ellos son asiáticos, de piel oscura y con los ojos "así"», comentan los profesores, entornando los párpados.

El domingo toca excursión. Dos alumnas kirguiz de Michel y Corinne nos han invitado a pasar el día en la *dacha* (casa de campo) familiar. Nos acompañan sus novios, dos chicos que nada más subirse al coche han puesto sus gorras de estudiantes de policía junto al cristal trasero para que no nos multen.

La sencilla casita de madera se encuentra en el fondo de un verdísimo valle que invita a pasear. Con Michel y las chicas vamos de excursión hasta una cascada que hay a dos horas de camino, mientras ellos se quedan sin camisa sacando brillo al coche, bebiendo cerveza y escuchando estridente música *techno*.

A la hora de la comida volvemos a la *dacha*. Las chicas preparan algo sin que los chicos muevan un dedo. Michel y yo nos ofrecemos para ayudar, pero nos lo impiden. Nos parece insultante la actitud de sus amiguitos. Son como niños consentidos, repelentes y creídos, que esperan a que ellas muevan el culo para atender sus innumerables caprichos. Y ellas hacen el papel de sufridas mujeres responsables, que sólo muestran un discreto mal humor ante las injusticias más flagrantes. Si en público tienen esta actitud, ¿cómo las tratarán cuando están a solas?

Para acabar de demostrarnos todo lo que son capaces de hacer en un día, la vuelta a Bishkek se convierte en una carrera suicida contra el reloj, conduciendo de mala manera, con toda la potencia que puede dar el Daewoo del padre de uno de los energúmenos. Desde que llegué he podido apreciar varias veces el estilo de conducción kirguiz. Resulta peligroso cruzar la calle aun cuando el semáforo está en verde. Los coches van lanzados, sin ninguna intención de frenar. Dos días atrás, en menos de diez minutos me vi por dos veces a punto de caer, primero por culpa de un coche, y después de una chica que me abrió la puerta a un palmo de la rueda. Le pegué un grito que se quedó pálida.

Ya en la ciudad, sufro un pequeño gran desastre, una pérdida irreparable. He ido a llamar desde una cabina y, media hora después, cuando ya estaba en casa, descubro que me he olvidado allí el bloc de notas en el que llevo escrito todo lo que me ha sucedido las últimas semanas, desde que salí de Bakú. Todo lo que me pasó en Turkmenistán, Uzbekistán y parte de Kirguizistán estaba allí; los datos precisos, las historias que la gente me contaba, mis vivencias e impresiones ante todo lo que había visto y oído. ¡Todo! Corro a la cabina y busco y rebusco por todas las aceras, por los parterres y por las papeleras. Nada. Ha desaparecido. Para siempre. Es una utopía confiar en que alguien se moleste en mandármela a casa. Primero debería descifrar mi nombre y mi dirección.

Me derrumbo como un castillo de naipes. ¿Para qué querrá alguien mi libreta? ¡Pero si no quedaba casi ninguna página en blanco y el resto estaba sucio y arrugado! Lo más probable es que acabe sirviendo para encender un fuego o convertido en trocitos de papel junto a un retrete. ¡Con la dedicación y paciencia con que había llenado cada una de aquellas páginas, a menudo con gotas de sudor en la frente y las manos polvorientas, sacando fuerzas al final de la etapa de donde a menudo casi no quedaban, para reflejar de la forma más fiel las incidencias del día! Podría haber perdido cualquier otra cosa, el saco de dormir, la tienda o las botas. Todo excepto mis notas y los carretes fotográficos.

Lo mandaría todo a la mierda: la ciudad, el país, el viaje. Hace cinco días que estoy aquí y ya me parece una eternidad. Y encima esto. Me imagino en la situación de Ernst, más de dos semanas en esta ciudad, y creo que no podría soportarlo. Es sólo un instante, pero pienso en plegar velas y volver a casa.

«Bueno, hombre, no te pongas así —me digo—; ¿acaso no recuerdas los lugares por los que has pasado, la gente que has conocido, las situaciones que has vivido? ¿Es que no tienes nada, detrás de estas gafas? ¿No has retenido nada dentro del ordenador portátil que llevas aquí dentro, en la cabeza? Pues espabila, chaval, ponte a escribir todo lo que recuerdes.» Suerte de mi otro yo optimista. Ha aparecido para levantarme la moral cuando más lo necesitaba.

En lugar de ir a ver el fútbol con Michel, esta noche me quedaré en casa escribiendo, intentando reconstruir, día a día, el viaje desde Bakú. Y han pasado ya muchos días, desde entonces.

El lunes a las nueve soy fiel a mi cita con míster Lu. Otra vez dos horas de espera para decirme que sigue sin noticias. Mi preocupación crece por momentos. Es mi sexto día en Bishkek. Si todo hubiera salido bien, ya estaría en China. Vuelvo a llamar a Barcelona y Àngel Jiménez me repite que hacen cuanto está en su mano y más para que consiga el visado. Me sabe mal las molestias que estoy ocasionando a personas a las que he implicado involuntariamente en el viaje, pero su actitud me anima a seguir luchando. Ya hace muchos días que he dejado de viajar solo.

«Podría hacer algo más que seguir esperando —pienso—. Sí, claro. Tengo la dirección de un alto cargo del Ministerio de Agricultura que me dieron en Tashkent. Él podrá ayudarme.» Kubanichbek Omuraliev enseguida entiende mi problema. Hace tres o cuatro llamadas y me informa de que en el consulado chino harán cuanto puedan para ayudarme, que cuando tengan la carta me telefonearán. No le creo, pero agradezco la atención y el tiempo dedicados.

Antes de irme quiero hacer una pregunta al representante del gobierno kirguiz acerca de los numerosos cultivos de opio que, según dicen, hay en el país. Los rumores acusan al presidente de tener plantaciones y de haber amasado una fortuna con el cultivo de adormidera para extraer heroína. Los más aventurados afirman que el tráfico de drogas está convirtiéndose en la principal fuente de ingresos de Kirguizistán. Se trata de unas acusaciones muy graves. De lo que no hay duda es que en pocos años se han hecho verdaderas fortunas. Por las calles se ven los últimos modelos de Mercedes o BMW —no precisamente de gama baja—, y no uno, ni diez, ni veinte, sino bastantes más. Sus propietarios son las mismas personas que pueden comprarse las zapatillas que venden en la nueva tienda Reebok a 20.000 pelas el par.

Omuraliev responde que él, de pequeño, había visto muchos campos de adormidera para la obtención de opio, que los alrededores del lago Issik Kul eran preciosos cuando brotaban sus flores redondas, pero que hace tiempo que fueron erradicados. Asegura que ya sólo queda adormidera en Tayikistán y Afganistán. Lo cierto es que dentro de unos días comprobaré personalmente que por encima de los 3.000 metros de altitud, las plantaciones siguen existiendo.

De nuevo en casa, encuentro a Ernst. Ha vuelto un día antes por problemas mecánicos; ha pinchado dos veces y se ha quedado sin bomba de aire. A pesar de los problemas, el *petit suisse* se ha pegado en tres días 176 kilómetros hasta el Issik Kul, un paseo de 70 kilómetros más y el camino de vuelta. ¡Y dice que no está fuerte! Claro que en Kazajstán hizo más: 240 kilómetros en un solo día. «Tenía viento a favor», explicó, como si quisiera excusarse.

Y por la noche aún tendrá fuerzas para lavarse la ropa y filtrar agua, porque no se fía de la de Bishkek. Si jugásemos al fútbol, Ernst y yo estaríamos en categorías distintas. Aunque flaquea algo en capacidad de improvisación. Caricaturizando, me lo imagino volviendo a Berna porque se ha quedado sin salami.

El martes le toca estar deprimido a Ernst. Comienza a desesperarse. Piensa en alternativas: la que más le atrae es reencontrarse en Alma Atá con su compañero. En Issik Kul tropezó con dos neozelandeses en bicicleta que se dirigían a Torugart, el puerto utilizado en 1992 por el rally París-Moscú-Pekín. Consiguieron el visado en Alma Atá, y en pocos días. Otra posibilidad, piensa, es volar a Islamabad para entrar en China por el Karakorum. Dos opciones han quedado descartadas: continuar hacia el norte en dirección a Mongolia y el desierto de Gobi o intentar cruzar la frontera ilegalmente.

Ernst consigue transmitirme sus temores. ¿Y si fuese cierto lo que se comenta acerca de que la embajada retiene los permisos de entrada para evitar problemas con la población uigur de Xinjiang, con la que kirguiz, uzbekos y kazakos están emparentados? ¿Y si nuestras cartas de invitación ya están aquí?

Por la tarde acompaño a Ernst a encontrarse con un empresario suizo. Una rápida gestión y nos enteramos de que por fin su fax ha llegado a la embajada. De paso nos explica lo que le pasó el verano de 1995 a un ciclista australiano que quiso cruzar la frontera por Torugart. La policía china le impidió el paso, y cuando trató de dar media vuelta la policía kirguiz no le dejó volver. Tuvo que quedarse dos semanas en tierra de nadie, a 4.000 metros de altura, casi sin poder comer y sin que nadie se preocupase de él. Nos habían dicho que es un puerto poco recomendable, ya que, por ser zona militar, se requiere un permiso especial del que, por supuesto, nosotros carecemos.

El miércoles debe ser el gran día en el que por fin Ernst obtendrá su visado y yo, muy probablemente, también. Las buenas noticias del suizo me han animado. Con una semana en la ciudad he tenido suficiente. Estoy harto del comedor universitario, del piso, de los salvajes conductores, de escribir cada noche la palabra Bishkek en la libreta y de cultivar una barriguita a base de ahogar mis penas en helados.

Las esperanzas se desvanecen. Mi fax no ha llegado y el suizo ha pegado un buen patinazo. Le han preguntado por dónde quería entrar en China y él ha respondido que por Torugart, claro. Míster Lu se ha mostrado inflexible. «Pues para pasar por Torugart este documento no sirve», le ha dicho. Ernst no ha reaccionado: muy civilizadamente, le ha dicho que muy bien, y todavía ha tenido moral para darle las gracias *(spasiba)*.

Sus problemas también me desmoralizan. Ya me veo en Bishkek otra semana. ¿Cuánto tiempo tendré que permanecer aquí, dos, tres semanas? Sería terrible. En la embajada he hablado con un norteamericano que, según decía, pertenece a una «organización no gubernamental del gobierno de los *States*» *(sic)*. Un poco contradictorio. Lo que me ha sorprendido es que hace dos meses inició los trámites para el visado y que, cuando lo consiguió, le pidieron un permiso de trabajo conforme le autorizan a viajar a China. También cuenta que a un amigo le concedieron el visado, pero no se lo entregaron hasta dos semanas después. ¡Y él imaginaba que lo tendría más fácil por ser ciudadano americano!

Miércoles por la tarde. Ernst —*el Transiberiano*— ha tomado una decisión: «Gabriel, mañana me voy a Alma Atá para encontrarme con Marc. Confío en tener más suerte», me dice. Yo recibo una llamada de Àngel Jiménez, quien me asegura que mañana recibiré el fax. Sigo confiando en Barcelona. Ni se me pasa por la cabeza reemprender la aventura del visado en Kazajstán.

A la casa de Corinne y Michel llega un francés de origen turco procedente de Alma Atá. Es divertido ver cómo el francoturco se divierte hablando con los vendedores del bazar Osh, ya que pertenecen a una cultura que le es próxima. Nos cuenta que en la embajada francesa en Kazajstán tienen noticias de recientes enfrentamientos en Xinjiang. Rumores sin confirmar señalan que el gobierno chino ha detenido a 2.000 personas y que 15 han resultado muertas como resultado de choques entre población uigur y fuerzas de seguridad. Se trata de un tipo de información que casi cada año se genera en Kashgar o en Urumchi, pero que raramente llega a Occidente, aunque esté costando más vidas que el conflicto del Tíbet. Esto ocurre, seguramente, porque la provincia china por la que tengo que pasar es aún más remota y desconocida, porque no se ha abierto al mundo hasta la caída de la Unión Soviética y porque continúa siendo el escenario escogido para realizar ensayos nucleares. No es casualidad que en chino Xinjiang signifique «nueva frontera».

Sus habitantes se sienten más próximos, y no sólo físicamente, a los pueblos turcos que he conocido durante las últimas semanas que a los chinos, por religión, por idioma, por costumbres o por relaciones históricas. Y es que les separa de un imperio cinco veces milenario un gran desierto: el Taklamakán, cuyo nombre significa algo así como «irás y no volverás», el tramo más terrible que tenían que atravesar las caravanas de la ruta de la seda. Es un mar de arena rodeado de algunas de las cordilleras más imponentes del planeta: el Himalaya, al sur; el Pamir, al oeste; y el Tien Shan, al norte. Pero, asimismo, es un terreno virgen que esconde unos yacimientos de petróleo que triplican a los de Estados Unidos, y en el que, a pesar de todo, se conservan grandes áreas cultivables. De ahí que el gobierno chino esté tan interesado en colonizar el territorio, que en menos de 50 años ha pasado de tener 200.000 habitantes han a seis millones. Han es el nombre con el que aún se conocen los chinos en Xinjiang, y representan ya el 37% de la población. Según cifras oficiales, son todavía una minoría, pero controlan las ciudades, las industrias y el comercio, mientras que la hasta ahora mayoritaria población uigur no ha dejado de vivir en el campo, según formas de vida tradicional y al margen de la rapidísima transformación del país.

Esta noche visitamos dos de los nuevos establecimientos inaugurados en Bishkek: una *chai khana* donde preparan un *plov* decepcionante y una carísima terraza donde venden cerveza de importación. Nos acompaña una francesa que hemos conocido esta tarde. Ernst, Michel, Corinne y yo somos los primeros occidentales que la chica ha encontrado en dos meses de aburrimiento monumental. «Estuve en Siberia trabajando —dice—, y allí cada día me invitaban a salir; pero en Bishkek, hoy es la primera vez que lo hago.»

Jueves por la tarde, Ernst parte hacia Alma Atá. Es posible que este fin de semana volvamos a vernos en la capital de Kazajstán, pero ojalá no sea así, pues significaría que sigo sin visado y que he tenido que apuntarme a una excursión con Corinne y Michel.

Sin el despistado *petit suisse*, el reducido apartamento universitario me queda grande. Aquí paso buena parte del día, perdiendo el tiempo en cosas que no lo requieren y pensando. Trato de convencerme de que tengo que permanecer en Bishkek hasta que consiga el visado. Aunque míster Lu vuelva a decirme «no fax».

Por la tarde llega una buena noticia. Han llamado de

la embajada china: míster Lu me busca. «No te ilusiones, no te ilusiones», me digo mientras corro hacia allí; pero es verdad: han recibido la carta desde la embajada china en Madrid. ¡Milagro! Ha sucedido, y Lu o alguna de las mujeres que trabajan con él se han dignado llamarme. El contacto en el Ministerio de Agricultura, vía Cámara de Comercio de China, ha funcionado. ¿Quién dijo que los funcionarios chinos son antipáticos? ¿Que tengo que volver mañana, en horas de oficina? ¡Qué más da! Estoy salvado. Los contactos extraoficiales han servido de algo al fin y al cabo.

Mientras vemos el partido Italia-Alemania en casa de los franceses, Michel insiste en que no me haga ilusiones, que el pobre Ernst celebró tres fiestas de despedida, tres, creyendo que ya podía marchar hacia la China. No está mal que el francés me baje la moral, porque me siento eufórico y aún podría pifiarla. Con todo, por la noche dejo el equipaje preparado. Si no sucede nada raro, mañana partiré de Bishkek sin perder ni un minuto. Lo único que me sabría mal es que, tras ducharme siempre con agua fría, he de irme justo un día después de que la ciudad vuelva a tener agua caliente. Este verano las obras de reparación de la red han durado unas semanas; en el verano del 95 se alargaron tres meses.

KIRGUIZISTÁN-KAZAJSTÁN
BISHKEK-BYSTROVKO
21 de junio (día 85)
103 km (4.787 km)

¡Gracias, míster Lu!

Una ducha rápida, desayuno, acabar de preparar las cosas y... ¡corriendo hacia la embajada! Me pongo la ropa «de trabajo», puede que para convencerme de que hoy sí pasaré la frontera. Llego impaciente a la calle Tokogul. Una hora más tarde soy un manojo de nervios. En principio todo debe ir bien, pero vistos los precedentes, mantengo un buen punto de desconfianza. Míster Lu sigue tan riguroso como de costumbre. Estudia atentamente el pasaporte y me hace rellenar un documento. Me equivoco tres veces. En un recuadro he escrito 1991 por 1996. El cónsul tuerce la nariz cuando lee que el motivo de mi viaje es *work* (trabajo). Me dice que eso no está bien, y me invita a pasar al despacho de la secretaria. Lu está incómodo. Me pregunta sobre mi profesión, el motivo del viaje, las ciudades que quiero visitar y cómo pienso desplazarme, y le repito el cuento de que soy ingeniero y que debo ir a Shandong para supervisar la instalación de maquinaria para una empresa de alimentación. Mi inquisidor no deja de tocarse las gafas. Le cuesta decidirse, pero finalmente afirma que si quiero el visado de trabajo no tengo suficiente con el fax. Necesito un permiso de mi empresa autorizándome a viajar. Y si quiero el visado turístico, ese papel no me sirve.

Era de prever: a última hora faltan papeles. Pero ¿qué se ha creído? Después de las buenas palabras de ayer, me hace esto. Tenía razón en desconfiar. ¿Qué puedo hacer? Cuento con pocas cartas, pero decido jugar fuerte. Debo presionarle. La actitud que mostró ayer me indica que tengo cierto margen de maniobra. Le hago ver que es ridículo que me pidan una carta de la empresa si justamente es la empresa la que me obliga a viajar. Apelo a sus sentimientos. Me muestro abatido, a punto de llorar. Le aseguro que debo presentarme en Shandong para trabajar antes de finales de mes o me caerá un buen paquete. Y claro, si me despiden la culpa será suya.

Le tengo contra las cuerdas. Me tiemblan las piernas. Míster Lu se queda por unos instantes en silencio, hasta que comenta que el papel no dice nada de Comercial Lein. «En China tienen otro nombre», le explico. Y vuelve a callar, se queda pensativo unos segundos que a mí me parecen una eternidad, hasta que parece que encuentra una solución: «Hombre, puedo hacerle un visado de trabajo, pero sólo por un mes.»

A punto estoy de saltar de alegría, me hubiera arrodillado ante él, le habría besado los pies y limpiado los zapatos, pero disimulo, y respondo, muy seriamente, que con 30 días tendré suficiente.

Una hora más tarde, Lu abre el pasaporte, comienza a pasar páginas lentamente, agarra el tampón azul, lo humedece con tinta, y estampa el sello. Coge un tampón rojo, después otro del mismo color y finalmente el cuarto y último, que también es azul. Parece que ha terminado. Sólo resta pagar, 40 dólares, 20 por el visado y otros tantos por las prisas. Ya con el pasaporte, le estrecho la mano con energía, mientras le doy las gracias con un *spasiba* como una casa. Se lo ha ganado.

Salgo de la embajada a toda velocidad y estoy a punto de tropezar con un joven que entra. Me para. Es un uigur de Kashgar que vive en Bishkek dando clases de inglés. Tiene un acento norteamericano desgarrador, culpa del profesor de Illinois que lo introdujo en los secretos del idioma. Se muestra muy interesado por los rumores sobre los enfrentamientos en Urumchi, que no le sorprenden. Y salgo como una exhalación.

Pasar por casa, bajar la bici a la calle y pagar las últimas noches es un visto y no visto. En menos de media hora estoy listo para salir. Me espera una carretera con una ligera pendiente. Estoy muy animado, aunque el cielo amenace lluvia. Los días perdidos son irrecuperables, pero las ganas de viajar vuelven a estar conmigo.

Confío en llegar a China en siete días, a finales de este mes de junio. Me esperan unas etapas de montañas y lagos. En Bishkek he mirado mapas y he quedado fascinado por la cantidad de rutas por descubrir que hay en el interior del país. Por ejemplo, acercarse al campo base del Pik Pobieda, que tiene un glaciar de 80 kilómetros. Naturaleza en gran formato y en estado salvaje.

Sin embargo, no tengo tiempo para improvisaciones. He agotado todos los días de margen que tenía para imprevistos. Debo ir directamente hacia la frontera. Con algo de suerte, llegaré el 26 de junio. Sólo me quedará un mes para recorrer el país y llegar a Pekín el 28 de julio. Para ese día tengo reservada una plaza en el vuelo a Barcelona. «¿Y saliste de casa con el billete de vuelta sin saber si llegarías a Pekín?», se preguntará alguien. Pues sí: era otra forma de obligarme a llegar hasta el final.

KIRGUIZISTÁN-KAZAJSTÁN
BYSTROVKO-BALIKCHI
22 de junio (día 86)
86 km (4.873 km)

La ciudad perdida de Issik Kul

He dormido en Bystrovko, un pequeño pueblo rodeado de montañas camino de Issik Kul. El tiempo no ha mejorado mucho. Nubes grises corren de sur a norte a toda velocidad. A las ocho estoy en la carretera. Si ayer avancé hacia el este, ahora bajo hacia el sur, en dirección a un desfiladero. Vuelvo a estar cerca de las montañas, y se nota. Primero pasan unas furgonetas rusas con adhesivos canadienses que supongo pertenecen a una expedición alpina. Unos kilómetros más arriba veo el campamento de unos rusos que descienden en canoa por el caudaloso río Chu.

Issik Kul es una gran depresión que recibe agua de 60 ríos, pero que no es drenada por ninguno. Se trata de uno de los mayores lagos de agua dulce del mundo. Ello no se debe a las dimensiones, grandes pero no exageradas (200 kilómetros de largo por 70 de ancho), sino de su profundidad, unos 700 metros. Por esta razón nunca se hiela, a pesar de encontrarse a 1.600 metros de altura y rodeado de cumbres que superan los 5.000 metros. Al norte está el Ala-Tau Kungéi (o Ala-Tau soleado), y al sur el Ala-Tau Tiérski (o Ala-Tau sombrío). Por su clima, relativamente templado, la zona está habitada desde hace siglos. La leyenda cuenta que Tamerlán hizo construir en ella una ciudad que acabó tragada por las aguas, pero la única constancia que tenemos de ello son los restos que aparecen en las orillas después de días de tormenta.

Con los kilómetros, el desfiladero se estrecha y la carretera gana altura. En los márgenes hay esculturas plateadas que representan animales salvajes, águilas, ciervos o el extinguido leopardo de las nieves. En Turkmenistán y Uzbekistán ya vi algunos de estos ornamentos, pero en esta zona son numerosos por la existencia de una de las principales fábricas productoras.

Poco antes de alcanzar Balikchi veo el cruce que se desvía hacia Naryn y Torugart, un antiguo paso de la ruta de la seda por el que deben haber pasado, hace unos días, los ciclistas neozelandeses. Si mi carretera es poco transitada, la otra está desierta. No cuesta nada imaginar cómo debe de ser 400 kilómetros más al sur, rozando la frontera, después de superar dos puertos de más de 3.000 metros.

A punto de llegar al lago, estoy en el peaje por el que se accede a la reserva natural de Issik Kul. Balikchi se alza en la costa. Tanto el nombre actual del pueblo como el antiguo (Ribache) derivan de la palabra que significa «pez»; uno es en kirguiz y el otro en ruso. El núcleo tiene dos partes diferenciadas. La vieja es una zona de casas pequeñas de principios del siglo XIX, pintadas en diferentes tonos de azul. El resto da pena. Bloques de pisos que destrozan el paisaje.

Como en una *chai khana* del bazar, rodeado de una expectación considerable. Como siempre, todo el mundo quiere ver mi mapa *(karta)*, el cuentakilómetros, el reloj digital y la cámara fotográfica *(foto aparat)*. Por una vez, nadie pregunta por mi *palatka* (tienda de campaña).

El hotel que señala la guía está cerrado, pero hay uno nuevo que, según un anciano, es de «lujo». Me acompaña su nieto, a quien cargo en la bicicleta. El establecimiento, construido con capital chino, no es precisamente barato: me piden 130 som, cuatro veces el precio de ayer y cinco veces el que pagué por el piso universitario. Un chico me propone alojarme en su casa, pero el policía del hotel se da cuenta de que el establecimiento está a punto de perder a su único cliente y lo retiene. «Te habría golpeado y se habría quedado con tus dólares», me asegura luego el policía. No sé si será cierto, pero no tengo más remedio que quedarme.

Estudio sobre el mapa lo que me aguarda en los próximos días. Deduzco que las primeras etapas chinas serán por territorio tan despoblado como el que ahora piso. Por lo menos hasta que llegue a Urumchi. A partir de allí, desierto, más de 1.000 kilómetros con poquísimos pueblos. Puedo tomar el autobús o intentar llegar a Xi'an en bicicleta. Para conseguirlo, no podré permitirme ni un día de descanso. Serán 30 días de pedalear sin tregua hasta la ciudad que fue la primera capital china, allí donde concluían el itinerario las caravanas. Mucho camino por recorrer. Me pregunto si aguantaré este ritmo. Tengo muchas ganas, pero... Habrá que esperar para descubrirlo.

A última hora vuelvo a la *chai khana*. En el mercado ya sólo quedan mujeres barriendo. Unas nubes negrísimas están a punto de descargar. En el comedor encuentro a las dos mujeres de la tarde. Me hacen algunas preguntas y ríen con ganas cuando se enteran de que no estoy casado ni tengo hijos. ¡Tan cerca de Bishkek y qué distinta que es la gente! Parece que haya cambiado de país. ¿O quizá es mi estado de ánimo el que ha cambiado?

Comienza a llover. Un chubasco corto e intenso. En media hora, las calles vuelven a estar secas.

KIRGUIZISTÁN-KAZAJSTÁN
BALIKCHI-CHOLPON ATA
23 de junio (día 87)
83 km (4.956 km)

Vodka para comer, vodka para cenar y...

La habitación del hotel resultó mucho peor de lo que esperaba: ni ducha ni agua caliente ni toalla. Por ahora, en cambio, la etapa de hoy transcurre a la perfección. Una carretera llana, poco transitada, que bordea la verde orilla norte del lago. Un recorrido muy agradable. A mi derecha, las montañas del Ala-Tau Tiérski, que se difuminan entre la niebla matinal. La temperatura es de 20 grados, ideal para rodar en bicicleta. Lo mismo deben de pensar los pequeños castores que, fuera de sus madrigueras, toman el sol erguidos sobre sus patas traseras. Un marco inmejorable. Los prados que rodean el lago están florecidos y constrastan con las alfombras de color, brillantes a causa del sol, tendidas a las puertas de las pequeñas casas de madera.

Al llegar a Cholpon Ata, el paisaje es menos idílico debido a las numerosas *gastyntsa* y *pansyonat* (hoteles y residencias de verano). Estoy en la Costa del Sol kirguiz, y ésta es la ciudad que según la guía tengo que evitar. Me he propuesto comer algo y continuar hasta Boz Teri, el pueblo de Davlan, el kirguiz de Samarcanda. No podré quedarme más de una noche, pero tengo ganas de saludarle.

Sin embargo, se produce un imprevisto. Al acabar de comer, unos hombres me invitan a beber. No puedo negarme. Acepto una copa de vodka antes de volver a ponerme en camino. ¿Qué daño puede hacerme algo de alcohol?... ¡Si llego a saberlo!

Lleva la voz cantante un kirguiz, de nombre Dusham, que parece tan ancho de espaldas como alto. Es piloto de avión, por más que cueste creer que esas manos redondas e hinchadas tengan la delicadeza y precisión necesarias para el oficio. Los otros le siguen la corriente. Todos estamos animados. Me dejo invitar a una segunda copa, y cuando Dusham me propone dormir en su casa e ir a una fiesta, acepto. Me quedaré sin ver a Davlan.

El tercer vodka es en casa de Dusham, comiendo pan con mantequilla mientras esperamos a que su hija y la del ingeniero se cambien. La fiesta se celebra en honor de ambas. Acaban de graduarse. Me hablan tanto y con tantas ganas que acabo preguntando a qué hora terminaremos. El piloto me señala las seis en su reloj. ¡Pero si es casi la hora de levantarme!

A las cinco, limpitos, estamos en la carretera haciendo autostop. Nos dirigimos a un complejo turístico junto al lago. El impulsivo Dusham protesta a gritos cuando se entera de que la cita es a las siete. Hay tiempo para otra copa. Nos coge por el cuello a su amigo y a mí y nos lleva a comprar una botella en un chiringuito cercano a la playa, lejos de la música infernal que sale por los altavoces. Y así, entre copa de coñac y pastilla de chocolate, pasamos cerca de dos horas en unos columpios, contemplando como unas pocas familias rusas aprovechan los últimos rayos de sol para bañarse, entre viejos patines, veleros y tablas de *windsurf*, mientras las montañas que tenemos ante nosotros vuelven a hacerse visibles.

«No puede ser que a fines de junio haya tan poca gente», se lamenta Dusham. Por supuesto, no dice que todos los clientes son rusos y que los únicos kirguiz son los de la fiesta y los trabajadores.

A las siete, los invitados llegan al restaurante. Se hacen las presentaciones, difíciles por la barrera del idioma. Hasta que aparece un chico que me servirá de intérprete. Se llama Douglas, o míster Douglas, como, reverencialmente, todos le conocen. Es un norteamericano enviado por su gobierno a este país limítrofe con China. Da clases de inglés. Un digno embajador de su tierra, impecablemente vestido con americana y corbata, y las banderas de Estados Unidos y de Kirguizistán clavadas en la solapa a modo de insignia. Su presencia en un país tan pequeño me sorprende, de la misma forma que sorprendió a los analistas internacionales la celeridad con que la primera potencia mundial abrió embajadas en las repúblicas centroasiáticas después de la independencia de éstas.

En el interior hay una impresionante mesa en forma de U. Me sientan al lado de Douglas, entre los profesores y los padres, que superan en número a los pocos chicos homenajeados. La mesa está llena de botellas, platos, vasos y una increíble variedad de tipos de pan. No hay ni un solo centímetro sin ocupar. «Estas fiestas se hacen dos o tres veces al año con cualquier excusa —me explica Douglas—; lo importante no es el motivo que las justifica sino encontrarse con los amigos y familiares y tirarse bebiendo y comiendo hasta el alba. Verás que la comida nunca se acaba; cuando te crees que ya no queda, aparecen más bandejas.»

Me extraña la ausencia de rusos. Los profesores y alumnos de esta nacionalidad hacen la fiesta aparte, en un acto en el que, de manera recíproca, tampoco hay kirguiz. «Los rusos tienen mejor nivel y cuando finalicen los estudios irán a la universidad; en cambio, de todos los que están aquí seguramente sólo uno lo conseguirá», comenta el americano. Es un *apartheid* tácito que nadie discute. Sencillamente, no se relacionan. Los kirguiz por un lado y los rusos por otro.

Douglas me pone al corriente de cómo consideran los rusos a la población de Kirguizistán: «Dicen que no les gusta trabajar, que lo hacen mal, que son sucios... Sólo aspectos negativos.» El propio norteamericano reconoce que se siente más cómodo con los primeros, porque su cultura le es más próxima y, por consiguiente, le resulta más fácil entenderlos. Su cara de asco cuando habla de la afición de la gente del país por la «grasienta carne de cordero» lo dice todo.

Dusham viene a vernos. Me ofrece volar en avión mañana hasta Kara Kol, en el otro extremo del lago. Sin ningún compromiso, gratis, que por algo él es piloto de las líneas aéreas de Kirguizistán. «¿Gratis?», pregunta el americano. «Sí, gratis, este país es una república democrática», responde él, ya muy animado. El profesor de inglés pone cara de alucinado, y el piloto se despide, alegre, aconsejándome que tome lo que quiera, comida, bebida e incluso mujeres, según me ha parecido entender.

La mujer mayor bendice la comida, y empieza la fiesta. Ruido de platos, botellas, vasos, comida humeante que va y viene... Me he quedado sin apetito antes de comenzar, pero no puedo tener esta falta de delicadeza con Dusham y sus amigos, y vuelvo a comer y a beber lo justo que exige el protocolo. Tres cuartos de hora después, el ambiente hierve. Un periodista anima a los comensales. La música suena a todo volumen. Después del primer plato hay una pausa de media hora. El tiempo de bailar música *mákina*, con todas las cabezas cubiertas por el *ak kalpak* y pañuelos de colores. Se pronuncian algunos discursos y se organizan juegos. Míster Douglas es llamado a participar, y público y espectadores le ayudan de forma descarada, porque el americano no puede perder. Y vuelta a empezar, más comida y más bebida, porque una cosa no puede separarse de la otra. Así toda la noche.

Al tercer baile ya no puedo más. Estoy cansado. Se lo digo a Dusham, pero no me cree. Finalmente Douglas intercede, y él se percata de que no le engaño.

A las diez y media Douglas se va a la fiesta de los rusos y Dusham me acompaña a la casa del director del *pansyonat*, un kirguiz que nos aguarda con una botella de vodka. Bebo a la salud de los presentes con la tranquilidad de saber que después de esta copa me espera la cama. Lástima que a las cuatro de la madrugada alguien llame a la puerta. Es gente de la fiesta que viene a brindar con el dueño de la casa.

A las seis y media, aparecerá Dusham con su amigo. La fiesta se ha terminado. O eso creía.

KIRGUIZISTÁN-KAZAJSTÁN
CHOLPON ATA-KARA KOL
24 de junio (día 88)
3 km (4.959 km)

... más vodka para desayunar

A la salida del *pansyonat* nos espera un coche para volver a casa. Somos unos privilegiados. La mujer del piloto ha tenido que recorrer andando los 15 kilómetros que nos separan de Cholpon Ata. El coche no es ninguna maravilla, un Lada con unas suspensiones que hace tiempo no funcionan, conducido por un individuo que tiene la manía de poner punto muerto a la menor pendiente favorable que se presenta.

Creía que veníamos a dormir, que él y su amigo ingeniero estarían exhaustos y necesitarían descansar. Estaba equivocado. Uno de ellos trae un capazo lleno de vodka y Coca-Cola. Una vez en casa, repetimos. No han tenido suficiente. Este Dusham es un toro. Bebe y bebe sin mostrar señales de embriaguez. Su amigo, en cambio, está muerto. Se le cierran los ojos y la cabeza —cloc— le cae una y otra vez sobre la mesa. A cada nuevo *tost* (brindis) le despiertan, y él se pone a decir tonterías. De nada sirven mis esfuerzos para no beber más.

Con el escándalo despertamos a la mujer del ingeniero, que baja a prepararnos un *chai* con cara de muy malas pulgas. El ingeniero se va a dormir la mona y las mujeres a trabajar. «¡Nos vamos a pescar!», anuncia Dusham triunfalmente, mientras me pone un *ak kalpak* en la cabeza. «¡Pues es lo que me faltaba para superar la resaca y la acidez de estómago!», me digo.

No pescamos nada, pero paso dos horas espléndidas tendido al sol como un vegetal, con la cara cubierta por el sombrero, oyendo el leve rumor de las pequeñas olas que rompen en la arena. Antes de marchar, un buen baño en las gélidas aguas de Issik Kul y una foto de recuerdo encima de un camello.

A la hora de comer volvemos a estar en casa, y de nuevo más comida y más *tosts* de vodka, esta vez con la madre del piloto, que se ha sumado a la fiesta. Le regalo a Dusham un pasamontañas de forro polar que ya no necesitaré. «¿Adónde vas con esto en la cabeza? ¿No ves que haces el ridículo?», le advierte su madre. Se lo quita y se vuelve a poner el *ak kalpak*.

Vamos al aeropuerto con la misma táctica del autostop de ayer, esta vez con la bicicleta cargada en el maletero. Tengo mis dudas de que pueda embarcar. No es que no le crea, pero eso de volar gratis ya es demasiado.

Para vencer posibles suspicacias de parte del director del aeropuerto, Dusham trae una botella de vodka escondida bajo la camisa. Y todos, tripulantes incluidos, volvemos a beber. Suerte que será un brindis rápido, y corriendo hacia el pequeño Yak-40 bimotor, porque es tarde y hay pasajeros que hace rato que esperan. Mi amigo kirguiz me ayuda a subir la bicicleta y nos despedimos mientras el avión ya comienza a moverse sobre la pista.

Es el vuelo más corto de mi vida, 20 minutos contando despegue y aterrizaje, sobrevolando el lago entre picos que quedan algo por encima de nosotros. Es hermoso, aunque lo más sorprendente es cómo he llegado hasta aquí: sin pasar ningún control, sin comprar billete; sólo porque le he caído bien a un hombre que casi lo único que sabe de mí es mi nombre.

Dusham me ha prometido que el piloto del avión me hospedará en su casa, pero, ya en Kara Kol, tengo la sensación de que el capitán me evita, como si quisiera librarse de mí. «Ningún problema —pienso—; me voy a un hotel y santas pascuas.» Y lo hago. Me despido y comienzo a buscar una *gastyntsa* donde pasar la noche.

Paso la tarde en cama, con un fuerte dolor de estómago. Estoy destrozado, peor que después de hacer 100 kilómetros.

A última hora salgo a dar un garbeo por el pueblo.

Decir que Kara Kol es una mezcla de Baviera y el Lejano Oeste, como apunta *Central Asia*, suena exagerado, pero es verdad que emana un ambiente especial, medio ruso, medio kirguiz. Hay casitas de principio de siglo y una iglesia ortodoxa, desproporcionadamente grande en relación con la localidad. En Kara Kol se refugiaron cantidad de rusos en 1916, después de la rebelión anticolonial que estalló en Andizhán, y que costó miles de muertos. En contrapartida, cuando los rusos recuperaron el poder deportaron a los kirguiz a Narín.

En el hotel tengo una agradable sorpresa: ¡los irlandeses del Land Rover! Casi 40 días después de perderles la pista, volvemos a encontrarnos. Se alojan allí y esperan a un guía de montaña que les dirá dónde pueden reparar las ruedas del coche y que les informará de la amplia oferta de excursiones que se pueden hacer por la zona. Lo paso realmente mal escuchando las explicaciones que les dan: tres días en el glaciar del Jan Tengri —un pico de 6.995 metros—, una salida para aprender a cazar con águilas... A unos precios sin competencia: 35 dólares. Realmente tentador. Dudo, pero al fin decido que no puedo. El visado de Rusia me caduca el 30 de junio. No quiero más problemas de papeleo.

Tomamos una cerveza china en un bar de estilo occidental. Reímos explicándonos peripecias de las últimas semanas, como la forma en que yo resolví mis problemas con los neumáticos y los visados y cómo Donal tuvo que viajar a Moscú en avión para renovar su pasaporte, porque de tanto cruzar fronteras se había quedado sin páginas en blanco donde estampar más visados.

Estamos a punto de salir del bar cuando alguien me da una palmada en la espalda. Es el piloto. Me recrimina que me haya ido del aeropuerto sin esperarle. Parece francamente molesto y me pregunta qué le dirá a su amigo Dusham cuando se entere de que no me ha tratado como se espera del amigo de un amigo. Intento explicarle que no nos hemos entendido, pero, teniendo en cuenta su «estado etílico» mejor que haya sido así. Va completamente trompa. Quiere invitarnos a beber. Declinamos de forma amable la oferta, pero acaba trayendo una botella de espumoso italiano —*«strong drink»*, dice— y se sienta con nosotros.

Se le ve deprimido. Comienza a contarnos sus problemas: que si esto no es lo que era, que a menudo no pueden volar por falta de queroseno, que si las ruedas de los aviones están gastadas y tienen que aterrizar sin frenos, que si antes eran una potencia mundial y no les faltaba de nada... Al parecer intenta ahogar las penas en alcohol.

Los irlandeses se ven venir una larga velada y después de tomar una copa de cortesía se levantan. Están hartos. Pero el piloto se ha puesto de pie de un salto y ha agarrado a Donal por el brazo. Les pide a gritos que se sienten. «¡Esto que hacéis no está bien; por favor, sentaos! Sólo diez minutos.» Para evitar una situación violenta, acceden.

El bar está a punto de cerrar y el piloto propone subir a su habitación a beber el último *strong drink*. Mañana hemos de levantarnos a las cinco, y decimos que no. Como se pone tozudo, Anna y Donal huyen escalera arriba. Me han dejado solo. Quiero resolverlo amistosamente, por Dusham más que por él, e intento hacerle ver que las costumbres de su país son distintas de las nuestras, pero él compra otra botella de espumoso y chocolate. En el hotel, trato de deshacerme de él, y se repite el número del bar: diez minutos discutiendo que si yo me voy a dormir, que si la última copa. Él, cada vez más nervioso, y yo, con miedo a que reaccione violentamente. En un momento en que se despista, aprovecho para correr a mi habitación. Abro la puerta y cuando estoy tratando de cerrarla... ¡vuelve a aparecer! Empuja, entra y se sienta en la cama. Yo tomo asiento en una silla y me lo quedo mirando distraídamente, intentando ponerlo en evidencia.

Pasarán un par de minutos antes de que se levante y vaya al lavabo. Al volver parece más sereno. Levanta la bolsa y me ofrece su mano: «¿Lo ves, hombre? No pasa nada. Tan amigos», me dice. Al salir de la habitación me hace un gesto como de reñirme por algo que he hecho mal. Supongo que, al negarme a beber con él, le he hecho la peor ofensa que se le puede hacer a un hombre en este país.

KIRGUIZISTÁN-KAZAJSTÁN
KARA KOL-KARKARA
25 de junio (día 89)
107 km (5.066 km)

Sin brújula por el altiplano

«*Me encuentro a 2.150 metros de altura, a mitad de etapa, en el punto donde se abrazan las dos cordilleras del Ala-Tau. Hace rato que he dejado atrás Issik Kul. Después de días y días de montañas verdes pero peladas, por fin he visto bosques de abetos, inmensos, y águilas que sobrevuelan los campos. El paisaje es alpino; el verde me envuelve. La carretera está poco transitada. Veo a más hombres a caballo o conduciendo carros que vehículos a motor. En una hora sólo me han pasado dos coches y dos hombres a caballo. La tranquilidad y la paz de las montañas salvajes. Sólo se oye el viento, que me empuja desde primera hora, algunos pájaros y el zumbido de los insectos. ¡Es la gloria!*»

Cierro la libreta. Me siento animado y quiero que quede constancia. Un rato antes de detenerme a descansar, la carretera ha ido subiendo y me he dado cuenta de repente de que seguía una dirección errónea. Es la primera vez desde que salí de Estambul que me he perdido. Increíble pero cierto. Yo soy el primer sorprendido. He desarrollado un sentido de la orientación que, cuando salgo del hotel por la mañana, siempre me conduce por la dirección correcta. Y eso que no llevo brújula. La perdí en Bishkek, en un primer despiste lamentable que acabaría con la aún más desgraciada pérdida del bloc de notas. «¡Gabriel, *collons*! estás muy despistado. Fíjate más, porque si no vigilas puedes perder algo más importante», me repito.

La pista correcta está en mal estado. Un chubasco me obliga a refugiarme en una granja abandonada. Después encuentro un pequeño puerto y una bajada, corta pero empinada, llena de esas piedras que tanto castigan los neumáticos. Abajo me aguarda la frontera de Kazajstán, el país más grande de Asia central (su superficie equivale a la mitad de Europa), que sólo pisaré de refilón. Como es norma, los policías de este puesto fronterizo secundario muestran más interés por mí o por la bicicleta que por los papeles. Si en lugar de pasear con la Rockhopper hubieran mirado los papeles, habrían descubierto que no tengo ni el visado kirguiz ni el kazako.

Kazajstán es el séptimo y penúltimo país que piso. Un territorio tan grande como seis veces la península Ibérica, que abraza Turkmenistán, Uzbekistán y Kirguizistán por el norte. En esta república existe también una considerable mezcla étnica. Los kazakos son parecidos a los kirguiz. Muchos tienen los ojos azules, quizá por influencia de los vecinos tártaros del norte. Los kazakos lucharon contra la sovietización. Se dice que los propietarios mataron a millones de caballos y de corderos para evitar verlos colectivizados. Me encuentro en un punto remoto de Kazajstán, en la zona de los 2.700 glaciares, los 48.000 lagos y los 85.000 ríos. Es una franja montañosa que separa el país de China y que sólo representa el 10% del territorio. El resto es estepa. Buena parte de la tarde la paso pedaleando por una pista que cruza un altiplano por encima de los 2.000 metros. No hay ni un triste pueblo, ni una casa. Sólo algunas *yurtas* junto al río, rebaños y algunos pastores a caballo, quienes, al verme pasar a muchos kilómetros de distancia, cabalgan hasta la carretera guiados por su vista de aves rapaces para salir a mi encuentro. Nos miramos en silencio, sólo por curiosidad. Nunca deben de haber visto un hombre como yo, y la verdad es que yo tampoco había visto jamás a nadie como ellos, con esa piel oscura y unas facciones que recuerdan cada vez más a las de los mongoles.

Hasta el kilómetro 50 no encuentro el primer pueblo, cuando ya comenzaba a preocuparme por saber dónde dormiría, bajo un cielo de un negro subido que amenazaba tormenta. El paisaje es impresionantemente verde, señal inequívoca de las intensas lluvias que caen en la vertiente norte del pico Pobieda y el Jan Tengri (7.439 metros), las dos grandes cumbres que, si el día aclara, confío en poder ver mañana.

El pueblo no es Kegen, como creía. Es la segunda vez en las últimas veinticuatro horas que me paso de listo por falta de brújula, una carencia que los últimos días había resuelto preguntando a la gente y observando los carteles. Pero en el paraje solitario en que me encuentro sólo puedo disponer del mapa y el altímetro y tratar de identificar así montañas, valles y ríos. Estoy en Karkara, un pequeño núcleo rural. Las calles son un barrizal en el que no falta el estiércol. Ni soñar con un hotel. Tendré que dejar que me inviten, pero no sé cómo. Al primer hombre a quien se lo planteo se niega. En el segundo intento, soy más sutil. Me dirijo a dos hombres con la excusa de que necesito cambiar dinero, lo que es verdad. Cuando se enteran de que quiero comprar comida, uno de ellos me ofrece su casa.

Oiré los truenos de la tormenta desde la calidez de su hogar, ante un buen plato de *manti*, pan y una taza de té con leche. «Sí señor, aquí estaré bien», me digo. Son hospitalarios y dejan hacer. Me han ofrecido vodka, y ha sido suficiente con una sola negativa para convencerles de que no me apetecía. Y encima los dos hombres se han ido, dejándome solo con la mujer y los niños. A esto se le dice tener confianza. Lo que a Nursultán, el hombre de la casa, no le gusta tanto es que me dirija a él en ruso. Pero, qué remedio. Sé mucho más ruso que turco. La propia Anna se sorprendió ayer, en Kara Kol, al oírme. «¡Pero si hace mes y medio en el ferry no sabías decir ni una palabra!», exclamó. Y ahora conozco o soy capaz de entender hasta un centenar, lo suficiente para tener una conversación de supervivencia: hambre, cama, dormir, frío, hotel, agua, cansado, gracias, mañana, bicicleta... Pero de nada me servirá todo eso, en China. El ruso me ha resultado relativamente fácil de aprender, pero lo que me espera dentro de cuatro o cinco días será muy distinto.

KIRGUIZISTÁN-KAZAJSTÁN
KARKARA-KORTAL
26 de junio (día 90)
179 km (5.245 km)

Invasión de mosquitos

Esta mañana Nursultán sale hacia Alma Atá para hacer negocios con su camión. Lo compró hace tres años, de segunda mano, por 200 dólares. Estaba cansado de trabajar en el *koljoz* del pueblo. Antes de partir tiene tiempo de tomar prestada mi bicicleta, de dejarla completamente embarrada y, ya de paso, perderme un guante. En sólo cinco minutos. No sé de qué hubiera sido capaz si llega a estar más tiempo con ella.

Hoy tengo previsto acercarme todo lo que me sea posible a la frontera china. La ruta a seguir me conducirá de un altiplano, a 2.000 metros de altura, al valle del Ili, un río procedente de China que vierte sus aguas en el lago Balkash, al norte. Si no hay inconvenientes, cruzaré una frontera secundaria y después de unos días en dirección este llegaré a Urumchi. Por si acaso, esta tarde colgaré un lazo en un árbol solitario junto a la carretera. Según una antigua tradición, es una manera infalible de que se cumplan tus deseos. No sé si funciona, pero lo cierto es que de las ramas cuelgan numerosos «deseos» de colores.

Dejo el pueblo a media mañana. Las imponentes cimas del Jan Tengri y el pico Pobieda siguen invisibles detrás de una espesa capa de nubes. A medida que desciendo el terreno cambia del verde intenso a tonalidades ocres. En el pueblo siguiente gasto en comida los únicos cinco dólares que pude cambiar ayer. Una cantidad que debe ser suficiente para las veinticuatro horas que me quedan en Kazajstán, porque ya preveo que esta noche dormiré en la tienda de campaña. Pan, pepinos y queso, además del correspondiente arroz de emergencia, será el alimento de los dos próximos días.

El pueblo al que espero llegar no está a 70 kilómetros, sino a 90, y es un alivio llegar a Chundzha, volver a ver gente después de toda una mañana sin cruzarme con un alma. Superadas las montañas, vuelvo a encontrarme con una gran diversidad étnica y muchos gritos. Al salir del bazar, un ruso presume de su amistad con los kazakos. «*Russki-kazakhs, problem nyet*», comenta con alegría. Menos contento me quedo yo al enterarme de que la frontera que quería cruzar está cerrada hasta julio. Tendré que continuar hacia el norte, lo que supone 70 kilómetros más de los previstos, y entrar en China por la transitada ruta principal, vía Khorgos.

Sin más tiempo para descansar, vuelvo a la carga, *turqui que turqui*, hacia China. No podré llegar a la frontera, pero debo aprovechar las horas de sol para acercarme todo lo que pueda. Durante la primera hora tengo la compañía de un viento favorable que me permite olvidar que ya llevo más de 100 kilómetros en las piernas. Pienso en el ruso al que acabo de encontrar. Dejaré las repúblicas centroasiáticas sin que un solo ruso me haya invitado a dormir en su casa, mientras que sí que lo han hecho georgianos, azeríes, turcomanos, uzbekos, kirguiz y kazakos.

Superadas unas áridas estribaciones montañosas, el valle del Ili vuelve a ser verde y poblado. A un lado de la carretera hay una base militar que, a diferencia de las otras que he visto, sigue completamente operativa.

La carretera recoge el tráfico que va y viene de China por una frontera que no se abrió hasta finales de los ochenta. Veo el primer camión con matrícula china, y me emociono. Incluso a mí me resulta difícil creer que esté a punto de llegar a China en bicicleta. A pesar de todas las dificultades, estoy a menos de 100 kilómetros de ver realizado un sueño infantil. Me invade una enorme satisfacción personal. ¿Y por qué no iba a estar contento? Me lo propuse y lo he logrado.

Antes de cruzar el caudaloso Ili paso un primer control policial, y pocos kilómetros más adelante, el segundo.

A la tercera va la vencida. Es un control militar. Los soldados se frotan las manos al verme. Puede que piensen esquilmarme. Y a fe que lo intentan. Uno de ellos me pide 100 dólares, mientras sus divertidos compañeros hacen uno tras otro el conocido número de probar la bicicleta. No puedo evitarlo; se comportan como niños y tienen ganas de tocarlo todo. Me he convertido en el entretenimiento del día, o puede que del mes, como debió de ocurrirle al holandés que, por lo que entiendo, pasó por aquí con una Yamaha.

Para evitar que el cachondeo llegue demasiado lejos me pongo serio. Sin embargo, no están dispuestos a soltarme tan fácilmente. Después de regatear diplomáticamente con el sargento, acordamos el precio que deberé pagar para seguir: una fotografía. Ningún problema. Posan con camiseta sin mangas, unos, o con la gorra hundida hasta las cejas, otros. Están encantados dejándose retratar y escribiendo después sus señas en mi libreta, con la esperanza de que les mande una copia. Evidentemente, se quedarán sin ella, por chantajistas.

Cuando llevo recorridos 145 kilómetros decido que ya es suficiente por hoy. Dejo la carretera y enfilo un camino que se dirige hacia un bosque. Parece ideal para pasar la noche: escondido, suelo blando, sombra... ¡Y mosquitos! Miles de ellos, que a los pocos segundos empiezan a picarme por todo el cuerpo. Salto y grito; me atacan por todos lados; tengo en las manos, en la nuca, en los pantalones, dentro de la ropa... La espalda me hierve. Medio histérico, agarro la bicicleta como puedo y huyo a toda velocidad. No habría podido estarme diez minutos quieto mientras montaba la tienda.

Otra vez en la carretera, los mosquitos dejan de molestarme. Pero ¿qué hacer? ¿Seguir adelante hasta que desaparezcan u oscurezca? Pues no habrá otro remedio, porque en este llano tan húmedo no hay ni casas ni hoteles. Me armo de paciencia y sigo avanzando dos horas más, entreteniéndome sacando fotos sobre la marcha, silbando y viendo caer los kilómetros: 150, 155, 160, 165, 170, 175... Basta. Es casi de noche y mis minúsculos enemigos también quieren acostarse. Después de 179 kilómetros, encuentro un rincón decente. Un buen plato de arroz y al saco. He superado de sobra la distancia más larga del viaje. Creo que hoy soñaré con Marco Polo, que 700 años atrás pisó Catai, la misma China que yo también veré a partir de mañana. Tiene su gracia que los rusos todavía se refieran a ese país con el nombre de Kitai.

CHINA

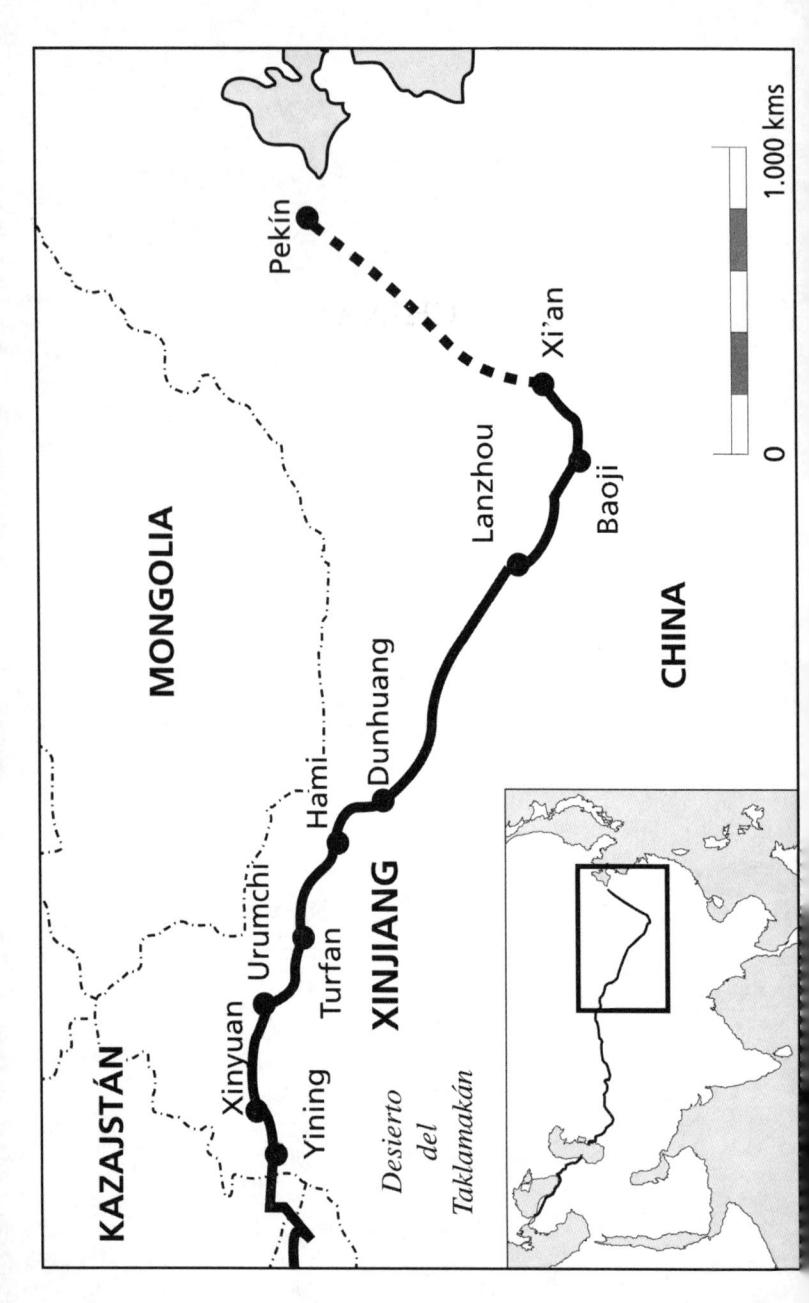

CHINA
KOKTAL-YINING
27 de junio (día 91)
54 km (+ 80 km en autobús) (5.299 km)

¡Lo conseguí!

Me levanto sin prisas, muy cansado y con las piernas doloridas. Dejo pasar un rato antes de volver a la carretera. Lavo la ropa en una acequia próxima, escribo las vicisitudes de ayer, desayuno y lo recojo todo. Pero el cuerpo se resiste a ponerse a tono. Durante las primeras horas me siento seco por dentro, señal inequívoca de una incipiente deshidratación. No consigo llevar el cuentakilómetros más allá de los 15 o 16 por hora.

La primera parada llega pronto, en Zorkant, la rebautizada Panfilov. En esta localidad, y en toda la zona, hay mayoría étnica uigur, como sus habitantes se encargan de aclarar para diferenciarse de los vecinos kazakos. Por su aspecto, se parecen a los uzbekos. Son igual de alegres y hospitalarios, y tienen la misma piel color café con leche y los ojos ligeramente achinados.

En una *chai khana* han puesto una gran mesa en forma de U. Me recuerda la cena de Cholpon Ata: la misma cantidad de comida, los mismos panes, frutos secos y caramelos. Aquí también preparan una gorda. Todo el mundo va bien vestido. Las mujeres disponen el festín mientras los hombres que llegan se incorporan al corro y saludan a los que esperan.

Sólo pretendía cargar agua y chafardear, pero me invitan a comer. Me hacen esperar un buen rato. Para entretener la espera, me ofrecen su parte preferida del cordero: la cabeza, con todas sus vísceras. Se me va el apetito de golpe. Es asqueroso. Será la primera vez en todo el viaje que rechace la comida.

Vuelvo a la carretera, pero no con las manos vacías, pues en una bolsa de plástico me han puesto dos trozos de carne y uno de esos roscos de pan que tanto se parecen a los que vengo comiendo desde Turquía.

Al salir del pueblo recibo una segunda muestra de hospitalidad musulmana. Estaba tan tranquilo cargando agua cuando un hombre me ha invitado a pasar al jardín de su casa para compartir un *chai* a la sombra de un árbol. La familia estaba comiendo. He querido sacar una foto, pero la abuela se ha negado. «¡Soy musulmana!», ha soltado, indignada.

Me encuentro a menos de dos horas de la frontera y me han entrado los nervios de rigor. ¿Llevo todos los papeles? ¿Me falta algún sello? ¿Me dejarán entrar con la bicicleta? ¿Y si se enteran de que soy periodista? Freno en seco. Pienso en tirar todas mis acreditaciones profesionales, pero me conformo con esconderlas a conciencia.

Por la carretera se ven muchos coches nuevos y buenos. Ya va circulando el dinero por esta ruta, después de todos los años en que la frontera entre la URSS y China estuvo cerrada. Paso, sin novedad, dos controles ruso-kazakos. Más adelante está la aduana de Kazajstán. El aparcamiento se encuentra lleno de coches. Hay gente que lleva horas, puede que días, esperando, pero la cola no es para mí. En pocos minutos, me dejan pasar. Varias personas se ofrecen para rellenarme un impreso en ruso y, casi sin espera, pasando por delante de un grupo de jóvenes chinos, supero el último control de una república centroasiática. Estoy en tierra de nadie.

La aduana es un edificio de mármol blanco, nuevo y grande. Hay un constante ir y venir de gente cargadísima. Una mujer muy gruesa hace viajes sin descanso, arrastrando grandes fardos. Según mis cálculos debe de llevar más de 100 kilos. Nadie la ayuda. En la caseta de control, un policía ruso extiende pasaportes con muy malas formas, arrojándolos sobre el mostrador. Obliga a un chino a sacarse las gafas para comprobar su identidad, y éste le responde con un sonoro *«spasiba!»*

Una hora más tarde nos hacen subir en un autobús. Me acompañan los estudiantes chinos, que vuelven a Pekín después de finalizar sus estudios en Tashkent. Antes de llegar a casa les aguardan tres días de fatigoso viaje. A mí, muchos más. Por ahora, sólo son dos kilómetros hasta el control chino. En la también novísima aduana se respira un aire diferente. La carretera, el trato de los policías, los carteles... Diferente y nuevo. Reluciente.

Otra hora de espera y rellenar otro documento. Esta vez me preguntan si tengo el sida u otra enfermedad grave. Me pongo en la cola. Al llegar mi turno, un policía recoge mi pasaporte con un rostro tan inexpresivo como el de sus compañeros. Tienen una actitud tan parecida todos ellos que me pregunto si les han prohibido sonreír. ¿O a lo mejor les ponen hierros en la boca para inmovilizarles las mejillas? Con gran dificultad, el policía deletrea mi nombre por teléfono, y unos minutos más tarde recibe la confirmación desde el otro extremo de la línea. Puedo pasar.

Por fin en el exterior, comienzo a preparar, nervioso, el equipaje antes de lanzarme a descubrir China. ¡Hacia Pekín! Eso al menos creía yo. Una policía se dirige a mí en inglés y me pregunta qué estoy haciendo, mientras otro, éste con galones, se pone a gritar como un loco, emitiendo sonidos guturales, acelerados e indescifrables, casi sin mover la boca. El hombre quiere saber quién me ha sellado el pasaporte, porque en bicicleta no puedo circular por su país. Por suerte existe una alternativa: el autobús. «No tengo dinero chino», explico, a ver si me dejan seguir. No transigen: si no acepto, me devuelven a Kazajstán. Debo ceder, y ella me deja ir hasta la verja que separa la aduana de la calle. Ahí están una decena de chinos y uigures, que me muestran fajos de billetes. Son cambistas. Ella me indica a uno de ellos. Y le cambio un puñado de dólares por un puñado de yuans.

El kirguiz que conduce el autobús trata de engañarme, pero acabo pagándole la mitad de lo que pedía. Engaño a medias.

El vehículo al fin se pone en marcha. Pasamos por delante de unos tenderetes con toldos de colores donde venden todo tipo de productos. Diez minutos después, nos detenemos ante un edificio moderno para que el chófer cargue unas cajas de cerveza con las que hará un pequeño negocio cuando vuelva a casa.

Me siento junto a una ventanilla, y me dispongo a contemplar este nuevo país. Todo en él me sorprende. Nuestro autocar es una antigualla al lado de los vehículos, medianamente modernos, que veo en la primera hora de trayecto. Incluso hay Volkswagen de fabricación china. Acabo de cruzar la frontera y el paisaje es como el de los últimos días, pero aun así parece que haya pegado un salto de miles de kilómetros. Me falta tiempo para asimilar lo que estoy viviendo. Me percato de que los problemas de comunicación —o incomunicación— serán más graves de lo que imaginaba. Los carteles de carreteras y pueblos están en chino, árabe o en ambos idiomas. En la primera ciudad, veo más edificios nuevos de los que he visto en dos meses. Los campos están aprovechados al máximo, llenos de campesinos que labran cualquier palmo de tierra disponible. A los lados de la carretera han plantado centenares de árboles jóvenes que algún día darán sombra. Por todos lados hay edificios de construcción reciente y se ven innumerables trabajadores.

Paramos a comer. Aquí no hay una *chai khana* sino muchas, una al lado de la otra. En todas hay gente. Un chino y su mujer me invitan a compartir su mesa. Él me dice que trabaja de empresario turístico, que trae kirguiz y kazakos a su país, y que su esposa es una china musulmana de Kazajstán. Nos traen la comida y —¡oh sorpresa!— palillos en lugar de cubiertos. ¡Qué burro soy! No recordaba que los chinos comen con palillos, y no tengo ni idea de cómo se usan. Intentan enseñarme, pero río tanto de mi estupidez que me resulta imposible concentrarme. Por fortuna tienen tenedor y cuchara. Ya aprenderé otro día.

Antes de partir, bajo al lavabo y, al salir, un hombre me reclama un yuan. Pago y vuelvo al autobús. El hombre me persigue, indignado; dice que le he dado un billete falso. Me pongo hecho una fiera, pero no hay nada que hacer; sólo llevo una hora en este país y acaban de engañarme. No como a un chino, sino por un chino demasiado espabilado. Ignoro quién me ha colado el billete, si el cambista amigo de la policía o el del lavabo. Qué más da. Ya me habían advertido de que los chinos son unos vivales. Habrá que estar atento.

Después de pasar por numerosos pueblos, llegamos a Yining. La locura. Es una ciudad con mayoría de población china, en la que sólo viven pequeñas comunidades de origen kazako y uigur. Las calles están llenas a reventar. En sólo unas horas tengo la impresión de haber visto a tantas personas como en las últimas semanas. Es un agobio. Necesito encerrarme lejos de este torbellino humano. El empresario turístico me indica la dirección del hotel y para allí voy, rodeado de centenares de bicicletas y triciclos, por un carril bici tan ancho como muchas carreteras de Uzbekistán y Kirguizistán. Con el corazón acelerado por tanta novedad, llego al hotel, que resulta ser una maravilla. Por sólo cinco dólares tengo una fabulosa bañera con agua caliente, televisor, un termo para el té, toallas limpias, cepillo de dientes y dentífrico, un peine... Lleno la bañera hasta arriba y me sumerjo en el silencio de las profundidades.

Esta noche no saldré del hotel. Necesito dejar reposar la mente. Han sido demasiadas cosas nuevas en un solo día. El cambio, después de tres meses de moverme por las depauperadas repúblicas de la antigua Unión Soviética, ha sido radical. No sólo acabo de cruzar una frontera, sino que he entrado en un nuevo mundo: el imperio del Gran Dragón.

CHINA
YINING-VALLE DEL ILI
28 de junio (día 92)
97 km (5.390 km)

La calle es un hormiguero

Sí, se cumplen tres meses de viaje. Despierto con la imagen de Julio Anguita entrevistándose con Jiang Zemin, el presidente chino, de visita oficial en Madrid. No ha sido un sueño. Es una de las noticias que vi anoche antes de dormirme con el televisor encendido.

Si en mi primer día en China cené en la habitación, hoy desayuno en ella debido a cierto temor a volver a introducirme en el maremágnum de gente anónima que circula por la calle como hormigas. Los chinos tienen una extraña habilidad para andar casi tocándose, hombro con hombro, cada uno siguiendo su camino, pero sin tropezar nunca. Paso un buen rato en el hotel, estudiando un mapa que me descubre la estupidez que he cometido al venir a Yining. Es una verdadera encerrona. Hacia el este, en la dirección en que voy, el valle del río Ili asciende hasta quedar cortado por cumbres inmensas. Si sigo recto, me espera un puerto de más de 4.000 metros que no me llevará a Urumchi, sino a Turfan, en pleno desierto del Taklamakán. Para evitarlo, debo salir de Yining hacia el norte, en busca de la carretera principal después de superar un puerto que debe de aproximarse a los 3.000 metros.

Hacia las once abandono el hotel. Tengo problemas para encontrar la dirección correcta. La primera persona a la que pregunto parece que es la única que me entiende. El resto, prácticamente me ignora. Doy vueltas y más vueltas tratando de encontrar el camino, pero no hay nada que hacer. En un pueblo, Yining Hsien, me dicen que siga recto, y 18 kilómetros más adelante vuelvo a preguntar. Alguna carretera debe de haber que vaya hacia las montañas, pero no consigo hacerme entender. Digo el nombre que llevo escrito en el mapa —Ching-Ho—, y nada: mi interlocutor me mira a los ojos sin abrir la boca. Su rostro es totalmente inexpresivo. Hasta que se echa a reír. Vuelvo a intentarlo, cambiando el acento, y el hombre ríe aún más. Descubro que hay otro nombre escrito, Jinghe, y repito la palabra cambiando la posición de la lengua y de los labios, a ver si de casualidad acierto. Pero es inútil. ¿Tan mal lo hago? ¿Acaso no entienden que busco el camino hacia ese pueblo? ¿Tan extraño es lo que pido? ¿Piensan quizá que el extranjero de la bicicleta pregunta por el resultado del último encuentro entre el Jinghe y el equipo del pueblo vecino? Me desespero. Y la situación puede repetirse a diario.

Finalmente, decido volver a la carretera principal. El destino ha querido que siga por el valle del Ili unos días más. Continuaré por esta región autónoma de la también autónoma provincia de Xinjiang, un territorio con mayoría de población kazaka que durante los años sesenta estuvo a punto de ser escenario de un enfrentamiento entre la URSS y China.

Es mediodía y, después del rodeo que he dado, casi no me he alejado de la ciudad. Y encima es hora de comer. Lo hago en una de las numerosas mesas que hay junto a la carretera, rodeado de una más que notable expectación. Una veintena de personas ríen viendo mis inútiles intentos por comer espaguetis con palillos. Un día más, el dueño del negocio me auxilia con una cuchara, que por aquí sólo utilizan los niños.

Por la tarde me alejo de la parte más poblada del valle y me introduzco en un terreno árido que se encarama por una de las vertientes del valle. El río queda lejos, y sólo muy de vez en cuando aparece algún sitio donde comer, una gasolinera, una base militar con silos subterráneos para misiles —que dejo atrás lo más deprisa que puedo— o una modesta granja ganadera. En una de ellas pido agua, que una vieja kazaka de ojos azules intenta cobrarme.

A última hora, escojo una tranquila parcela donde dormir. He de aprovechar que aún no hace calor. Los 32 grados del mediodía son soportables, pero a partir de los 35 la temperatura empieza a fastidiar. Por ahora, vuelvo a sentirme en forma. El tiempo de recuperación después de un ejercicio importante es cada vez más corto. Lo más molesto es tener que filtrar agua. Exige un esfuerzo suplementario que me veo obligado a hacer casi a diario.

La acampada será la última del viaje. No volveré a encontrar un lugar discreto en el que descansar. Será una buena despedida. Me dormiré con los últimos rayos de sol, a las... once de la noche. Incongruencias de un país inmenso que funciona a golpe de silbato, unánimemente, con la hora de Pekín. Da lo mismo que en el extremo occidental de la China el sol no salga hasta bien entrada la mañana. Todo sea por la grandeza del imperio.

CHINA
VALLE DEL ILI-XINYUAN
29 de junio (día 93)
108 km (5.504 km)

Aprendiendo a comer con palillos

Por segundo día, el anchísimo valle del Ili sigue hacia el este, a través de un terreno despoblado que asciende lentamente. Por ahora estoy satisfecho de estos dos días en China. Las etapas se ajustan a lo previsto y no tengo ningún problema con las autoridades, contrariamente a lo que habría ocurrido si hubiese escogido la ruta norte. Según el *National Geographic*, allí, cerca de la frontera entre Kazajstán y China hay una gran zona militar de acceso restringido que encierra numerosos campos de trabajo.

El pedaleo de hoy comienza duramente, siguiendo una carretera que incomprensiblemente avanza por un costado del valle, en lugar de hacerlo por el centro. Las subidas son abundantes y no hay sitios para cargar agua o comer. De vez en cuando me cruzo con algún vehículo. Y así durante 50 kilómetros. Sólo me queda medio bidón de agua. Comienzo a preocuparme cuando pido consejo a un campesino. «¿Y por qué no bajas al río a pescar?», me parece entender. Me disculpo y le digo que no domino el tema. Mientras descanso, le pregunto si es kazako. Pero no, es uigur. La diversidad étnica de la zona sigue confundiéndome. Aunque la verdad es que las diferencias a menudo son mínimas. Los kazakos y los kirguiz son altos y corpulentos, de cara redonda y piel más bien clara. A menudo tienen los ojos azules o verdes. Los uzbekos y los uigures, en cambio, son más oscuros y delgados, de facciones más estilizadas.

Diez kilómetros más adelante hay un restaurante y varias *chai khana*. Me quedo en el primero, que regenta una familia china. Tengo tanta hambre que desisto de probar suerte con los palillos. Me lanzo directamente a los cubiertos, aunque tardan más de media hora en servirme. Éste es el tiempo que necesitan para entender lo que quiero —comer— y prepararme dos excelentes platos, muy picantes, que apenas si consigo identificar. Especialmente el primero, una especie de ensalada con pedacitos de vegetales generosamente condimentados. El segundo es *laghman*, el plato de espaguetis que probé en Uzbekistán y Kirguizistán, pero que aquí es infinitamente más sabroso.

Desde el pueblo hasta el final de la jornada el camino se hace más fácil, pues la carretera es llana y tengo viento a favor. Y vuelve la civilización, unos pueblos distintos, con mayoría de población kazaka y kirguiz. Pocos chinos. Cosa rara. Estoy contento porque la gente se porta bien conmigo. No entiendo nada, pero se muestran cálidos y acogedores. En la carretera, un camión se detiene a mi paso y tanto el conductor como sus ocupantes me saludan. Se trata de una muestra de simpatía que, por lo que dice la guía *Lonely Planet*, echaré en falta cuando me adentre un poco en el país.

Tengo la sensación de ir demasiado deprisa, de no tener tiempo de asimilar todo lo que veo. No es fácil aclararse. Lo ideal sería quedarme dos días en la calle principal de Xinyuan, el pueblo al que he llegado, observando a la gente y adaptándome a su ritmo de vida. Me gustaría encontrar a alguien que pudiera contarme cosas de ellos y sus costumbres. Pero no puede ser; debo llegar a Urumchi o a Turfan. Después vendrá la auténtica China. Una sociedad aún más impermeable y difícil de descifrar para un occidental que todas las que he visitado.

Me alivia descubrir que en Xinyuan tienen hotel. Comparto habitación con un trabajador chino. El niño de la casa me sube un barreño con agua caliente para que me lave. Dos o tres litros de agua no son la panacea, pero ya me he acostumbrado a pasar con mucho menos que eso. Claro que hoy, con el pelo pegajoso que llevo... Y eso que me raparon hace unos días. Parte de la culpa debe de ser del asfalto suelto de la carretera, que las ruedas proyectan hacia arriba en forma de pequeñas piedras. Algunos trozos han ido a parar a mi cabeza, pero lo que más ha recibido es la camiseta, que ha acabado con unas manchas negras imposibles de eliminar. A la sudada y apreciada camiseta blanca se le acerca el día de la jubilación. A veces me da cierta vergüenza presentarme en sitios públicos debido a mi aspecto. Cuando deje atrás el desierto compraré ropas nuevas, pero a esta camiseta aún le quedan unos días más de servicio: me ayudará a soportar los calores que se acercan.

El mal estado de la carretera también ha sido el culpable de que pasase toda la tarde pegando botes. La parte baja de la espalda, ahí donde ésta pierde su nombre, ha quedado bien irritada, lo cual me preocupa, porque mañana viene la montaña.

A la hora de cenar, un pequeño triunfo: he logrado comer empleando los palillos. El mérito ha sido de la hija del dueño, que, al observar mis esfuerzos, se ha echado a reír mientras iba a buscarme unos cubiertos. «¿Qué se cree, que no soy capaz?; pues ahora verá», me dije. A duras penas, pero lo he conseguido. ¡La de veces que los espaguetis han resbalado entre los palillos en el preciso instante en el que me tocaban los labios! Lo he solucionado acercándome el bol y haciendo un movimiento decidido hacia la boca, reduciendo al mínimo el riesgo de que el alimento volviera al fondo del recipiente. Sorber un poco, como hacen los chinos, ayuda. Lo que aún es una misión imposible es comer arroz. Eso ya es de nivel superior, y yo todavía estoy en párvulos.

CHINA
XINYUAN-NARAT
30 de junio (día 94)
82 km (5.586 km)

Dormir en una yurta

Ayer traté de contarle a un campesino de dónde vengo. «¿España?», preguntó con tono dubitativo. Y enseguida quiso saber algo que me dejó de piedra: si España quedaba cerca del Pamir, la cordillera que, por el oeste, es la frontera natural de China. El hombre, seguramente sin estudios, me veía como a un viajero procedente de un país lejano, muy lejano, y lo más remoto que él conocía eran aquellas montañas. Le dije que venía de más lejos, y él soltó un grito de admiración. Desistí de hacerle entender dónde se encuentra Europa. Me aceptó un cigarrillo y lo dejamos estar.

Mientras recuerdo, divertido, este curioso intento de diálogo, en la calle sigue lloviendo; es una tormenta casi torrencial que hace que la carretera sea muy resbaladiza. Comienzo a preocuparme. Son casi las once y en el cielo no se ve ninguna señal de que las cosas vayan a mejorar. Me fijo una hora límite de salida: «A las tres me voy, llueva o no llueva», decido.

No puedo permitirme un día de descanso en un pueblo que casi no tiene nada que ofrecer. Paseo largo rato, asomando la nariz en todas las tiendas, establecimientos pequeños pero ordenados, con una variedad y cantidad de productos que, al recordar las repúblicas de las que vengo, me parecen un lujo. Entro en seis o siete, y en todas ellas compro algo. No puedo evitarlo. Es un impulso irrefrenable, consecuencia, seguramente, de los meses que he pasado comprando lo que podía cuando lo encontraba. También es verdad que a partir de mañana tendré alta montaña, y es posible que este pueblo sea uno de los últimos donde pueda proveerme.

A las doce y media para de llover. Media hora más tarde estoy listo, confiando en que el asfalto esté seco. No tendré esa suerte. Los baches de ayer, son hoy charcos, y las cagarrutas de animal se han convertido en un peligroso enemigo para el inocente que salió de Barcelona con una bicicleta sin guardabarros. Por no mencionar el peligro de los coches, que pasan levantando cortinas de agua y otras materias menos líquidas.

La carretera prosigue tan recta como los días anteriores, pero el camino es ahora más agradable. El paisaje se viste de un verde como el de hace sólo tres días en Kazajstán. Se ven kirguiz tocados con sus *ak kalpak*. No es extraño, porque Kirguizistán está detrás de las montañas que tengo a mi derecha.

A primera hora de la tarde paso por un pueblo sorprendente, lleno de pintadas en árabe. Cuento hasta tres mezquitas discretas pero plenamente operativas. Se diría que también en el norte de China está resurgiendo el islamismo. Las casas son preciosas, pequeñas, con paredes pintadas en diferentes tonos de azul y provistas de unos sencillos porches de madera por los que corretean niños con sombrero rojo.

Después de 70 kilómetros llego a Narat. El ambiente me recuerda al Lejano Oeste. El centro de la actividad cotidiana es la calle principal, una larga avenida sin asfaltar flanqueada por innumerables tenderetes, por la que van y vienen gente del pueblo, forasteros, triciclos, carros-taxi y toda clase de animales. Aquí la presencia china me parece menos evidente que la rusa en Kirguizistán o Uzbekistán.

Ato la bicicleta en la entrada de un puesto de comidas, como hacía John Wayne cuando llegaba a un *saloon*, y pido algo para comer. En la calle hay hombres cubiertos con largos abrigos negros de cuero, que han bajado a caballo de las montañas para comprar víveres. Un viejo autocar con el techo atiborrado de maletas se detiene para recoger a dos pasajeros, mientras un poco más allá unos hombres abren el capó de un todoterreno para resolver el penúltimo problema mecánico. A los lados de la calle, hombres sentados en sillas contemplan un espectáculo humano del que me he convertido en involuntario protagonista. Desde la puerta, unos niños observan con curiosidad. Los más atrevidos se me acercan hasta que el propietario les echa a patadas. Me pregunta si escribo en inglés. Le digo que no, pero dudo que me haya creído. Al fin y al cabo, para un chino hay muy pocas diferencias entre el catalán y el inglés.

A la hora de comer, monto una vez más el número de los palillos. Lo hago tan mal que vuelvo a ensuciarme la camiseta. Sin hacer comentarios, la mujer del dueño me deja una cuchara junto al plato mientras los niños de la puerta se parten de risa.

Nadie diría que estoy en China, si no fuera por los carteles escritos en los dos idiomas oficiales de Xinjiang, el chino y el uigur, muy parecido al kirguiz, el kazako, el uzbeko, el turcomano, el azerí y el turco, pero que en este país escriben en caracteres árabes, igual que hacían sus primos hermanos a principios de siglo. Casi todos los chinos han que se ven son policías y militares. Tienen un porte tan rígido como el míster Lu de Bishkek o los funcionarios de la frontera. En cambio, hay uigures que podrían pasar muy bien por griegos o italianos.

Maravillado por encontrarme en una zona de la que la biblia *Lonely Planet* casi no dice nada, sigo avanzando en dirección a Narat, donde hay un sitio al que llaman *sanatoria*. Me han dicho que allí podré dormir. Al cabo de un rato vuelve a llover. Busco donde resguardarme y entro en la casa de una familia china. O puede que sean xibe, descendientes de los chinos que en el siglo XVIII fueron enviados para colonizar la última frontera. Sus tranquilos miembros se han quedado alucinados ante mi aparición, con bicicleta incluida. La madre, cinco hijos y el abuelo, el más pintoresco, vestido con una camisa Mao y una fina y blanca barbita de chivo por debajo de unos labios sonrientes, me invitan a sentarme y a tomar el té.

Los 12 kilómetros hasta la *sanatoria* de Narat requerirán más tiempo del previsto. Otro aguacero vuelve a detenerme. Esta vez me refugio en una casa humilde donde vive una familia kazaka. La madre prepara *laghman*, y advierto que es la primera vez que veo cómo se hace: a partir de una masa que, convertida en una lámina redonda, se pliega varias veces y se corta con habilidad hasta dejarla convertida en fideos finos.

La *sanatoria* resulta ser un solar con cuatro *yurtas* y un pequeño comedor para viajeros. Es un lugar fabuloso, a 1.500 metros sobre el nivel del mar, junto a un río de aguas cristalinas y un bosque de árboles altísimos. Un buen final para una etapa que habría sido perfecta si no tuviera las posaderas escocidas. Comienzo a sospechar que la culpa es del *culotte* de ciclista, que después del uso repetido y de los sucesivos lavados ha perdido la forma y se empieza a descoser.

CHINA
NARAT-CHORMA
1 de julio (día 95)
102 km (5.688 km)

Una carretera de vértigo

Ayer descubrí que la provincia de Xinjiang tiene su propia hora; cuatro por delante de la europea en lugar de seis, como en el caso de Pekín. Se trata de una concesión del gobierno chino a la provincia teóricamente autónoma para que pueda aprovechar mejor las horas de sol. Lo más increíble es que me he enterado de esto al cuarto día de estar en China. Hasta ahora me había movido con la hora de la capital, hasta que viendo la televisión local me he dado cuenta de que no eran las cuatro de la tarde, sino las dos. Estaba retrasando el reloj cuando he recordado que el día que crucé la frontera observé que la hora de la aduana era la de Pekín. Y no sólo eso: los comercios de Yining, el hotel y la gente de la calle también se adaptan. De nada sirve que se les permita levantarse o meterse en la cama dos horas más tarde.

Esto de dormir en una *yurta* ha sido menos confortable de lo que creía. La temperatura, diez grados, es baja para un primero de julio. En invierno deben de pasarlo mal. Claro que haciendo fuego la cosa cambia.

¿Primero de julio, he dicho? Entro en el último mes de viaje. La recta final. He conseguido lo que quería, llegar a China, pero Pekín todavía está lejos, a unos 4.500 kilómetros, según el cálculo más optimista. Es imposible que pueda hacerlos todos en bicicleta. Aún no he decidido los tramos que dejaré para otros medios que requieren menos esfuerzo. Además, debo reservarme días para visitar Xi'an y Pekín. En total, poco más de 20 días para seguir moviéndome por mi cuenta. Unos 2.000 kilómetros y corriendo hacia Pekín, que el avión sale el 28 de julio, y al día siguiente, el 29, estaré en Barcelona, la ciudad olímpica, el Mediterráneo...

Volver a casa, ver a los amigos... Ahora sí que me apetece, lo reconozco. ¿Qué estarán haciendo en estos momentos? Seguramente no hay muchas novedades en L'Escala. David debe de seguir soñando con algún amor platónico mientras cose velas y hace programas informáticos; a Eduard me lo imagino dudando, hojeando la agenda, pensando a quién llamará para salir esta noche; a Pau, diseñando el último prototipo de tabla de *windsurf* para ser el más rápido en Riuet; a Pere, preparando el chiringuito para cuando lleguen todos los *guiris*, y a Lluís ordenando el escaparate de la tienda. Sí, seguro que todo sigue igual, pero comienzo a tener ganas de volver a la conocida vida cotidiana. Tantas ganas como de que acabe este viaje irrepetible, que ya toca a su fin. Tengo un mes por delante, el equivalente a las vacaciones que cualquier empresa da a cualquiera de sus empleados, y que a mí, ahora, me parece poco.

Con el calor del sol, la temperatura de la *yurta* aumenta. Ya es hora de vencer la pereza. Parece que el culito se ha recuperado, después de la cura de pomada a que lo sometí anoche. Fue la primera vez que abría el botiquín. Un síntoma de buena salud. Lo que no está tan claro es que pueda seguir más allá de Turfan sin un día de reposo.

Fuera, continúa la lluvia, intermitente. Sin embargo, hay que seguir. Me toca avanzar hacia las montañas, ganando altura aceleradamente a partir de los 1.500 metros en los que me encuentro. El valle del Ili se estrechará hasta convertirse en un desfiladero, con la carretera en una ladera, y junto al río, cada vez más raquítico, se alzarán abetos altísimos y pinos con forma de aguja.

Llego a un cruce que no figura en el mapa. Pregunto a un grupo que espera el autobús en una *chai khana*, mientras uno de ellos toca la guitarra, y me dicen que la carretera de la izquierda va a Urumchi. Pues la he hecho buena. ¿Por dónde voy? ¿Sigo recto hacia arriba, paralelo al Ili hasta llegar a un puerto de 3.000 metros, según calculo

—en realidad supera los 4.000—, o giro por el imprevisto valle que me lleva a la capital de Xinjiang? Escojo la segunda opción. Hace días que no hablo por teléfono con la familia, y deben de estar preocupados.

Al final no me arrepentiré. La primera parte del día ha sido uno de los trayectos más bellos del viaje, y a la segunda poco le falta. El nuevo valle sube de lo lindo y la vegetación desaparece. Hay poquísimo tránsito, apenas uno o dos coches cada hora, pero sí que se ven algunos pastores a caballo y sus *yurtas*.

He calculado que el puerto se encuentra por encima de los 3.000 metros, pero ahora, con el mapa, me cuesta precisar cuánto. Me lo tomo en plan conservador, porque no voy sobrado. Una parada cada hora, para comer, estirar las piernas, contemplar el paisaje y sacar alguna foto. Bueno, y para ponerme y quitarme el impermeable, porque la lluvia sigue haciendo de las suyas. En suma, seis paradas; seis horas y cerca de 60 kilómetros de subida. Más de lo previsto, porque el puerto aparece a 3.445 metros, una altura en la que todo es hielo y donde parece que casi pueda tocar el cielo.

Antes de que me enfríe, me lanzo pendiente abajo por la otra vertiente, pero una granizada me deja helado, y para que no falte de nada, el asfalto de la carretera es casi inexistente. ¡A hacer *mountain bike* con 20 kilos de equipaje y las puntas de los dedos insensibles! Si hubiera sufrido una caída o una avería no sé qué habría hecho. Y pensar que esta mañana un hombre me había dicho: «No creo que hoy llueva.»

Superada la parte más tortuosa, la carretera entra en un valle precioso que baja hacia el oeste y que está aún menos poblado que el anterior. Realmente, siento que la naturaleza me abruma, que me supera. Pedaleando sin esfuerzo, sigo bajando, durante 20, 30, 40 kilómetros. El sol se pone, tapizando el verde de las montañas de sombras y reflejos casi mágicos.

Lo que debía ser un pueblo acaba siendo cuatro construcciones diseminadas, puestas allí para cobijar a los conductores que pasan por esta carretera y por otra que, aquí, se junta con ella. Hay varios sitios donde dormir, pero decido repetir la experiencia de la *yurta*. La *sanatoria* es más atractiva que la de Narat, y ello gracias a los dos buenos amigos que la llevan, un kazako y un chino. Sorprendidos por mi llegada, me cubren de atenciones, me ofrecen comida, me regalan una actuación con un instrumento de cuerda de origen turco y me vienen a tapar, de madrugada, cuando ya dormía, con una manta suplementaria. Si en toda China me tratan así, a lo mejor se me quitan las ganas de volver a casa.

CHINA
CHORMA-MOLIKO
2 de julio (día 96)
99 km (5.787 km)

¿*Los chinos antipáticos?*

No menos reposado ha sido el despertar, después de dormir casi diez horas. La familia que había dormido en la *yurta* de al lado y los propietarios de la *sanatoria* me han invitado a desayunar, bien abrigados, porque aún hacía frío. Se estaba bien, tranquilamente sentados en el centro de la *yurta* mientras fuera el sol comenzaba a calentar.

No me he dado prisa en ponerme en marcha. Por delante tenía la última barrera montañosa antes de pisar el llano y, dos días después, llegar a Urumchi. Me espera un puerto tan alto como el de ayer, pero con la ventaja de que parto de una altura de más de 2.000 metros y haré cima más temprano.

Será el último día de alta montaña, y quiero aprovecharlo. Anoche me decía que no olvidaré este viaje mientras viva. Seguro que no. Estoy pasando por algunos de esos sitios increíbles que ningún libro menciona, una de esas regiones secretas de las que nadie debería hablar para que jamás perdieran su encanto. Pero la tentación es tan grande...

Hacia las once, me despido de la familia y de la gente de la *sanatoria*, que trabajan para poner en marcha el negocio en vistas a la temporada que se avecina.

Después de los primeros kilómetros me sorprende lo fuerte que me siento. Quizá se deba a que he dormido muy bien; quizá a que tengo el estómago lleno de leche de yegua y de té con leche; o quizá a que estoy muy animado. No puedo evitar pensar que todo marcha de perlas, demasiado bien incluso.

El primer tramo ha sido de subida hasta llegar al puerto. Tres horas y 25 kilómetros de ascensión antes de alcanzar, con más tráfico que en Chorma, la cima de 3.455 metros. Un nuevo récord. Y arriba, una foto con los ocupantes de un coche que querían posar a mi lado.

En las últimas rampas me ha sorprendido la presencia de varias personas que sacaban la cabeza por las ventanillas de un autocar y me aplaudían. En los puertos de Anatolia, del Cáucaso o de Kirguizistán me habían animado de las formas más diversas, con silbidos, gritos o alzando el pulgar, pero es la primera vez que lo hacen con aplausos, como si yo fuera un Induráin liderando la etapa reina de la Vuelta en los lagos de Covadonga. Y poco después de empezar el descenso encuentro a los del autocar haciéndome señas de que me detenga desde el centro de la calzada. Son los miembros, en la mayoría femeninos, de un viaje de fin de curso de una universidad pequinesa. El profesor me hace algunas preguntas en un inglés macarrónico, sin dejar de repetir *«you, good man»*. En el momento de despedirme me ofrecen agua. No tengo tiempo de decir que sí cuando ya están ofreciéndome una lata de Coca-Cola, medio kilo de pepinos, pan y pasta liofilizada. Una estudiante me obsequia con una bolsa llena de salchichas. Me veo obligado a decir basta porque no tengo sitio para tanto alimento. Al partir, una chica me dedica un sincero «bienvenido a China». Me siento abrumado y emocionado. ¿Quién dijo que los chinos son antipáticos? Sin saber nada de mí, acaban de darme su comida. Porque sí. Sencillamente, querían agradecerme que visite su país.

La bajada del puerto ha sido increíble. Superadas las nieves perpetuas de las cimas, el paisaje ha cambiado radicalmente. La carretera descendía vertiginosamente por un profundísimo valle que parecía no tener fin. Han sido 25 kilómetros de pendiente salvaje, sin correr demasiado para no malgastar frenos y con frecuentes paradas para sacar fotos. Era como si circulase por el fondo de un pastel de chocolate en el que un afilado cuchillo acaba de realizar un profundo corte. Impresionantes paredes se levantaban a los lados. He pasado junto a canchales de piedras rojas que parecían vivas. He oído cómo los cantos bajaban rodando hacia el río encajonado que corría centenares de metros más abajo.

Es pleno verano, hace buen tiempo. Da miedo pensar cómo debe de ser la carretera en plena tormenta. Imagino que cada primavera, después del deshielo, tienen que rehacerla. He contado hasta 40 trabajadores reparándola.

En cambio, no he visto ningún asentamiento humano; ni una casa ni un pueblo, sólo una *yurta* situada encima de lo que debe de ser el único lugar llano mínimamente aprovechable, aunque sin agua, prados ni árboles. Sólo a los chinos se les puede ocurrir hacer una carretera a través de una orografía tan desfavorable.

Después, la carretera se ha hecho más pesada, con continuas subidas y bajadas, hasta desviarse por un valle lateral, con el río Kuytum perdido en las profundidades de la garganta.

Cuando ya creía que acabaría durmiendo en la tienda de campaña, llega la salvación. No es una *sanatoria*, sino una de aquellas sencillísimas construcciones que tanto abundaban en Yining. Lugares en los que igual te preparan una comida que te alquilan una habitación. Mi llegada provoca un pequeño gran alboroto. La chica de la cocina se pone muy nerviosa, y mientras ceno, un hombre, que debe de ser su padre, me insiste por lo menos diez veces en que me la lleve a Barcelona. No oso decirle que no. Vete a saber cómo se lo tomaría.

Después de cenar, colada rápida, un poco de higiene y al catre. La gente tiene ganas de hablar conmigo, pero yo no estoy para conversaciones. Llevo muchas horas de bicicleta y necesito descansar. La dulce melodía que entona una chica en la habitación contigua me ayudará a conciliar el sueño.

CHINA
MOLIKO-SHIHEZI
3 de julio (día 97)
129 km (5.916 km)

Por tierra uigur

Se han acabado los kazakos y los kirguiz del valle del Ili. Voy hacia el país de los uigures, un pueblo que sigue luchando contra el invasor chino que trata de imponerle formas de vida ajenas a sus tradiciones. Esto sucede desde hace casi 2.000 años, cuando los primeros chinos llegaron a estas tierras para controlar las puertas de la ruta de la seda y defenderse de los enemigos mongoles que amenazaban por el norte.

Por cierto, quien acaba de violar mi privacidad es el padre de la cocinera, el mismo pesado de ayer, que se ha colado en la habitación para proponerme, por enésima vez, que me lleve a su hija. Gentilmente, le digo que haga el favor de salir, que no tiene ningún derecho a entrometerse de esa forma en mis cosas. Se retira cabizbajo y vuelve junto a sus compañeros de trabajo, un grupo de mujeres vestidas con chillonas camisetas anaranjadas, con quienes pasará el día rellenando los socavones de la carretera.

El día ha comenzado con una hora de ascensión, no muy dura. Sin embargo, no contaba con ella, y eso me ha matado. Los dos días de alta montaña me han dejado las piernas doloridas.

Sin embargo, a partir del collado el camino es todo en bajada hasta Dushanzi, a través de un paisaje que ya no tiene nada de verde. A 600 metros de altura, el entorno cambia. El agua desaparece y todo lo que se abre a mi vista es un llano que se pierde en el horizonte. Acabo de entrar en la zona más conocida de Xinjiang, el territorio que describen guías y libros de viaje, y me llevo una sorpresa al ver a unos trabajadores jugarse el tipo en una pared de roca casi vertical de la que extraen piedras para construir una casa.

La ciudad que me recibe, de unos 20.000 habitantes, es bastante pequeña para los estándares chinos, pero se halla en plena expansión. Cuento hasta 23 grúas de gran tamaño cargando material para la construcción de otros tantos bloques de pisos. Estas viviendas no serán para los uigures que viven en el campo, sino para los miles de chinos que serán forzados a cambiar de residencia. Todo sea por la colonización.

Al salir de Dushanzi por la carretera principal, la presencia uigur es más evidente. Al pasar ante un control, dos policías me han hecho parar. Me he olido problemas, pero lo único que tenían era curiosidad, ganas de hablar, de invitarme a una cerveza y a fumar. Eran uigures, de aspecto mucho más europeo que los hombres de las montañas.

Les he dicho que la carretera estaba muy mal y han respondido que en todo Xinjiang ocurre lo mismo. «Pues, cagada, Manolito», he pensado. Voy servido. La carretera es del demonio, muy estrecha y llena de camiones que hacen sonar el claxon como condenados. Al principio he pensado que lo único que querían era tocar las narices, pero después he sabido que es para evitar la cárcel, la pena que espera al conductor que atropelle a un ciclista.

Es agotador viajar en estas condiciones. Si en toda China ha de ser igual, dejaré los pedales mucho antes de lo que creía. Esto no me motiva nada, sobre todo después de los magníficos días pasados. En pocas horas he caído del cielo de las montañas al infierno de la civilización más incivilizada.

Debe de ser por eso por lo que hago el último tramo del día de un tirón, pasando primero por una zona semidesértica con camellos y todo. Cuanto antes llegue a Urumchi, antes podré marcharme y continuar, sin interrupciones, mi acelerado periplo chino.

Por el camino veo numerosas casas de barro uigures abandonadas. Están hechas de barro, y sólo quedan en pie las paredes. Repongo fuerzas en uno de los 12 locales de comida que hay a la entrada de un pueblo. Escojo el más apartado, uno que tiene todos los carteles en árabe. Las paredes están llenas de calendarios musulmanes y fotografías de La Meca. Los dueños son uigures, claro. Después de comer, les provoco preguntándoles si son amigos de los chinos. «*Yok!*», responden categóricamente. No quieren saber nada del invasor.

Me preguntan de dónde vengo, si también soy uigur y musulmán, si mi idioma se escribe de derecha a izquierda y cosas por el estilo; todo lo cual me hace pensar que en China van bastante mal de geografía. Cosas como éstas no me las decían en los antiguos territorios soviéticos.

El tiempo corre. Busco alojamiento en una casa de huéspedes como la de anoche. La mujer que está al frente no es uigur ni china, sino tungan. No está muy segura de que deba aceptarme. Es más, no lo habría hecho de no ser por la vecina, que la convence. Al fin y al cabo, qué daño puede hacerle el pobre chico, cansado y sucio, que acaba de llegar, a última hora, y que a la mañana siguiente ya se habrá marchado. Pero no le da miedo el que yo pueda ser un psicópata o un pervertido, sino el que por mi causa llegue a tener problemas con la policía política. Si se enteran de que acoge a un extranjero, se la puede cargar.

Me toca pagar las tres camas del dormitorio. Total, 30 yuan, menos de cuatro dólares. Creo que se arrepiente del trato. Al día siguiente por la mañana, no tendrá más que atenciones hacia mi persona: «Llévate algo de comida; espera, que te cierro bien la bolsa...»

CHINA
SHIHEZI-HUTUBI
4 de julio (día 98)
97 km (6.013 km)

Estoy destrozado

Segundo día por la carretera general, y estoy harto del tráfico, de camiones, del asfalto lleno de baches y de bocinazos. Por la mañana, el primer hito señalaba 4.415, los kilómetros que me separan de Pekín. Para hacerlos en bicicleta necesitaría un mes y medio, y eso en condiciones normales, porque con el cansancio que arrastran mis piernas necesitaría tres meses.

No sé qué me pasa. Me siento agotado, incapaz de mover una pierna sin sentir que el mundo se me cae encima. Cada kilómetro es como un puerto de montaña. Estoy bien de salud y he dormido mis ocho horas, pero anoche cené poco y no he tenido ni un solo día de descanso desde que salí de Issik Kul. Llevo nueve días a un promedio de más de 100 kilómetros diarios, de acuerdo, ¡pero la carretera es completamente llana! Tres cuartos de hora después de salir, al llegar a Shihezi, me veo obligado a pararme. En el mercado compro algunos plátanos, dulces y pan, y me lo como todo, acompañado de un helado, para refrescarme.

No sirve de nada. Sigo igual. Intento continuar, pero es inútil. Sólo he hecho dos kilómetros y otra vez he tenido que detenerme para comer. Al rato, vuelvo a intentarlo; la historia se repite, de modo que dejo la carretera, a ver si echado a la sombra de un árbol recobro las fuerzas. Me cuesta respirar y sudo en abundancia.

Después de 20 minutos de reposo aparece un chino con camisa y corbata, con un buscapersonas atado en el cinturón. Habla algo de inglés y me propone descansar en su oficina. Acepto encantado.

Mientras me recupero delante de un buen té, me explica a qué se dedica. Shi Shao Hua es un joven empresario de la nueva China. Vende tomates y azúcar a varios países, especialmente a Pakistán, donde sus productos son bien recibidos. En cambio no le interesa Kazajstán, la vecina nación del norte, porque allí «no tienen un dólar». Shi Shao Hua se muestra encantado con una empresa italiana que ha invertido 400 millones de pesetas en Shihezi. Cada año, producen 1,2 millones de toneladas de tomates del tamaño de un puño, que exportan a los mercados internacionales.

Este nuevo león de la China capitalista se refiere a los uigures como el pueblo «que no obedece a Pekín», y tampoco habla demasiado bien de los hui, los chinos convertidos al Islam. Explica que el año 1995 los uigures pusieron bombas en Kashgar, Urumchi y Hotan. Los diarios no hablaron de los incidentes, pero él se enteró por un amigo suyo que es policía. «La culpa es del Dalai Lama —afirma—, que nos manda bombas de fabricación india con el propósito de dividirnos.»

Acepto la invitación para comer con él y su familia. La tarde será otra historia.

Y lo es. Subo a la bicicleta con el estómago lleno. Me siento nuevo, como si el desfallecimiento de la mañana fuera un recuerdo de hace días. Aún no he hecho un par de kilómetros cuando oigo a alguien detrás, también en bicicleta, resoplando. *«Mister, mister!»*, me llama. Es el empresario. Me trae el paquete de azúcar que me había regalado, y que dejé olvidado sobre la mesa. *«Bye, and welcome to Xinjiang»*, se despide.

Dado que vuelvo a sentirme bien, pasaré toda la tarde en ruta. Con ganas de llegar a Urumchi, tomo la carretera nueva. Es una especie de autopista de cuatro carriles fabulosamente asfaltada por la que no dejan circular bicicletas, pero que me conduce rápidamente a la ciudad. Enseguida me doy cuenta del error. Es tan nueva que no cruza ningún pueblo.

De sabios es rectificar, así que me desvío por un atajo que me lleva a la carretera vieja a través de unos campos.

Qué descanso alejarse del tráfico; qué silencio... Un buen rato de relajamiento antes de entrar en Hutubi, una ciudad pequeña y exclusivamente china, con un hotel de primera. No es lujoso, pero para mí resulta ideal. Dispone de habitaciones limpias y grandes, con todas las comodidades de la vida moderna y atendido por un personal atento y poco acostumbrado a extranjeros. Aquí me sentiré como un rey, y por sólo 32 yuan. Cierto es que me sobran algunos detalles muy del gusto chino, como el ventilador lleno de lucecitas estilo *Fiebre del sábado noche,* o el dragón rojo que cuelga de la pared y que estará toda la noche encendiéndose y apagándose.

Ceno en un restaurante de verdad, el primero que piso desde que llegué a China. Si no he ido antes ha sido por miedo a hacer el ridículo cuando me trajesen la carta, una hoja llena de caracteres chinos incomprensibles para mí. Y esto es lo que me sucede, pues acabo en la cocina, delante de las neveras, indicando al cocinero qué quiero comer.

Me siento, solo, a una mesa redonda y grande, con un centro rotatorio que ellos usan para sus espectaculares festines gastronómicos, en los que van picando de los diferentes platos que llenan el espacio disponible. He escogido pollo, arroz y, para beber, una cerveza helada, todo excelente. Con los palillos ya me voy aclarando, incluso con el arroz. El hecho de que lo sirvan pastoso ayuda.

Al acabar, una de las camareras más jóvenes viene a sentarse a mi mesa. Trata de iniciar una conversación imposible y acaba observando a quien escribe con una fascinación sólo explicable porque debo de ser el primer occidental que contempla en vivo y en directo.

A los postres, no nos entendemos. Me traen en una bolsa los dulces que he pedido. De nuevo las dificultades de comunicación. Los chinos tienen códigos distintos, algo que dificulta —cuando no imposibilita— la comprensión. Me resulta más fácil hacerme entender por un kazako o un uigur, y viceversa. Con los chinos no hay manera; debe de ser que hablan diferente. Mi nombre, por ejemplo, les resulta impronunciable, de forma que me hago llamar

Gabi, que se parece a Gobi («desierto», en chino). Y pronuncian «Barsenona» o «Basenona» por Barcelona. ¡Con los miles de veces que debieron de oírlo durante los Juegos Olímpicos...!

Ya llevo nueve días en China, y mis progresos con el idioma son limitados. «Sí, no, gracias, agua, té, comida y hotel» es casi todo lo que sé decir. En cambio, conozco bastantes palabras en uigur, de forma que cuando hablo con alguien de esta etnia me miran sorprendidos: «¡Oh, hablas uigur!» «Sí, hombre —pienso yo—; y turco, y azerí, y turcomano, y uzbeko, y kirguiz, y kazako. En tres meses, los he aprendido todos.»

Delante del hotel han montado un karaoke ambulante. Hacen cola para cantar, pero debo subir precipitadamente, pues me aguarda el inodoro, un blanco recipiente de olores más inciertos de lo que su nombre promete. En este caso no es la taza la que huele mal, sino la papelera donde hay que tirar el papel higiénico sucio. Manías de los chinos. Dicen que si no se hace las tuberías se atascan. Mejor no descubrirlo. No estoy dispuesto a buscarme problemas por un asunto como éste.

CHINA
HUTUBI-URUMCHI
5 de julio (día 99)
82 km (6.095 km)

Viajeros de Ray-Ban y camiseta blanca

Se me ha colado el policía del hotel en la habitación. Estaba duchándome y he tenido que salir chorreando encima de la moqueta. «Hola, me llamo Tenunt y soy kazako —me dice—. Ahora, tú y yo somos amigos.» «Pues encantado, yo soy Gabriel y vengo de Barcelona. Pero me gustaría acabar de ducharme», le aclaro. Le cuesta marcharse. Supongo que pretende hacerse amigo mío, a lo mejor piensa que puedo conseguirle un visado para Europa.

No quiero entretenerme. Seguramente ha sido por las prisas que me he olvidado en la recepción el candado de la bicicleta, una pérdida molesta que me obligará a dar vueltas por Urumchi hasta encontrar otro.

Llego a Urumchi a primera hora de la tarde, después de un largo trecho sin paradas. Es la primera gran ciudad china, una moderna metrópoli de aproximadamente un millón de habitantes. Da la impresión de que están reconstruyéndola. La plaza central está patas arriba, en obras. Nadie ha previsto por dónde deben cruzar los peatones, que sudan lo suyo hasta descubrirlo.

El centro está lleno de rascacielos, espectaculares edificios de cristal azul o blanco. Los hay de nueva planta y otros todavía en construcción. Algunos son hoteles de lujo que ni siquiera aparecen en la última edición de *Lonely Planet*. También hay parques de atracciones, grandes almacenes nuevos y limpios como una patena y una autopista que hace pocos años no existía, y han ampliado el aeropuerto... Es como si, con tanta modernidad, se quisiera borrar cualquier vestigio del pasado. Sin embargo, creo que no lo tienen fácil, aunque los chinos han representen el 85% de la población.

Aun así, la capital de Xinjiang es más propia de Asia central de lo que yo creía. Junto a la ciudad, que crece sin cesar bajo el impulso chino, viven kirguiz, cuyas mujeres lucen vestidos de seda de colores casi idénticos a los de Uzbekistán, y se escucha la música uigur, atronadora, por los altavoces dispuestos en las esquinas. Dos formas de vida diferentes que apenas consiguen entenderse, y eso cuando lo intentan. «Mira, mira», me grita el comerciante de un bazar, mientras señala con una sonrisa el retrato del presidente iraquí, Sadam Hussein.

Me alojo en el hotel Hongshan, uno de los económicos entre los céntricos, y por ello el favorito entre los viajeros occidentales. Se nota que en Europa y Estados Unidos han comenzado las vacaciones y que he entrado en una ruta *traveller*. Es decir, que estoy en uno de los itinerarios más seguidos por los viajeros, turistas o *backpackers*, palabra inglesa que designa a los mochileros en el argot *traveller* internacional. ¿Y quiénes son los *travellers*? En recepción hay tres ejemplares. Vienen de Holanda. Cada uno de ellos es una fotocopia de los otros dos, y ninguno de ellos se diferencia de los ingleses que acaban de salir. Por su indumentaria los conocerás: gorra —a ser posible Nike, Reebok, New York o 49ers—, gafas de sol Ray-Ban u Oakley, pañuelo rojo o azul al cuello, estilo *cow boy*, camiseta inmaculadamente blanca, cámara fotográfica colgando del cinturón, riñonera, pantalones cortos, chanclas, mejillas rojas como tomates y unas ganas increíbles de fotografiarlo todo y, especialmente, de hablar de las desgracias y descubrimientos de los últimos días con otros viajeros tan orgullosos como ellos. Me pregunto cómo harán para tener siempre la camiseta tan limpia. ¿Llevarán una para cada día? Es posible. Sus mochilas son inmensas.

Los holandeses no hacen buena cara. Acaban de llegar en autobús de Turfan, la ciudad del desierto. Están empapados de sudor. Preguntan a la recepcionista si podrán ducharse pasadas las diez, y como que les dicen que sí, se guardan su *Lonely Planet* y parten, cual exploradores, a descubrir la ciudad. Con prisas, porque la guía señala muchas cosas interesantes para ver.

En la entrada del hotel, jóvenes chinos se ofrecen como guías y tratan de vender excursiones. Una de las estrellas del programa es la estancia en Heaven Lake, que es como llaman a Tian Chi, «el lago del cielo». Son muy serviciales. Uno de ellos me acompaña hasta la parada de autobús.

De camino hacia el Banco de China, me pregunto qué me diferencia de los *travellers* holandeses, y deduzco que quizá yo me arriesgaría a comer productos que ellos no osarían tocar o acudir a un sitio del que la guía no habla, mientras que ellos seguramente no se atreverán y acabarán en Heaven Lake, porque les dirán que no puede ser que hayan estado en Urumchi sin visitar el lago. Pero todo esto es mucho suponer y, al fin y al cabo, he hecho muchas cosas estos últimos meses sencillamente porque no me ha quedado otro remedio. Éste no es mi primer viaje, pero nunca antes había hecho tantas cosas «extrañas». La adaptación tampoco ha sido difícil. Ya se sabe que el miedo más terrible es el miedo a lo desconocido, que lo que cuesta es atreverse a pegar un salto al vacío, dar aquel paso que puede conducirnos a descubrir lo que vanamente habíamos estado esperando, complacidos en nuestra cómoda realidad cotidiana.

No es fácil ser viajero, y menos aún ser turista, es decir, que te lleven de un sitio a otro con un nivel de comodidades por lo menos equiparable al que estás acostumbrado. Cuando no lo encuentras, te cabreas, y puesto que es imposible sentirte tan bien como en tu país, vas de disgusto en disgusto hasta llegar a la conclusión de que en ningún sitio se está mejor que en casa. De esta forma acabas percatándote de la inutilidad del viaje.

Para la dirección del hotel Hongshan no existen diferencias entre turistas y extranjeros. Lo único que distinguen es entre éstos y los chinos. Me toca una de las tarifas más elevadas del establecimiento, 150 yuan, cuando los del país no pagan más de 30. Por un día quiero darme el lujo de una habitación para mí solo.

En el hotel conozco a Philippe, un suizo que, igual que el Ernst de Bishkek, viaja en bicicleta. Salió de su país pedaleando, y así cruzó Turquía, Irán, Pakistán, India, de nuevo Pakistán y China. Para llegar a Urumchi ha superado el puerto del valle del Ili que yo inicialmente quería pasar. Durmió en un collado de 4.500 metros de altura y despertó con la desagradable sorpresa de estar cubierto por 25 centímetros de nieve. La intención de este perspicaz «profesor de música y unas cuantas cosas más» es llegar a Japón. Mañana bajará hasta Turfan. Puede que nos encontremos.

CHINA
URUMCHI-DABANCHENG
6 de julio (día 100)
76 km (6.171 km)

Pekín manda, Xinjiang obedece

Me he levantado a las ocho, hora de Pekín. Ayer decidí olvidarme del horario de la Región Autónoma de Xinjiang, aburrido de que por la calle, en las tiendas o en los hoteles, la gente me dijese continuamente que llevaba mal la hora. Si ellos van con el horario que dicta la capital, no hay ninguna razón para que yo haga lo contrario. Sólo conseguiría liarme más y llegar a los restaurantes cuando están a punto de cerrar.

Después de llamar a casa y de cambiar dinero, he desayunado en una pastelería de estilo occidental y he salido a dar una vuelta. Tenía todo el día para visitar Urumchi, pero había poco que hacer. Lo más interesante parecía ser el Museo de Xinjiang, y me he acercado hasta allí sin prisas. Me han cobrado una tarifa más alta por ser extranjero: una deferencia que en China tienen con los turistas, una forma especial de discriminación para que paguen más los que más tienen. Ésta es la teoría, que no contempla la existencia de extranjeros pobres o de chinos ricos. Tú vienes de fuera, tú tienes dinero; este señor es del país, por lo tanto es pobre. Sin discusión. La norma se aplica en todos los centros turísticos. Los extranjeros hacen una cola y los chinos otra, con tickets diferentes. El no va más de la incoherencia es que los ciudadanos de Hong Kong y Macao tengan que pagar como extranjeros y que, en cambio, reciban la consideración de «compatriotas». Los ciudadanos de las antiguas colonias son chinos, sí, pero sólo hasta que echan mano de la cartera.

El museo presenta una sección histórica y otra dedicada a las formas de vida tradicionales de los diferentes pueblos de Xinjiang, tártaros y rusos incluidos. Éstos son los descendientes de las tropas zaristas derrotadas por el Ejército Rojo, que en los años veinte, una vez concluida la guerra civil, buscaron refugio en el norte de la región.

Concluida la visita me he acercado al parque Hongshan, desde cuya pagoda se domina la ciudad. Y como que Urumchi no da más de sí —o puede que porque en unas horas ya estoy harto de hacer el *traveller* con la guía clavada ante los ojos— decido dejar la ciudad esta misma tarde. No me apetece perder el tiempo de bar en bar con los holandeses. Seguro que Turfan merecerá más tiempo.

En el camino de regreso al hotel compro un melón de tamaño discreto, grande para mí solo pero pequeño si lo comparo con los que he llegado a ver. Es la fruta del tiempo: melones de distintos colores y medidas que atraen la atención de los sedientos *travellers* que viajan en autobús y tren. En los mercados, los campesinos los disponen en pilas de hasta dos metros de altura.

Saliendo de Urumchi, la carretera de Turfan es nefasta, estrechísima, llena de curvas y algunas subidas, con un asfalto pésimo y atiborrada de camiones que hacen sonar el claxon con insistencia. La fórmula ideal para tener un ataque de nervios. Y sólo faltaba que el suelo estuviese lleno de grava, de forma que cada vez que viene un vehículo de cara me obliga a protegerme. Me convenzo de que es mejor tomárselo con calma, pues de nada sirve chillar a unos conductores que, si llegan a oírme, me mirarán con cáustica indiferencia.

Me sorprende que una ciudad de un millón de habitantes se encuentre tan mal comunicada, aunque es cierto que están construyendo una nueva autopista, y que a los chinos, cuando se ponen a trabajar, no hay quien los pare. Cuando el nuevo eje viario esté acabado seguramente sucederá lo mismo que cuando inauguraron la línea férrea Lanzhou-Urumchi. Xinjiang pasó de ser una provincia casi olvidada a una de las zonas con mayor potencial de crecimiento. En 40 años la población casi se ha cuadruplicado.

Me encuentro en un llano, superando las últimas dificultades del Tien Shan, antes de que la carretera se precipite hacia el desierto. La ruta gana altura hasta Dabancheng, un pueblecito al que se llega después de superar un moderno parque eólico y un lago de sal del que no paran de salir camiones cargados. Aquí finaliza mi jornada. Ha sido un día caluroso, sin duda. A mediodía la temperatura ha llegado a 34 grados. Si a 1.100 metros hace este calor, ya puedo prepararme, porque la depresión de Turfan está por debajo del nivel del mar. Allí sí que pegará fuerte.

Los pantalones que he comprado en Urumchi tendrían que ayudarme a soportar el sol, pero no contaba con que después de cuatro horas sobre el asiento ya estuvieran agujereados. ¿Calidad *made in China*? Bueno, sólo me costaron un dólar.

CHINA
DABANCHENG-TURFAN
7 de julio (día 101)
58 km (+56 km en autobús) (6.229 km)

Diarrea en el infierno de Turfan

Un desastre de día. El melón de Urumchi está pasándome factura, y de qué forma. Supongo que ya estaba mal del estómago, y sólo ha faltado la cantidad de fruta que comí ayer. En resumen: el peor día del viaje.

Me encuentro mal desde buena mañana. He desayunado *laghman*. No es el mejor plato para comenzar el día, pero es el único que se encuentra en los locales de comida rápida que hay en los pueblos. Afortunadamente, la carretera es en bajada. A duras penas consigo avanzar, perdiéndome por un valle cada vez más seco, que toma el color de la roca, distintas tonalidades de negros, marrones, rojos, grises y blancos. Sólo junto al río hay vegetación, en la que destacan melocotoneros. El resto es piedra pelada.

No es el mejor sitio para caer enfermo. Los únicos lugares habitados son las casetas de los obreros que trabajan en la nueva autopista, que emplea a centenares de obreros y docenas de máquinas que rompen las escarpadas montañas con laboriosidad de hormigas.

Después de una hora de bicicleta tengo que hacer una primera parada técnica para vaciar el estómago. La segunda llega poco después, para protegerme de un chaparrón. Y la tercera, ya medio derrotado, para descansar tendido sobre el asfalto al lado de un puente. No puedo más. Tengo muchas dificultades, incluso para mover la bicicleta con una relación de cadena corta. Me siento extenuado, respiro con dificultad y me duelen el vientre y las articulaciones. En resumidas cuentas, me encuentro fatal. Y ser consciente de ello me hace sentir peor. De todas formas, no tengo fiebre, que ya es mucho. Debe de ser una diarrea, me digo, fuerte, pero una simple diarrea, y ya me aconsejó Pere lo que convenía hacer en estos casos: no comer y beber muchísima agua para recuperar el líquido perdido.

Vuelvo a ir *de parto* y me reincorporo a la carretera, no más descansado, pero supongo que sí más pálido. Las montañas quedan atrás y aparece el llano, la superficie infinita del Taklamakán. Otra vez el desierto, tan terrible, tan enigmático. Un vacío sólo comparable a la muy preferible vacuidad del mar. Es el desierto bautizado con el sórdido nombre de «irás y no volverás», lo cual me recuerda mi mala experiencia en Turkmenistán, en el odioso Karakum. Vuelvo a estar en un desierto, cruzado esta vez por una carretera más o menos transitada, pero tan amenazador como el anterior. Veremos cómo salgo de ésta.

No estoy para muchos desafíos, pero lo intento. Después de pasar un cruce de carreteras y una minúscula aldea de casas de barro donde había vehículos parados, decido probar fortuna. «Turfan está a menos de 60 kilómetros y, aunque no te encuentres bien, puedes intentarlo; después ya tendrás un par de días para recuperarte», me digo. La decisión dura poco. El termómetro marca 38 grados. La moral que me quedaba rueda por el suelo, hecha añicos, al topar con un fuerte viento frontal. ¡Dios mío, como en el Karakum! ¡No, con una vez he tenido suficiente! Paso de estarme cuatro o cinco horas quemando energías inútilmente. Al final acabaría dándome cuenta de que no hay nada que hacer, así que me rindo. El resultado se repite: Desierto 2 - Gabriel 0.

Los primeros camiones pasan de largo, hasta que llega el autobús. Perfecto. Atamos la bicicleta en el techo y nos ponemos en marcha, directos hacia la pequeña ciudad del desierto que un día fue grande. Una vez allí, al hotel. Entre la numerosa oferta, escojo el Oasis, digno merecedor de tal nombre, aunque sólo sea porque tiene aire acondicionado y me cuesta 25 yuan una habitación compartida con dos *travellers* holandeses que, después de recorrer durante meses Suramérica, vienen a descubrir Asia. Aquí pasaré toda la tarde, sin moverme de la cama más que para ir al lavabo. El resto, hablando con la holandesa, que tampoco se encuentra muy fina.

Por la noche cenamos juntos cerca del hotel. Intento comer arroz hervido y un par de huevos. Mi estómago rechaza el alimento. En cuanto me pongo en pie, vomito. Eso me pasa por no seguir las indicaciones de Pere. «No comas», me había advertido, pero yo, nada, a la mía, como siempre. Puede que mañana consiga seguir su consejo. Aprovecharé el día de descanso para apuntarme a un *tour* por Turfan. Esta noche dormiré con una botella de litro y medio de agua cerca de la cama.

CHINA
TURFAN
8 de julio (día 102)

Un día haciendo el turista

La recuperación ha sido rápida. Por la mañana me he sentido mucho mejor y a media tarde ya podía ingerir alimentos sólidos. Por si acaso, no me he separado de la botella de agua. Si sigo así, al final del día habré bebido más de cinco litros.

A las nueve de la mañana reservé una plaza en la furgoneta que nos conducirá por la ciudad y sus alrededores. Hoy tocaba comportarse como un turista corriente. Compartía vehículo con Kenji, un japonés de la Toyota, que acababa de llegar para disfrutar de una escasa semana de vacaciones, otro par de japoneses, dos coreanos, dos obesas norteamericanas—una de ellas hablaba un chino perfecto— y dos veteranas holandesas que han dejado plantados a sus maridos para hacer el viaje que llevaban planeando desde hacía tiempo. «¡Cuando me vea mi marido!», comentaba la más divertida de ellas mostrando una mano vendada. Había sufrido un accidente en el desierto. El conductor se durmió. Tuvo suerte: sólo dos cortes. Ella decía, con razón, que podía haberle costado la vida.

Hemos pasado el día dando vueltas en todas direcciones, subiendo y bajando del coche cada dos por tres y sudando como nunca. A mediodía el calor era insoportable. Cada vez era más difícil moverse. Uno de los japoneses ha estado a punto de desmayarse. ¡Y venga pagar tickets! En cada sitio que querías entrar, a pagar. Y no un precio ridículo, sino una cantidad equivalente a una comida o incluso una habitación. «Y, sobre todo, que no se os ocurra hacer fotos, que os multarán», nos recordaba el guía, un listillo de Lanzhou que, en verano, se viene a Turfan para hacer la temporada. «El año próximo aprenderé japonés, porque cada vez hay más y traen muchos dólares», ha confesado en un inglés casi tan de andar por casa como el mío.

La visita me ha servido para hacerme una idea de la importancia de esta ciudad dentro de la ruta de la seda, y no porque tenga muchas riquezas, sino porque su único pero importantísimo valor residía en el agua de que disponía, un bien muy apreciado por su escasez. Baja de las montañas por canalizaciones subterráneas. Así es posible el cultivo de melones o vides, que crecen en las calles formando unas pérgolas que proyectan una sombra muy agradable. Pero mejor no tocar nada, que la multa es de 50 yuan.

Turfan tiene 170.000 habitantes, mucho más de lo que sus casas bajas hacen suponer. A diferencia de Urumchi, la que fuera capital de los uigures ha cambiado relativamente poco. Dicen los de *Lonely Planet* que el bazar es, junto con el de Kashgar, el más fascinante de China, aunque, según mi discreta opinión, no tiene ni punto de comparación con los de Samarcanda o Bujará.

Por la tarde hemos ido al valle del vino, al minarete Emin y a las ruinas de Gaochang, la ciudad fundada en el siglo IX por los uigures. En el otro extremo de Turfan se encuentran las ruinas de Jiahoé, los restos de la fortificación que los chinos erigieron durante la dinastía Han (del año 206 a. de C. al 220 de nuestra era) para defenderse de los enemigos externos. En torno a Turfan todavía se encuentran restos de otra civilización, la budista, que antes de la llegada del Islam dejó en un centenar de cuevas numerosas imágenes de Buda.

La excursión ha finalizado antes de la hora prevista porque nuestro guía y algunos compañeros de excursión no hacían más que suspirar por encontrar un sitio fresco y sombreado.

Por la noche, algunos nos hemos reunido para ir a cenar. Había quedado con Philippe, el ciclista suizo, a quien había encontrado por la mañana. Somos nueve los que compartimos mesa, incluidos un grupo de coreanos, Kenji y dos japoneses veinteañeros. Se llaman Atsushi y Yoshichika y traen bicicletas chinas, unos monstruos que, sin equipaje, pesan 35 kilos. Vienen de Xi'an y han necesitado 40 días de penosa travesía por montañas y desiertos para llegar hasta aquí. Van siguiendo la ruta de un monje que hace siglos hizo este peregrinaje a pie. Y como Atsushi y Yoshichika también son muy valientes, pretenden reproducir aquel viaje, ignorando que algunos de los países que quieren cruzar (Tayikistán y Afganistán) están en guerra. Hemos tratado de convencerles de que cambien de planes, pero parecen muy decididos. Con la mayor tranquilidad del mundo, fumando esos cigarrillos chinos que se lían con papel de periódico, nos han contado que, como están hartos de la bicicleta, han cambiado el medio de transporte. Esa misma tarde las han vendido y se han comprado un burro y un carro. «El dueño nos ha explicado que el animal se traga 15 litros de agua cada día», ha comentado el que se autodenomina «explorador».

Mientras el sector nipón-coreano pide las cervezas por docenas, Philippe comenta que mañana sale hacia el sur, rumbo al Taklamakán, en dirección a la provincia de Gansú. Hemos hablado de nuestras experiencias en el desierto —él en Irán; yo en Turkmenistán— y de cuál podía ser la forma de afrontar la travesía con posibilidades de éxito. La conclusión es que lo mejor será hacer tiradas largas bien provisto de agua, de pueblo en pueblo y evitando las horas en que el sol más pega. La dificultad son los tramos de 200 kilómetros sin rastro de civilización que aparecen en el mapa. Le he sugerido que intente hacerlo de noche y que descanse durante el día, tal como hacían las caravanas en el pasado. El suizo ha tomado nota. Le he deseado suerte y he vuelto al hotel.

Son las doce. La temperatura es agradable y en la calle hay más actividad que a pleno sol. Los hombres han sacado las sillas y el televisor a la acera, las mujeres aprovechan para lavar la ropa y los niños siguen con los juegos que a mediodía han tenido que interrumpir. El cielo está lleno de estrellas, y tan claro que me he empezado a liar.

«¿Por qué tengo que renunciar a cruzar el desierto? Si Philippe lo hace, yo también puedo. ¿Te imaginas? Debe de ser una experiencia inolvidable rodar bajo las estrellas, compartir unos días de bicicleta con un compañero después de tres meses de hacerlo en solitario. ¿Por qué no?» Si mantengo los planes previstos, el viaje está abocado a un fin anticipado. De Turfan a Gansú en autobús, de allí a Xi'an en bicicleta, y corriendo hacia Pekín para llegar antes del 28 de julio. «¡Pero si sólo me quedan 20 días! Sí, hombre, sí: vete con Philippe. Tal vez sea la traca que esperabas para acabar el viaje. Aunque al final no puedas visitar ni Lanzhou ni Xi'an. Tienes que sacarte la espina del desierto.»

Cada vez lo tengo más claro, pero no quiero precipitarme. Mañana decidiré. Quizá libre del influjo de la luna vea las cosas bajo otra óptica.

CHINA
TURFAN-SHANSHAN
9 de julio (día 103)
75 km (6.304 km)

Pedaleando bajo las estrellas

Tal como supuse, por la mañana he visto las cosas de otro color. Sería un disparate intentar cruzar el desierto con el suizo. Con los mapas de China en la mano he concluido que necesitaría 17 días para atravesarlo y recorrer el largo trecho que me separa de Lanzhou. De forma que sólo tendría tres días para llegar a Pekín. El más pequeño incidente, cualquier cosa, un problema físico o mecánico, unos días de viento que nos impidiesen hacer el recorrido previsto, o llegar a Lanzhou y no encontrar billete, implicaría perder el avión.

Renuncio a semejante locura. Lo siento, pero no puede ser. A estas alturas del viaje no puedo permitírmelo. El desierto será mi asignatura pendiente. Los dos japoneses lo consiguieron, sin ser unos Induráin, sin haber viajado antes en bicicleta. Como el otro japonés que acaba de llegar a Turfan, que por lo menos cuenta con una bicicleta moderna. ¡Qué acertado estaba Philippe cuando decía que los japoneses no tienen suficiente con viajar! La última moda es hacerlo de la forma más original. Pero el más original no era este japonés, sino un turco que encontraron en la carretera y que pretendía viajar de Xi'an a Estambul con una caravana de camellos.

Con el rabo entre las piernas, he ido a comprar el billete de autobús, a acabar de preparar el equipaje... y a despedirme de Philippe. No debería haberlo hecho. Creo que me arrepentiré, porque he vuelto a cambiar de planes. Definitivamente, me voy con él, sin pensármelo. No he podido ver cómo se preparaba para la travesía. He decidido no escuchar lo que me aconsejaba la razón y dejarme llevar según el impulso del corazón. Ya me las apañaré. No sé cómo, pero ya encontraré la forma de llegar a Pekín. Aunque tenga que comprarle el coche a un taxista.

Ahora estoy en el John's Cafe, donde me encontraré con el suizo. Es una terraza agradable en la que, quizá porque está llena de banderolas y carteles de Marlboro, los extranjeros nos sentimos como en casa. La carta está en inglés y, además de bebidas y comidas identificables, ofrece una amplia oferta de excursiones. El establecimiento, montado con acierto por un chino que ha extendido el negocio a otras tres ciudades, es el punto de encuentro preferido de los *travellers*. Algunos no se explican cómo se las ha ingeniado el dueño para conseguir el permiso de apertura de unas autoridades tan estrictas como las chinas. Philippe tiene la teoría de que se trata de un espía que pasa informes sobre los clientes extranjeros sospechosos.

Por aquí no se ven camisas con cuello Mao. Aunque la verdad es que en estos diez días he visto pocas. «El país ha cambiado mucho en cuatro años», comentaba ayer una de las americanas obesas. Y al ritmo que llegan los extranjeros lo hará aún más.

En el John´s Cafe, el termómetro marca 42 grados. Un drama. Si el infierno existe, Turfan es lo que más se le parece. El calor es insoportable. Hace una hora que me han traído un té —los chinos también lo llaman *chai*— y todavía está caliente. Sudamos constantemente, incluso a la sombra y sin mover un dedo. Bueno, a excepción de Philippe, porque ha tenido un pinchazo, uno más de una larga serie. Su problema es similar al de Ernst: neumáticos demasiado finos y exceso de equipaje. Yo sigo tocando madera: 6.000 kilómetros sin pegar un solo parche. A esto se le dice tener suerte. De acuerdo que destrocé un neumático, pero fue por colocar mal la rueda.

Estoy impaciente. Vuelvo a sentir ese cosquilleo en el estómago que experimenté durante las primeras semanas de viaje. La sensación de que he vuelto a tirarme a la piscina sin saber si estaba llena. Quiero disfrutar de cada momento de los últimos días de viaje. He renunciado a conocer la China más auténtica, tan grande y tan diferente que me atemoriza, pero por lo menos tendré tiempo de descubrir mejor Xinjiang. Y, ¡qué caray!, ¿por qué no puedo intentar mi pequeña heroicidad en el desierto?

A las siete de la tarde, cuando el sol declina, nos ponemos en marcha. El termómetro no ha bajado de los 40 grados. Los primeros kilómetros son similares a los del día anterior: dunas grises y las Montañas de Fuego, espectacular cordillera que mejor no pisar sin un buen calzado, puesto que la tierra se calienta hasta alcanzar los 80 grados. Rodar con Philippe es menos divertido de lo que había imaginado. Corre mucho. No sé si porque está muy fuerte o porque no sabe administrar sus fuerzas. Supongo que un poco de ambas cosas. Y encima tiene la manía de no mirar nunca hacia atrás.

Aun así, estoy excitado. A la novedad del compañero de viaje hay que añadir el rodar de noche, lo que constituye una sensación muy especial. La carretera ha ido desapareciendo bajo nuestras ruedas a medida que la oscuridad avanzaba. Primero ha sido la carretera, después los tramos de desierto y finalmente el cielo. La oscuridad es, ahora, total. La línea de asfalto se intuye. A duras penas, es posible avanzar en medio de una paz casi absoluta. Es como rodar por un espacio ingrávido. Llegar a un pueblo es como aterrizar en uno de los sitios más perdidos de la tierra. La luz de las ventanas se refleja sobre el asfalto y sobre los niños que hay sentados a un lado de la carretera. En las puertas de las casas, los hombres yacen ante un televisor en blanco y negro, mientras, de reojo, vigilan el puesto de melones por si algún conductor se detiene.

A las once y media llegamos a Shanshan, después de un par de deslumbramientos que nos han obligado a salirnos de la calzada. Philippe casi no se ve. Le parece demasiado arriesgado continuar. Hay más tráfico del que suponíamos.

CHINA
***SHANSHAN**-desierto*
10 de julio (día 104)
85 km (6.389 km)

Taklamakán: el desierto de «irás y no volverás»

Nos levantamos a las seis. Clarea. Pusimos los despertadores a las cinco, pero no los oímos. Desayunamos pan, té y leche en polvo. Yo me tomo la medicina que Philippe me ha dado para mi castigado estómago, una especie de matabacterias y rehidratante, porque sigo con el vientre demasiado revuelto.

A las siete, con una hora de retraso, dejamos el pueblo. Los habitantes de Shanshan han madrugado más que nosotros. En las calles la actividad es intensa, pues la gente aprovecha que la temperatura todavía se puede soportar. Dentro de cinco horas seguramente no quedará nadie a la vista.

El paisaje es más aburrido que ayer, tal vez porque está más habitado de lo que los mapas sugerían y de lo que nos habían contado. Por la mañana rodamos al pie de las montañas Bogda Shan, donde aún hay cierto verdor. El color es muy distinto del que nos acompañó entre Turfan y Shanshan y del que se intuye si miras hacia el sur, allá donde comienza el inmenso Taklamakán, un desierto que mide 2.000 kilómetros de oeste a este y más de 1.000 de norte a sur; una caldera en la que han aparecido numerosos restos de civilizaciones perdidas.

Por tratarse de un lugar tan solitario, el Taklamakán es el escenario que las autoridades chinas eligieron para sus ensayos nucleares hasta 1996. Las pruebas se realizaban en Lop Nor, un lago seco que —ahora que me fijo— está a menos de 200 kilómetros de la turística Turfan.

Hoy no hace tanto calor, unos 40 grados. En la sombra se puede respirar e incluso dejas de sudar cuando te detienes. En estas condiciones, podemos hacer 70 kilómetros de una tirada. Paramos poco, sobre todo yo. El suizo tiene que detenerse a menudo para que le alcance, pero cuando lo hago el muy bestia reanuda la marcha sin darme tiempo a tomar un respiro. Va a la suya. Me saca dos o tres kilómetros cada hora, lo que en bicicleta es una eternidad. Busco una explicación y no la encuentro. No sé si culpar a la diarrea atómica de Turfan, a mis neumáticos de montaña, a las irritaciones de la entrepierna o si se trata, sencillamente, de que Philippe es más fuerte que yo. Me saca un palmo, de acuerdo, pero lleva el doble de equipaje. Y encima tengo que oírle presumir de que él nunca había viajado en bicicleta. «Sí, sí..., pero anoche reconoció que ha hecho bastante deporte. Evidentemente. ¡Dos días más, y acabará confesando!» Superada la novedad del primer día, el monótono paisaje que pasa ante nosotros pierde su gracia. Creo que en Hami tomaré un autobús hacia Lanzhou. Si por lo menos el suizo diese más facilidades... Ir con él es casi como hacerlo solo, porque le pierdo de vista a cada momento, y, encima, cuando nos encontramos, nos ponemos los morros, pensando, él, que «este español va más lento que una tortuga»; y yo que «a este suizo ya se le podrían reventar las dos ruedas a la vez».

A mediodía, en la entrada de un pueblo, nos paramos a la sombra de unos árboles. A partir de aquí hay 100 kilómetros despoblados. Pasamos la tarde tumbados en su tienda de campaña sin hacer otra cosa que leer, comer, hablar y esperar a que el sol esté más bajo. Todo un lujo. Cuando cierro los ojos me viene a la cabeza todo lo que ahora me apetecería: un helado Magnum, una Coca-Cola con cubitos, una bañera llena de agua helada, las terrazas de L'Escala, oír cantar unas habaneras, mi cama... ¡Qué sé yo! Tantas y tantas cosas. Tengo ganas de volver. O, quizá, más que volver, de quedarme en un sitio en el que pueda disfrutar de todos esos placeres, sin necesidad de pensar en nada, sin problemas, sin preocupación. La utopía en estado puro. Lo imposible. Es agradable pensar en ello. Por ahora, me conformo.

A las siete, volvemos a detenernos. Al cabo de un rato levantamos el improvisado campamento, llenamos agua y seguimos. Y descubrimos un fortísimo viento del que nadie nos habló. Los japoneses nos dijeron algo, pero interpretamos que lo habían tenido en contra. Una vez más, no nos hemos entendido.

Intentamos avanzar, con más pena que gloria, a un ritmo lentísimo y con el suizo ignorando lo que significa trabajar en equipo, rodando centenares de metros delante de mí, en lugar de hacerlo a rebufo, para ayudarnos. Acabo hasta las narices. De forma inocente, le comento que no estaría mal hacer un descanso a ver si el viento amaina; nos cansamos demasiado para lo poco que avanzamos. «¡No!», responde, con suficiencia. Pues no.

Un kilómetro más adelante, al pasar junto al campamento que tienen montado unos trabajadores que hacen reparaciones en la carretera, nos hacen señas de que nos acerquemos. Nos ofrecen té. «Pues tú harás lo que quieras, pero yo me quedo», pienso, decidido a subirme al primer autobús que pase. Si el suizo quiere continuar, allá él. A mí y a mi bicicleta no nos moverán.

Nos ofrecen que nos quedemos a comer y, como que el viento insiste, también a dormir. El lugar no es precisamente un hotel. Los trabajadores duermen en las camas que hay debajo del puente, mientras los jefes lo hacen en un autobús desguazado. El centro de reunión es la cocina. Bajo un toldo encontramos a los sorprendidos trabajadores. Vienen de lavarse después de una dura jornada, a cambio de una paga de 500 yuan (unas 8.000 pesetas) al mes.

Anochece y el viento es cada vez más fuerte. Philippe parece malhumorado, con pocas ganas de hablar. Da vueltas y más vueltas. Le cuesta aceptar la evidencia de que éste es el lugar más cómodo en muchos kilómetros a la redonda y que continuar hubiera sido una tontería.

A las once, casi sin hablarnos, improvisamos nuestro vivac bajo las estrellas, al amparo del autobús. Durante una hora oímos a los trabajadores afilar los picos en un fuego desencadenado por la fuerza del viento, que seguirá bramando durante toda la noche.

CHINA
Desierto-SAN CHIENG FANG-HAMI
11 de julio (día 105)
(60 km en camión) + 16 km (+ 180 km en autobús)
(6.405 km)

Desierto, 3-Gabriel, 0

A las siete ya estamos en pie y una hora más tarde Philippe se dispone a partir. El viento ha cambiado de dirección; ahora viene completamente a favor. Vuelvo a cambiar de opinión; por enésima vez en tres días. Me he dado cuenta de que, en este punto de la larga recta donde nos encontramos sería muy difícil que consiguiera un autobús. Le digo al suizo que me espere que me voy con él. No quiero perder el día esperando inútilmente.

El viento favorable, sin embargo, dura poco. Diez kilómetros más adelante lo tenemos otra vez completamente de cara, y aún más fuerte. Mi última reserva de moral se agota. Basta. Se acabó. Al pasar por un tramo en obras, anuncio a mi compañero de penas que lo dejo. Me quedo allí, donde me será más fácil encontrar un vehículo que me lleve hasta la siguiente ciudad. Le pago lo que le debía y le doy un litro de agua. No es mucho, pero le servirá. «¿Estás convencido de querer continuar?», le pregunto. Responde que sí. «Pues que tengas mucha suerte.» Y nos despedimos.

No por mucho rato. Una hora más tarde, Philippe se sienta a mi lado en la cabina de un camión. Le ha costado más que a mí, pero también ha acabado rindiéndose. Cuando el camión ha llegado a la altura del suizo le he preguntado con gestos si todo andaba bien. Y no. Estaba hundido, consciente, finalmente, de la inutilidad de su esfuerzo. Así que ha subido al camión del simpático conductor uigur que nos ha recogido. Habían pasado otros vehículos, conducidos por chinos, pero no me habían hecho ni caso.

El desierto acaba de vencernos. Una vez más: Desierto 3-Gabriel 0. Algo más de suerte tuvo Philippe, que salió airoso del desierto de Irán, si bien no del primer tramo del Taklamakán, cerca de Kashgar. Nuestras modernas *mountain bike* han sido derrotadas por las pesadas bicis de los pequeños japoneses. Philippe y yo nos preguntamos cómo fueron capaces de hacerlo y la conclusión es que seguro que se lo tomaron con más filosofía, avanzando cada día lo que podían y no lo que ellos mismos se imponían. Una buena lección oriental de humildad para nuestro orgullo occidental. No nos han fallado las fuerzas, sino la cabeza, la capacidad de saber frenar en el momento oportuno, cuando se presentan las dificultades, con el convencimiento de que al día siguiente, o al otro, o incluso al otro la situación será más favorable y podrás seguir progresando.

El camión nos acerca algo más —70 kilómetros— a Pekín, avanzando por unos contrafuertes montañosos completamente desolados. La puerta sobre la que me apoyo se abre cada cinco minutos. La primera vez he tenido un susto de muerte. He estado a punto de caer a la calzada. Hubiera sido la guinda de un día en que me levanté con mal pie.

El camión nos deja a la puerta de una solitaria casa donde preparan comidas. A tres kilómetros se encuentra el pueblo. Nos cuesta trabajo llegar. Tan fuerte es el viento.

San Chieng Fang son cuatro chabolas dispuestas a los lados de una carretera polvorienta. Es un sitio desértico. Las fachadas están llenas de grandes caracteres dibujados con pintura roja. El único ruido es el silbido de un viento que te seca la garganta. Los matojos secos ruedan por la carretera impulsados por las violentas ráfagas. Sentado a la sombra, uno no se extrañaría de ver llegar a un tal Kung Fu con sus sandalias colgadas del hombro.

Faltan cuatro horas para que llegue nuestro autobús. La gente es maravillosa. Nos hacen pasar a una habitación para que durmamos, y lo hacemos sin esfuerzo, oyendo cómo se sacuden las puertas y las ventanas debido a la furia del viento, que se cuela entre el marco y la jamba. Al despertar, nos ofrecen agua caliente para que nos lavemos. La mujer de la casa insiste tanto en que tengo los pantalones descosidos que acaba enhebrando la aguja y poniendo manos a la obra.

Mientras, salgo a la calle y me pregunto qué habría sido de nosotros si hubiésemos acampado en el desierto con esta ventolera. No habría pasado nada grave, pero difícilmente hubiésemos dormido. Hicimos bien cambiando de idea, y creo que Philippe comienza a reconocerlo. Durante las últimas 24 horas nuestra relación ha cambiado. Me pregunta a cada momento qué quiero hacer, y ya no hace comentarios del tipo «un *traveller* no haría esto o lo otro». Igual que a mí, se le han pasado las ganas de ir en bicicleta. Sólo piensa en salir de aquí.

A las siete llega un autobús. No está claro que sea el nuestro ni que esté de servicio, porque no lleva pasajeros, pero va a Hami, y subimos. La primera parte del trayecto es impresionante. Atravesamos una zona de montañas de piedra de todos los colores. Es un paraje muerto, en el que parece que nunca haya habido vida.

A las nueve y media, conductor y acompañante deciden parar a cenar. Encargan una buena comida y una bebida alcohólica fortísima. Cuando toca pagar, ellos se hacen los desentendidos y desaparecen del escenario de los hechos, disimuladamente, con la botella bajo el brazo. Philippe y yo pagamos sin protestar. Éste será el precio del viaje.

Pero el trayecto está a punto de finalizar antes de hora. Ya de noche, el autocar se queda sin luces en medio de una larga recta, y tenemos que hacer una arriesgada maniobra. No pasa nada, pero perdemos una hora hasta que encontramos el origen de la avería.

Como era de esperar, al llegar a Hami intentan que les paguemos 40 yuan. Muy diplomáticamente, les hacemos comprender que la merecida recompensa a la que tienen derecho se encuentra en sus respectivos estómagos, en forma de pollo, pasta y alcohol. Insisten, inútilmente, hasta que se cansan.

CHINA
HAMI
12 de julio (día 106)
23 km (6.428 km)

Interrogatorio policial

Ha sido surrealista. A las ocho estábamos en la recepción del hotel, listos para recoger nuestras «herramientas de trabajo» y subir en el primer autobús que nos llevase a Dunhuang. Pero las bicicletas habían desaparecido y no nos dejaban marchar. El conserje ha dicho que nos lo tomásemos con calma y nos acomodásemos en el sofá. Al cabo de una hora hemos conseguido entender que las bicicletas estaban guardadas para que no las robasen, pero nosotros teníamos que esperar a la policía. La situación empezaba a oler mal.

Llega un coche patrulla con un agente y dos hombres de paisano, y media hora después, otro coche en el que viaja una mujer y otro con pinta de ser el jefe de todos ellos. Comienza un interrogatorio. Parecen muy interesados en nosotros; quieren saber quiénes somos, de dónde venimos, cuál es nuestra profesión, por qué hacemos este viaje e, incluso, si hablamos uigur. No era la primera vez que la policía nos asediaba a preguntas, pero en esta ocasión el asedio es, digamos, más oficial y, por lo tanto, da más miedo. Pronto descubrimos el porqué de todo aquello: hemos dormido en un hotel prohibido para extranjeros. ¿Y qué culpa tenemos nosotros si nos aceptaron? Ninguna, claro, pero los hechos nos convierten en sospechosos. Nuestra aparente inocencia podría ocultar a unos enemigos no declarados de China.

Después de una hora de preguntas, respuestas y lentas traducciones de una intérprete, el malentendido se aclara. Creemos que podemos irnos, pero no. Puede que parte de la culpa sea de Philippe y de su insistencia por aclarar lo que a veces es mejor ignorar. Ha querido saber si nos autorizan a continuar en bicicleta. Evidentemente, no nos dejan. Y no sólo eso, sino que nos escoltan hasta la estación para comprobar que efectivamente compramos los billetes para Dunhuang. Llegamos tarde. Con las tres horas que hemos perdido, se nos ha escapado tanto el autobús como el tren. Nos toca pasar otra noche en Hami. Yo estoy que me subo por las paredes, por el día que perderemos en una ciudad que la guía sólo menciona por sus melones, y por los enojosos oficiales de policía que nos persiguen. Me siento prisionero. ¡Y sin haber hecho nada!

¡Sólo ha faltado Philippe, y su perfeccionismo suizo! «Y si no podemos quedarnos en el hotel de la última noche, ¿dónde dormiremos?», pregunta. Le hubiera estrangulado. La mujer policía tiene la solución: uno de los hoteles para extranjeros, de esos en los que pagas cuatro veces la tarifa normal.

Nos acompañan. Cruzamos de nuevo la ciudad, otra vez escoltados por los coches patrulla, uno detrás y otro delante. En recepción nos dicen lo que nos costará la broma: 250 yuan. ¿Y qué más? Estoy a punto de estallar. Antes dormiré en la estación que pagar un precio cuatro veces superior al de la última noche. Nuestros acompañantes se impacientan; hacen comentarios, diría que sobre lo estúpidos que son estos extranjeros ignorantes, pero la verdad es que yo y Philippe no tenemos prisa, pues el tiempo corre a nuestro favor, y al de nuestros yuan. La recepcionista rebaja sus pretensiones económicas hasta que consideramos aceptable la cifra de 85 yuan por barba. Sólo después de registrarnos y pagar la habitación, los policías desaparecen. Tal como habían aparecido: sin decir ni pío.

A media tarde, se nos presenta en la habitación un joven chino. Se llama Meng Ling Gong y el suizo le saca dos palmos de estatura. En recepción le han informado de nuestra presencia y ha querido conocernos. Él también viaja por China en bicicleta, pero no desde hace dos semanas o dos meses, sino desde hace cuatro años. Meng salió de casa en diciembre de 1992 y durante casi 200 semanas ha recorrido 40.000 kilómetros, una distancia siete veces superior a la que llevo yo hasta ahora, pero con la diferencia de que él no se ha movido de su país. Sin posibilidad de ir al extranjero, el joven universitario da la vuelta a China. Su periplo es poco convencional. Se ha permitido el lujo de circular por todas las carreteras que llevan hasta las fronteras de Vietnam, Laos, Birmania, India, Bhután, Nepal, Pakistán, Kirguizistán, Kazajstán y Rusia sin llegar a cruzar ninguna.

Es como un ratón inquieto que da vueltas dentro de una jaula en busca de una salida inexistente. Su próximo destino es el desierto de Gobi. Quiere acercarse cuanto pueda a Mongolia para después volver a casa. Tiene un año para vérselas con la que seguramente será la parte más difícil del viaje, que es cruzar la provincia más desértica y menos habitada del país, con distancias increíblemente largas. Y mientras nos lo cuenta nos muestra fotos que se ha tomado en puertos de 5.000 metros, con nieve hasta la cintura.

Estudia nuestras bicicletas con admiración. Observa los pequeños y grandes detalles que diferencian nuestros vehículos del suyo, una bicicleta de montaña de fabricación china que apenas si frena. En su rostro no se advierte ninguna expresión de envidia. Al fin y al cabo, quienes tenemos que estar admirados y celosos somos nosotros, que con medios muy superiores hacemos mucho menos.

Cenamos juntos. Con el suizo habíamos decidido que le invitaríamos, pero, por más que insistimos, no nos deja pagar la cuenta. Tampoco quiere ir a tomar una cerveza. En lugar de eso, nos lleva a su habitación, enciende el televisor y, dando la jornada por concluida, nos despedimos.

Al salir nos llevamos una gran sorpresa: dos chicas de no más de 18 años, sonrientes y con minifalda, entran, decididas, en su habitación. Meng Ling Gong no dice nada. Sólo insinúa una sonrisa, duda por un instante y cierra la puerta. Queda claro que no son sus primas hermanas. Ha colgado el cartel de *«Do not disturb»* en la puerta, pero nos quedamos con la duda de saber si aquélla era la sorpresa que nos tenía reservada. Mejor así. Sufrir de nuevo el acoso de la policía china por un lío de faldas puede salirte muy, pero que muy caro. Lo dice la guía.

CHINA
HAMI-DUNHUANG
13 de julio (día 107)
(400 km en autobús) + 10 km (6.438 km)

Dunhuang, la novena maravilla del mundo

Cinco de la madrugada. A las seis tenemos que estar en la estación, de modo que no podemos entretenernos. Antes de salir quiero darle a Meng Ling Gong mi forro polar de invierno. Me abre la puerta con cara de haber dormido poco. Sólo viste un pequeño taparrabos. Parece que ha tenido una noche movida.

No queremos quedarnos sin billete, así que nos damos prisa en llegar a las taquillas. Un día más en Hami y perdería los nervios. Con los chinos no es fácil entenderse, y si ves que tratan de engañarte, todo se complica. Sin embargo, es poco lo que se puede hacer; ellos tienen la sartén por el mango. Si quieres viajar, hay que someterse a sus imposiciones. Me toca, pues, pagar 180 yuan —cuando la tarifa normal es 80— y el precio de medio billete por la bicicleta.

Más complicaciones a la hora de subir al minibús. Para cuando nos enteramos de cuál es nuestro vehículo, todo el mundo ya ha cargado sus bultos en el portaequipajes del techo. No hay sitio para nada más. Tenemos que convencer a una funcionaria de la estación de que dejen un hueco para nuestras bicicletas. Aun cargados como vamos, no somos los que llevamos más cosas. En el techo del otro autobús he visto una moto...

Los chinos tienen estas cosas. Primero tratan de sacarte el máximo de dinero o hacen lo posible para que no subas al autobús, y después te reservan los mejores asientos o te invitan a tomar algo en la primera parada. Nos cuesta sintonizar con ellos y entenderles, pero hay una lección sobre el carácter chino que hemos aprendido: en los momentos de tensión, más vale no enfadarse. Si lo haces, estás perdido; quedarás a su merced, porque son ellos los que dominan la situación (es decir, a ti). Tampoco puedes caer en el error de reír para hacerte el enrollado, pues pensarán que eres un occidental prepotente. Si quieres discutir, es mejor hacerlo con una sonrisa en los labios, aceptando que son los dueños de la situación, pero haciéndoles entender que esta vez se han equivocado, que no pasa nada, que todos cometemos errores de vez en cuando y que lo mejor será que rectifiquen. Sin rencor.

El viaje se hace pesado: ocho horas para recorrer 400 kilómetros de desierto, con algunos tramos de dunas y poquísimas zonas habitadas. El viento, muy fuerte, sigue acompañándonos. Como en días anteriores, sopla de cara. Violentos remolinos de aire levantan espirales de arena a centenares de metros de altura. En una ocasión, uno de esos pequeños tornados ha corrido junto al autobús, como si quisiera adelantarlo, para acabar desvaneciéndose cuando parecía que iba a cruzar la carretera.

A primera hora de la tarde llegamos a Dunhuang, una pequeña sorpresa en medio de aquel mar de arena. Se trata de un oasis grande y verde al que ya no llegan las caravanas cargadas de seda, aunque sí de turistas. Durante siglos la ciudad fue el lugar donde se detenían los mercaderes procedentes de Xi'an antes de afrontar la travesía del desierto, por la ruta norte o la del sur del Taklamakán, y en ella se conservan los más impresionantes restos de la cultura budista en China: las cien cuevas de Mogao.

Dunhuang está en la provincia de Gansú. Es la primera ciudad eminentemente china —no uigur— que piso. No siempre fue así. La población de origen turco había sido muy numerosa hasta finales del siglo XIX, pero las rebeliones musulmanas contra el invasor chino acabaron en una auténtica masacre. La guía cifra los muertos en millones.

Los chinos son hoy mayoría, aunque se ven muchísimos turistas y *travellers*. Igual que en Turfan, su lugar de reunión predilecto es el John's Cafe. Acabamos allí, claro. Hay algunos monjes budistas que han ido en peregrinación a sus lugares históricos. También conoceremos a una especie de intrépido explorador inglés, seguramente demasiado influido por las lecturas sobre las hazañas que algunos paisanos suyos llevaron a cabo por estas tierras a principios de siglo. No tiene más de 25 años y está muy interesado en encontrar compañeros con quienes compartir los gastos de taxi hacia un misterioso destino: unas tumbas muy importantes de las que *Lonely Planet* no dice nada.

No estamos para descubrimientos. Preferimos acercarnos, antes de que anochezca, a la gran duna que hay a la salida de la ciudad y recorrer los comercios del centro. Buscamos una tienda de campaña para Philippe. Esta mañana, con el descontrol del autobús, ha perdido la que traía. Este otro *petit suisse* no encuentra lo que busca, pero descubre con qué descarado interés le observan los comerciantes. Lo que les llama la atención no es su metro noventa de estatura o su poblada barba. Lo que despierta expectación —admiración, incluso— son sus pies. Es natural cuando se gasta la talla 45, siete números más que la media china. Si, como dicen, la gente del país considera los pies menudos un atributo de belleza, no hay duda de que Philippe es muy feo.

CHINA
DUNHUANG-LANZHOU
14 de julio (día 108)
(1.000 km en autocar)

«Enriquecerse es glorioso»

Debo reconocer que parte de la culpa ha sido mía por querer hacer demasiadas cosas en poco tiempo. Por un lado, pretendía dejar Dunhuang hoy mismo, cuando el único autocar salía a las nueve de la mañana. Pero no podía partir sin antes visitar las cuevas budistas de Mogao —una de las nueve maravillas del mundo, según un monolito que hay en la entrada—, un sitio muy remoto al que difícilmente podré volver. El recinto abre a las siete. Tenía poco más de dos horas para llegar, hacer una rápida visita y regresar corriendo al hotel a recoger la bicicleta.

A las seis ya estaba en pie, y quince minutos después ya me hallaba en la calle, tratando de contratar un taxi que me llevase, me aguardase en el aparcamiento y, una hora más tarde, me devolviera al punto de partida. Una carambola demasiado complicada. Todo ha empezado a torcerse al buscar el taxi. Los conductores no me querían llevar a mí solo por 40 yuan. He subido mi oferta a 50, y uno ha aceptado. De todas formas hemos perdido más de media hora para encontrar a tres personas más. Las siete menos cuarto. Tendría que haberme rendido, pero he seguido adelante, y a las siete y cuarto llegábamos a las cuevas. «Muy bien —le he dicho—; no te muevas de aquí; a las ocho y diez volveré, y rápido, a Dunhuang.»

Segundo problema. Llego a la entrada del recinto, impaciente, y un chico vestido con camiseta, vaqueros y gafas de sol modernas me recibe con un espectacular corte de mangas, riendo descaradamente, al igual que sus compañeros. Sólo me faltaba esto. Me he pasado de largo las taquillas y, claro, sin billete no puedo entrar. Me hierve la sangre. Los habría mandado a la... eso, pero no puedo permitírmelo. Tozudo de mí, sigo queriendo entrar, a pesar de todo. Es difícil llegar hasta aquí y no quiero dejar pasar la oportunidad. Aunque sólo disponga de tres cuartos de hora.

Me acerco a las taquillas corriendo —siempre corriendo— y la chica que atiende me dice que son... ¡ochenta yuan! «Pero si según la guía hay tarifas reducidas para visitas rápidas», protesto. Ni caso. Me apetece liarla, pero no sé cómo. Me siento humillado. Ridiculizado. Abatido. Timado por el gobierno y por sus funcionarios. No hay derecho. Se me van las ganas de entrar. Renuncio, ahora sí. No tiene sentido entrar, dar una vuelta y salir. Pero no quiero irme sin una pequeña venganza. Me quedo al lado de la taquillera. Ahora le haré la puñeta. A base de insistir, consigo que me rebaje el precio hasta una cifra que me parece razonable, y cuando por fin consigo que mueva pieza, le hago ver que ya no quiero entrar, que, por mí, ya se puede comer el talonario. Ahora me iré a sacar fotos a unos chinos que hacen el indio disfrazándose de último emperador en el acceso al recinto turístico. Por lo menos ellos ríen.

Cuando estoy otra vez en el taxi, surge el tercer problema. El chófer quiere esperar hasta las once. Ya no puedo más y —ahora sí— estallo, le digo que le denunciaré si no cumple el trato. Le cuesta, pero un cuarto de hora más tarde se pone en marcha, con resignación. De camino a Dunhuang me relajo. «¿Cómo es posible que todo el mundo, siempre, intente timarme? Les da lo mismo que conozcas los precios reales o que tú tengas razón. Intentan engañarte. Todo por la pasta. Sin escrúpulos.» Ya lo dijo Deng Xiaoping: «Enriquecerse es glorioso.»

Aún sudoroso, llego al hotel, corro a buscar la bicicleta y ¡hacia la estación! El conductor me espera. Es el mismo que ayer quería que pagase un precio exageradamente alto por el billete. Me salgo con la mía, que ya tocaba: pago lo que toca y poco más.

Aparte de este pequeño triunfo, me siento derrotado.

No aguanto más. Cargo mis cosas como puedo, la bicicleta en el techo del autocar y me dejo caer en el asiento que me indican, con las alforjas a mi lado. Philippe ha venido a despedirme. Es un buen chaval, un tipo extraño pero legal, a pesar de las desavenencias de los últimos días. Ahora trata de consolarme. Hablamos a través de la ventanilla. Le digo que no puedo más, que estoy hasta las narices de China, de los conductores de autobuses y de todos los chinos, que esta gente comienza a superarme, que me siento impotente, que las dificultades de comunicación me matan, que... supongo que tengo ganas de volver. Por primera vez en tres meses y medio. Ahora sí.

El vehículo se pone en marcha. Nos deseamos toda la suerte del mundo, que la necesitaremos.

Me esperan 24 horas de autocar hasta Lanzhou, de forma que ya puedo ponerme cómodo. Con todo un día por delante sólo tengo una cosa que hacer: descansar y relajarme. Mi medio de transporte es el súmmum de los autobuses chinos: un vehículo con 25 asientos-cama que te obligan a estar continuamente tumbado y que sólo te permiten incorporarse parcialmente. Me ha tocado uno de los asientos traseros, donde las sacudidas que provocan los baches se sienten todavía más. A pesar de todo, se está bien, sobre todo si lo comparo con los autobuses de segunda y tercera categoría que adelantamos, llenos hasta los topes, con gente sentada en los pasillos, campesinos que cargan con animales, etcétera.

Después de dos horas de camino, el ambiente en el autocar se ha distendido. Un norteamericano que estudia medicina en Pekín se ha puesto a tocar la armónica, mientras una joven turista coreana deja que una niña china se le siente en la falda y le haga gracias con las que nos entretiene a todos. Los pasajeros se invitan los unos a los otros a comer y mi compañero de asiento me ofrece tabaco. Por fin un poco de solidaridad. Sí, los chinos también son humanos, constato.

En una de las paradas conozco a un hombre de Singapur. Es la sexta vez que viaja a China. Explica que el país ha cambiado muchísimo; antes, en los años cincuenta y sesenta, había más gente buena. «Ahora cuesta de encontrar —dice—. La culpa es del materialismo. Es horrible; los chinos sólo corren tras el dinero.»

Para su tranquilidad, durante las últimas semanas la policía china ha detenido a miles de pequeños delincuentes. Es posible que algunos de ellos fuesen a parar a Urumchi. Días atrás, en una calle de la capital de Xinjiang vi a un centenar de presos hacer trabajos forzados en plena calle, picando el asfalto en perfecta formación, bajo la estrecha vigilancia de policías armados que desviaban a los peatones.

A media tarde pasamos por Jiayuguan, una de las primeras ciudades que dan paso al corredor natural que es la provincia de Gansú, un amplio valle que se abre entre cordilleras nevadas. Éste es el paso histórico entre China y los pueblos centroasiáticos. Se trata de un territorio estratégico para los chinos, vital para su pervivencia como país. Por eso han tratado de controlarlo. En Jiayuguan se conservan los restos de fortalezas medievales y uno de los tramos más remotos de la Gran Muralla.

Cae la noche sobre las montañas que dejamos a mano izquierda, y hacemos un último alto para cenar. Después, el conductor apaga las luces. Se hace el silencio, sólo roto por el runrún del motor.

CHINA
LANZHOU-GANZAO DIEN
15 de julio (día 109)
72 km (6.510 km)

Inundaciones en Lanzhou

Desde la salida del sol ha sido imposible dormir. El entorno ha cambiado, diría que radicalmente. Estamos a 2.000 metros de altura. El paisaje árido y semidesértico ha dejado paso a un valle relativamente verde y muy estrecho por el que discurre un caudaloso río de aguas de color amarillo parduzco debido a la cantidad de sedimentos que arrastra. Es un afluente del río Amarillo, que encontraremos poco antes de Lanzhou. Lo más sorprendente es la cantidad de gente que hay por allí. Aún faltan más de tres horas de camino, pero la embarrada carretera está transitadísima, llena de vehículos, carros, motos, bicicletas, triciclos, tractores y personas, tocados con sombreros cónicos, que caminan junto al asfalto con dos cestos equilibrados sobre la espalda sujetos en los extremos de una vara. La China que tengo delante de mis ojos es reconocible. El país de los 1.200 millones de habitantes. Y descubro que su drama no es tanto el exceso de población como el hecho de que ésta se concentre en la parte más habitable del territorio, aquella que no está ocupada por montañas y desiertos. Falta sitio para tanta gente. Un 7% del territorio cultivable del planeta debe alimentar a una quinta parte de la población mundial. Éste, y no otro, es el gran desafío del gigante oriental. Lo más difícil no será crear grandes industrias, sino que sus beneficios lleguen a los rincones más recónditos del país.

Y es por eso, por culpa de esta enorme cantidad de gente, que pasa lo que pasa.

En julio de 1996, las inundaciones en una provincia

vecina causaron más de 3.000 muertos. Un drama que no mereció la primera página de los periódicos nacionales, quizá porque en China semejantes desastres son relativamente frecuentes. El año anterior, en unas inundaciones similares murieron más de 2.000 personas.

A través de la ventanilla empañada observo el espectáculo. Avanzamos con enorme dificultad por una carretera en obras, y de vez en cuando tenemos que parar o salirnos de la estrecha calzada para que pasen los que vienen en la dirección contraria. El tráfico de vehículos aumenta. Y también el de peatones. Docenas —¿o son centenares?— de trabajadores mal vestidos y peor calzados remueven la tierra con picos y palas, haciendo trabajos que una máquina resolvería en pocas horas. Están ampliando la que debe de ser la principal carretera de la provincia. Para conseguirlo han tenido que derribar muchas casas. Cuesta imaginar dónde habrán trasladado a los afectados, porque en este valle no se ve ni un palmo de terreno útil sin edificar. Hay construcciones incluso en la orilla del impresionante río, de hasta 100 metros de ancho, que, ahora sí, es el Amarillo.

Al llegar a la ciudad, cae una lluvia torrencial. Es el caos. El centro de la urbe queda anegado. Dos palmos de agua cubren las calles principales; las cloacas se convierten en surtidores. Todoterrenos japoneses recorren las avenidas a toda velocidad levantando cortinas de agua, de las que los viandantes se apartan con los zapatos en la mano. Necesitamos más de una hora para llegar a la estación. Una vez allí, ya no llueve, pero no me queda más remedio que bajar y mojarme. La China moderna tampoco es perfecta.

Tengo clarísimo que aquí no me quedo. A pesar de los lujosos hoteles con limusinas y botones *espiquínglix* que hay en el centro. Lanzhou es una ciudad industrial con tres millones de habitantes (en 1949 eran 200.000) que, aun sin desastres naturales, ofrece pocos atractivos. Tan pronto como resuelva dos gestiones podré irme; la primera es llamar a casa, y la segunda, conseguir una extensión de mi visado. En ocasiones como ésta se agradece que te faciliten tanto las cosas los de *Lonely Planet*. Te dicen dónde está el edificio para que te sellen el pasaporte, a qué piso has de subir, por qué puerta tienes que entrar y sólo falta que te indiquen por quién debes preguntar. En poco rato lo tengo todo resuelto. Repongo energías en un establecimiento de un barrio musulmán y llamo por teléfono a casa con una de las modernas tarjetas electrónicas que conseguí en Turfan. Compro una libreta y un rotulador *made in Japan* a precio *made in Japan*, y escribo algunas postales. «Sobreviviendo en China», confesaré en una a un amigo. Y hacia Xi'an, dispuesto a afrontar el último tramo del viaje. No me apetece darle a los pedales, pero debo salir de Lanzhou. Sin demora.

El río Amarillo enseguida queda atrás, sin darme siquiera tiempo de hacerle una foto. A la caída del sol pregunto en una casa si tienen un lugar para dormir. Pretenden que dé media vuelta y haga 15 kilómetros hasta el pueblo por el que he pasado. Ni hablar. No pienso dar un solo paso atrás. Pregunto si tienen un rincón donde colocar el saco. Se niegan, pero a fuerza de insistir, de pagarles 10 yuan y de dejarles el pasaporte en depósito, acceden. Dormiré sobre una mesa de billar. ¿Original, no?

Espero que mañana me devuelvan el pasaporte.

CHINA
GANZAO DIEN-SHA WAN
16 de julio (día 110)
115 km (6.625 km)

Esto sí que es China

Los primeros 90 kilómetros del día son la mar de entretenidos, con cielo despejado y temperatura agradable, por una carretera novísima y ancha, apenas transitada, que bordea un terreno ondulado como el de la Anatolia turca. La diferencia es que aquí el terreno está cultivado, hasta el último palmo. No hay árboles. Tal como hicieron en la mayor parte del territorio hace siglos, los talaron en beneficio de la agricultura. Los campos forman terrazas de varios colores que lo invaden todo, desde el fondo de los valles hasta los montes más altos. Y así durante kilómetros y kilómetros: un océano amarillo y verde que se pierde en el horizonte azul de un cielo radiante.

En la China rural casi no queda sitio para las casas, que a menudo se encuentran en lugares a los que sólo se puede acceder a pie, quizá porque son los únicos no cultivables. En esta zona las construcciones son típicamente chinas, con flores en las puertas y unos tejados, rematados por ángulos agudos, que vierten las aguas pluviales en un patio interior. Semejan pequeñas fortalezas, sin aberturas exteriores, pensadas para defenderse del enemigo. Aparte están los viejos y verdaderos castillos militares que de tanto en tanto aparecen en la que fue estratégica provincia china.

Hoy, casi todo es perfecto. Por la mañana me ha costado decidirme a abandonar la mesa de billar sobre la que tan bien he dormido. Fuera se habían congregado una docena de amigos de los dueños de casa, deseosos de ver a ese extraño visitante venido de quién sabe dónde. Se trata de una situación relativamente frecuente, a la que estoy más o menos acostumbrado. Ayer mismo, al salir de Lanzhou, en una parada, unas veinte personas se reunieron en torno a mí. En esos casos es cuestión de explicar más o menos cómo te llamas, de dónde vienes y adónde vas sin dejar de hacer tus cosas, porque de lo contrario no acabarías nunca. Comparados con la gente de las repúblicas centroasiáticas, los chinos son igual de curiosos, pero menos osados. Es un alivio que no toquen mis cosas. En Turkmenistán y Uzbekistán, el cuentakilómetros era un aparato insólito que volvía loca a la gente, que lo manoseaba poniendo en peligro su integridad. Pero en China pasa inadvertido. Aquí están más acostumbrados a esta clase de inventos. En las tiendas, por ejemplo, venden unos relojes que te dicen la hora con una odiosa voz metálica. Deben de ser baratos, porque todo el mundo los lleva.

He pasado un buen rato preparando el equipaje —y van 110 días haciendo lo mismo cada mañana— a puerta cerrada, hasta que no me queda más remedio que salir y satisfacer un poco la curiosidad de la gente.

Sí, las cosas marchan bien. Incluso he batido el récord de velocidad del viaje, 61 kilómetros por hora en una larga bajada. Claro que cuando toca comer se repite la historia de cada día. Problemas de dinero, para variar. Esta vez me piden 20 yuan. Después de una larga discusión, hemos fijado la cuantía del «robo» en 15 yuan, unos dos dólares, el doble de lo normal. *«Tai guile, tai guile»*, he insistido. No quería irme sin que supieran que era demasiado caro y que sabía que me habían timado. Pero da lo mismo. Ya puedes mirarles a los ojos, que ellos permanecen imperturbables, sin un gesto de vergüenza, de remordimiento. ¿Por qué tenían que preocuparse por lo que yo pensase, si ya habían cobrado?

Por la tarde, tras recorrer 90 kilómetros, he tenido un instante de duda. La carretera seguía hacia la izquierda, pero el mapa y la gente me señalaban una estrecha carretera en la dirección contraria. Éste es el problema de moverte por China: es muy difícil saber dónde te encuentras. Lo que en nuestro país son caminos vecinales, aquí aparecen en todos los mapas como carreteras nacionales o provinciales. Por no mencionar el lío de la señalización. Los únicos carteles comprensibles los encuentras en las ciudades grandes, y aun así. En el resto del país, todas las indicaciones están en chino, y, por ahora, los únicos signos en el idioma autóctono que consigo descifrar son los que corresponden a «lavabo de hombres», «lavabo de mujeres» y «China». Los dos primeros, porque resultan vitales para no provocar un escándalo, y el tercero porque es el que más veces he visto. El resto es un misterio que en ocasiones descifro con la ayuda de la guía, haciendo interpretaciones del tipo «este signo parece una casa con chimenea y el otro un perro rabioso con un acento en la parte superior izquierda». Teóricamente, así no podía llegar muy lejos, pero aquí estoy, a mitad de camino de Pekín, aunque todavía a más de 1.000 kilómetros de distancia. Claro que en Xinjiang todo era más fácil, gracias a los conocimientos de japonés de Philippe y a que había pocas carreteras y menos cruces.

Aún no me he perdido. Toco madera. Acabo tirando por la derecha, una decisión de la que pronto me arrepentiré. Quince kilómetros más adelante el asfalto deja paso a una pista de tierra. Después de dos horas de nervios, de preguntar y no entender varias veces, me convenzo de que voy más o menos bien. Estoy en la antigua carretera general, la que lleva a Baoji, pasando por campos y pequeños pueblos. «*Baoji, Baoji*», respondían algunos, con gesto afirmativo, pero con semblante escéptico. Y con razón. Hubiera sido mucho más sensato seguir por la carretera nueva, que no pasa por Baoji, sino que lleva directamente a Xi'an.

Al final de una larga cuesta encuentro una especie de posada, tal como me indicó el chico de la moto 10 kilómetros atrás. No es un lugar precisamente limpio. Más bien lo contrario. Nunca antes había estado en un sitio tan sucio. El suelo no está cubierto por ningún pavimento, de forma que toda la casa es polvo. Pero me acogen tan bien y llevo tanto tiempo viajando que he perdido las manías. La familia que regenta el negocio es musulmana. Las paredes del local aparecen cubiertas de frases en árabe y alguna imagen de La Meca. Deben de ser hui, chinos seguidores de Mahoma. Y no son los únicos. En éste y en otros pueblos las paredes de las casas aparecen a menudo ilustradas con frases en árabe. Este imperio no deja de sorprenderme. Es mucho más variado de lo que suponía.

CHINA
SHA WAN-YIABU
17 de julio (día 111)
121 km (6.746 km)

Igual que hace cien años

Los tres hombres han entrado en el lugar donde he comido, sin saludar y casi sin mirar. Se han puesto a comer con avidez los espaguetis. El ruido que hacen al sorberlos es tan considerable que me separo discretamente. Al acabar, comienzan a hacer comentarios en voz alta. Por el tono y los gestos, deduzco que hablan de mí, y no de forma elogiosa. No es la primera ni la segunda ni la tercera vez que tengo la sensación de no ser bien recibido en China por el hecho de ser extranjero. Los que así se comportan son gente de a pie, pero es el gobierno el que propicia situaciones como ésta. Philippe me contó el caso de un empresario occidental que, harto de la competencia desleal de que era objeto por parte de las empresas públicas y de pagar la electricidad a más del doble del precio oficial, protestó ante las autoridades. Evidentemente no se salió con la suya, pero es que, además, él y su familia fueron declarados personas no gratas por el gobierno de Pekín y expulsados del país al tiempo que se le confiscaban todos sus bienes.

La desconfianza con la que muchos chinos miran a los extranjeros es la consecuencia directa de un aislamiento del cual el país apenas comienza a salir. Pero también de siglos, de milenios de autosuficiencia. Dentro de Asia, China es un gigantesco oasis separado del resto del continente por desiertos y cordilleras casi impenetrables para el resto del mundo. Esto, y las malas influencias que dejaron pueblos invasores como los mongoles o los ingleses, favorecieron la situación actual, en la que son muchas las personas para quienes los extranjeros son vándalos e ignorantes. Porque, claro, ellos son los que saben, que por algo tienen 5.000 años de historia e inventaron la pólvora, la brújula y no sé cuántas cosas más. De ahí el esfuerzo del actual gobierno por cambiar actitudes, por ejemplo, instruyendo por la televisión acerca de cómo hay que tratar a los forasteros.

Evidentemente, no todo es desconfianza. También existe una buena dosis de sorpresa y timidez. Una vez roto el hielo, su reacción suele ser buena; pero eso requiere tiempo y paciencia, y yo cada vez tengo menos, tanto de lo uno como de lo otro. A diferencia de lo que sucedía en el resto de países que he visitado, la gente no trata de ganarse mi confianza, sino que soy yo quien se ve obligado a dar el primero, el segundo y el tercer paso para, con algo de suerte, conseguir mi propósito, que con frecuencia no va más allá de horadar la muralla cultural que nos separa. Una tarea en la que invierto muchos esfuerzos varias veces al día. Todo para demostrarles que soy digno merecedor de su trato.

Jamás me he sentido tan extranjero como en China. Creo que aún no soy lo bastante consciente de ello, pero este esfuerzo añadido acabará por agotar mis fuerzas, cada vez más exiguas. No se trata de fatiga física, sino mental. Incluso la curiosidad que antes tenía por lo que me rodeaba pasa ahora por horas bajas. Cada día escribo menos notas en mi libro de viaje. La novedad ha dejado de sorprenderme. Ahora mismo podría aparecer un extraterrestre delante de mí que yo, como si fuera la cosa más normal, me limitaría a preguntarle si voy bien para ir a Baoji. Sí; he perdido interés. Ya no me fijo en los detalles. Lo extraordinario es, ahora, cotidiano. Necesito parar, dejar de pensar. El «palacio de Aquilino» en Tashkent, unos días en Issik Kul montando a caballo o en una tranquila casa georgiana... China es un país complicado para un europeo. Pagaría lo que fuese por un buen descanso. Estoy cansado de estar cansado, lo que es igual a doblemente cansado. Llevo demasiado tiempo sin parar, siempre de aquí para allá, con poco tiempo para adaptarme a los sitios y conocer mejor a la gente.

Incluso el equipo sufre las consecuencias: ayer se me acabó la gasolina del encendedor que utilizaba desde Barcelona, he tenido un problema con un carrete de fotos y la bolsa de agua reventó hace dos días.

Sin embargo, me he propuesto llegar a Xi'an, y allá voy. Por lo menos lo intentaré. Sin estrés, pero también sin una motivación especial. Un último esfuerzo y llegaré. Cuatro días más, cinco a lo sumo, y podré comportarme como un simple turista.

Por ahora no tengo mucho tiempo para pensar porque el camino es largo. Por la mañana he seguido una ruta flanqueada de campos de maíz en época de siega. Aún dudaba de que se tratara del camino correcto. Han sido 50 kilómetros de pasar por pueblos en los que no se veía ni una antena de televisión ni un coche, sólo algún autocar o un ocasional todoterreno. Aldeas de la China profunda en las que los ancianos todavía llevan finas barbas y ropa estilo Mao, y donde los comerciantes, zapateros, hombres con máquinas de coser, mecánicos de bicicletas o escribientes ofrecen sus servicios en plena calle. Tal como lo habían hecho, seguramente con las mismas herramientas, sus antepasados.

Al bajar al fondo del valle ha reaparecido la carretera y con ella un poco de modernidad. Estaba cansado y desde las oficinas de la sociedad que se encarga de las obras viales me han llamado para que entrase a descansar. Después de tomar un té, me han invitado a quedarme a dormir y me han propuesto que, si quiero, mañana me llevan a Baoji. He declinado el ofrecimiento, aunque era muy tentador, porque como me suba a un coche, ya no lo dejo hasta Pekín. He preferido seguir hasta Yiabu. En el primer hotel me han rechazado, quizá por esa desconfianza hacia el extranjero o porque temían que les trajese problemas. En el segundo me han acogido con los brazos abiertos y con una cesta llena de fruta fresca. He tenido que pagar, eso sí, las cuatro camas de la habitación. El propietario es un calentorro. Después de retarme a un pulso, que ha ganado, ya se ofrecía para irme a buscar una chica que me hiciera compañía por la noche.

Vuelve después de cenar, no con compañía femenina, sino con uno de los ocho profesores de inglés del pueblo. «¡Por fin un poco de conversación!», pienso. Lo primero que me dice es que hace un mes pasó por aquí otro ciclista, francés, en dirección a Japón. El joven maestro relata que su provincia es pobre y que 20 años atrás se pasaba mucha hambre. Ahora es distinto, porque hay miles de frutales y viven de los albaricoques, melocotones y peras que venden a otras ciudades. Me pregunta con mucho interés si he visitado la Gran Muralla. Él todavía no, pero algún día lo hará, sin duda, igual que centenares de miles de chinos cada año.

CHINA
YIABU-CANXUAN
18 de julio (día 112)
99 km (6.845 km)

Perdido en medio de China

Es mejor no tomárselo como algo personal. La mujer de la casa me cobra 40 yuan en lugar de los 28 que pactamos anoche. Le hago comprender que se equivoca y al final quedamos tan amigos. Ella sonríe. Ha tratado de estafarme y no lo ha conseguido. Si ellos no tienen escrúpulos para engañarme, yo no debo tenerlos para defenderme. Deberá esperar al siguiente turista.

Confiaba en la precisión que han demostrado hasta ahora los chinos a la hora de facilitarme las distancias. Lo que me inquieta es lo que me dijo el profesor de inglés: me faltan 500 kilómetros hasta Xi'an. Eso significa un día más de viaje —un día menos para hacer turismo antes de tomar el avión— o bien intentar llegar en cuatro días, a un promedio de 125 kilómetros diarios, lo cual es un exceso, sobre todo a la vista del paisaje montañoso que me acompaña. Los primeros 10 kilómetros son de carretera asfaltada, pero los siguientes 50 transcurren por una pista en mal estado, que sigue el curso de un río caprichoso y que igual gira a la derecha que a la izquierda. En algún momento tengo la sensación de estar dando vueltas en un circuito cerrado.

Me siento perdido, y el hecho de no llevar un mapa de carreteras me desorienta todavía más. Ayer, por un pequeño error, hice media hora más de subida. Hoy, podría haberme ahorrado un puerto. Y ahora mismo me encuentro rodeado de centenares de colinas. Me resulta difícil saber dónde estoy y más aún hacia dónde hay que ir. Pronuncio los nombres de los pueblos y ciudades en algo parecido al chino, pero a los campesinos y conductores despistados que encuentro les cuesta una barbaridad entenderme. Hombres con sombrero de paja y camisa rasgada se me quedan mirando con cara de póquer cuando les pregunto: «*Baoji?*» Por lo menos voy acostumbrando el oído al idioma chino. Ya sé que las enes a final de palabra casi no se pronuncian o que una misma palabra puede tener diferentes significados según cómo se acentúe. Menudencias que me permitirán fardar de todo lo que he aprendido cuando vuelva a casa. Lo complicado es cuando te encuentras ante un cruce de dos carreteras que llevan al mismo sitio. ¿Cuál será el camino más corto? ¿Por dónde habrá menos subidas? Lo dejo en manos del destino, porque si tengo que confiar en los carteles... Si pusiesen nombres o números a las carreteras cada 20 o 30 kilómetros, iría más tranquilo. Sueño con encontrar carteles en un idioma inteligible.

Estoy en un laberinto, con una cantidad increíble de carreteras y caminos sinuosos que se adentran en valles absolutamente iguales. Ya no sé si voy hacia el este o hacia el oeste, hacia el norte o hacia el sur, pero sigo, dejándome llevar por la intuición, errando el camino un par de veces. Y así paso por un pueblo donde hay un mercado increíble. Bajo infinidad de toldos de colores se ha congregado un millar de personas venidas a pie de todos los rincones del valle. Un poco más adelante, siempre por un camino de tierra, llego a otro pueblo. En la calle, mientras como algo, me invitan a jugar al billar sobre una mesa portátil.

A mediodía me separo del río de grandes meandros y agua color café con leche cuyo curso seguía. La carretera sube hasta un pequeño puerto. Detrás hay un gran valle con la ciudad de Tienshui —«agua del cielo», en chino— al fondo. El descenso será uno de los más divertidos del viaje, con pequeñas rectas muy pronunciadas y curvas cerradas que me permitirán superar a alguno de los pocos coches que por aquí circulan.

Tienshui resulta ser una ciudad grande y moderna. Otra vez carreteras asfaltadas, carteles publicitarios, motos japonesas y formas de vestir occidentales. Un sorprendente contraste con lo que he visto 10 kilómetros atrás.

Posiblemente son los dos helados que he comido lo que hace que sienta una urgente necesidad de ir al lavabo. Al salir de la ciudad, junto a un campo, encuentro uno. Voy para allí corriendo, pero salgo tan deprisa como he entrado, con los pantalones desabrochados y medio bajados. ¡Está lleno de gusanos! Siento náuseas. Horrible. Los chinos son limpios en su higiene personal, a menudo visten camisas blancas como la cal y generalmente son ellos los que me miran mal cuando llego al final de una etapa cubierto de polvo de pies a cabeza e impregnado de las más insospechadas fragancias, pero en cuestión de lavabos son de lo más sucio que he visto. En Rusia también abren agujeros en el suelo para que la gente haga sus necesidades, pero cavan dos metros para evitar los malos olores. En China, se conforman con un hoyo de dos palmos. Y como que cada servicio parece que sea utilizado por unos cuantos millones de chinos, el hedor a menudo llega a formar parte del paisaje.

No más agradable debe de ser un lavabo comunitario, sin paredes que te separen de los esforzados compañeros de penas que te rodean. Yo confieso que he sido incapaz de ir a uno de éstos. Semejante falta de privacidad supera largamente mi sentido del pudor.

Y cuando ya me creía que a partir de Tienshui tendría carretera buena y llana hasta Xi'an, reaparecen las subidas, la calzada estrecha y el tráfico, ahora más numeroso. Cada vez me ocurre lo mismo: salgo de una ciudad y el cambio es tan radical y súbito que pienso que no puede ser, que me he equivocado de camino. ¿Seré capaz de llegar a Xi'an el día 21, como me he propuesto? Más me vale, porque el 28 está a la vuelta de la esquina, como quien dice.

CHINA
CANXUAN-BAOJI
19 de julio (día 113)
95 km (+ 95 km en coche) (6.940 km)

«*Vístase* fashionable»

A pesar de todo ha sido un buen día. Sabía que la etapa sería dura y por eso me he puesto en marcha temprano. El hombre del *binguan* (hotel) en que he pasado la noche me ha tenido media hora aconsejándome que no siguiera por esa carretera, que diera media vuelta y tomara la general. Lo ha intentado de todas las maneras que se le han ocurrido. Es curioso. En Uzbekistán me gritaban en la oreja para que les entendiera, quizá creyendo que tenía un problema de oído. Aquí deben de pensar algo parecido: el señor me lo ponía por escrito y en caracteres del tamaño de una manzana, porque, claro, una cosa es que yo no entendiera el chino hablado, pero el escrito a la fuerza tenía que comprenderlo.

Podría haberle hecho caso, pero eso implicaba retroceder 18 kilómetros y tomar una ruta que con toda certeza daba un buen rodeo. «¿Verdad que esta carretera va a Baoji? Pues que no se hable más; gracias por el consejo. *Xinxé* [gracias] y adiós.»

Los primeros siete kilómetros de subida, por una carretera asfaltada, han dejado paso a la pista mía de cada día. Santa paciencia. Abandono el valle principal y voy hacia el sur, en dirección a un laberinto peor que el del otro día, lleno de pequeñas montañas redondas como una bola de billar, y con abundantes cuestas. Éste sí que es un sitio para perderse, por lo incierto del camino y por la belleza de una zona que, según me ha parecido entender, es parque nacional. Se trata, sin duda, de un paisaje muy chino, de postal, tapizado con una vegetación espesísima y cruzado por riachuelos de aguas transparentes.

Es sumamente difícil seguir el rastro de un camino que se abre paso entre colinas a primera vista impenetrables. Los cruces son constantes y no están señalizados.

Después de dos horas y media me paro a comer en el pequeño restaurante de un pueblo aún más pequeño y deshabitado. Se quedan realmente sorprendidos al verme, pero quien se queda helado soy yo cuando, de repente, irrumpe en el local un hombre con ojos de loco. Va casi desnudo. Sólo una camisa raída y una gorra cubren su sucio cuerpo. Casi no se tiene en pie. Parece que quiere comida. La chica lo echa a la calle entre empujones y gritos, cierra las puertas con violencia y permanece en la entrada haciendo guardia con una escoba, por si vuelve. Después, más calmada, me regala un mapa de la ciudad de Xi'an, que puede serme útil.

Más adelante encuentro unas minas de carbón. Las condiciones de vida allí, en plena montaña, son pésimas; familias enteras viven en improvisadas tiendas de campaña cubiertas con plásticos y en precarias construcciones de madera. Es de lo más miserable que he visto en China.

Sigo. Todavía confío en llegar a Baoji por la noche. Con la imagen del loco del restaurante todavía fresca en la memoria, no me gustaría tener que acampar por aquí. Pero no me aclaro con las distancias. Igual me dicen que me faltan 100 como 200 kilómetros. A las dos de la tarde estoy sentado en la única tienda de un minúsculo poblado. Tengo alrededor a la mitad de sus habitantes. Mientras devoro el insípido contenido de una bolsa de pasta liofilizada, ellos me aseguran que voy bien, que debo seguir el camino de la derecha. Sin embargo, al llegar y ver el tipo de camino de cabras de que se trata, de dos metros y medio de ancho y lleno de piedras, tengo serias dudas, pero ¿qué puedo hacer, sino seguir por donde me han dicho? El mapa me sirve de poco y los mojones que indican distancias y direcciones han desaparecido. Así que tiro para arriba: una hora de subida por una ruta intransitable para un coche para superar el quinto puerto del día. Y, como las veces anteriores, la decepción de descubrir que detrás de la montaña se esconde otra. Y otra. Y otra...

Sólo me falta que unos pastores me digan que Baoji está en la dirección contraria. Es el desespero. Maldigo el mal día que escogí esta ruta. Abro el mapa. Trato de mantenerme sereno. Un error es fácil de corregir; dos seguidos, ya es más complicado. Observo bien los papeles. Sospecho que se equivocan, lo que es mucho sospechar siendo la primera vez que paso por aquí. Pero tengo razón, y los ocupantes de un todoterreno me lo confirman. Baoji está a 90 kilómetros. La orientación y las excelentes cartas de navegación aérea han respondido. Queda, sin embargo, el problema de las encrucijadas. ¿Qué dirección seguir? En todos los cruces siempre hay alguien que espera, y eso es lo que encuentro dos kilómetros más adelante. Puedo escoger; los dos caminos llevan a Baoji, dice un hombre. Pero no. Veinte minutos después, cuando había decidido seguir por la derecha, quiero la plena certeza de que voy bien. Un camionero en calzoncillos que se baña en un arroyo me advierte de que la dirección correcta es la otra. Me propongo no perder la calma; si no es hoy, mañana llegaré. Media vuelta. Voy mal de comida, pero por lo menos no me faltará el agua.

De forma insospechada aparecen mis posibles salvadores, seguramente los únicos que podían sacarme del lío en que me he metido. Son los dos ocupantes de una minifurgoneta blanca. Vienen de Tienshui, y también se dirigen a Baoji. Van tan perdidos como yo. También ellos señalan la incierta carretera que indica su mapa. Menos mal que no les digo que soy ingeniero, porque uno de ellos lo es de veras, a sueldo del Ejército de Liberación Popular de China. Les pregunto si pueden llevarme. Me parece entender que dicen que sí, pero siguen haciéndome preguntas, hasta que, en un momento dado, me proponen que nos saquemos una foto juntos. Quieren que vuelva a montar la rueda delantera que tan rápido había sacado. Ellos se ponen la camisa azul militar, se peinan y posan a mi lado con aire marcial mientras mi pequeña automática se dispara. Una gran duda me asalta: ¿serán tan caraduras de hacerse la foto y después dejarme tirado? No lo son.

Radiante de felicidad y parlanchín como no lo estaba desde hace días, cargo la bicicleta en la trasera del vehículo. Poco importará que sean cuatro horas y media terribles por un camino intransitable, buena parte del trayecto en primera y segunda, rebotando sobre el asiento, arrastrando los bajos de la furgoneta por el suelo, con continuos golpes de ramas en las ventanillas. Pasamos por un valle espléndido, que apenas puedo ver por la manía china de poner cristales oscuros en los coches. Después de dos horas de tortura llegamos a la pista que debería haber seguido al salir de Tienshui. Después de los botes, el polvo, que se cuela por puertas y ventanas y que, con el rato, nos dejará el pelo y las cejas canosos.

El camino está en obras, lleno de trabajadores que se afanan con el pico y la pala o empujando carretillas con grava. Todos son gente modesta que vete a saber a qué se dedicarán el día en que sus superiores decidan sustituirlos por maquinaria moderna. O el día que no queden más carreteras por hacer. O... La China actual, tanto la urbana como la rural, plantea muchas preguntas. Por ejemplo: ¿qué pasará el día en que los productos chinos suban de precio? ¿Seguirán siendo competitivos en el mercado internacional? ¿Podrá fabricar China productos con un alto valor añadido? ¿A qué se dedicarán los millones de personas que viven consagradas a la industria cuando las fábricas se automaticen? Estas preguntas me acompañan desde hace días, quizá desde que he comenzado a tomarle las medidas a este imperio.

Llegamos a Baoji de noche. Creía haber visto mucha gente en los 24 días que llevo en China, pero la densidad de esta ciudad lo supera todo. En las calles no cabe ni una aguja, el tráfico es caótico, los comercios están abiertos como si fuera mediodía, tenderetes de melones, ruido de cláxones, gritos... Y son las diez de la noche.

Me dejan a las puertas del mejor hotel de la ciudad. Un sitio realmente de lujo, novísimo, lleno de botones, conserjes y recepcionistas impecablemente vestidos. Antes de entrar intento sacudirme el polvo de la ropa, de la bicicleta y de las alforjas, que están realmente impresentables. Lo que de ninguna forma me esperaba es que, en recepción, me entreguen un papel en inglés que reza: «Querido señor; sea bienvenido a nuestro hotel. Pero, por favor, antes de reservar su habitación lávese y vístase *fashionable.*» Contengo la mezcla de rabia e hilaridad que hierve en mi interior. Si supiesen el día que llevo...

CHINA
BAOJI-XIU WU KUNG-XI'AN
20 y 21 de julio (día 114 y 115)
113 km + 92 km (7.145 km)

Recta final

Los dos últimos días de bicicleta son una especie de paseo triunfal en solitario hasta llegar a Xi'an, por una carretera completamente llana y recta, poco transitada, que no dejo ni para mear. Tanto es el pánico que tengo de volver a perderme. Por las mañanas me da mucha pereza ponerme a pedalear. Estoy saturado de bicicleta. Necesito hacer otras cosas. Creo que cuando llegue a Pekín me apuntaré a una excursión organizada y así no tendré que preocuparme de nada. Pagaré para que me lleven a donde ellos quieran.

Por ahora, en Baoji me he entretenido mirando en el televisor la ceremonia de inauguración de los Juegos Olímpicos de Atlanta, postergando hasta el último minuto la hora de la salida. La despedida del lujoso hotel ha sido muy diferente del recibimiento de anoche. Me han bajado la bicicleta hasta la puerta y una docena de personas han salido a desearme buen viaje, encabezadas por el director. ¿Se ha debido, a lo mejor, a que esta mañana estoy más *fashionable* que ayer? Seguro que sí, porque creo que he dejado la bañera con la forma de mi cuerpo.

Serán dos días muy tranquilos. El primero hace un calor soportable: 32 grados. El segundo, el sol aprieta, así que procuro salir pronto del hotel y llegar cuanto antes a mi soñado destino. Esta provincia es más rica que Xinjiang y Gansú. Paso por zonas industriales de atmósfera irrespirable y cruzo ríos que parecen cloacas. Hay muchísima contaminación. Al pasar junto a algunas fábricas aminoro la marcha y contengo la respiración, tratando de aspirar el mínimo de ese aire nauseabundo. Nada que ver con las provincias pobres y rurales del norte. Los pueblos están tan cerca los unos de los otros que casi se tocan. Por lo menos aquí la gente no escupe tanto por la calle. Tengo ante mí la China moderna que abre empresas y se adapta al libre mercado antes que a los cambios políticos, un país en el que todo el mundo va a la suya y donde no ha sido necesario explicar a los hombres y mujeres cómo había que hacer para ganar unos cuantos yuan. En las repúblicas de Asia central, la transformación del sistema no ha ido acompañada de mejoras económicas. Aquí es al revés. Primero los cambios económicos, y después ya veremos.

Lo cierto es que décadas de dictadura del proletariado y de revolución cultural no han acabado con milenios de tradición comercial ni de iniciativa privada. Me di cuenta de ello en cuanto crucé la frontera. El choque fue brutal, como pasar de la América del crack del 29 a la euforia de los años cincuenta y sesenta. En China, las masas se adaptan a la nueva situación a un ritmo vertiginoso. La mayoría no ha tenido tiempo para pensar si el progreso material quizá debería ir acompañado de una renovación institucional. Ni falta que hace. La consigna, oficializada por el Estado, es ganar dinero y consumir. Cuanto más mejor. ¿Que sólo un 10% de la población, pongamos, se beneficia del progreso? ¡Qué más da! En China, un porcentaje como ése son más de 100 millones de personas, y un mercado semejante resulta sumamente atractivo para cualquier multinacional. Además ¿a quién le importa cómo viva el vecino? En un país tan poblado, la lucha por la subsistencia fomenta un individualismo exacerbado. En Xi'an y en Pekín encontraré a los nuevos millonarios que se mueven en Rolls Royce, al inquieto fotógrafo o pintor que se las ha ingeniado para vender sus obras de extranjis en plena calle y a los desheredados del sistema, generalmente ancianos que malviven de la dudosa caridad de sus conciudadanos.

El viaje toca a su fin. Los últimos 15 kilómetros me ha acompañado un chico en bicicleta, que se ha mantenido en todo momento a una distancia prudencial, observándome con curiosidad. Al final me ha hecho señas de que frenase. Me ha regalado un pequeño melón y se ha despedido. Un detalle que, por ser poco frecuente, agradezco con sinceridad. Ahora estoy a punto de llegar a la ciudad que Marco Polo visitó hace ya mucho tiempo. En total, hasta Xi'an habrán sido 115 días y 7.145 kilómetros en bicicleta, lo que hace un promedio de 62 kilómetros diarios. Atrás quedan una increíble cantidad de experiencias, la infinidad de personas que me han ayudado, amigos a los que nunca volveré a ver y paisajes que siempre recordaré. Muchas horas de pedalear, de sufrir en algunos momentos para poder disfrutar después de ocasiones únicas. Cerca de cuatro meses de rodar al ritmo de la gente, de oír los cláxones de los camiones turcos y chinos, el frescor de la lluvia en la cara o los 42 grados del desierto de Turfan, el peligro de perderse en cualquier cruce, los desconocidos que me saludaban al verme pasar. Ocho países, formas de vida en principio muy distintas que he tratado de respetar y comprender.

Sí; me siento emocionado. Estoy a punto de cruzar el puente que me dejará en Xi'an, la antigua capital del país, y a la que los chinos llaman Xiná. Aún no hace una hora que, en un pueblo, una mujer se me ha acercado para regalarme un par de melocotones. Son muchas las personas que, como ella, me han ofrecido desinteresadamente lo poco que tenían, sin esperar otra cosa a cambio que conocer a un extranjero y soñar con lo que a ellos les está vedado. Es posible que hayan aprendido de mí, pero no tengo ninguna duda de que yo he aprendido mucho de ellos, viendo cómo viven, la dignidad con que lo hacen con lo poco que la vida les ha dado, invitándome a compartir su comida y su techo, ayudándome a superar barreras políticas, sociales, idiomáticas o religiosas. Una experiencia inigualable que el turismo convencional muy raramente ofrece. Sin embargo, la adaptación no ha sido fácil; he tenido que superar muchas incomodidades, aprender a romper las cadenas de prejuicios con que salí de mi país.

Ahora puedo recordar lo mal que lo pasé los primeros días viajando por un país relativamente cercano a nosotros como Turquía. Andaba siempre tenso, con la bolsa bien agarrada bajo el brazo por miedo a que me la robasen. Comparo esta actitud con la que he tenido este último mes en un país complicado como China, y descubro que he aprendido.

No, viajar no es fácil. Ya lo decía en Ünye después de trece días de viaje. A viajar también se aprende, como se aprende a respetar, a comprender y a valorar la diferencia. Amarillos, negros, blancos... Viajar es entender que, al fin y al cabo, no somos tan diferentes. Por más que quieran hacernos creer lo contrario. Todos nos emocionamos, enfadamos, sufrimos o vivimos por motivos similares. ¿Y qué es viajar, sino vivir? Conocer, descubrir, exponerte a la realidad tal como eres, cubierto sólo por tu disfraz de persona.

CHINA
XI'AN
22, 23 y 24 de julio

Impresiones de Xi'an

Xi'an, la ciudad que un día compitió con Roma y Constantinopla por ser la capital del mundo, que vivió el auge y caída de varias dinastías y emperadores; Xi'an, poblada ya 6.000 años atrás, y primera capital de la China unificada con los han; Xi'an, que después de una época de revueltas vivió la reunificación del país durante la dinastía Tang, que en el año 618 levantó la mayor ciudad de Asia: una capital rodeada por cerca de 40 kilómetros de murallas y poblada por un millón de habitantes. Se calcula que alrededor de otro millón vivía extramuros. Allí habitaban los mejores artesanos del imperio y allí acudían comerciantes extranjeros para obtener productos que en ninguna otra parte hallaban. De allí salían canales y rutas que, 1.400 años atrás la unían con el resto de China y con otros países del mundo civilizado. La ciudad siguió creciendo y, ya en el siglo VIII, llegó a los dos millones de habitantes. Era uno de los grandes centros del comercio internacional. Mezquitas musulmanas, templos zoroastrianos e iglesias nestorianas cristianas se levantaron para confortar las almas de quienes llegaban del oeste. Hasta que en el año 907 el imperio Tang se desmembró en múltiples reinos independientes y la ciudad entró en decadencia.

Xi'an tiene hoy tres millones de habitantes, una población apenas un 50% superior a la que ya tenía hace mil años. *Lonely Planet* cuenta que la Xi'an moderna sólo se diferencia de otras urbes industriales chinas en que se ha convertido en uno de los grandes museos al aire libre del país. Sin duda. De las ciudades que he visto, es la que conserva más vestigios del pasado: unas murallas de 14 metros de altura, la torre del reloj (siglo XIV), dos pagodas de 64 y 43 metros o algunas de las cada vez más frecuentadas tres mezquitas del barrio musulmán. También aquí había pintadas en árabe, un bazar y sirven algunas de las comidas que he ido encontrando los últimos meses. Pero los verdaderos atractivos de Xi'an están en las afueras. En la ciudad neolítica, por ejemplo, se puede encontrar, entre otras muchas cosas de interés, un cartel que afirma que la capacidad craneal de los chinos era, hace miles de años, superior a la de los europeos.

Pero uno de los tesoros de Xi'an, y de China en general, es sin duda el ejército de 6.000 soldados y caballos de terracota que Qin Shihuang mandó construir en el siglo III a. de C. ¿Qué función cumplían? Vigilar su tumba. Tales eran los honores que creía merecer quien fue primer emperador del imperio unificado, responsable, a su vez, de unificar la moneda y la escritura chinas. Esta joya arqueológica, descubierta en 1974, consiste en un impresionante ejército de arcilla modelada y endurecida al calor del horno. Los soldados son de tamaño real y están dispuestos en formación de ataque. Pero lo más sorprendente es que no hay dos figuras iguales, lo que hace suponer que cada rostro corresponde a una persona que verdaderamente existió. Dos siglos después de la muerte del emperador, Sima Qian escribió que el fantástico mausoleo contenía ríos de mercurio, así como pabellones y palacios donde se guardaban piedras preciosas y tesoros. El complejo entramado de construcciones estaba provisto de sistemas de seguridad que acabarían con las vidas de cuantos intrusos intentasen saquear la tumba. Quienes primero perecieron fueron los ingenieros y arquitectos que participaron en la obra. Al igual que les ocurrió a los constructores de las pirámides de Egipto, fueron enterrados vivos. Así no revelarían a nadie su secreto.

La mayor parte del recinto permanece sin excavar, como lo demuestra una gran colina de 40 metros de altura. Y por lo visto pasarán décadas antes de que todo lo que permanece oculto vuelva a la luz. «¿Por qué hemos de darnos prisa en desenterrarlo? —nos dice nuestro guía—. Si ha permanecido aquí 2.000 años, nadie va a llevárselo ahora.» Palabra de guía. Filosofía oriental.

Por desgracia, ni la ciudad neolítica ni la tumba de Qin Shihuang pueden fotografiarse. Está terminantemente prohibido. Numerosos vigilantes, de uniforme o camuflados, velan por el cumplimiento de la orden, y ay del que fuera sorprendido, pues sobre él recaerá todo el peso de la ley (y de la multa). ¿Por qué lo hacen? ¿Quizá temen que les copiemos o que montemos un parque temático chino cerca de Torremolinos? No. La razón es más peregrina. Así venden más postales, carteles, calendarios y diapositivas.

A los periodistas Eugenio Madueño y Bru Rovira, que venían de Pekín, Xi'an les pareció la puerta de entrada de la China profunda. A mí, que vengo de la China profunda, me parece el vestíbulo de la China moderna. Me apercibí de ello desde el mismo día en que pisé sus calles, poco después de cruzar el río Wei, un afluente del Amarillo. Llegué con algo de prisa, para evitar el sol del mediodía, y me instalé en un hotel muy céntrico y que ahora están ampliando según el método chino: sin cerrar el establecimiento. Un andamio de bambú cubre el edificio. Los trabajos no se interrumpen ni durante la noche ni los días festivos. Un sistema parecido utilizan para las autopistas. Las empiezan en la ciudad A en dirección a la ciudad B, de forma que cuando en A ya han instalado vallas y señales, en B todavía están removiendo tierra y levantando puentes. Así las obras avanzan sin descanso. Todo crece, el hotel, las ciudades, las industrias, el país y... los precios. Mi alojamiento es relativamente asequible: 132 yuan (unas 2.500 pesetas), aproximadamente un 30% más de lo que costaba sólo un año atrás. El lobo de la inflación asoma las orejas.

El país cambia. En los hoteles sintonizo una cadena de televisión que emite videoclips todas las horas del día sin interrupción. La mayoría de los músicos son chinos, por supuesto. Lo curioso es que mientras yo veo en esta y en otras ciudades una copia a escala de Shangai o de Hong

Kong, los checos que encontré en la estación me dijeron que China no les gustaba. Les recordaba demasiado a cómo era su país hace apenas unos años, antes de que los símbolos y uniformes del partido único fueran sustituidos por los símbolos y uniformes del capitalismo único. Las ciudades que les habían entusiasmado eran, claro, Shangai y Hong Kong.

Después del primer día de competiciones en Atlanta, los chinos están contentos. Encabezan el medallero. Esta mañana, recordé al chico que se lamentaba de que el Comité Olímpico Internacional no hubiese concedido los próximos Juegos Olímpicos a su país. Estaba triste, pero no mostraba resentimiento alguno, sólo decepción. Hubiese sido una buena oportunidad.

Me gustaría quedarme más días en Xi'an a fin de conocer mejor este país que en Dunhuang casi me hizo perder los nervios. Creo que empiezo a captarle la onda. Donde ayer veía tensión, hoy encuentro encanto. Incluso me caen bien los despistados turistas europeos de piel blanca y *shorts* de diseño que llegan a la ciudad sudorosos, cargando con sus enormes mochilas, buscando donde dormir. Y empiezo a encontrar normal que me hagan pagar el doble del precio real. Pero ha llegado la hora de partir. Pekín me espera.

CHINA
PEKÍN
25, 26, 27 y 28 de julio

La ciudad prohibida

Última semana en China. Dos ciudades: Xi'an, Pekín. Tanto tiempo esperando un descanso y ahora no sé qué hacer. Debe de ser la resaca producida por la hiperactividad de las últimas 13 semanas: pedalear y pedalear, *turqui que turqui*, un ir haciendo, un *xino-xano* de nunca acabar, con sus buenos y sus malos momentos. Lo mismo me ocurre ahora: buenos y malos momentos. Los buenos, en Xi'an, admirando el ejército de 6.000 soldados de terracota y dos impresionantes carros de bronce descubiertos en 1980. Pesan 1.000 kilos cada uno y están decorados con oro y plata. Si se hubiese encontrado estas maravillas en Europa, habría sido el hallazgo del siglo, pero ha sido en China, así que ni una palabra. Qué le vamos a hacer. Algún día sabremos valorarlo.

Aprovecho el tiempo. De excursión con un sismólogo malayo, una irlandesa y un australiano. A la orilla de un lago nos disfrazamos de Pu Yi, pero la maldita cámara fotográfica se estropea en el momento más inoportuno. Seguramente le pasa como a mí. Debe de estar impresionada por la cantidad de imágenes que ha registrado en tan poco tiempo. Reparación en la calle. Manos meticulosas para sustituir la pieza gastada.

Xi'an; tiempo para respirar, para constatar la adoración que madres de piel de porcelana sienten por sus niños, comidas deliciosas, música, ruidos de la calle.

Y después, el azoramiento. Comprar el billete de tren para Pekín. Horas de cola. Miedo a quedar atrapado. «¿Quieres salir mañana?», me pregunta un canadiense.

«Como sea —respondo—. Aquí no me quedo.» Lo consigo. La bicicleta, hoy; yo, mañana. «Adiós, querida. Espero reencontrarte pronto.»

Y el tren. En marcha hacia la capital. Dieciocho horas apretujados en un compartimiento de lujo. La familiaridad, ver cómo se comportan los chinos cuando están con sus padres y sus hijos. Y, por fin, la posibilidad de hablar con un chino abiertamente. «¿China?», le pregunto. «No, francesa.» Se llama Mao Mao. Su padre es chino. Ella no, aunque nació aquí y tiene los ojos rasgados. Su cultura, su educación, son francesas. Lleva Francia en el corazón. Hacía 10 años que no veía a su padre. Ha venido a reencontrarse con él y llevárselo para Francia. Definitivamente. Y me dice lo que yo creía haber visto pero que nadie me había dicho: «En China todos esperan un cambio; la gente quiere más libertad, pero por ahora sólo están pendientes del dinero; hay mucho egoísmo y demasiado comercio.»

Por fin llegamos. Pekín. Pedigüeños en la ultramoderna estación oeste a medio construir. Quintas avenidas de cristal y acero anodizado, *bussines centre*, rascacielos nuevos, novísimos o a medio construir. Donde la guía señala un mercado típico, la realidad muestra un gran solar arrasado. Esto pronto será Hong Kong. Y a buscar un hotel y poner en práctica el arte del regateo. Los precios son europeos. En el primero me piden 500 yuan, más de 9.000 pesetas al cambio. Busco otro. De entrada, me cuesta 300 yuan; de salida, 270. Han rebajado, pero sigue pareciéndome excesivo. Aún estoy pensando qué hacer, sin haber salido del hotel, cuando un hombre se dirige a mí con la mayor desfachatez. Me lleva a un hotel de «sólo para chinos» por 200 yuan. ¡Viva el capitalismo salvaje!

Ducha rápida y de vuelta a la calle. Prisas, aglomeraciones. Gente, gente, gente. Avenidas inhumanas, plazas inabarcables, edificios mastodónticos. Un país volcado en el capitalismo. Afán de dinero. Buscapersonas decorativos atados a la cintura. Padres que intentan fotografiar a la familia con la cámara al revés, a través del objetivo. Teléfonos móviles de juguete. Familias enteras que se sientan a la mesa en un *fast food* esperando a que les sirvan. Pirateo de marcas: Tienfu Cola, Sunny, Kingwood o Bossini. A la mismísima Coca-Cola no le quedó más remedio que comprar la marca que había plagiado sus botellines.

Estoy rendido, pero no del todo. Todavía me quedan fuerzas, y el deseo de descubrir una cultura distinta, milenaria. Pintores de vanos, calígrafos de pulso preciso, artistas de la calle que aspiran a la perfección reproduciendo hasta el infinito los mismos paisajes, los mismos animales, las mismas naturalezas muertas.

Hambre. Comer. Donde sea. En el Dunkin' Donuts o en la acera, de pie. Centenares de tenderetes abiertos las veinticuatro horas. Un bocado aquí, un pincho allá. Probar delicias aceitosas y desconocidas. Una increíble variedad de comidas y contrastes. Alimentar la curva de la felicidad, a pesar de tanto esfuerzo físico.

He despertado a las seis menos cuarto. Ahora son las nueve. Aglomeraciones en la Gran Muralla. Miles de turistas chinos, felices de pisar el principal símbolo de su país aun cuando el tiempo es espantoso. Hormiguero humano que todo lo invade, hasta el punto que resulta imposible dar dos pasos en línea recta. Flashes y cámaras fotográficas que se disparan ante mí, a mi espalda, a mi izquierda, a la derecha. Saldré en muchas fotos, contra mi voluntad. Los autocares se cuentan a centenares. Grupos de escolares clónicos. Banderitas de los guías para no perder a nadie. ¿Y mi autocar, se habrá ido? En el aparcamiento hay cuarenta. Los revendedores gritan: «*Míster, jelóu. Uáter, uáter, míster; ais crim, suvenir, foto, míster; foto.*» Camisetas con el lema «*I've climbed The Great Wall.*» Esto es un ahogo. Me pregunto si la Ciudad Prohibida estará mejor; pero no sólo es prohibida, sino prohibitiva. Miles de personas lo invaden todo. Me gustaría *sentir* el espacio, pero no hay ni un rincón donde relajar la vista y la mente. La locura. Me quedo con la idílica imagen de *El último emperador*, de Bertolucci. Se acabó el turismo.

El chico que me ha hecho de guía me explica las dificultades del país. Se llama Huang, pero se hace llamar Philippe. Está en contra del sistema y del partido. Habla inglés, como tantos jóvenes en las grandes ciudades. ¿Los hechos de Tiananmen? Palabras impronunciables. «Se puede volver a repetir —susurra—, pero la policía y el ejército lo controlan todo.» Y señala hacia la multitud. La policía vigila. Huir. De ciertas cosas no se puede hablar en cualquier sitio. Nos escondemos. Corrupción, materialismo. Está harto. Quiere un cambio. Él es capitalista. Y contestatario. Una vez lo detuvieron por hablar con unos americanos que asistían a la Conferencia Internacional de la Mujer. Peor suerte tuvo un amigo; le pegaron. Sí, el sistema acabará cayendo, asegura, porque el suyo no es el Gobierno del Pueblo, porque sólo los que pertenecen al partido pueden acceder a los mejores puestos de trabajo, porque los jóvenes quieren tener la oportunidad de escoger al presidente que gobierne la nación. «La situación de China no es tan buena como parece. Observa las calles; hay mucha gente sin trabajo... Y ahora —añade tras una pausa—, ¿me das diez dólares más?» *Money, money, money*. Nunca tienen suficiente. ¡Suerte que él no es materialista! «Nuestro gobierno quiere sacar dinero de donde sea, y me hace pagar 300 dólares por un curso de informática.» Curiosa forma de comunismo ésta.

Siento la cabeza a punto de estallar. Estoy harto de hacer turismo. Corro hacia los centros comerciales. Aquí las cosas son claras. Tanto cuesta, tanto pagas. Y te ha sobrado dinero. Compra, consume, gástate los centenares o miles de yuan que te han sobrado, que hay de todo y barato. Unos *walkman*, varios casetes de música moderna y dos de música tradicional. Unas caligrafías, unas pinturas, pinceles, un tintero, unas bolas chinas, una cazadora, camisetas, unas gafas graduadas... Y aún sobra dinero. ¿No podrías comprarte una moto?

Exceso de equipaje. Podría venderme la bicicleta. Ni loco. Volveremos a casa cargados. Pero no descarto lo de la moto. Son baratas. ¿Te imaginas hacer Pekín-Estambul en moto? Es una idea, pero no para ahora, segurísimo.

Debo confirmar el vuelo. No puedo perder mi avión. Hay pocas líneas aéreas que vuelen a Pekín. A finales de julio, sería imposible encontrar billete.

Prisas. Querer hacer muchas cosas para, finalmente, no hacer nada. Ciudad parapolicial y sin papeleras. Te multan hasta por tirar papeles al suelo. Una mujer me grita haciendo aspavientos. Yacía en el suelo, pero no era una indigente. Se ha sacado un carnet de debajo de la blusa y me acusa. Arma un escándalo. Los peatones se detienen a contemplar la escena. ¿Qué habrá hecho este extranjero? De acuerdo, confieso. Soy culpable. He tirado una colilla. ¿Debería arrodillarme para pedir perdón y mostrar arrepentimiento? Me limito a pagar la multa: cinco yuan, y no el doble, como la mujer pedía. ¿Por qué será que tengo la impresión de que todo el mundo trata de sacarme dinero?

Vuelvo al barrio de los artistas. Paz y tranquilidad. En ningún otro sitio como aquí. Las galerías son mi sauna diaria.

Confusión, ajetreo de gentes que vienen y van. Riadas humanas que te arrastran. Ni soñar en intentar pararse. Golpes y codazos. Son los que acaban de cruzar la calle, otra riada que trata, ahora, de pasar entre nosotros. Lo consiguen sin dificultad. Mareo. Imposibilidad de distinguir un rostro conocido. ¿Imposible? ¡No! En medio del pajar, la aguja. La casualidad extrema. Unos chicos se dirigen a mí en un idioma que me es familiar... Sí, hablan en ruso, pero no sé qué quieren. Sus caras me suenan. ¿Tal vez porque se parecen a los otros millones de chinos? No. Los conozco. O, mejor, me reconocen. Yo hubiera sido incapaz. Me recuerdan. Fue en Khorgos, hace casi un mes, a más de 4.000 kilómetros de aquí. Nos vimos en la frontera entre Kazajstán y China. Ellos volvían a casa procedentes de Tashkent. Es increíble. Encontrar un conocido en un país con 1.200 millones de personas se me antoja tan difícil como que te toque la lotería sin jugar. Hablamos durante un rato. Después, vuelven a perderse en el hormiguero. El mundo es pequeño; China, no tanto.

Ahogo. Gritos, olores, colores, más confusión. En una calle, una mujer sangra de una pierna. Centenares de personas pasan por su lado sin hacer caso. Ella ni intenta pedir ayuda. Se sabe sola. Su rostro no refleja sufrimiento. Sólo espera.

Contaminación, niebla persistente. Ni un día de sol. Tráfico caótico. Carriles bici tan anchos como la Diagonal de Barcelona. Miles de ciclistas. Y una pregunta sin respuesta: ¿Qué sucederá el día que se pasen al coche o a la moto?

Ganas de partir, de volver a Barcelona, de ver otra vez paisajes y gentes conocidos.

El reloj de Tiananmen. Cuenta atrás nacional. Todos esperan que esté a cero. Querrá decir que Hong Kong vuelve a formar parte de China. El imperio. El nacionalismo. «Fuera los ingleses; Hong Kong para los chinos», gritó nuestro guía en Turfan, lanzando una patada al aire. Mientras aguarda su hora, la mía ha llegado ya. Ahora soy yo quien se va.

Llegó el día. Corriendo hacia el aeropuerto, horas antes de que salga el vuelo. No puedo perder mi avión. Sería catastrófico. Encuentro a unos catalanes. Empiezan a hacer preguntas, un anticipo del interrogatorio al que, día sí, día no, seré sometido cuando llegue a casa. Me preguntan qué tal es la comida china ¡No la han probado! Es increíble. Tres semanas a base de bistec con patatas y menú continental. ¿Es esto viajar?

Hora de embarcar. Control de pasaportes, puerta 23 *(gueit tuentizrí)*. Ningún problema. Ahora sí. Nos vamos. Hasta luego, China. «*Zaijian, Chungo.*» Gracias por todo. «*Xixé.*»

El fin de un sueño

Es curioso. Hemos despegado de Bucarest en dirección a Barcelona, hacia el oeste, e instintivamente he pensado que íbamos en la dirección equivocada. Han sido muchos días y semanas de rodar hacia el este, siempre hacia el este, viendo que el sol se levantaba delante de mí hasta que a última hora de la tarde se ponía a mis espaldas. Supongo que éste es sólo uno de los numerosos cambios que encontraré a partir de ahora, cuando vuelva a estar en casa, entre los míos. Echaré de menos cosas y sensaciones a las que me había acostumbrado: ese no saber adónde llegarás hoy, las dificultades para encontrar alojamiento, esa mezcla de curiosidad y desconfianza con la que tratabas a la gente, el contacto con nuevos paisajes, la incertidumbre de si conseguirás superar ese puerto, los cambios imprevistos de tiempo... ¡Puf! Han sido tantas cosas... No sé si seré capaz de explicarlas, o aún más, de que entiendan lo que ha sido este viaje.

Tengo sueño, mucho sueño. He dormido menos de tres horas. Escucho una cinta de música china en los *walkman* que compré en Pekín, y la melodía me habla de un mundo que ya vuelve a ser muy lejano, y que vete a saber si algún día pisaré otra vez. Durante semanas, éste ha sido mi entorno cotidiano, un paisaje completamente distinto al que a duras penas he llegado a acostumbrarme. Allí, era yo el extraño. Ahora, en cambio, lo son ellos, estos chinos y chinas que viajan en el avión, maltratados por rubias azafatas que les impiden levantarse o fumar. Son jóvenes que van camino de su dorada tierra prometida, preguntándose cómo se utilizarán estos cuchillos y estos tenedores que acaban de traernos. Pobres. Les esperan meses o años difíciles. Muchos de ellos no se adaptarán a unas formas de vida como las europeas, tan distintas de las suyas, y acabarán regresando a su país. Ahora les entiendo mejor que hace cuatro meses. Yo también he vivido esa incomprensión, ese no entender y no ser entendido.

Urumchi, Tashkent, Samarcanda... En pocas horas sobrevolamos el itinerario que tanto trabajo me costó recorrer. Por la ventanilla asoma una noche larga e increíble, con una luna llena que tiñe las nubes de tonos azulados. Creo que intentaré dormir un poco antes de llegar a Bucarest. Es posible que al despertar descubra que todo ha sido un sueño, un sueño dulce, pero difícil de asimilar.

Agradecimientos

Àngel Giménez
Anna y Donal
Aquilino Mata
Colegio de Periodistas de Cataluña
Comercial Lein
La gente de ITLV en Tashkent
ITLV
Jordi Martínez
Jordi Pernau
Médicos Sin Fronteras (España y Holanda)
Mister Jamraev
Pere Cahué
Rafael Arias
Première Urgence
Probike
Olga Merino
Sebas Serrano / Carmen Umbón
Tania
Tom Austin
Viajes Orixà

(y a las docenas de ciudadanos anónimos de Turquía, Georgia, Azerbaiyán, Turkmenistán, Uzbekistán, Kirguizistán, Kazajstán y China que me dieron su apoyo material o anímico durante cuatro meses que jamás olvidaré. Gracias a todos ellos, que consiguieron que éste no fuera un viaje en solitario).

Índice

Prólogo 11

TURQUÍA
La suerte está echada 19
Acampada bajo la lluvia 22
Al otro lado del Bósforo 26
Poco acostumbrado a los 40 kilos 30
La mujer no responde 33
El puerto y los camiones 36
Los visitantes nocturnos 38
Soy la rareza 43
Azmi quiere buscarme esposa 46
Las piernas no me responden 52
¡Una bañera con agua caliente! 55
Una Portaferrissa a la turca 58
Llego al mar Negro 61
Aún me siento un *guiri* 64
La Ciudad de las Cerezas 69
En una casa de *girls* 71
Trabzonspor, 2-Barça, 7 75
El monasterio nevado de Sumela 79
¡No soy un extraterrestre! 81
«*Nyet*»: no puedo cruzar la frontera 85
Turquía es Europa; Georgia, no 90

GEORGIA
Miserias de la guerra 95
Los jóvenes misioneros de fin de siglo 102

De excursión a una base de misiles 111
Un beso en cada mejilla y vodka 116
Los hoteles están llenos de refugiados 120
Impresionado por tanto drama 124
La ciudad de Stalin............................ 130
Melancolía georgiana.......................... 133
Por fin estoy en el Cáucaso 140

AZERBAIYÁN
Los policías se llevan mi bicicleta 145
Azeríes, rusos, georgianos, armenios, kurdos,
　turcos, daguestaneses...................... 149
El viaje va sobre ruedas........................ 152
El primer hotel en dos semanas 157
Atrapado en una gasolinera 160
En Bakú me toman por espía................... 163
El ferry que nunca llega 168
Por el Caspio en una lata de sardinas 173

TURKMENISTÁN
Krasnovodsk, un panorama desolador 179
Qué calor..................................... 184
Tirado en medio del desierto 188
¡Maldito viento!............................... 193
El alemán del Dyane 6......................... 196
La capital más aburrida del mundo 199
Viajar en Land Rover también cansa............. 202
Ya estamos en la ruta de la seda 205
De safari entre las dunas 208

UZBEKISTÁN
Avería mecánica............................... 215
Bazares, mezquitas y madrasas 219
Coreanos en el centro de Asia 223
«Chai, chai» 226
Samarcanda, la mítica 229
Seda, fresas y otros lujos asiáticos 232
Compartiendo mesa con dos policías 239
Aburrimiento monumental 242

Sí, ministro 246
Bloqueado, pero a cuerpo de rey 249
La danza del vientre........................... 253
La exaltación sexual de los uzbekos 257
El arte del regateo 261
De nuevo en marcha 263
La montaña, por fin........................... 267
El último kan de Kokand 270
Con una familia judía 273
Mi visado ha caducado 277

KIRGUIZISTÁN-KAZAJSTÁN
En el país de los kirguiz 283
Bien peinados para la foto...................... 288
Unos jóvenes jinetes vienen a recibirme.......... 291
A más de 3.000 metros de altura 294
«Cuidado con los bandidos» 297
50 kilómetros de bajada 301
La colección de arenas......................... 304
Sin visado, la espera me desespera 307
¡Gracias, míster Lu!........................... 322
La ciudad perdida de Issik Kul 325
Vodka para comer, vodka para cenar y............ 328
... más vodka para desayunar 332
Sin brújula por el altiplano..................... 336
Invasión de mosquitos 339

CHINA
¡Lo conseguí! 345
La calle es un hormiguero...................... 350
Aprendiendo a comer con palillos............... 353
Dormir en una *yurta* 356
Una carretera de vértigo 360
¿Los chinos antipáticos?....................... 364
Por tierra uigur............................... 367
Estoy destrozado.............................. 370
Viajeros de Ray-Ban y camiseta blanca........... 374
Pekín manda, Xinjiang obedece................. 378
Diarrea en el infierno de Turfan................. 381

Un día haciendo el turista	384
Pedaleando bajo las estrellas	388
Taklamakán: el desierto de «irás y no volverás»	391
Desierto, 3-Gabriel, 0	394
Interrogatorio policial	397
Dunhuang, la novena maravilla del mundo	400
«Enriquecerse es glorioso»	403
Inundaciones en Lanzhou	407
Esto sí que es China	410
Igual que hace cien años	414
Perdido en medio de China	418
«Vístase *fashionable*»	421
Recta final	426
Impresiones de Xi'an	430
La ciudad prohibida	434
El fin de un sueño	439

OTROS TÍTULOS DE LA COLECCIÓN
biblioteca
GRANDES VIAJEROS

VIAJE POR MARRUECOS

ALÍ BEY

Edición de Salvador Barberá Fraguas

Explorador, aventurero y agente de la corona española, según la leyenda, Domingo Badia Leblich, más conocido como Alí Bey, recorrió todo el norte de África haciéndose pasar por un príncipe musulmán y fue el primer europeo en visitar y describir La Meca. Su singular peripecia, relatada con minucioso detalle y con abundantes pinceladas de humor, alcanzó enorme éxito al publicarse en 1814, pero había sido deformada por motivos políticos y por la fantasía de sus contemporáneos. El autor de la presente edición sigue paso a paso el itinerario de Alí Bey, examinando sobre el terreno la exactitud de sus observaciones, y ofrece así una versión rigurosa y contrastada de su fascinante aventura.

LOS SIETE PILARES
DE LA SABIDURÍA

T. E. LAWRENCE DE ARABIA

Crónica de guerra, libro iniciático y cuaderno de bitácora de un profundo conocedor del desierto, *Los siete pilares de la sabiduría* narra la historia del levantamiento árabe y muestra cómo un inglés educado en Oxford y más inclinado a las letras que a las armas puede convertirse por los azares de la guerra en héroe popular y líder guerrillero.
Thomas Edward Lawrence nació en 1888 y estudió Historia y Lenguas Clásicas. Adscrito por el Mando Británico como asesor del Jerife de la Meca, Lawrence se identificó muy pronto con el movimiento árabe y pasó casi dos años en el desierto saboteando ferrocarriles, hostigando a los turcos y sitiando sus principales enclaves. En octubre de 1918 entró victorioso en Damasco. Posteriormente, ya un auténtico mito pero decepcionado por una paz que juzgaba injusta, se enroló como soldado raso y cambió su nombre por el de T. E. Shaw. Murió en un accidente en 1935.

EN EL GALLO DE HIERRO
Viajes en tren por China

PAUL THEROUX

En 1986 Paul Theroux decidió viajar a China aprovechando un año sabático. Su instinto le decía que un país tan enorme sólo puede conocerse «sin despegar los pies del suelo». Y se propuso atrevesarlo viajando sólo en tren. De Mongolia a Pekín, de Pekín a Shanghai, de Shanghai a Cantón, y de allí hacia el norte y por todo el interior del país, Theroux recorrió miles y miles de kilómetros. Pero lo hizo sin prisas, charlando —como los viajeros antiguos— con los demás pasajeros y participando de su vida cotidiana. El resultado es un itinerario palpitante de detalles y anécdotas, en la mejor tradición del reportaje literario, que muestra sin tópicos ni folklore la realidad profunda de China.

DONDE LAS PIEDRAS SON DIOSES
*Viajes por las zonas prohibidas
de la India*

NORMAN LEWIS

Convencido de que la India descrita por los antiguos viajeros existía todavía lejos de los itinerarios convencionales, Norman Lewis emprendió un viaje por las regiones de Bihar y Orissa, situadas en la zona más oriental del país. Son regiones de una extrema pobreza donde aún subsisten tribus aborígenes que han permanecido indiferentes a las culturas hindú y musulmana. Tribus al borde de la extinción en la actualidad, de cuyas costumbres ancestrales da testimonio Norman Lewis en este libro fascinante, que mereció en 1991 el premio Thomas Cook de literatura de viajes.

«Uno de los mejores escritores no de una década en particular, sino de nuestro siglo.»
Graham Greene